암향

암향

눈속에 핀 매화 향기처럼

초판 1쇄 찍은날 2017년 10월 30일
초판 1쇄 펴낸날 2017년 11월 5일

지 은 이 박지호
엮 은 이 박보경·박강미·박하균·박하중
펴 낸 이 이희경
기획실장 이종복
편 집 박보경
디 자 인 김숙희

펴 낸 곳 하양인
출판등록 2013년 4월 8일(제300-2013-40호)
주 소 04165, 서울특별시 마포구 마포대로15(마포현대빌딩) 804호
전자우편 hayangin@naver.com
대표전화 02) 714-5383
팩 스 02) 718-5844

ISBN 979-11-87077-18-3 03040

이 도서의 국립중앙도서관 출판예정도서목록(CIP)은 서지정보유통지원시스템 홈페이지(http://seoji.nl.go.kr)와 국가자료공동목록시스템(http://www.nl.go.kr/kolisnet)에서 이용하실 수 있습니다.(CIP제어번호: CIP2017027601)

암향

눈속에 핀 매화 향기처럼

박지호 지음 | 박보경 엮음

하양인

사랑하고 존경하는 아버지의 영전에
不肖 강미·보경·하균·하중의 마음을 모은
이 책을 바칩니다.

당두 고향집 모습으로 왼쪽 끝에 보이는 건물이 사랑방이다.

고교생인 저자가 늘 잊지 못하고 그리움으로 간직하던 고향집!
왼쪽 아기를 안고 있는 분이 어머니이고, 가운데 서있는 분이 형수님이다.

비가 내리는 날 중앙국민학교 강당에서 열린 졸업식 후, 부산고 졸업장을 받아 쥐고 집으로 오는 길에 몇 명의 동무들과 간 사진관에서 우의를 입고 찍은 사진 - 본문 309, 310
(1954.2.27 부산고 졸업식 날)

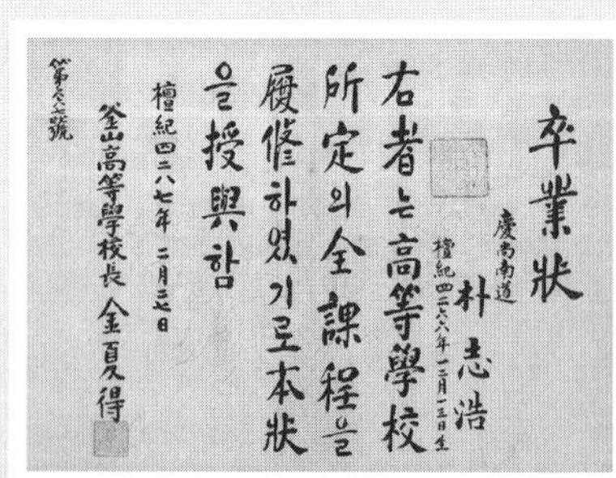

卒業狀

慶南道
朴志浩
檀紀四二六八年一二月一三日生

右者는高等學校所定의全課程을履修하였기로本狀을授與함

檀紀四二八七年二月二七日

釜山高等學校長 金夏得

第六六二號

졸업생 한 명, 한 명에게 직접 손으로 정성스럽게 써서 수여한 1954년 2월 27일 당시 부산고등학교 졸업장 원본(A3 크기)

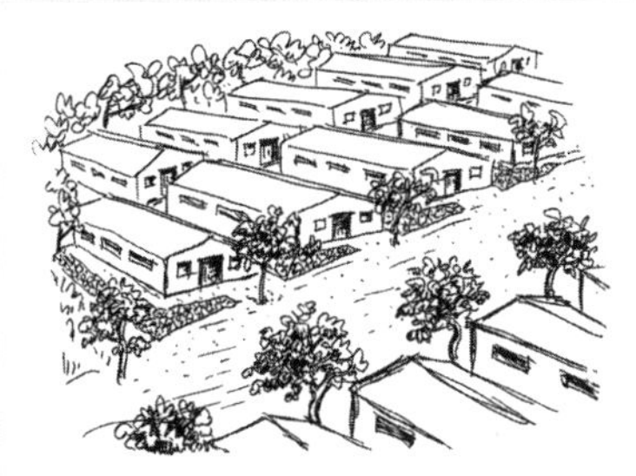

한국전쟁 당시 저자가 공부하던 부산고등학교 '천막교사'를 스케치한 모습(펜화. 박재갑. 7)
〈그림으로 보는 본 교사〉 저자의 유품으로 박보경 씨가 보관하다가 스캔하여 제공
《청조인靑潮人 2007》 개교 60주년 기념 부산중고등학교 총동창회 명부 (2007.12.26) 中

(김봉태. 9)

舊 교사를 스케치한 모습
부산중고등학교 舊 교사 저자의 유품으로 박보경 씨가 보관하다가 스캔하여 제공
《청조인靑潮人 2007》 개교 60주년 기념 부산중고등학교 총동창회 명부 (2007.12.26) 中

서문

《암향》 고교시절 일기 편을 엮으며

어릴 적부터 우리 집엔 책이 많았다. 책꽂이 한 켠에는 오래된 책들 틈에 '아버지의 일기장'이 늘 자리하고 있었다.

4년 전 아버지가 돌아가시고, 어머니는 집이 너무 넓어 혼자 살기 싫단 핑계로 이사를 하셨다. 그 때 책들을 정리하던 도중, 처음으로 아버지의 일기장을 꼼꼼히 들춰보게 되었다. 그 속엔 혼란했던 시대와 가난한 한 젊은이, 그의 꿈과 이상 그리고 소중하고 애달픈 많은 사연들이 보물처럼 담겨 있었다.

가족들과 나눠 보고 싶은 욕심이 생겼다. 한자와 고어, 구어체가 섞여 있던 일기를 보기 쉽게 옮겨 적기 시작했다. 거의 일 년 만에 많은 일기 중 '고교시절 편'이 완성되었다. 이 책은 아버지의 고교 2학년 시절 말부터 고교 졸업, 대학 입시 발표 무렵까지의 일기를 엮은 것이다. 지난 일 년 동안 나는 50년대의 한 젊은이도 되었다, 현재의 나도 되었다 하며 두 삶을 살았다.

처음에는 가족들끼리 기념으로 엮어 가질 생각이었는데, 주위의 권유로 출판을 하게 되었다. 내내 격려와 염려로 지켜봐 주신 어머니 그리고 가족들, 출판사 하양인 이종복 이사님, 김숙희 디자이너, 이현석 님을 포함해 출판에 적극적으로 도움 주신 많은 분들께 진심으로 감사드린다.

불행했던 시대에 가난한 한 젊은이를 두 팔 가득 끌어안고, 그의 열정과 희망에게 등을 토닥여 주고 싶다.

'잘 살아 내셔서, 감사하고 존경합니다.'

2017년 8월 둘째 딸 보경

차례

1953.1.9.(금) ~ 1953.2.28.(토)

51일 동안의 일기를 찾지 못해 빈 여백으로 남김이 안타깝습니다.

3장

고교 3학년

1954년 (단기4287)

• 이 책의 각 주는 편집자의 관점에서 씌어진 것 입니다.

우리 선비들은 화려하게 드러나는 것을 유의하고

은은하게 스며드는 것을 미덕으로 여겼다.
암향은 한켠으로 비켜서서
자신을 감추며 자족하는 숨어있는 향기이다.
옛 부터, 매화향과 암향은 거의 동의어처럼 쓰였다.

1장

고교 2학년

1952년 (단기4285)

1952.11.15.(토)

일찍 일어나 예습하다

땅– 땅– 건너편 산등성 성당에서 들리는 종소리와 함께 자리에서 일어났다. 방안을 살피니 컴컴하니 아직 날이 덜 밝았다. 더듬거려 성냥통을 찾아서 호롱에 불을 밝히고 오늘의 학과를 예습해 본다. 대수(對數, 로그) 노트를 내놓고 문제를 풀어 본다. 나는 처음부터 수학에는 도무지 취미가 없는 걸까? 어찌된 영문에선지 수학을 잘 보지 않다가 요근래부터 열을 좀 내어 본다. 수학 시간만 되면 골치가 아프던 증세가 요즘 들어 차츰 덜하여 간다.

1952.11.16.(일) 흐림

《애생금》을 읽느라

어제 저녁에는 《애생금》[1]을 읽느라고 밤이 지나는 것도 몰랐다. 한 페이지 한 페이지를 넘기고 넘기며, 처음에는 금실이가 대단히 눈에 띄었는데, 다음으로 현수가 등장하였다. 현수와 선주와의 탐스러운 연애 장면은 대단히 심각하며 정열적이다. 땡 땡… 옆방 시계 소리는 두시를 가리킨다.

깜짝 눈을 떠서 내 시계를 보니 그도 두 시를 가리키고 있다. 복잡하던 온 천지는 죽은 듯 잠잠하고, 옆에 누워 주무시는 어머님의 숨소리

1 《애생금》, 심숭의 자전적 소설로 1946~1947년 《신천지》에 연재한 것을 증보하여 장편소설로 발표한 것이다.

만 가늘게 흘러나올 뿐이다.

이따금 먼 집 개 짖는 소리를 들으며 자리에 누운 것이 아침 8시에 일어났다. 오전 거리의 많은 신사 숙녀들 교회로 간다.

1952.11.17.(월) 맑고 온화

교장선생님 말씀

뒤 배수지 마당[2]에서 아침 조회를 하였다. 교장 선생님이 말씀하시길, 지난 11월 10일 전국 관공서 서기 중 발령 안 내린 서기는 일체 시험을 보았다 한다.

그 중 삼분의 일이 중학교를 졸업했고, 삼분의 이가 전문학교 이상의 자격이었다 한다. 그 시험에서 한산섬이 어디냐고 했더니 우리나라에서 멸치 많이 나는 섬이라 했고, 전기발전소가 어디 있는지 도명을 말하라 하니 전라도 영산강이라 하였단다. 그 답안지야말로 천하의 명문 답안이라 하시며, "여러 학생이 이래서야 되겠나, 노력 하는데 이길 수 있는 천재는 없으니, 부디 재삼 외치노니 가일층 노력하라" 하셨다.

2 복병산 배수지: 전시 중이었던 당시의 부산고등학교는 운동장도 변변히 없어 학교 뒤 배수지 마당을 운동장처럼 썼던 모양이다.

1952.11.18.(화) 추움

미분시험

밤부터 후려쳐대는 찬바람은 창 옆 포플러 나무를 못살게 굴며 낙엽을 흩뿌린다. 갑자기 춥다. 아침에 창을 열고 내려다보니 거리의 한 사람 한 사람 외투를 뒤집어 쓰고 웅크린 채 종종 걸음을 걷고 있다. 겨울이 가까웠나 보다.

제1교시 미분 시험을 보았다. 문제는 어렵고 알 듯 모를 듯 어리둥절 한참을 생각하다 겨우 두 문제를 풀고 앉았는데, 뒤에서부터 밀려오는 답안지가 나를 재촉하여, 앞으로 밀려가고 말았다. 일시적으로나마 명에를 벗은 것 같다.

1952.11.19.(수) 맑음

신체검사 날

1교시에 화학 대신 박지홍 선생님의 국어 보충수업이 있었다. 시 한 편을 감상하고 비평한 후, 선생님께서는 지금 고등학생들은 대체로 국어의 기초 지식이 모자란다고 말씀하셨다. 그리고 우리나라 사람들은 6.25동란을 겪은 후로 감정이 더욱 얼어붙었다고도 하셨다.

삼교시에는 음악실에서 신체검사가 있었다. 난 지난해보다 신체가 더 건강해진 것 같은 느낌이 들었다. 검사하는 의사는 의대 교수님들이었다. 운동장도 좁고 환경도 좋지 못한 교정이지만, 한층 더 제 각각 신체 건강에 유의하라는 말씀이 있으셨다.

1952.11.20.(목) 맑음

생물 시간에

오늘 생물시간에는 포유류의 종류와 난류에 대하여 배웠다. 대단히 복잡하고, 한편 좀 웃긴 이야기들도 있었다.

"홍률, 정신 차려!"하는 큰 목소리에, 선생님을 주목하고 있던 우리 모두 깜짝 놀랐다.

"요즘 날씨가 쌀쌀해서, 다른 사람들은 모두 생기가 왕성한데, 자네는 도대체 뭘 했길래 늘 졸린 사람 같이 그 모양이야?" 하고 놀리니, 모두들 의논이나 한 듯 워~ 워~ 하며 야단들이었다. 선생님 또한 따라 웃으며 "무슨 비밀스런 일이 있는가 보군" 하셨다.

1952.11.21.(금) 맑음

신체검사 결과 통지

아침 조례 시간에 지난번 신체검사 결과 우리학교 학생들의 체질이 작년보다 훨씬 저하 되었으며, 삼분의 일 정도는 폐 결핵균을 가진 모양이라고 담임께서 말씀하셨다. 더군다나 우리학교는 운동장도 없고 하니 신체 단련에 각별히 유의하라 하셨다.

게시판에는 일학년 학생 두 명이 교칙위반(극장출입)으로 무기정학을 당하였다는 내용이 있었다. 여태까지 우리 부고(釜山高)[3]는 교외 지도부

3 아버지께선 늘 '우리 부고'라 쓰셨다. 부산고등학교 학생임에 대단한 자부심이 있었고, 아버지의 인생에 대단한 프라이드로 작용했다.

에 주의를 당한 일이 없었는데, 이번에 불행히도 이 두 명이 지적을 당했다.

1952.11.22.(토) 온화

집에서 저녁밥을 먹으며

하교 길에 철도국에 태현씨(형수님 동생)를 만나러 갔으나, 비근이라 만나지 못했다. 오는 길에 평범사, 세계서림[4] 등에 들러 미어(美語-오늘날의 영어) 참고서를 구하려했으나, 구하지 못하고 돌아왔다.

집에 와서 조금 있으니 저녁상이 들어왔다. 하동 아주머니와 같이 이야기들을 하며 한참을 놀고 있으니, 형님이 직장에서 돌아 오셨다. 저녁을 드시며 이야기 하셨다.

지금 동산동 제수씨한테 갔다 오는 길인데, 그 집 식구들은 어제 전부 부산으로 이사를 하였단다. 이유인 즉, 고향집에서는 운정 고실 댁에서 나락 장리를 받을 것이 있다며, 수산 지원이를 시켜 받으러 와서 신산하게들 하고 있다 하시며, 어찌된 일인지 어머님께 질문을 했다. 어머님께서는 예전 약 25년 전 쯤 나락 여섯 말을 빌려 왔다가 두해 뒤에 논두 마지기로 다 갚았었는데, 도대체 무슨 소리냐 답하시었다.

요 사이 세월이 허둥지둥 하기로서니 사람을 무르게 보고 말을 하여도 분수가 있지. 우리들이 알지도 못하는 옛 일을 새삼스레 꺼내어 이용하려 하다니, 대단히 안타까운 일이다.

---

4 걸어서 등하교를 하였던 아버지는 늘 보수동 책방 앞 골목을 지나치며, 밥값을 아껴 책을 사 모으곤 하셨다고 한다.

이런 얘길 듣자니 불덩이가 가슴을 받고 오른다. 이제 당두(고향집)에도 옳은 사람이 없어지는구나. 안타깝다. 공연히 남을 노략질하며 헛소리를 지껄이다니.

1952.11.23.(일) 흐림

고향으로 가신 어머니

아침 여섯시 경 아침식사를 마치고, 어머님이 고향집으로 가시는데, 충무로까지 가서 버스를 태워 보내 드렸다.

추석에 부산으로 내려오신 후 집에서 제일 섭섭하게 여기며 어머니를 찾은 건 아마 정파(正波-막내여동생) 일 것이다. 전날 학교에서 돌아와 '어머니는 어딜 가셨을까?' 하다, 출희(出熙-바로 아래 여동생)에게 물어서 어머니가 부산에 가셨단 얘기를 듣고, 지금이라도 어머니가 오셨으면 얼마나 좋을까 말하였을 정파! 오늘 점심 때 쯤이면 어머니께서 집에 도착하실 것이고, 마침 오늘이 일요일이기도 하니, 집에서 놀고 있다가 어머니를 보면 정파는 얼마나 반가워할까?

추석 이후 오늘까지 어머니와 함께였는데, 오늘 아침 어머니를 태운 버스가 먼지를 일으키며 달리는 것을 보니, 한편으론 집에 가셔서 뜨뜻한 방에 편히 계시는 게 좋겠단 생각이고, 또 한편으론 섭섭하며 마음이 편치 못하다. 저번에 내려오실 때 교통이 편치 못해 자동차로 오시며 멀미를 하셔서 힘드셨는데, 오늘도 자동차를 타고 먼 길에 얼마나 힘드실까? 아무쪼록 무사히 도착하시길.

아무 하는 일도 없이 책상머리에 앉아 미분 문제를 푸느라 시부적거리고 있는 동안 시간은 잘도 지나간다. 시계를 보니 세시다. 어머님은 무사히 도착하셨을까? 멀미는 하지 않으셨을까?[5]

오늘 저녁부터 다시 식모가 되었다. 밥을 하는 동안 작년 18개월간의 자취 생활이 새롭게 생각난다. 어머님이 계셔서 얼마나 편하게 공부하며 학교에 다닐 수 있었는지, 내내 생각하였다.

1952.11.24.(월) 비

새롭게 식모가 되다

아침에 자리에서 꿈을 꾸고 있는데, 어딘가에서 나를 부르는 목소리에 잠을 깨어 일어나 보니 형님이 부르는 소리였다. 나는 이제껏 아침 늦게까지 잔 적이 많았다.

밥을 하려고 쌀을 가지고 부엌으로 나가니, 난데없이 비가 내려 서글퍼지며 기분이 좋지 못했다. 아침밥을 빨리 하느라고 한 것이 8시까지 꾸물대고 있었다.

학교에 가서 의자에 가만 앉았으니 살살 춥기 시작했다. 창문은 유리 대신 합판으로 대어 놓았다. 비는 여전히 내려 하교 길엔 우의를 뒤집어 쓰고, 철벅철벅…

집에 도착하자마자 윗도리를 벗어 놓고, 곧 바로 저녁밥을 짓기 시작하였다. 해는 왜 이리도 짧은지 밥은 아직 반도 안 되었는데, 어둡기 시작하니 야단이다.

비는 늘 오락가락하고, 바람이 휙 휙 불어 남아있던 낙엽들을 마저 뿌

5 어머니, 즉 내 할머니는 멀미가 심하셨다. 기차를 타시면 좀 덜하지만, 버스를 타시면 심하게 멀미를 하셨다.

린다. 저녁을 마치니 벌써 여덟시다. 보리쌀을 삶아 놓고 방으로 들어오니, 형님이 한기가 든다시며 이불을 뒤집어쓰고 자리에 드신다.

1952.11.25.(화) 맑음

미술시간 친구들의 칭찬

오늘 미분 시간에 문제7을 시험 본다고 해서 다들 아침부터 열심이었다. 제 1교시 미분 시간, 시험은 치지 않고 문제만 풀었다.

미어(영어)시간에는 자습을 하였다.

미술 시간에는 저번 뒷산에 올라가서 풍경 그린 것이 있었는데, 그것을 가져와서 하나하나 따져 나갔다. 대부분의 동무들이 구도를 잘 잡았다고 칭찬을 들었다. 한참 보아나가다 보니 그것은 의외로 내가 그린 그림이었다. 한참동안 설명감이 되었다.[6]

하교 시에는 뒤 배수지에서 내일 행사 즉, 미국 차기 대통령으로 당선된 아이젠하워[7](1890~1969) 원사(元帥)의 방한 환영식 연습에 대해 설명을 들었다. 한국동란의 확대, 축소 등의 가부 등도 이번 아이젠하워 원사의 정책에 의해 좌우 될 것이라는 것은 누구나가 다 알고 있었기에, 우리 국민 모두 이번 방한에 대단히 관심이 많다. 미국 대통령이 세계의 수령임은 의심치 못할 사실인 것 같다.

6 아버지는 미적 감각이 뛰어나고 솜씨가 좋으셨다. 형제들의 조금씩 타고난 재주가 모두 부모님 덕분인 듯하다.

7 아이젠하워(1890~1969) 미국 34대 대통령. 노르망디 상륙작전을 지휘하였으며, 2차 세계대전을 연합군의 승리로 이끄는데 결정적인 전기를 마련하였다. 1952년 대통령 당선자 신분으로 한국을 방문하여 휴전협정을 이끌어냈다. 1960년 재차 방한.

1952.11.26.(수) 흐림

학도호군단 주최 궐기대회에서

오늘 우리들은 9시 반까지 충무로 광장에 모여야 했다. 하동 아주머니 댁에서 아침을 먹고, 어제 학교에서 받은 미국 국기를 가지고 광장으로 갔다. 다른 학교 학생들 보다 제일 먼저 집합했으며, 식 또한 질서 정연하게 끝마쳤다.

오늘은 서울시 학교들을 중심으로 고교생 이상은 모두 이 광장에 모였다. 식이 끝난 후 시가 행렬을 할 때 중앙 학도 호국단에서 출발 순서를 정해 놓았음에도 불구하고, 서로 앞서서 나가려고 질서를 문란하게 하는 행동들이 있어 차마 볼 수가 없었다. 그 중에서도 경남공업고등학교 학생들이 더욱 더 혼란을 일으키고 있었다.

순서대로 출발하지 않고 남의 앞에 나가며, 큰소리를 치며 불손한 언행으로 마치 폭행단체 같은 행동을 취하였다.

그것을 본 우리 부고생들은 도저히 참을 수 없었지만, 그렇다고 해서 어찌하지는 못하고 그들에게 제발 질서 좀 지키자고 좋은 말로 타일렀다. 그렇지만 여전히 장난을 치며 야단들이었다. 이학년 내 친구인 김용근 군이 그들에게 폭행을 당했다. 드디어 행렬은 끝나고 우리들은 은영유치원 정원에서 해산하기로 되어있었다. 거기서 우리 부고생 2학년 이하는 전부 모여서, 오늘 경남공고의 폭행에 대해 3학년 규율부가 전적으로 책임지고 대책을 강구할 것을 논의하였다.

해산하고 난 직후 시간은 3시 반. 오늘은 학도호국단 주최의 궐기대회, 내일은 시민 궐기대회가 있어 또 참석하기로 되었다.

1952.11.27.(목) 흐리고 비

시민 궐기대회에 참석

오늘도 시내 여덟 학교는 각 사회단체들과 더불어 식에 참가했다. 시가 행렬시 제일 먼저 경찰 악대들이 자리하고, 그 다음에 우리학교가 학년 순으로 서고, 다음이 부산상업고등학교, 또 다음이 경남고교 등의 순으로 출발하였다. 도청 앞, 사범학교 뒤, 경찰학교 앞, 미 공보처로 해서 다시 아래쪽으로 내려가 PX거리, 시청 앞으로 해서 철도국 앞에서 행렬은 끝이 났다.

오늘 저녁에는 초롱불 행렬이 있다고 들은 뒤 집으로 돌아왔다.

1952.11.28.(금) 흐리고 비

비 내리는 날

어제 오후부터 오기 시작한 비가 아침까지도 여전히 내리고 있다.

제일 서글픈 때가 자고 나오면 비가 내리고 있을 때이다. 그 때 마다 공연히 짜증이 나기도 한다. 아침에 부엌에서 불을 피우는데 장작이 꿉꿉하여 불은 붙지 않고, 연기만 내뿜을 때의 그 심정은…….

간신히 밥을 지어서 먹고 철벅철벅 학교로 향했다. 초량 근처에 다다랐을 때는 학생 한명 보이지 않았고, 학교에 닿았을 때는 이미 1교시가 시작되었다.

미작(美作)시간이었다. 선생님은 하필 복습도 예습도 하지 못한 나를 지적하셨다. 책을 펴 보지도 않은 내가 알 리가 만무하였다. 그래서 더듬거리다가 여러 동무들 앞에서 꾸지람을 들었는데 얼굴이 화끈거려

혼났다. 한참 시간이 지나 90분이 흘러갔다. 다음 문학 감상 보충이 있었고, 3교시가 끝난 후에는 시험 범위에 대해 들었는데 학생들의 떠드는 소리가 시험을 재촉하는 듯 들렸다.

1952.11.29.(토) 맑음

자취를 안 했더라면

어제 저녁엔 식사를 마치고 책상에 앉아서 졸고 있다가 곧 바로 자리에 누워 버렸다. 덕분에 아침에 일찍 일어났다. 온 하늘은 빗자루로 쓸어내린 듯 티 하나 없이 맑았다. 어제 심하게 웅크리고 내려다보던 그 하늘은 자취를 감추고 잡티 하나 없이 깨끗한 마음으로 나를 대해 주었다.

그런데 아궁이 불이 또 껌적껌적 애를 태운다. 진정 사내자식이 할 일은 못 된다 싶으니 도망가고 싶은 마음이 절로 생긴다. 그리 생각하다가만 다시 생각해보니 '이게 무슨 큰일이라고 내가 이리 생각하고 있나' 싶기도 하다. 맑게 개어 내려다보는 하늘에 고개가 절로 숙여진다.

내가 만일 자취를 안 했더라면, 이런 경험을 어디서 했을까? 높은 나무는 뿌리가 깊고, 물을 마실 때는 그 심천에 감사해야 하거늘. 이런 경험을 통해 부녀자들의 수고로움에 동정하는 마음이 생기는 것일 게다. 그래도 우리는 명색이 대장부이지 않은가?

학교에선 자유롭고 신성한 분위기 속에서 연마하며 충분한 여유를 갖지 않는가? 매일 웃는 얼굴로 우리를 대하시는 은사님들과 금 같은 교훈, 이게 다 우리의 것이다.

이런 것들을 생각하면 나에게는 아무 불평불만도 없다.

오늘도 학교에 나가면 웃으며 장난치는 여러 동무들과 하나라도 더 알려주려 애쓰시는 선생님들. 이 모든 걸 생각하면 우리는 반드시 나라의 초석이 되어야 할 것이다.

1952.11.30.(일) 흐리고 비

세월이 하도 빨라

식사를 마치고 그릇을 정리한 후 맞은편을 내려다보니 사범학교 정원에 아직껏 황금빛 잎사귀를 함뿍 지닌 은행나무가 바람결에 날리고 있다.

몇 달 전 형수님과 앉아 저 나무를 가리키며, "저기 저 나무들이 연초록에서 저토록 무성하게 짙게 변한 것을 보니 아마도 삼복 여름이 가까웠나 봅니다." 하고 이야기하던 때가 바로 엊그제 같은데, 다른 나무들은 모두 잎이 졌는데, 저 나무는 아직 잎을 지니고 홀로 쓸쓸히 서있다. 세월이 하도 빨라 생각이 새롭다.

물통에 물이 하나도 없다. 물동이를 인 아낙네들이 오르내리며 분주한 걸 보니 수돗물이 나오는 모양이다. 나도 그들과 한 패가 되어 물 네 동이를 날랐다. 이리저리 어정거리다가 정오가 넘어 문득 생각났다. 오늘은 부산상고강당에서 밀양군 총학생 친목회가 있는 날이다!

나는 참석을 못하게 되었지만, 회의는 잘 진행되고 있겠지.

1952.12.1.(월) 흐림

자형의 음식 투정

하교 시 뒤 배수지에서 교장선생님의 시사(時事)에 대한 말씀이 있으셨다.

집으로 돌아오니 해는 저물어 멀리 것이 차츰 보이지 않는다. 저녁 식사 후 책상머리에서 미어 복습을 하고 있으니, 자형(둘째 누이의 남편-체신청에 다니신다.)이 약간 늦게 돌아왔다. 밥상을 드렸더니 밥과 반찬에 대해 불만이 있으셨다. "밥도 보리밥이고 반찬도 이렇고, 사람이 이것을 어찌 먹을까?" 이 말을 들은 나는 기분이 좋지 못하였다. 똑같은 밥, 똑같은 반찬인데도 형님은 아무 말이 없으시고, 집에서 누가 어떡하든 아무 말씀 없으시다.

1952.12.2.(화) 흐림

추운 날 학교에서

미어 시간에 시험 범위에 대한 이야기가 있었다.

점심 시간에 보니 동무들 입술이 새파랗게 된 것이 모두들 추운 모양이었다. 제각기 제자리운동을 하며 소리를 질렀다. 인성 군과 부근 군의 우스운 만담 덕분에 모두들 추운 것을 잠시 잊고, 서서 구경하며 웃고 하였다.

음악 시간이다. 선생님들이 들어오시자 떠들던 동무들이 조용해지며 일제히 경례를 하였다. 어제 오후에 받은 프린트를 내라 하시며, 그것으로 이번 시간 시험을 대신한다는 것이었다. 모두들 다음 주 이 시간에 하자고 수군수군 떠들었다.

1952.12.3.(수) 혹한

깡깡 얼어붙은 날

밤사이 날씨가 갑자기 변하여 무서운 폭풍이 몰아쳤다.

아침에 부엌에 나가 보니 설거지통에 물은 깡깡 얼어붙어 있었고, 어제까지 못자리 마냥 질퍽하던 길바닥은 모두 시멘트를 깔아 놓은 듯 반들거렸다.

거리에는 사람 하나 얼씬하지 않았다.

아침을 마치고 학교로 가니 10시가 다 되도록 조례가 시작되지 않았다. 조금 지나 선생님이 들어오셨고, 수업은 여전히 세 강좌를 하였다.

갑자기 여름이 그리워지며, 계속 될 이 겨울을 생각하니 막막하고 지루하게 느껴진다.

1952.12.4.(목) 추움

오늘은 고향 묘사 날

쌀을 가지고 부엌으로 나가며 생각한다.

'오늘이 음력 10월 18일이니 고향에서는 오늘 묘사를 지내겠구나.'

제 작년 오늘 나는 집에 있었기에 묘사를 기다리며 산소에 갔었는데, 오늘 묘사를 지내고 나면 내일 쯤 고향 집에서 누가 내려오시겠지. 그래야 내주부터 있는 시험에 약간 도움이 될 텐데. 아무도 안 오시면 야단인데…….

아침에 아무리 빨리 일어난다 해도, 매일 학교는 지각.

이운 해가 넘어간 뒤에야 학교에서 돌아오면 시간은 밤중…….

1952.12.5.(금) 추움

지각한 날의 아침 풍경

오늘 아침은 다른 날 보다 훨씬 빨리 학교로 향했다. 교문에서는 규율부와 교관이 버티고 서 있으며, 학생 수십 명이 열을 지우고 있었다.

'오늘도 또 지각이구나!' 나도 열 끝에 섰다.

한참 있으니 제1교시 시작종이 울렸다. 바람은 싸늘하게 뺨을 스치고 모두들 소름이 돋았다. 교관의 지루한 설교를 들은 후에야 교실로 들어가 수업을 받을 수 있었다.

점심 시간에는 교실 앞 양지쪽에 둘러 모여 어제 배운 생물 이야기를 했다. 나중에는 결국 연애 강좌로 바뀌고, 모두들 열심히 귀를 기울이며 듣다가 제각기 서로 떠들며 얘기하기도 하였다.

1952.12.6.(토) 온화

류 씨 집에 불나다

학교를 마치고 집으로 돌아오니 옆집 사는 류(柳)씨가 "오늘은 엊그제 같지 않게 날씨도 따뜻하고 무엇보다 바람이 잠잠해서 다행이다" 하였다.

이유인 즉, 오늘 오전 어디서 "불이야 불! 산에 불이 났다!" 하기에 쫓아 나와 산 쪽을 보니 불난 곳이 보이지 않더라는 것이었다. 그래서 도로 방으로 들어가다 보니 자기 집 바로 뒤에서 검은 연기가 솟아오르더라는 것이었다. 불난 곳이 다름 아닌 바로 자기 집이었는데, 날씨 덕분에 쉬이 잡을 수 있어서 천만 다행이었다는 이야기였다.

1952.12.7.(일) 온화

집에서 누가 오시길

집에서 누가 내려오실까 기다리고 있던 차, 재종숙 덕촌 아재가 내려오셔서 집안 안부를 전해 주셨다.

조반 후 희문(고향친구)이 찾아와서 이런저런 이야기를 했다. 그를 보낸 후 수돗물을 한번 길어 오고, 화목(火木)도 쪼개어 놓았다.

내일부터 시작되는 시험에 낙오자가 되지 않고, 다른 동무들과 보조를 같이 하기 위하여 공부를 했다. 독일어, 지리 단어 하나하나를 외우는 동안 해는 지고, 하루가 빨리도 가고 말았다. 저녁에 형님은 아랫 쪽 아지매 집에 놀러 가시고, 밤은 점점 깊어가고, 호롱불은 힘없이 타고 있다.

1952.12.8.(월) 온화

시험 기간 시작

오늘부터 일주일 간 시험 기간이다. 아침 9시40분에 조례를 마치고 10시부터 첫 시간 시험이다. 독일어 문제들은 그다지 어렵지는 않았으나 몇 문제 틀렸다.

지리 문제는 대부분 자신이 있었으며, 생물은 의외로 모든 문제가 어려웠다. 평소에는 더러 떠들기도 하였으나, 지금 모든 학생들은 긴장된 태도로 교실 안은 마치 죽은 듯 고요하고, 이따금 들리는 기침 소리만 적막을 깨트릴 뿐이었다.

1952.12.9.(화) 흐리고 비, 눈

드물게 많은 눈이 내린 날

이른 아침 날씨는 대단히 흐리다. 바라다 보이는 앞 바다는 안개 속에 사라졌고, 검은 장막만이 사방에 둘러쳐있고, 변덕스런 바람은 여전히 불고 있다.

등교 후 조금 있으니 가교사 천막을 진눈개비가 두들기고, 첫 번째 창 위 처마에서는 은구슬이 떨어졌다. 집으로 올 때 열을 지어 달리던 자동차들은 걷고 있는 우리들에게 여지없이 뻘물을 튕기며 요란스런 경적을 울리고 지나갔다.

전차를 타고 오는 길에 차 창밖을 보니 비는 어느덧 눈으로 바뀌어 날리고 있었다. 눈은 질퍽한 길바닥에는 내리는 대로 녹고 말지만, 인적이 드문 곳은 조금씩 쌓이기도 하였다.

"우리가 국민학교 다닐 때 부산에 드물게 8cm 정도 눈이 온 적이 있잖아."

"아니. 작년에도 그 정도 온 것 같은데."

"한 40cm 쯤 다리가 빠지게 눈 좀 와봤으면!"

동무들이 떠들었다.

"아니 그러면 시험은? 눈이 많이 오고 날씨가 너무 춥고 그러면 시험 치는데 장애만 되지 않나? 나는 지금이라도 눈이 그치고 날씨가 맑았으면 좋겠다."

한 동무가 말했다. 우리들이 이렇게 떠드는 동안 차는 목적지에 닿았다.

"공부 많이들 해라"

"어, 그러지……"

헤어져서 집으로 걸어왔다. 오는 길에 눈은 벌써 한 10cm 쯤 쌓였다.

거리에는 사람 하나 얼씬거리지 않았고, 달리는 차들만 눈을 이고 달렸다. 저녁밥을 겨우 해서 먹었다. 방바닥은 차갑다. 두어 시간을 지내고 있으니 자형이 직장에서 돌아오셨는데, 얼마를 지나도 형님은 아직 돌아오지 않으셨다.

밤은 점점 깊어가고, 눈은 여전히 퍼붓듯 내린다.

'땡!' 고요한 적막을 깨고 한 시를 알리는 시계 종이 울린다. 의자에서 물러나 밖에 나가 본다. 온 천지는 어디서 이렇게 희고 깨끗한 떡 가루를 선물 받았나. 밤은 깊었는데 사방은 동트는 새벽인양 환하고 밝다.

처마 끝 전선이고 어디고 할 것 없이 눈은 한껏 쌓였는데, 새어 나오는 등불만 깜빡깜빡!

1952.12.10.(수) 맑고 온화

눈 내린 다음날

잠을 깨서 시계를 보니 새벽 네 시다.

국어와 미어(美語)를 공부했다. 날이 완전히 밝아 문 밖이 환해져서 밖으로 나가보니, 처마에는 물방울이 뚝 뚝 떨어지고 있었다. 뜰에 쌓인 눈을 재어보니 34cm나 되었다. 어제 하교 길에 전차에서 우리가 얘기했던 대로 되었다.

부엌에는 화목(火木)은 다 떨어졌고, 눈에 젖은 나무 뿐이다. 숯을 사려고 나뭇간으로 갔다.[8]

8 전시였던 당시 연료 대부분이 나무였고, 땔나무와 숯을 파는 가게가 따로 있었던 듯하다. 친척 중에는 나무 장사를 하여 그 때 당시 벤츠 자동차를 타던 사람도 있었다 한다.

털모자를 쓰고 장화를 신은 사람들이 삽을 가지고 나와 눈 쌓인 길을 치우느라 분주하였다. 풍로에 불을 피워 솥을 얹어놓고, 나도 삽을 가지고 골목길로 눈을 치우러 나갔다. 손이 시려 호호 불곤 하였다.

옷을 껴입고 군화를 신고 학교로 나갔다. 눈은 일부 녹기도 했지만 사람들이 밟고 지나간 곳은 얼어서 굳어졌다. 길은 대단히 값 비싸게 되었다.(모든 사람들이 조심조심하게 만들었다.) 가방을 들고 스커트를 입은 여학생 하나가 바나나 껍질에 스케이트를 타듯 미끄러졌다.

"거기서 스케이트 대회가 있소?" 이군과 같이 가면서 놀리기도 하였다. 그 여학생은 곧 일어나 달음질쳤다.

초량 근처에 가니 대신동 쪽보다 눈이 훨씬 적게 온 듯 길바닥에는 눈이 별로 없었다.

여기도 이렇게 눈이 많이 왔는데 북쪽 전장에는 쌓이고 얼어붙은 땅 위에서 생명의 아까움을 마다 않고 오늘도 싸우는 젊은 용사들이 있지 않은가. 여기 이 자리에서 내 길을 걷는 것도 모두 그들 덕분이다. 그들이 거기서 싸우는 대신, 우리는 여기서 학업에 충실하여 그들에게 보답해야 하지 않을까 이렇게 생각해본다.

1952.12.11.(목) 추움

수학 시험

오늘부터 시험이 한 시간 줄어 두 시간씩 되었다.

한 과목이 줄었지만 집에서 복습할 시간은 여전한 것 같다. 오늘 대수(對數) 시간에는 김차득 선생님이 감독으로 들어오셨다. 내자리는 제일 앞이라 들어오시는 선생님들은 늘 나의 답안지를 관찰하신다. 집에서 내 나름대로 공부를 한다고 했지만, 대수는 내게 의외로 어려워 겨우 한 문제를 풀고 앉아 있으니, 선생님이 "공부를 안 했구나, 응!" 하셔서 고개를 들 수가 없었다.

1952.12.12.(금) 온화

누님이 오셨다

오늘은 유기 화학 시험이 잡혔다. 선생님이 들어오시어 카르복시기(基)니 케톤기(基)니 하셔도 기억에 하나도 남지 않고 잘 이해되지 않았는데, 시험기간이 되어 공부를 한 결과 아우트라인[9]은 대략 잡혔다. 그러나 아직 멀었다. 아우트라인이고 뭐고 간에 보다 노력하여 실력을 키워야지.

하교 후 집에 돌아와 '잘 되었건 못 되었건 내일이면 시험지옥에서 벗어난다.' 책상머리에 앉아 공상을 하고 있는데, 누군가 문을 두드리며 들어왔다. 안태(安台) 누님[10]이었다.

"집에서 누가 내려오셨나?"

"아니 아직 안 오셨어요."

"아이고, 여태까지 아무도 안 와서 밥을 우쨌노?"하며 안타까운 표정을 지었다.

"오늘쯤은 누가 와도 오리라고 생각했구만. 내일이 니 생일 아이가?

9 아우트라인 outline : 윤곽

10 아버지의 둘째 누님. 생긴 모습도 아버지와 가장 많이 닮았고, 표정, 기침 소리까지 너무 똑 같으셨다. 또한 아버지가 가장 좋아하시는 형제분이셨다.

혹시나 해서 와 봤구만."

누님은 부엌으로 나가서 대략 정리를 하고 시장으로 가셨다. 시험에 집중 하느라 내일이 내 생일인 줄은 생각도 못했다.

아! 내일은 대단히 기쁜 날이다!

19년 전의 내일은 내가 세상에 나온 날이고, 또 시험지옥에서 탈출하는 날!

1952.12.13.(토) 온화

시험이 끝났다!

하늘은 구름 한 점 없이 맑고 깨끗하며, 마치 봄 날 같이 따뜻하다.

등교길에 전(田)군과 같이 가며 서양 문화사에 대해 이야기하였다.

서양 문화사 시험 문제는 우리들이 등교길에 이야기 한 로마제국의 성쇠에 대해서 나왔다. 그리고 로마법, 플라톤의 이상국가 등등에 대해서도 나왔다. 모두 자신 있었다. 마지막 시험은 자신 있게 치렀는데, 돌이켜 보면 일주일 간 다른 과목 시험은 그다지 잘 본 건 아니었다.

더욱이 그 중 두 장 쯤은 백지였다. 그래도 다른 사람 눈을 피해 양심의 가책 받는 일은 하지 않았다.

급우 중 극소수 몇 명은 (컨닝하다) 걸려 정학을 당한 일이 있다. 담임선생님 말씀대로 나는 알면 아는 대로 모르면 모르는 대로 정당하게 무사히 치른 셈이다.

11시30분 탈옥(?)한 우리는 기쁜 마음으로 일제히 학교를 나왔다. 내주부터는 전과 같이 수업이 진행되며, 24일에는 종업식이 있을 거라는 정보다.

1952.12.14.(일) 온화

나무와 연탄의 가격 비교

어제 저녁 나절 나뭇간에 가서 나무 값을 물어보니 한쪽에 1,700환(圜-원圓 이전의 화폐 단위)이라 하였다. 며칠 전 보다 3배가 올랐다.

17,000환에 화목(火木)이 겨우 10쪽이다.

오늘은 부엌 아궁이에 연탄 피우는 시설을 할 작정이다.

오전에 책을 좀 보다 오후에는 누님한테서 돈을 얻어 시장으로 갔다. 연탄 굴 가격을 물어보니 7,000환(圜)이란다. 돈이 부족해서 사지 못하고 집으로 돌아와 누님께 말씀드리고, 훗날로 미루었다.

한참 이야기 하며 놀고 있는 동안 어느덧 저녁 할 시간이 되었다.

1952.12.15.(월) 온화

전처럼 수업

학교는 전과 같이 9시30분에 수업이 시작 되었다.

첫 시간은 독어였는데 전보다 더 빠른 스피드로 진행!

물리 시간에는 지난 시험 문제를 검토 하였고, 교련 시간에는 분석 선생님이 대신 들어오셨는데, 이야기하며 놀자고 떠들다가 자습으로 대체했다.

집에 돌아와 저녁에 자형, 형님과 같이 요즘 시사 문제에 대해서 한참 논쟁하였다. 형님께선 내일은 집으로 올라가서 사정이 어떻게 돌아가는지 좀 알아오라 말씀하셨다.

1952.12.16.(화) 온화

즐거운 저녁

아침에 자고 나니 기분도 개운치 못하고 해서 고향집으로 갈려던 것을 그만 두고 학교로 향했다. 세 시간 수업을 마치고 학교로부터 오는 도중에 삼성당, 보문당, 현대서림 등에 들러 책을 구경하고 책 한권을 사왔다. 집에 도착하니 뜻밖에도 섭현이(형수님 동생)와 형수님이 와 계셨다. "오늘 집에 올라가려 했었는데, 그랬으면 길이 어긋날 뻔 했네." 하며 웃고 말았다. 저녁에는 모두 앉아 밥을 먹는데, 식구가 여남명[11]은 되었다. "우리 식구들도 이만하면 한 패 꾼은 되겠다." 하며 모두 웃음을 터뜨렸다.

1952.12.17.(수) 온화

배수지의 파이프가 터져 물난리가 남

오늘 아침에는 지각을 하였다. 교통정리로 말미암아 완전한 수업도 하지 못하였다. 초량 근처 가까이 사는 학생들은 아침 6시에 나와 1교시만 하고 돌아가고 원거리 학생들도 차례로 돌아갔다.

미어 시간에는 김종출 선생님의 창작 소설 《낙제생》을 듣고 비판, 음미하였다. 3교시 화학 시간이었는데 뜻밖에 비상벨이 울렸다. 모두들 밖으로 뛰어 나가고 야단들이었다. 나가 보니 마치 홍수가 난 듯 우리

11 여남명: '여남은 명'이 표준어. 대략 열 명 전후의 사람(여남이라 함은 밀양에서는 대략 10정도의 뜻으로 칭 한다. 예를 들면, 논 여남 마지기, 소 여남 마리 등)

교실 옆 교실 할 것 없이 물난리가 나서 야단이었다.

교무실에선 책상이랑 서류가 들려나와 법석이 나고, 학생들은 서로 나가려 밀고 당기고, 길은 꽉 막히고, 신발은 다 젖었다.

뒤 배수지에서 파이프가 터져서 갑자기 이런 돌변이 났던 것이었다.

이렇게 불의의 변을 당한 우리는 어찌 하지 못 하고 당황하였고, 일부 용감한 인사들은 아랫도리를 벗어 놓고 솔선하여 헌신하는가 하면, 어떤 선생님은 그저 자기 책이나 가방만을 챙기기에 바빴다.

1952.12.18.(목) 추움

지리 시간에

지리 시간에 서수인 선생님이 들어 오셨다.

"나는 오늘 여러분에게 듣기 싫은 잔소리를 좀 하겠습니다."라며 얘기를 꺼내셨다.

어제 우리학교 전교생 대부분은 방과 후 〈오 헨리〉[12] 영화를 보러갔다. 그래서 오늘 어느 학급에 들어가 그 영화의 배경이 어느 때인지 물었더니 한 학생이 중세 로마 시대라 답했단다. 그 학생은 수업도 빼먹은 채 어른 모자에 잔뜩 멋을 부리고 극장에 갔기 때문에 선생님이 일부러 질문을 해 보신 거란다.

"우리 부산고등학교 학생들은 그런 얄궂은 복장을 하지 않았으면 하는 바램입니다. 그리고 만일 여러분이 법률 공부를 하려거든 과학 공부

12 오 헨리(O. Henry 1862~1910) : 미국 출신의 소설가로 본명은 윌리엄 시드니 포터(William sydney porter)이며, 오 헨리는 필명이다.

도 열심히 할 것이요, 이공 계열로 나갈 생각이면 사회학 공부도 허술히 여기지 말도록 하며, 모든 학과에 기초를 잡지 못한 사람들은 이번 동기휴업(겨울방학)을 이용하여 열심히 노력 하도록! 이번시간 수업 내용은 이것입니다."

1952.12.19.(금) 추움

국어 시간에

국어 시간에 지난 번 시험 결과를 발표하였다.

그런 후 《홍길동전》을 배웠는데, 그 중 둔갑법이니 축지법이니 하는 대목이 나왔다. 여기에 대해 그것이 실존하는 것인지를 질문한 결과 선생님은 이렇게 답하셨다.

19세기 과학만능 시대를 지난 오늘날, 그것을 단순히 미신이라고만 여기지 않고, 지금 미국이나 다른 선진국에서는 순전히 귀신만을 연구하는 '심령학'이라는 것이 있어, 눈에 보이지 않는(과학으로 설명되지 않는) 세계가 연구의 대상이 되기도 한다고, 거기에는 아주 흥미로운 일들도 많다고 그런 말씀을 하셨다.

1952.12.20.(토) 추움

배 아픈 날

방 안에만 있을 때는 몰랐는데 밖으로 나오니 얼굴이 따가울 정도로 추웠다. 집을 나서서 조금 걷는데 옷을 하나 더 입지 않은 것이 후회되었다.

2교시 이후부터 이상하게 배가 아프기 시작했다. 아픈 것을 참고 노트 필기에 정신을 집중하고 있을 즈음 휴식종이 울렸다. 점심 시간에는 여러 동무들의 흥미 있는 이야기에 정신이 팔려 배가 아픈 걸 잊었는데, 3교시에는 견디기 어려울 정도로 아팠다.

수업을 단축하고 육군 본부 분소(경남공고)로 가서, 공군 사관학교 제1기생 안창일 중위로부터 공군과 공군 사관학교에 대한 강연을 들었다.

1952.12.21.(일) 온화

김장 배추를 사러 가다

어제 하교 후 집에 도착한 뒤 복통에 못 이겨 자리에 쓰러졌는데, 눈을 떠 보니 문 밖이 하얗게 밝은 이른 아침이었다.

아침을 먹고 형수님과 김장 배추를 사러 갔다.

부평동 근처 시장에서 배추를 물어보니 한포기 3,800환. 거기서 조금 내려가니 작은 손 구루마에 배추를 가득 싣고 오는 할머니가 있어, 금(가격)을 물어 보니 역시 좀 전과 다르지 않았다. 그 길로 충무로 청과 조합으로 가서 한포기 2,500환에 배추 50포기를 받아왔다.

1952.12.22.(월) 온화

동지 팥죽

우리나라는 세계 어느 나라보다도 풍속이 독특한 것 같다. 오늘은 동지라 하여 무슨 의미에서인지는 모르겠으나 꼭 팥죽을 쑤어 먹는 관습이 있다. 우리가 아는 동지는 단순히 일 년 중 낮이 제일 짧고, 밤이 가장 긴 날인데, 왜 하필 팥죽을 먹는지 그 연유가 어디서 시작 됐고 그 의미는 무엇일까?[13]

학교를 향하는 길에는 이집 저집 죽 그릇을 나르는 사람들로 분주하였다. 우리도 오늘 아침엔 하동 숙모댁에서 가져온 팥죽을 먹었다.

1952.12.23.(화) 온화

올해 마지막 수업 날

2교시 미분 시간에 시험지에 기하 문제를 내놓고 시험을 본다는 것이었다. 우리들은 열심히 아는 힘을 다해 풀고 있었는데, 시간이 다 됐으니 펜을 놓으라는 말씀이 있었다. 선생님은 별안간 얼굴색을 바꾸어 그 문제들은 이번 동기휴업(겨울방학) 중 숙제로 미룬다고 하였다. 이제껏 긴장감이 감돌던 교실은 갑자기 소란스레 변하였다.

오늘이 올해 제일 마지막 수업 날이다. 오늘 끝 시간 수업은 재미있는 음악 과목으로, 피아노의 고운 음률로 끝을 맺었다.

13 《동국세시기》에 의하면 동지 팥죽의 유래는 공공씨의 아들이 동짓날에 죽어 역질 귀신이 되었는데, 역질 귀신은 생전에 팥을 두려워했었기에 동짓날에 팥죽을 쑤어 뿌리면 악귀를 예방하는 의미가 있다고 생각한데서 비롯되었다 한다.

1952.12.24.(수) 온화

종업식

동기휴업(겨울방학)을 앞둔 우리들은 산만하게 떠들며 교정에 모였다. 조례 시 담임 선생님으로부터 종업식하기 직전 해야 할 일에 대해 지시를 들었다. 지시대로 빨리 움직이고 난 뒤 임시 학생증 검인을 받았다.

종업식장에서 여러 가지 지시를 받았다.

"우리 부고(釜高)는 언제나 2학년 여러분을 예의주시하여 낙제생을 제일 많이 낼 작정이고, 학교의 방침은 시종일관 변함이 없으니, 부디 낙오자가 생기지 않게 꾸준히 노력하도록!"

1952.12.25.(목) 추움

재부 고등학생 밀양 친목회

오늘 우리들은 부산상고 강당에서 재부(在釜)고등학생 밀양 친목회를 열었다. 우리 고향을 등에 지고 같이 나갈 향우들이 한 자리에 모여 웃고 즐기는 최대의 모임이었다.

아침 여기로 올 때 알 수 없는 커다란 기쁨이 가슴을 밀고 올라와 마음을 모두 차지하였다. 우리들이 강당에서 회칙 통과니, 임원 선출이니 하고 있는 동안 별실에서는 여학생들이 다과 준비에 한창이었는데, 우리가 강당을 나왔을 땐 모든 준비가 다 되어 있었다.

오찬을 마친 후 각 면 단위로 배구 시합이 있었다. 우리 무안(武安) 향우들은 단 4명밖에 되지 않았으나, 결승에서 최종 3등을 차지하였다.

1952.12.26.(금) 온화

과하게 놀고 난 결과

어제 회의에 참석하여, 요즈음의 몸 상태에 비해 너무 과격한 운동을 했음을 오늘 비로소 깨닫게 되었다. 하루 종일 자리에 누워 구들장을 등지는 신세가 되었다. 자리에 가만히 누워 생각했다. 전 주일 시험을 보았고, 또 혹독한 눈보라에 시달렸는데 그런 일만 아니었더라면 이정도의 피로는 참을 수 있었을 텐데.

옛 사람 丘公(구공)[14]의 《六悔銘(육회명)》 중에는 이런 말이 있다. '安不將息 病 時悔(안불장식 병시회 :편히 쉬지 않다가 병이 들면 후회한다.)' 나 또한 내 건강 상태를 조정해 보지도 않고 그만 흥에 넘쳐 과하게 놀고 난 결과, 종일 자리에 누워있는 신세가 되고 말았다.

1952.12.27.(토) 온화

서대신동으로 짐을 찾으러

일전에 사온 소설책을 보느라 오전 시간을 다 보냈다.

오후에는 형수님과 함께 서대신동 중리댁으로 놀러갔다. 얼마 전 이사할 때 부쳐 보낸 짐 중에서 좀 덜 찾은 것이 있어 겸사겸사 간 것이었다. 갑자기 여기로 와서 어떻게 생활하는지, 이런저런 얘길 하다 짐에 대해 물었다. 여러 사람 짐을 같이 싣고 와서 어디로 따라갔는지 찾

14 '육회명'의 작자를 아버지는 丘公 이라 하셨다. 구공이라 하면 보통 공자를 칭하기도 한다. 이글은 송나라 구준(寇準 962년–1023년)의 글이다. 별명은 구래공(寇萊公)이다.

지를 못하겠는 모양이었다. 신통한 답도 듣지 못한채 그만 돌아와 버렸다.

1952.12.28.(일) 혹한

맹추위에 집에 가는 길

조반 후 고향으로 갈까 하여 준비를 하고 있으니, 형수님께서 "오늘 김장 배추를 좀 더 받아 와야겠다"고 하셨다.

그 길로 형수님과 충무로 청과 조합에 가서 나 한 짐, 일꾼 한 짐 김장거리를 받아 왔다. 요기를 하고 그 길로 나와 초량 역전에서 자형을 만나 차비를 얻었다.

부산진에서 기차를 타려고 기다렸으나 여의치 않아, 범일동 정류소로 갔다. 거기서 약 1시간쯤 기다리고 있다가 트럭 한 대를 얻어 타게 되었다.

이를 타고 오는 도중, 김해(경남) 까지 올 때쯤의 그 추위라는 것은 내가 태어난 이래 당했던 추위 중 가장 으뜸이었다. 입은 옷은 옷이 아니라 한 낱 얇은 모기장과도 같은 느낌이었다.

김해에서 차를 갈아타고 집으로 향하는데, 한 걸음 한 걸음 나아 갈수록 쌓인 눈은 점점 더 두터워졌다. 구포 일대는 부산 시내와 비교할 때 마치 거친 눈구덩이 광야와도 같았다. 이런 저런 생각을 하는 동안, 차는 어느덧 낙동강(수산 나룻가)앞에 다다랐다. 앞에는 시퍼렇고 긴 강이 가로 막고 있었고, 끝이 보이지 않게 줄을 선 사람들은 조그만 한 척의 나룻배를 기다리고 있었다.

1952.12.29.(월) 추움

집에 가는 길

어제 김해에서 같이 차에 오른 한 군인은 끝까지 나의 길동무가 되어, 수산(守山)[15] 나룻가에서는 나와 같이 요기도 하였다. 우리 일행은 조그마한 배에 올라 느릿느릿 물결을 스쳐 나루를 건넜는데, 이쪽 언덕에 닿았을 때는 이미 먼 산으로부터 한 겹 한 겹 어두운 장막이 내려오고 있었다. 갈 길 먼 나그네의 조급한 마음을 아는지 모르는지, 골목에선 뛰어노는 아이들의 떠드는 소리만 고요한 적막을 깰 뿐이더라.

1952.12.30.(화) 추움

본가에 도착했으나

오늘은 길을 떠날 작정으로 행장을 차리어 문 밖을 나서려는데 사장마님(큰누님의 시어머니)께서 누님의 순산을 알려주셨다.[16]

평촌(밀양시 상남면 세천리–큰누님의 시댁)을 조금 지나 차를 붙들어 탔다. 달리는 차에 몸을 맡겨 가고 있으니, 이듬(밀양시 상남면 이연동)이 눈앞을 얼른 지나가고 좁은 철교를 지나고 난 뒤, 인파가 즐비한 밀양읍(현 밀양시)에 도착하였다.

---

15 수산(守山) : 밀양의 지명, 삼한시대의 3대 제방(저수지) 수산제(守山堤)가 있다. 낙동강 변에 위치해 다리가 없던 시절 나루터가 있었다.

16 아버지는 당두 본가로 바로 가시지 않고 평촌(상남면 세천리–우리는 시치이 라고 불렀다) 큰누님 댁으로 가셔서 하루를 묵으신 듯하다. 그날 마침 나의 고종 사촌 중 누군가가 태어난 날인가 보다

여기부터는 별 탈 없이 본가에 도착하였다. 큰 집안에서 인사하는 이 오직 출희(여동생)뿐 아무 기척도 없었다. 어머님은 운정(외가 동네) 잔치에 가시고 옥화(질녀), 정파(막내 여동생) 모두 학교에 가고 집에 있지 않았다.

지난 추석 고향에 왔을 때만 하여도 모두들 반갑게 나를 맞았었는데, 오늘은 숲길을 걸어오는 순간부터 이상하게 이마에 냉기가 닥쳤다. 하여, 한편 쓸쓸하고 한편 나도 모르는 이상한 감정이 일었다. 근 일세기 동안 처음 당한 임진년[17]의 가뭄이 다시 찾아 왔나. 본래 사람의 집에 먹을 것이 많으면 그 집이 자연 푸근한 법인데, 한 개인의 집이 이렇거늘 하물며, 나라 전체야말로 말 할 것도 없을 것이다.

저녁에는 연지누나가 놀러 와서 지난동안의 일을 이야기하며 놀았다.

1952.12.31.(수) 온화

한 해의 마지막 날에

집안 대소가를 대략 돌아본 후 집으로 왔다. 들은 소식으로는 동네에 변동도 대단히 많았다. 죽은 사람도 많고 이사한 사람도 있고 이상하고 망측한 일들도 있었다. 360년 전 임진년은 부산항으로 섬나라 오랑캐들이 밀고 들어와 몸서리나는 난을 일으켰고(임진왜란), 육십년 회갑을 맞은 이 해는 또다시 무서운 전란을 당하게 되었다.

밖으로는 큰 전란 작게는 곳곳마다 배고픔에 굶주리는 농촌, 전시민(戰時民)들의 기아 전쟁. 이런 속에서도 세월은 여전히 흘러 임진년 이

17 1952년 임진년 심한 가뭄으로 전국적으로 농사가 다 흉년이었다 한다.

해도 저물고 있다.

한 해를 돌이켜 생각하니, 학창에 몸을 두고 있는 우리 모두는 진급하여 한 학년씩을 나아갔다. 그건 기쁜 일이지만 그 중 소수긴 하나 낙오한 급우도 있어 약간 슬프기도 하다. 웃고 우는 세월을 누가 당겨서 재촉이라도 했는지 불과 몇 시간 후면 이 해는 물러갈 것이고, 다시 몇 달이 지나면 경쟁하여서 나아가거나 밀려 나서 인생의 무게는 과중하게 되겠지. 인생의 물음표(?)를 풀어서 해결할 때가 과연 언제가 될는지?[18]

18 전시였고 흉년에 배고픔과 추위, 불확실한 미래 모든 게 암담했을 듯싶다.

몇 자의 붓 희롱을 먼 후일 다시 보게 됐을 때,

지나간 과거가 마치 어제처럼 다가와,

새로운 暗香(암향)이 피어오르겠지.

2장

고교 2학년~고교 3학년

1953년 (단기4286)

1953.1.1.(목) 맑고 온화

새해 첫날의 다짐

근하신년의 축복과 더불어 이 해의 계획, 한 해의 출발 행장을 완전히 갖추었나 다시 점검하는 바이다. 보다 더 선량한 학생의 임무를 완수하기 위해 마음을 가다듬고 새 출발의 일보를 내놓는 날이기도 하다. 지난해 이루지 못했던 일들 올해는 후회 없이 하도록 나는 굳게 작정한다.

낮에는 별 일 없이 집에서 그저 동생들과 놀았다. 오후에는 지영 형을 찾아갔다. 그리고 안촌 댁에서 몇 명이 모여 싱거운(재미있는) 이야기를 하며 놀았다.

며칠 전 고향에 들어설 때보다 내 마음은 좀 풀어졌지만, 건너편에 바라다 보이는 산천들은 모두 빼빼 마르고, 추위에 웅크리고 있는 듯 해 마음이 가볍지만은 않다. 그러나 내게 '앞으로 멀지 않은 장래에 희망의 백화를 틔우리라' 그렇게 속삭여 주는 것만 같아, 텅 빈 내 가슴을 채워 준다.

'겁을 내며 추위에 떨고 있는 땅 이불 속 만물들아, 어서 꿈을 깨고 일어나라!'

1953.1.2.(금) 온화

지영 형 집에서

조반 후 지영 형의 집으로 가서 이런 저런 얘길 하며 놀았다. 문을 나오는데 문득 안동 아지매(지영 형 어머니)가 도끼로 나무를 쪼고 있는 것이 눈에 들어왔다. 다른 사람들은 여태 따뜻한 방에서 이야기하며 놀고 있었는데, 아지매는 혼자서 나무를 쪼고 있었던 것이다.

마른 몸에 치마를 걷어 올리고, 머리카락은 빗을 본지 며칠이나 됐을까. 이 늙은이는 어쩜 이렇게 하고 계셨나? 싶다가, 모든 살림살이 모든 사람에겐 다 자기 위치가 있지 생각하니 서글퍼진다.

앞 들에는 오줌 장군 진 한 늙은이가 나가고 있는 것이 보인다.

1953.1.3.(토) 온화하다 흐림

한가한 농촌 모습

날씨가 따뜻하다. 나무하는 초동들이 지게를 지고 열을 지어 물박산(水朴山-고향 뒷산)으로 올라가며 부르는 노래 소리가 들려온다. 농촌은 한가하다. 지붕을 새로 이은 집들 다문다문 모여 있고, 혹 그대로 묵고 썩어 검회색으로 웅크리고 있는 초가도 있다.

골목 밖에는 도 계발(道 啓發) 선전반의 촬영대가 와서 촬영을 한다고 야단이다. 아이들은 이리 주루루 저리 주루루 따라 다니고, 집집의 개들은 큰일을 맡은 듯 짖어대며 야단이다.

1953.1.4.(일) 비온 후 눈

하늘님의 조화

밖에는 비가 내린다. 마치 봄비 같다. 땅은 어느새 질척질척 변하였다. 먼 산 응달에는 저번에 내린 눈이 녹지 않고 허옇게 덮혔었는데, 비가 와서 거의 녹아 없어졌다.

아마 정오를 넘은 시각 같다. 하늘 님의 조화는 무궁하다. 온 누리에 백설이 휘날리고 천지는 다시금 백색의 선경(仙景)으로 변하였다.

창을 여니 눈은 여전히 내리고 있다. 사람들이 드나드는 마당은 길 따라 눈이 녹았고, 강아지가 쫓아다닌 곳은 마치 설중매가 피어 떨어진 것 같이 아름답다. 비가 올 때는 골목 주인인 장난 대장들이 흔적도 없이 조용하더니, 눈이 내리는가 하니 골목길에선 벌써 야단들이다.

1953.1.5.(월) 맑고 온화

봄날 같은 하루

날씨는 곱게 개었고 햇볕은 따뜻하여 마치 봄날 같다. 햇살이 먼저 든 곳은 벌써 흰 빛이 사라지고 본래대로 돌아가고 있다.

연지 누나 집에서 하루 해를 거의 다 보내다시피 했다.

그리고 전에 정리해 놓은 단어집을 복습하였다. 기초부터 차근차근 해 볼 작정이다. 저녁에는 기초 영문법을 한참 공부했다.

불은 깜빡 깜빡 쇄~ 하며 가쁜 숨을 쉬고 있다.

난, 낮과 같이 밝은 전등 보다는 깜빡 거리는 호롱불이 더 정답고, 궁둥이 따뜻한 앉은뱅이 책상이 더 좋고, 번잡한 도회지보다 한적한 산촌이 언제나 더 마음에 든다.

1953.1.6.(화) 추움

나무하러 산으로

조반을 마친 후 방에 있는데, 어머니께서 반(班)에서 장작을 내라 한다고 걱정하는 말씀을 하셨다. 지금 집에는 장작이라곤 한 쪽도 없는데, 근(거의) 반 지게가 넘는 나무를 갑자기 어디서 구해야 하나.

나는 큰댁으로 올라가서 큰 나무칼을 빌려다 지게를 지고 정당골 산(동네 건너 산)으로 갔다. 나무를 한 짐 베어다 내려놓고 오후에는 만규(오촌)와 같이 가서 또 두 짐을 베어왔다.

여태 산에 간 일이 드물었기 때문에, 다리는 무겁고 몸은 고단하였다. 그러나 반(班)에서 내라는 나무쯤은 이제 문제도 되지 않고, 몇 번이라도 달라는 대로 줄 수 있게 되었다. 어머니 걱정이 해결되었다고 생각하니 십분 기쁘다.

1953.1.7.(수) 온화

지부(志浮)가 왔다

집에서 책을 뒤적이고 있다가, 하도 심심하여 정희네 집으로 놀러 갔다. 문 밖에 군화가 한 켤레 놓여 있었다. 틀림없이 지부(志浮)가 왔구나 생각하고 크게 놀래켜 줄 작정으로 살금살금 문 앞으로 다가갔다.

가만히 문 앞에서 망설이고 있는 사이, 안에서 내가 누구인지를 먼저 알고 방문이 활짝 열리었다. 그러면서 도리어 내 술책이 부족하다고 놀리는 게 아닌가. 이번 작전은 신통하지 못했다.

방에서 한참을 이야기 하였는데, 지부란 놈은 뭐 그다지 통쾌하지도 않은 자기 동무의 실연 이야기 등을 늘어놓으며 시간을 아깝게 다 보냈다.

1953.1.8.(목) 추움

동네 친구들과 놀다

오늘은 큰댁에 가서 놀았다. 큰댁 형수님으로부터 요즘 살림이야기, 동네 돌아가는 이야기 등을 재미있게 들었다. 오후에 지부와 같이 골목 밖으로 나가 정곡 아재, 정택이 등을 만나서 중리댁으로 가서 놀았다.

저녁에는 이 그룹과 같이 수산댁에 모여 화투를 치며 놀았다. 자연스레 남자팀과 여자팀으로 나눠졌는데, 처음엔 우리 팀이 연거푸 지게 되어 침체를 맞았다.

그 중에서 내가 제일 칠 줄 몰라, 한 번에 보통 대 여섯 대씩 맞았다. 다른 사람들은 불과 한 두 대였는데. 그러나 그것도 처음 이야기였다. 나중에는 우리 팀이 몇 배의 통쾌한 복수를 하게 되었다.

1953.1.9.(금) ~ 1953.2.28.(토)

51일 동안의 일기를 찾지 못해 빈 여백으로 남김이 안타깝습니다.

내 고향

당신이 지켜나려 오는 비밀의 역사
아득히 흘러내린 무궁한 세파
당두야 너는 나를 낸 고향이었지.

누른 소들이 누워서 염불하는
정든 숲 속의 맑은 송풍.
나는 이 소리면 자다가도 즐겁구나!

맺히고 서린 정기 끝 간 데가 없건만.
물박산 내린 물이 꼬리를 감돌아
조화옹의 기술로 점지하여 이른 곳.
영원히 행복할 나의 고향 당두여.

1953.3.1.(일) 맑음

3.1 절 행사

어제껏 흐렸던 날씨는 새벽녘부터 마치 비로 쓸어낸 듯 맑게 개어 별살은 도타웠다.

33년 전 기미년을 회고하며, 그 때의 3.1운동 정신을 계승하여 지금 우리가 처한 이 난국을 타파해 가야 할 것이다. 그 당시 선열들이 흘린 피가 결코 헛된 것이 아니었으며, 그로 인해 세계만방에 우리 존재를 알리는 계기가 되기도 했다.

우리 부고생(釜高生)들은 질서 정연히 시간에 맞춰 모여, 충무로 광장에서 기념행사를 기다리고 있었다. 식 중에 선배들이 낭독한 독립선언문은 천추만대를 내려가며 어느 누구에게 내놓아도 전혀 손색이 없을 만큼 공명 정대하였다. 글을 읽는 동안 숭고한 선열들에게 저절로 고개가 숙여졌다. 시가 행렬 시에는 다른 어떤 행렬보다도 더 엄숙했고, 흔들리는 태극기마저 독립운동 당시 그 때와 같이 빛났다.

1953.3.2.(월) 흐림

교관의 설교(?)

3교시 교련 시간에는 좀 늦게 교련 교관이 들어왔다. 소란하던 교실은 조용해졌고, 교관은 안색이 좋지 못하였다. 조금 후 어제 3.1절 기념행사에 대한 비평 설교가 시작되었다.

"성의 있는 학도들은 정시 정각에 집합장소에 모였지만, 개 중의 많은 학생들이 어제 행사에는 참가치 않고 경남여고 예술제에 갔고, 어제 경남여고 예술제 관람객의 삼분의 일이 우리학교 학생이라 들었다. 그 광경을 본 나로서는 상당히 불만이고…….”

1953.3.3.(화) 맑음

골치 아픈 화학 시간

첫 시간은 유기 화학 시간이었다.

대부분의 학생들은 화학 시간만 되면 골치가 아프다고 야단들이다. 오늘은 더군다나 첫 시간부터 화학이 들어, ‘양용분석’이니 ‘용양분석’이니, ‘H_2O’니 하며 선생님을 놀리기 시작하였다.

선생님은 한참 동안을 가만히 있다, 사실 노골적인 이야기를 하였다.

“나도 사실은 여러분들이 이 화학을 대단히 싫어하는 줄 잘 알고, 또 골치 아픈 과목이란 것도 잘 안다. 그러니 내가 생각건대 3학년부터는 문과, 이과로 나누어서 이 시간을 사회 상식으로 대체 했으면 좋을 것 같다”

1953.3.4.(수) 맑음

신입생 입학시험

오늘부터 우리 부고(釜高)는 신입생 입학시험이 시작되기 때문에 전교생이 1주일간의 휴업에 들어가게 되었다.

집에서 쉬며 학교를 나오지 않아도 되니 단 며칠이지만 대단히 반가운 일이다. 그러나 입학시험에 응시하는 여러 후학들은 실력 발휘 강조

주간이라 얼마나 골치가 아플까?

우리학교 금년 신입생 수용 능력은 300명 정도인데 응시자는 약 800명 정도라 한다. 오늘부터 시작 되는 경쟁에서 그 중 500명은 낙오가 되겠구나.

1953.3.5.(목) 맑음

학년 말 진급시험 준비

신입생 입학시험이 끝나고 나면, 우리들은 학년 말 진급 시험을 봐야 한다. 오늘 오전에는 대수(對數) 노트를 펴 놓고 로그(log)를 계산해 본다. 수표를 찾아서 계산하는 것은 한 두어 시간 후에는 자신이 팍 붙었다.

우리 시험 첫 날이 서문(西文-서양문화사)이기 때문에 서문을 펴 놓고 복습하였다. 책을 펴 놓고 보니 시험 범위가 약 70페이지 정도이다. 한 번 훑어보고 넘어가는 정도로 그쳤다.

모레 형수님과 같이 본가에 갈 작정이었는데, 비료 문제가 생겨 내일 출발을 해야 한다.

1953.3.6.(금) 맑음

큰 누님 내외가 오시다

아침에 일어나 간단한 요기를 하고 길을 나섰다.

역에서 차표가 없어 이리저리 다니다가 태현씨를 만나 무사히 밀양까지 갈 수 있었다. 읍에서도 순조롭게 버스를 타고 신법(당두 아랫동네)까지 왔는데, 차장 계집아이와 말썽이 약간 있었다.

집에 도착하니 세천 자형과 누님(큰 누님 내외)이 와 계셨고, 출희(여동생)는 부엌에서 점심을 장만하고 있었다. 약 한 시간 쯤 있으니 어머님은 장에서 돌아오시고 온 집안은 웃음꽃이 피었다.

1953.3.7.(토) 맑음

모여 놀다.

조반 후 자형과 같이 대소가를 돌아다니며 인사를 드렸다. 그런 후 나는 연지누나 집에 가서 놀았는데, 연지누나 고종도 와 있었다.

저녁에는 안촌 아지매와 큰댁에서 저녁밥을 먹고, 놀 장소로는 안촌댁으로 정하였다. 우리는 화투놀이를 하였는데, 이긴 편이 진편에게 손목 때리기를 하기로 벌칙을 정하였다.

어김없이 내가 맞게 되었다. 그러나 나중의 복수는 모두 정희에게 갚게 되었는데 벌칙을 당하기도 전에 울고 해서 한층 더 재미있었다.

1953.3.8.(일) 온화

동백을 심다

날씨는 이제 확실히 해동을 했고, 겨울은 완전히 북으로 도망간 모양이다.

샘물은 다시금 시원해졌고, 화단의 흙은 파실 파실 윤기가 난다. 고요히 잠자던 난초도 양분을 뽑으며 고개를 내밀고 화단에서 제일 먼저 잠깨기를 선동한다.

오전에는 웃마(윗마을)에서 보내고, 내려올 적에 동백나무 두 포기를 뽑아 와서 우리 집 화단에 옮겼다. 상록수 하나 없던 우리 화단도 이제 화단답게 갖추어졌다.

1953.3.9.(월) 온난

선친 기제삿날

아침에 자고 큰 방으로 올라가 보니 영산 고모님이 와 계셨다. 고모님은 어제 저녁 늦게 오셔서 큰댁에서 유하시고 오신 모양이었다.

머슴은 혼자서 담을 이울고 있었다. 헌 바지를 하나 주워 입고 머슴이 하는 일을 거들었다. 머슴 일은 혼자 할 때보다 두 배는 쉽고 빠르게 끝이났다.

10시경에 담 이우는 일을 모두 마치고, 감나무 두 그루를 가지 치기 하였다. 시간 되는대로 일을 마치고 손을 씻은 후 학과를 복습하였다. 오후 4시경 안태 누님도 오셨다.

오늘 저녁은 선친의 세 번째 돌아오는 기제사[1]이다.

---

1 제삿날이라고 이틀 전 '큰누님(고모) 내외'가 오셨고, 오늘은 '고모님(고모할머니)', '안태누님'이 오셨나 보다. 담장도 새로 고치고 나무 가지 치기도 하고 지금의 고등학생으로선 상상하기도 힘들게 온갖 집안 일들을 다 돌보았었다.

1953.3.10.(화) 온난

비료를 구할 걱정

앞들 보리밭에는 벌써부터 밭 매는 농부들이 호미를 쥐고 밭고랑을 기어 다니고 있다. 동네 사람들은 모두 보리밭에 줄 비료를 구하지 못해 걱정이 태산이다.

있는 힘을 다하여도 안 되는 것이 올해 우리 동네의 전반적인 사정이다. 이를 볼 때 지금 우리나라는 대내 대외를 막론하고 큰 곤경에 빠진 것 같다. 농민들의 생명줄은 비료 문제에 달려있다 하여도 과언이 아닐 것인데…

1953.3.11.(수) 비온 후 흐림

시험1

여태껏 쾌활히 뛰놀던 우리들은 첫 시간 종이 울리자 극도로 긴장하게 되었다. 첫 시간 시험 답안지를 받아 문제를 채 읽기도 전에 괄호 속에 답을 다 채웠는데, 한 문제만은 풀지 못하고 고개를 갸우뚱하고 있었다.

밑의 문제를 먼저 풀까 하고 시선을 아래쪽으로 돌리니 그 밑에 위의 정답이 모두 있었다. 그래서 문제를 모두 다 풀었다.

다음 서문(西文)은 그다지 잘 본 편은 아니어도 70점은 넘을 거라 생각한다. 화학 시간에는 문제를 남 먼저 풀고, 남은 시간들이 지루하였다.

1953.3.12.(목) 맑음

시험2

시험을 하루 보고 난 우리들은 어깨가 좀 가벼워진 감이다. 오늘도 우리들은 긴장된 4시간을 보내게 되었는데, 첫째 시간이 미어(美語)시간이었다. 시험지를 보니 손톱도 들어가지 않았다. 사전을 뒤져서 낯선 단어를 골라내어 말을 연결해 보니, 말은 잘 되지 않았으나 고대 희랍 철학에서 나온 것은 분명하였다.

약 반 쯤을 맞추고 있는데 펜을 놓으라는 종이 울렸다. 모든 학생들이 시간 연장을 요구했으나 아무 소용이 없었다. 다음은 대수(對數) 시간이었는데 문제를 훑어보며, 이것쯤이야 했는데 끝에 가서는 좀 어려웠다.

1953.3.13.(금) 맑음

시험3

아침 조례 시간에 담임 선생님께서는 끝까지 인내하여 좋은 결과를 내도록, 그리고 극소수나마 요 사이 결석하는 학생들이 없도록 특별히 부탁하셨다.

미작(美作)시간에는 이전 시험지를 훑어보며 복습하는 정도였다. 의외로 미독(美讀)은 책에 이런 부분이 있었나 싶게 생각이 나지 않는 부분도 있었다.

다음은 담임 선생님의 학과인 물리이다. 사실, 물리는 큰 공부도 하지 않았는데, 공부 안한 거에 비하면 쉬운 편이었다. 무엇보다 머리가 아팠던 것은 독일어였다. 독일어는 범위가 대단히 넓었다.

1953.3.14.(토) 흐림

스티븐슨 장관 내한

자형 심부름으로 어제 오후 통근차로 삼랑진에 갔었다.

오늘 아침 일찍 송지역으로 나와 기차표를 샀다. 그런데 갑자기, 어제 학교에서 50cm 깃대 3개씩을 준비해 오라 했던 이야기가 생각났다. 역 밖으로 가서 포플러 가지를 꺾어 왔다.

플랫폼에 들어갔을 때 시간은 벌써 7시 가까이 되었고, 낙동강 쪽으로부터 검은 연기를 내뿜는 긴 열차가 가쁜 숨을 몰아쉬며 달려왔다. 부산에 도착했을 땐, 시간이 늦어 지각이 아닐까 하며 달려간 것이 다행히 지각은 아니었다.

'美 스티븐슨(당시 미 육군 장관) 내한에 적극적 환영!'

1953.3.15.(일) 맑음

기차 타고 심부름

조반 후 식구들끼리 앉아 놀다, 지난12일 저녁 도둑이 든 얘기가 나와 한참 수수께끼가 되었다. 여태껏 우리 집에 도둑이 든 일은 얘기조차 들어본 적이 없는데, 엊그제 저녁의 일이 당장 나에게도 영향을 미쳤다.

시험 중인데도 불구하고 금요일 원거리를 다녀오게 되어 대단히 불리하였는데, 오늘 또 기차를 타게 되었다.

낮이면 등골에 땀이 나는 계절이지만, 기차간 사이 문으로부터 들어

오는 밤바람은 못 견딜 정도로 추웠다. 또 우의를 잃어서 지금 당장 비라도 내리면 그냥 다 맞아야 할 지경이다.[2]

1953.3.16.(월) 맑음

시험 끝!

오늘 정오가 되면 우리는 그 골치 아프던 시험의 굴레로부터 해방이 된다. 그리 생각하니 무거운 짐을 벗은 듯 어깨가 가뿐하다.

국어 시간이 닥쳐왔다. 단문 짓기다.

지금 계절은 봄. 인생에 있어서의 봄은 청춘.

봄과 청춘이 잘 아우러져 답안지, 흰 종이는 말간 봄 향기를 내뿜고 있었다.

미적(미분, 적분) 시간도 다가왔다.

일 초 일 초 달아나는 시간은 걷잡을 수 없이 자취를 감추곤 한다.

적분 답안을 대충 훑어보면서 종이 울릴까 마음 졸이고 있는 찰나 땡땡…. 기다리던 시간이 왔다!

---

2 집에 도둑이 들었나보다. 어른들은 금요일도 삼랑진으로 심부름을 보내셨는데 오늘은 또 무엇 때문에 어디로 심부름을 보내셨는지. 내일 학교 갈 길에 지장은 없었는지. 요즘 같으면 상상조차 할 수 없는 일이다.

1953.3.17.(화) 맑음

부고 제2회 졸업식은 내일

학교 측 전달에 의하면, 금년 부고 제2회 졸업식[3]은 18일(내일)로 결정되었는데, 식장이 좁은 관계로 전교생이 참석 하는 건 불가능하다한다. 그렇기 때문에 한 반에서 5명씩 뽑아 참석하기로 하고 나머지 학생들은 오늘 내일 이틀간 휴업하기로 한다는 것이었다. 시험 때문에 쌓인 피로를 풀 생각에, 한편 서운하기도 하나 또 한편으로는 모두들 즐거운 모양이었다.

오늘은 바람도 잠잠하고, 멀리 바라다 보이는 남빛 바다는 아득히 하늘과 맞닿아 있다. 기선 한 척이 검은 연기를 내뿜으며 멀리멀리 가더니 마침내는 희미한 연기만 남기고 사라진다.

1953.3.18.(수) 맑고 온화

봄날 추억에 잠기다

책상머리에 가만히 앉아있자니 심심하기 짝이 없다.

눈을 살그머니 감으니, 마음은 몸과 같이 있지 않고 어디로인가 달음질친다. 봄! 꽃이 피고 연초록의 새 잎들이 피어난다. 나뭇가지에는 이제껏 막혀있던 물길이 트여 우리 몸의 순환과도 같이 물이 돌고 있다. 또한 새들도 자연에 장단 맞춰 갖은 목청을 가다듬고 있다.

이런 때 지난 날의 추억이 머리를 뒤흔든다. 지난 날이 새롭게 그리워

3 부산 중·고등학교가 분리되지 않았을 때를 기준으로 하면 6회 졸업식이 된다.

진다. 2년 전 음력 3월 10일 우리 문중 젊은이들이 경보당[4]에 모여서 재미있게 놀았던 그 날의 기억이 새롭게 떠오른다.

1953.3.19.(목) 흐리고 비

어제는 졸업

오늘은 또다시 평상시처럼 등교하여 수업이 진행되었다. 등교길에 아세아 병원 앞에서 어제 졸업한 상급생을 한명 만났다. 이전과는 다르게 섭섭해하며 다정하게 대하는 것을 보고, 머지않아 우리들도 교문을 나설 때면 저렇게 서운해할까 하는 생각이 들었다.

조례를 마친 후 우리들 사이에선 후회하는 말들이 자자했다. 우리들은 남아있는 재학생으로서 떠나는 형들과 한 자리에 모여 송별회도 열지 못한 것이 대단히 유감스러웠다. 내년 우리들 졸업식에는 좀 달리 잘 하자는 게 이구동성으로 나온 말이었다.

1953.3.20.(금) 흐린 후 맑음

〈원술랑〉 영화를 보다

오전 두 시간으로 단축 수업을 하고 '부산 극장'으로 영화구경을 갔다.

4 밀양시 무안면 정곡리에 있는 신남서원 내 강당. 서원철폐 후 서원은 철폐되고 강당을 경보당으로 이름 바꿔 재실로 삼았다. 밀성 박씨 정국군파 종중 소유. 고려 말 대마도 정벌과 위화로 회군에 공을 세운 정국군(靖國君) 박위(朴葳) 장군과 조선 초 호조 참판을 지낸 박기(朴耆) 부자를 향사하는 서원이다.

3시부터 상연되는 신라 사극 〈원술랑〉이었다.

2시 반에 부산 극장 앞에 나가니 모인 사람들은 모두 학생들이었다.

제1막에서 김유신 장군의 아들인 원술랑은 신라 화랑이었다. 당나라와의 전쟁에서 적군을 물리치기 위하여 군사를 이끌고 돌진하는 용맹함. 혈관 속 뛰는 피를 가진 우리들을 도저히 자리에 앉아있지 못하게 했다.

제2막은 출전했던 원술랑이 적진에서 전사를 해, 그의 갑옷과 투구를 주워 와서 김유신 장군에게 아뢰는 장면이었다.

제3막은 전사했다던 원술랑이 되살아 돌아왔고, 기도를 하며 그의 성공을 비는 진달래가 등장한다. 진달래는 원술랑의 전사 소식을 듣고 따라 죽기를 맹세 하였으나 살아 있음을 알고, 그를 따르겠다 하여 집에서 쫓겨나고 부모자식 간의 천륜을 끊는다.

제4막은 산중에서 목을 매어 자살하려다가 죽지 못한 원술랑과 원술랑을 찾아 산중을 헤매다 산신에게 기도하여 서로 만나게 된 진달래. 햇님도 되고 달님도 되는 원술 도령님을 따라 끝까지 함께 하겠다는 진달래의 굳은 결심과 뜨거운 사랑이 감동적이었다.

제5막은 "당신이 이세상의 죄인이 된 것도 창칼을 들었기 때문이요. 그 죄를 씻을 방법 또한 창칼 뿐이니 이제 창칼을 다시 잡지 마소서.".

진달래의 간곡한 애원이 있었다.

다시 일개 군졸로 적진으로 돌격하여 당나라 군대의 대장 목을 베어 오는 장면이 클라이막스였다.

어전에서 상을 내렸으나 받지 않고, 단지 적군의 불측 무도한 짓을 우리 사기(史記)에 남겨서 자손만대에 알려달란 소원을 남긴 분. 부마가 되어달란 문무공의 명도 받지 않고, 오직 진달래와의 사랑을 택하였다.

영화를 보고 창균 군과 함께 체신청 우정국으로 자형을 만나러 가서, 한 시간을 넘게 가다렸으나 자형은 만나지 못하고 집으로 돌아 왔다.

1953.3.21.(토) 맑음

보수공원에 놀러 가다

우리 담임 선생님이 국가시험 답안 채점을 하러 가신 후 정범석 선생님이 우리 임시 담임이 되었다.

아침 조례 시 휴업에 대해 말씀하셨다.

"내일부터 25일까지 휴업을 하고 26일 등교하여 지난 해의 성적을 발표할 예정이다"라는 것이었다.

오후에 집에 돌아와, 옥출이(질녀)를 데리고 집 뒤편 보수공원으로 놀러갔다. 거기에는 한 칸씩 밖에 되지 않는 하꼬방 집들이 즐비하였다. 그 골짜기 샘에서 물 긷는 아낙네들 얘기소리 속에, 복숭아꽃 살구꽃이 때를 찾아 서로 향을 다투고 있었다. 나는 복숭아꽃 몇 가지를 꺾어서 작은 꽃다발을 만들어 들고, 집으로 오는 길에 무학고 여(女) 가교사 근처에서 여학생들이 노는 것을 구경하였다.

1953.3.22.(일) 맑은 후 흐림

시(詩): 옥계에서

이별 후 세월이 베틀의 북과 같아
흐른 세월 삼년 만에 창원 땅에 들어섬이 나에겐 행복이고

한발 한발 나아가면 보는 인물 다정하며
바다 위 어선마저 나의 가슴을 들뜨게 해
한 모롱 고개마저 나에게 인사한다

구산, 옥계, 이름 듣고 낯선 길 찾아오니
꼬불꼬불 산길은 끝이 없구나
묻고 묻고 물은 길이 꼬부랑 칠 십리
그곳의 이름이 구산옥계이더라

서남방 둘러친 산 답답한 내 가슴
앞에는 찰싹찰싹 물결치는 바닷가
저 멀리 동으로 연해있는 그 바다는
아득히 안개 끼어 해상천지 분별없네

끝없이 펴져있는 밤빛 바다 박힌 점은
한없이 크게 품은 나의 기대
어긋난 한 낱의 심정을 상징함과 같으며
그 나마 원하던 그 때 님은 어데 간고?

나의 마음 솔직하게 돌이켜 생각하면
며칠간 그 만남에 어찌 그리 정들었고
그 정이 나로 인해 이 마음을 충동하여
기회 얻어 기회 얻어 찾아온 것 안타깝다

그러나 이 심사를 다시 한 번 품어보면

구태여 만나 보면 무엇 하리
그래서 떠날 때는 찾아 온 걸 후회함이
오히려 빈 자취가 나에게는 다행이네
돌이켜 삭이던 정 그 시절이 행복하다

갈등한 인생이란 옛말이 그릇되지 않았고
활 장수의 그 말, 그야말로 '모순'이여
우리란 인생. 그리고 정이란?
신이 보낸 산수갑산 여기가 생인(生人)이다

1953.3.23.(월) 맑음

배를 타고 마산으로

아침 아홉시 경 행장을 하여 동네 앞 선창으로 나갔다.

조금 있으니 저편에서 뱃고동이 운다. 주둥이로 희미한 연기를 내뿜으며, 배는 어느덧 우리들이 기다리는 곳에 당도하였다. 조금 후 머리를 돌린 배는 한촌(閑村)을 뒤로 두고 쓸쓸한 빈자리를 남긴다. 밀려오는 물결을 헤치고, 앞으로 앞으로 향한다.

이윽고 뱃머리는 수정(水井)에 닿아, 많은 승객들이 타고 내린 후 북으로 다시 키를 잡는다. 약 1시간 반쯤 지났을까? 멀리 희미하게 한 촌락이 보인다. 가까이 다다라서 보니 동북에서 서남으로 벌어진 말쑥한 도시, 마산(馬山) 시가지다.

1953.3.24.(화) 맑고 온화

이것이 봄!

오전 일과는 방에서 통신 문화 잡지를 읽다, 책을 읽다 하였다. 문밖에서 깔깔거리는 웃음소리가 들려 문을 열고 내다보니, 이웃집 처녀들 몇몇이 모여 보란 듯 깔깔거리고 있었다.

계절은 봄. 아울러 사춘기 젊은이들에게도 봄이 온 모양이다.

발가락 환히 드러난 샌들이 연분홍 치맛자락과 함께 빼딱빼딱한다.

"아가씨들! 웃음꽃이 만발한 걸 보니 봄이 온 게 확실하네!"

저편에서는 힐끗 이쪽을 쳐다보며 미소를 빙그레 띄운다.

이것이 봄!

1953.3.25.(수) 맑고 바람

두 편의 시(詩)를 옮기다

고향[5]

오늘도 불러보는 그리운 당두 땅
오늘도 보고파라 그리운 동무들
정들은 고향은 어데로 가고

5 고등학교 1학년 때 쓴 시. 멀리 유학 가서 고향을 그리는 애절한 마음이 녹아있다. 내가 기억하는 한 아버지의 애향심은 남달랐다. 집에서 쉬는 동안 책을 정리하다 2년 전에 써 둔 시를 발견하여 옮겨 놓으신 듯싶다.

낮 싫은 용두산이 나를 맞는가.

줄기찬 구봉산 언덕길 아래
오늘도 불러보는 고향의 노래
잠이 든 고향은 이 노래를 듣는가
원대한 희망 아래 나는 여기 왔노라.

— 1951.9.25. 고향을 여의고

봄[6]

봄. 봄. 봄이 왔다. 봄바람 분다.
빼빼 마른 가지에 새 잎이 나고
건너편 산골짜기 얼음장이 녹는구나.
손꼽던 그 시절 봄이 왔도다.

꽃. 꽃, 꽃이 핀다. 꽃바람 분다.
냉이 캐는 아가씨들 논두렁에서
진달래 너도 가자 봄 마중 길을
순이야 너도 오라. 꽃 시절 우리시절.

---

6 젊은 시절부터 봄을 무척 좋아 하셨나 보다. 평소 감성이 풍부하고, 풍류를 즐기신 분이셨다. 집 뜰에 꽃이 한가득 필 철에, 거나하게 한 잔 드신 날엔 영락없이, 옆집 앞집 대문을 두드리며 꽃구경들 오시라 이웃들을 청하시던 분이었다. "그 집에는 꽃이 없나? 그 집에도 꽃 많다~." 어머닌 즐겁게 말리셨고...
시난, 먼 어느 봄날이 눈물나게 그립다. 향내 나는 꽃바람이 우리 심장을 자극한다.

나. 나. 나는 봄 나는 곧 봄
계절의 봄. 청춘의 봄. 인생의 봄
옥매화 너도 오라. 봄 마중 길에
도화야 너도 오라. 우리시절 나비시절.

1953.3.26.(목) 맑음

2학년을 끝맺으며

오늘 10시 반 쯤, 지난 2학년의 학업을 끝맺는 종업식을 거행하였다.

회고하건대, 지난 임진년은 전력을 다했음에도 불구하고, 우리 국민에게 조국의 완전한 남북통일을 숙제로 남긴 채 자취를 감추었다.

우리의 학업은 마른 날 궂은 날 눈비를 가리지 않았다.

그 염전에 찌는 듯 한 무더운 천막교실, 혹한에 판자문 틈으로 새어드는 모진 찬바람, 그 속에서도 후방국민 전시학도의 사명을 꾸준히 다한 동시에 1주일에 한 번씩 훈련교육도 끊임없이 받았다. 그러므로 평화 시절처럼 안락한 생활은 아니었으나, 힘 닿는 한 끝까지 일로전진(一路前進)한 결과 당당히 진급의 표장을 받게 되었다.

지난 날 시험고사 끝에 온갖 탄식을 하며, 나는 왜 이다지도 태만한 인간이 되었으며, 보다 더 근실히 움직이는 인사가 되지 못하였나 후회를 하였는데, 오늘의 발표 끝에 의외로 상상 이상의 결과를 보게 되었다.

1953년 부산고등학교 제2학년 C조 우리 담임 선생님은 (임 선생님)은, 무엇이든 하나라도 더 알려고 향학열에 불타는 우리들을 지도하시느라 정말 애쓰셨다. 젊고도 노련한, 선천적으로 타고 나신 자질로 우리들을 교육시키느라 자신을 희생하실 정도로 열성적이셨다. 또한 언제나 다

정하고 온정이 넘치셨다.

1953.3.27.(금) 흐림

졸업생 80%가 대학 진학

어제 학교 게시판 발표에 의하면, 금년도 우리학교 졸업생 중 약 80%(1차)가 대학에 입학하였다 한다.[7]

금년도 우리나라 대학 입학률로 말하면, 경기고등학교를 제외하고는 우리학교가 으뜸인 셈이다. 그러하니 금년 3학년에 진급할 우리들의 부담이란 말할 것도 없이 과중한 것이다.

학교 측에서도 한편 대단히 기쁜 일이나, 또 한편으론 걱정이 많다.

진급할 우리들의 각오 또한 가일층 전진하여야 할 것이다.

1953.3.28.(토) 흐림

또다시 집으로

다른 사람들도 그렇겠지만, 나는 무엇이든 한번 작정한 일은 꼭 해야만 하는 편이다. 그러기에 작정하기 또한 어려운 일이다.

오늘 본가로 가서 며칠을 놀다 오기로 휴업하기 전부터 이미 작정해

7 이때가 전시(戰時)였던 점을 감안하면, 대학 진학률이 놀랄 정도로 높은 편이다. 부산고등학교가 워낙 명문이었던 탓도 있었겠지만, 우리나라의 교육열은 전시이거나 아니거나 별 상관없이 늘 대단히 높은 것 같다.

놓았기에, 자형과 형님의 만류에도 불구하고 기어코 길을 떠났다.

그렇기에, 선로 위를 달린 날이 불과 며칠 밖에 지나지 않았음에도 불구하고 오늘 또 다시 기관차 객실에 앉아 있다.

1953.3.29.(일) 비 약간

천둥이 울던 날

아침 식사를 끝내고 있으니. 이제껏 웅크리고 있던 하늘에서
천둥과 함께 눈물같이 가늘은 비가 내린다.
천둥은 슬프지만 화단의 뭇 꽃들은
실바람에 허리를 곱살거리며 방글방글 웃고 있다.
반짝 볕이 나더니, 이내 또 천둥이 운다.
천둥아 너는 울어라.
빼빼 마른 우리 몸 살찌게 하고
먼지 앉은 우리 얼굴 때를 씻누나.
천둥 너는 슬퍼도, 우리는 기쁘다.
모든 꽃들과 초목은 이런 노래를 부르고 있으리.
우리가 마치 해방가를 부르듯.

1953.3.30.(월) 흐림

벚꽃 삽목

오전에 연지 누나 집에서 놀다가, 중학생 아이들로부터 벚나무가 삽

목(揷木)[8]이 된다는 걸 배웠다. 누나 집 담장 밖에는 고목들과 아울러 어린 벚나무들이 열을 지어 서있다.

벚꽃은 일본의 국화니 어쩌니하며, 해방 이후 모조리 베어진 꽃나무이다. 그러나 다시 생각하면, 꽃 그것이 우리를 못 살게 한 건 아니지 않은가?

벚꽃이 제철 맞춰 피어 우리들 마음을 밝게 하고, 좋은 향기로 코를 자극하고 있다. 나는 삽목을 해 보려 벚꽃가지 몇 개를 잘라왔다.[9]

1953.4.1.(수) 맑은 후 흐림

다시 부산으로

즐거웠던 삼월도 이젠 흘러간 세월이 되었고, 오늘부터는 3학년이 시작 되는 의미 있는 날이다.

늦은 아침을 먹고, 어머님은 순화(질녀) 입학식 때문에 무안국민학교에 가시고, 나는 출희(동생)를 집에 남긴 채 길을 나섰다.

읍에까지 나오는 도중 버스를 한 대 만났으나 타지를 못 하였다. 걷기를 작정하여 밀양역에 도착하니, 시간은 아직 정오가 되지 않았다.

조금 기다리니 별안간 디젤차 한 대가 내 앞에 정차하였다. 그 차를 얻어 타고 한 시간 쯤 걸려 부산까지 쉽게 올 수 있었다.

8 '꺾꽂이'를 말함.

9 아버지는 유난히 꽃을 좋아 하셨다. 우리 집 화단에는 크림색 장미, 함박꽃, 자목련, 라일락들이 피었었고, 채송화, 봉숭아, 국화꽃이 자리하고 있었다. 더불어 우리도 자연스레 꽃을 좋아하게 되었다.

오늘 여행은 비교적 순조로웠다.

1953.4.2.(목) 맑음

3학년 시작

등교하는 길에 길수 군을 만나 어제 수업에 대해 물었더니, 별 다른 것은 없었고, 학급편성을 다시 하였다 했다.

학교에 도착한 후, 어제 등교하지 못한 동무들끼리 모여서 전 담임 선생님을 기다렸으나 오시지 않았다. 각 반을 돌며 확인한 끝에, 나는 삼학년 D조 이우성 선생님 반이란 걸 알았다. 처음에는 한 학년이면서도 동무들이 서먹하고 낯설었지만 학급 분단은 맘에 들었다.

시업식이 있을 때 담임 선생님께서는, 최고 학년으로서 가져야 할 프라이드나 경계해야 할 것들에 대해 말씀하셨다.

1953.4.3.(금) 맑은 후 흐림

3학년이 되어서 맹세

우리들이 이 학교의 교문을 들어선 지가 엊그제 같은데, 벌써 최고학년이 되었다.

실제로도 그렇거니와 나 자신이 가만 생각해 봐도, 그 전과 학교를 다닌 후를 비교해 볼 때, 탁월하게 달라진 무엇이 있는 것도 아닌 것 같다. 외부사람들 또한 크게 다르게 보아 줄 것 같지도 않다.

우리는 영웅심에 넘쳐 되지도 않는 일을 함부로 하지 말며, 나 자신이 세상에서 가장 미약한 존재란 걸 다시 깨달아, 걷잡을 수 없이 흘러가는 일분일초를 아깝게 여기고 모든 일을 허술히 보내지 말기를 다시 한 번 맹세하자.

1953.4.4.(토) 맑고 온화

현실에 눈 뜨자!

아침에는 바람이 솔솔 불어 제법 싱그럽지만, 아침나절 잠시의 향풍(香風)이 지나고 나면, 어느새 길을 걷는 우리들 등골에 구슬땀이 흐르며, 손수건으로 맺힌 땀을 닦고 나면 벌써부터 만사가 축 늘어질 지경이다.

그러나 멀리 오륙도가 떠 있는 앞바다를 바라보면 금세 또 생기가 용솟음친다. 거대 선박들은 마치 이랑을 갈아엎고 앞으로 나아가는 황소의 콧김과도 같이 거친 호흡을 한다.

적분 시간이었다. 교무주임 홍금술 선생님 시간이다. 대학입시에 대한 말씀이 있으셨다.

"학교 측에서도 최선을 다할 터이니, 여러분도 선배들이 쌓아놓은 상아탑을 무너뜨리지 않도록 열심히 노력하라"

과연 금년 우리들의 부담이 어깨가 아플 정도이다. 졸업반으로 하여금 입시는 늘 두통을 앓게 만든다.

우리 앞의 현실에 눈 뜨자!

1953.4.5.(일) 흐림

부산공대에 가다

일주일 중 가장 기쁜 날 일요일이다. 조반 후 문을 나서서 어제 약속한대로 이창균 군을 만나러 갔으나 그는 집에 없었다. 망설이다 부산진(釜山鎭) 지영 형한테로 놀러갔다.

문을 열자 형이 뒤에서 "들어가자"하며 따라 들어왔다. 잠시 후, 지일형이 와서 핸드키스(hand kiss)를 하며 온갖 아첨을 하였다. 정오 무렵, 그들은 입학생 재시험이 있어 학교에 간다며, 내게 따라가기를 청하였다. 그래서 처음으로 부산공과대학에 가보게 되었다.

종이 울려 시험장으로 들어가는 사람들을 보니 모두들 턱엔 수염이 검게 돋았고, 머리는 길어 장발들이라, '저들이 과연 갓 고등학교를 졸업한 사람들일까' 생각하게 되었다. 학교 게시판에는 전 시간 본 시험의 답안지가 붙어있었다. 그런 저런 것을 보니, 우리가 대학입시 때문에 두통을 앓고 있는 사실이 좀 유치하단 생각이 들기도 했다.

1953.4.6.(월) 흐린 후 맑음

단축 수업

오늘도 우리는 오전 단축 수업을 받았다. 아직 공사 중인 교정 수리가 끝이 나지 않아서이다. 조례 때 담임께서 2,3일 후면 공사가 마무리 될 거라 하셨다.

협소한 교정에서 완벽한 수업이 진행되지 않는 건 사실이다. 다른 선진국에 비해 몇 배의 교육과 지식인이 필요한 게 현실인데, 우리의 처지는 답답할 지경이다. 열강에 비해 약소하고 후진된 우리들의 이 무거운 짐을 우리의 실력으로 하루 빨리 극복해야 할 것이다.

1953.4.7.(화) 맑음

지철 형 결혼식 날

어제 오후 학교로부터 돌아온 후, 큰댁 백부님께서 우산댁 대사(大事-결혼식) 때문에 내려오셔서 당두 소식을 전해 주셨다.

오늘은 우산 댁 지철 형의 결혼식 날이다. 우리들의 새 형수님은 얼마나 현숙한 여성일까? 빨리 보고 싶다. 한편 아쉽게도 우리들은 총각 한 사람을 잃었다!

처녀, 총각에서 완숙한 인간이 되는 그들에겐 둘도 없이 좋은 날! 화려한 예복을 차리고 식장 정면에 서있는 신랑,신부 그네들에게 만물은 즐거운 축하의 멜로디를 전할 것이다.

1953.4.8.(수) 온화

정상 수업 시작

어제부터 종전처럼 정상 수업이 시작되었다. 처음에는 90분 수업이 좀 지루하게 느껴졌으나, 단축 수업 때 보다 공부가 훨씬 잘 되었다.

선생님의 강의에 정신을 집중하고 있는 동안, 일 초 일 초 시간은 무정하게 달아난다. 시간은 올 때도 인사 없고 간 뒤에 자취도 없으니 무정하기 이를 데 없다.

1953.4.9.(목) 흐림

역사 공부의 기본 원칙

국사시간에 한양근 선생님으로부터 좋은 말씀을 배웠다. 즉, 역사 공부를 할 때, 어떠한 사건이 왜 일어났나? 그 근본적인 원천을 캐어보는 것이 매우 중요하다는 말씀이었다. 예를 들어, 지난 날 우리나라의 당파싸움 같은 경우, 당시의 상황이 당파싸움이 일어나지 않으면 안 되었던 어떤 원인을 좇아 연구하는 것이 바로 오늘날의 학도들이 해야 할 공부라는 것이었다.

1953.4.10.(금) 비 조금

휴전 반대 궐기대회 참석

오늘은 충무로 광장에서 '통일 없는 휴전 결사반대'의 국민총궐기대회가 열렸다.

우리들은 결코, 정전(停戰)이나 휴전(休戰)을 바라지는 않는다.

소뿔도 단김에 빼라고, 일이 여기에까지 이르렀으니 어떤 식으로든 우리의 목적을 달성하는 결과를 내야한다. 그래야만 선열들의 영전에 면목이 설 것이고, 또 세계 전 인류가 기다리는 평화를 하루 빨리 가져올 수 있을 것이다. 정전(停戰)은 결코 있을 수 없다.

1953.4.11.(토) 맑음

우리 반의 다짐

목요일부터 정식 교실이 배정되었다. 우리 3학년 D반은 각자 3학년 중에서도 가장 모범이 되어 전교생을 리드해 나가겠다는 의지를 다졌다.

교실 내 각 분단의 기강은 어느 학급보다도 제일이다. 아침에 교실에 들어 설 때는 마치 성당에라도 들어가는 기분 그 이상이다. 이 조용하고 엄숙한 분위기를 깨뜨릴 자 어디 있으랴?

이러한 분위기를 이웃 반에 차차 전파하고 마침내는 전교생에게 전파하여, 모두 더 좋은 분위기에서 공부할 수 있게 하여, 우리 부고의 학풍이 되게 하고 싶다.

1953.4.12.(일) 맑음

꽃들의 유혹

만산에 가득 찬 형형색색의 꽃들은 우리를 불러 유혹하기에 당장이라도 뛰쳐나가고 싶지만, 몇 달 앞에서 우리를 심판하려고 기다리는 사자를 생각하면, 모든 것을 억제하고 참아야 한다. 우리들은 공부할 수 있는 시간을 조금이라도 더 내어, 하나라도 더 알아야 하지 않겠는가.

모두들 이 순한 훈풍에 호흡을 맡기고 유랑소풍을 가지만, 뭇 꽃들이 아무리 우리를 유혹해도 거기에 넘어가지 않으리. 오늘 오후 거리는 야단들이다. 길이 비좁을 정도로 소풍이 자자하다.

9일 방과 후 집에 와 보니 연지 누나 편지가 와있어서 대단히 기뻤었다. 누나 편지에서도 담 밑에 구름같이 피어있는 개나리 이야기며 밤마다 정답게 우는 부엉이 얘기가 있었다.

1953.4.13.(월) 바람

'최윤목 군' 사건

아침에 학교에 나갔더니 온 학교가 떠들썩하였다.

지난 목요일, 우리학교 3학년 최윤목 군(대신동 거주))이, 자기 어머니와 불륜을 저지른 모 장관의 호위 경관 경사를 총으로 쏜 사건이 발생하였다 한다. 그 경사가 술에 취해 덤비자 북 받쳐 오르는 도의감을 참지 못하고, 경사가 가진 총을 빼앗아, 그 자를 두 발 연발로 쏘고, 자신도 죽기를 각오하고 복부에 한 발을 쏘았단다. 병원으로 옮긴 두 사람 중 경사는 이틀 만에 숨지고, 최 군은 늑골 하나가 골절 되었으나 생명에는 지장이 없고, 15일 정도 후면 퇴원할 수 있다고 했단다.

이번 최 군의 행동이 법률적으로는 살인죄에 해당 되지만, 허물어져가는 동방예의지국의 위신에 경종을 울린 사건이라 모두들 이야기했다.

이 사건은 요 며칠 사이 세간의 화제 거리인 모양이다.

1953.4.14.(화) 흐림

음력 3월

오늘부터 음력 3월이란다. 강남 갔던 제비도 옛 집을 찾아오고, 온갖 미물들도 잠에서 깨어나는 철이다. 춥지도 덥지도 않은 이 좋은 때 우리들에겐 꽃구경 보다 책의 글 구경이 더 알맞을테지?

오늘도 빈틈없이 세 강좌를 마치고 집으로 돌아오니 해도 거의 저물어가고, 소풍갔던 아낙네들도 바쁜 듯 아장아장 집으로 돌아오고 있다.

1953.4.15.(水) 맑음

방공 연습 날

구름같이 곱게 피어있던 벚꽃들도 어느덧 한잎 두잎 낙엽처럼 날리고 있다. 바람이 세게 불면 꽃잎은 좌락좌락 날린다. 멀리 내려다보이는 사범학교 정원에 즐비한 은행나무는 연녹색의 새 옷을 입었다.

저녁에 책상머리에 앉아 노트 정리를 하고 있었는데, 갑자기 싸이렌 소리가 울렸다. 오늘이 벌써 15일이라 방공연습 싸이렌이었다. 3분이 지난 후에는 등불이 모두 꺼져 칠흑같이 되었다. 펜을 잡은 채로 꼭 앉아 있었는데, 한 20분 후 다시 싸이렌이 울었다.

불빛은 다시 여름 하늘 별보다 더 총총 들어박힌다. 조금 조금씩 짙어가는 밤공기는 잠잠해져간다. 검둥다리 위 가게들의 불빛도 사라져간다. 이따금 달리는 자동차 엔진 소리만 들릴 뿐이고, 저 멀리서 신문 파는 소년들의 외치는 소리도 들린다. 그들은 통행금지 시간이 다 되어, 갈 길이 바쁜 모양이다.

이러는 동안 밤은 점점 깊어간다. 한참 후에는 신문 파는 소년들의 소리조차 들을 수 없는 고요한 한 밤이 되었다. 문을 열고 밖을 나가보니 아프던 가슴이 조금 시원해진다.

1953.4.16.(목). 온화

삼월 삼짇날

이른 아침 일어나서 보건체조를 했다. 잠시 후 구덕산 정상으로 해가 떠오른다. 해를 보고 세수를 한 후 방에 들어가 미문법(美文法)을 좀 들여다봤다.

조반을 마치고 문 밖을 나설 때 쯤, 길거리에는 차림새에 신경 쓴 여인들이 뭔가를 이고 들고 어디로들 가고 있었다. 학교에서 2교시 국부(國副)[10] 시간에 우천가(愚天歌)를 배우다가, 오늘이 삼짇날이란 것을 알게 되었다. 그 차려입은 여인들은 산과 바다 혹은 공원 혹은 절로 가는 길이었던 것이다.

집으로 돌아오는 길에 아침에 봤던 그들과 또 마주쳐서 같은 방향으로 걸었다.

1953.4.17.(금) 맑음

교련 시간

오늘 2교시는 교련 시간이었는데, 올해부터는 종전과 달리 군사훈련이 실시 될 모양이었다. 4일전 국방부로부터 새로운 교련 교관이 둘이나 더 왔다.

우리들이 열을 지어 배수지 앞 도로까지 갔을 때, 일학년 학생들은 신

10 국어와는 별도로 '국부'라는 과목이 있었던 듯하다. 마치 1980년대의 고등학교 과정 중 국어2(고전古典)가 있었듯이.

(新) 교관에게 벌써 기합을 받고 있었다.

교련을 마치고 학교로 향하는 도중 이강덕 군을 만났는데, 먼저 학교로 갔다가 되돌아오는 길이라며, 낯선 상이군인 한 사람이 나를 찾는다는 것이었다. 가보니 가복동의 종상이가 찾아 와 있었다. 저번에 부상당한 다리 상처가 재발해서, 입원 절차를 밟으러 왔다고 말하였다.

1953.4.18.(토) 온화

새로 오신 영어 선생님

새 학기 구입할 교과서 목록을 작성하여, 목요일 날 아침에 형님께 드렸다. 오늘 아침 교과서 대금을 말씀 드렸으나 얻지 못하고, 그냥 학교로 갔다.

3교시 미문(美文) 시간 새로 부임한 이상찬 선생님께 수업을 받았다. 선생님은 오랫동안 여학교에 계셨기 때문인지 성품이나 말씀하시는 것이 꼭 여자들처럼 부드러운 편이었다. 미어 발음은 부드럽기가 녹아내릴 정도이며 감수성도 너무나 풍부해 마치 시인과도 같았다.

1953.4.19.(일) 맑음

홀아비 생활(?)

오늘은 하루 종일 문 밖에도 나가지 않고 방에만 있었다. 형수님은 거제리로 놀러 가시고, 옥출이(질녀) 쬐끄만 녀석은 정오 고동 소리가 나자마자 밥 달라고 징징거린다. 선반 위에 있는 밥을 챙겨주자, 조금 먹더니 안 먹고 트집을 잡길래 홧김에 한 대 쥐어박았다. 나중에 생각하니 마음이 상쾌하지 못했다.

저녁 때가 되어 어둡기 시작하고, 전등불이 켜졌다.

이웃집 처녀들 몇이 "홀아비 생활이 외롭고 쓸쓸하며, 또 고생이 많다."고 떼 지어 들어오며 농을 하지 않겠는가? "그러면 당신네들이 그 솜씨로 오늘 저녁 밥 좀 지어 줄라오?" 했더니, 한 처녀 나오며 "당찮은 말씀! 오늘 저녁 우리들은 학생아저씨, 총각양반 당신한테 저녁을 얻어 먹어야겠소." 하는 게 아닌가?

저녁을 같이 먹는다는 건 좋은 일이긴 하지만, 기가 막혀 말도 안 나왔다. 해방 이후 자유가 물밀 듯 닥쳐왔고, 남녀 간의 할 일 역시 정 반대의 현상을 나타내는 경우가 많아졌다.

1953.4.20.(월) 온화

이시영 선생 서거 소식

오늘 오전에는 동아극장에서 슈베르트의 〈미완성 교향악〉 영화 관람이 있기에 수업은 12시40분부터 시작 될 예정이었다. 조반을 마치니 9시가 넘어 영화 관람은 틀렸구나 싶어, 바람도 쏘일 겸 뒷산에 올랐다. 아래 내려다보이는 보수공원 사이의 서울피난학교 공부하는 모습을 구경했다.

내려다보이는 시가지 거리에 학생은 단 한명도 보이지 않았다. 홀로 바람을 쏘이며 한 시간 쯤 있다 돌아와서 학교로 갔다. 학교에서는 오늘 관람한 영화에 대한 이야기가 자자하여 영화를 관람치 못한 나에게도 약간의 지식을 주었다.

오늘 저녁 나눈 대화 속에서 지난 16일 이시영(李始榮) 선생(대한민국 초대 부통령, 한말 독립운동가)께서 세상을 떠났다는 소식과 17일 대구 자택에서 노환으로 돌아가신 오세창(吳世昌) 선생(3.1운동 당시 33인 중 1인, 서울신문 초대 사장) 의 이야기 등을 들었다.

이시영 선생 평생에 오늘날 같이 혼란스럽고 무질서한 세상을 만났다는 게, 그 분에게는 둘도 없는 명예의 손상이라고 그리 말하는 이도 없지 않았다. 그분의 유언이 '통일 없는 나라를 이대로 보고 죽는 것이 나에게는 불행이다' 고 말씀하셨다 한다.

1953.4.21.(화) 맑음

봄 가뭄 때문에 걱정

요사이 날씨가 너무 가물어서 농촌에서는 걱정이 많은 모양이다. 있는 돈 없는 돈 긁어서 마련한 비료로, 보리가 한참 자랄까 하고 있었는데, 비가 너무 오지 않아 웬만한 것들은 모두 배배 타고 있다고 한다. 가뭄 때문에 작년에도 그 같은 살풍경이 없었다 하는데, 기다리고 바라는 건 오직 심어 놓은 맥곡 뿐인데, 정말 큰일이다.

낮에는 봄기운인데, 아침저녁에는 발이 시리다.

1953.4.22.(수) 맑음

학도호국단 창립 기념일

오늘은 학도 호국단 창립 제 4주년 기념일이다.

우리들은 언제나처럼 충무로 광장에 집합하였다. 거기서 한 두 시간쯤 기다리니 비로소 식이 거행되었는데, 조금 있으니 도저히 서 있을 수가 없었다.

창균, 석우 군이 뒤로 나가는 틈을 타서 나도 퇴장하였다. 거기서 나와서 서점을 이리저리 돌아다니며 책 구경을 하였다.

오후 한시 반 쯤 되니 시가 행렬이 시작되었다. 약 한 시간 동안 어영부영하다 보니, 대학생들의 행렬이 시작되고 각 고등학교가 연이어서 걸어 나갔다.

1953.4.23.(목) 맑음

점심 때 들은 선생님 말씀

두 강좌 수업이 끝나고 점심 시간이 되었다. 우리들은 배수지 정문 앞에 모여 있었다. 얼마 후 이상찬 선생님이 오셨다. 우리는 여러 이야기 끝에, 선생님께 여학교와 남학교의 차이점을 여쭈어 봤다. 선생님 말씀이, 여학생들은 수업시간에 가르치는 대로 고분고분 잘 따르며 마치 순한 양과 같지만, 단지 진취적이지 못한 면이 있다 하셨다.

1953.4.24.(금) 맑음

고 이시영 선생 장례식 날

오늘은 우리 국민들에게 슬프고도 의미 있는 날이다.

오후 1시 동래에서 고 이시영 선생의 장례식이 거행된다고 한다.[11]

조례 시 담임 선생님께서 여러 가지 말씀이 있으셨다. 그 분은 국가와 우리민족을 위해 자기 인생을 오롯이 바치신 참 군자의 도리를 다한 분으로, 정계에 흔하게 떠도는 탐관오리와는 정 반대의 삶을 사신 분이라 하셨다.

현재 우리나라에서 누구니 누구니 하여도 이 분만큼 존경할만한 분이 또 없다고 나는 생각한다.

1953.4.25.(토) 맑음

즐거운 소풍날

바야흐로 녹음이 짙어가고 만개했던 꽃들도 하나 둘 입을 다물어 가는 늦은 봄. 우리들은 컴컴한 천막교실을 떠나 오늘 하루 즐거운 소풍날로 정하였다.

'소풍'이라는 말만 들어도 기분이 좋은데, 더구나 불편한 환경 속에서 지칠 대로 지친 우리들에게는 더 없이 좋은 날이다. 정다운 선생님들을

11 여야 만장일치로 9일장(16일~24일)으로 치러졌다 한다. 다른 자료에는 17일 돌아가신 것으로 나와 있는데, 9일장으로 치렀으니 이 일기에서와 같이 16일에 돌아가신 게 맞는 것 같다.(4월 20일 일기)

한자리에 모시고, 또 여러 동무들과 함께 유쾌한 소일을 한다는 그 자체부터가 얼마나 즐거운 일인가?

1953.4.26.(일) 흐림

여유 있는 일요일

오늘은 일요일. 내가 가질 수 있는 최대 자유의 날이며, 최고로 여유 있는 날이다. 바닥에 요를 세 겹이나 깔고 피곤한 몸뚱이를 던져 놓고는 중국 고대 소설《삼국지》를 읽었다.

약 두 시간 후 상권의 페이지가 끝나 버렸다. 한참동안 이리 뒹굴 저리 뒹굴 하고 있다가, 고(古) 시조집을 꺼내 읊어보았다. 그것도 처음 몇 수이지 나중에는 별 흥미도 붙지 아니 하였다.

이리 뒹굴 또 저리 뒹굴 하는 사이에, 봄날 긴 하루는 제 갈 길을 가고 말았다.

1953.4.27.(월) 맑은 후 흐림

교련 시간

오늘은 첫 시간부터 교련이었다. 학교 창고 안에는 새로 만든 M1 소총들이 꽉 차 있다. 그것은 이전의 목총(木銃)과는 아주 딴판으로, 실제 M1 소총과 모양이나 형식도 꼭 같다. 이를 둘러매고 수업을 받으니 실제 군대 맛이 나며, 코에서는 군대 내음이 무럭무럭 피어오른다.

한 강좌를 마치고 나니 전신은 땀범벅에 먼지투성이가 되었다. 학교 수도장에는 물조차 나오지 않아, 근처에 있는 주택에서 얼굴과 손을 씻었다.

교실에 들어오니 한편 새 기운이 나는 듯도 하였다. 그러나 '교련' 말만 들어도 고개가 설레설레 흔들어진다.

1953.4.28.(화) 맑은 후 흐림

시를 외우다

나의 꿈을 엿보시겠습니까?[12]

햇볕이 유달리 맑은 하늘의 푸른 길을 밟고
아스라한 산 넘어 그 나라에 나를 담숙 안고 가시겠습니까?
어머니가 만일 구름이 된다면…….

바람 잔 밤하늘의 고요한 은하수를 저어서 저어서
별나라를 속속들이 구경시켜 주실 수가 있습니까?
어머니가 만일 초승달이 된다면…….

내가 만일 산새가 되어 보금자리에 잠이 든다면
어머니는 별이 되어 달도 없는 고요한 밤에
그 푸른 눈동자로 나의 꿈을 엿보시겠습니까?

12 신석정 시인(1907~197) 의 시이다.

위의 시를 곧잘 외우곤 하는데, 누가 지은 것인지는 깜짝 생각이 나지 않는다. 어디선지 나의 감성을 북돋아, 나의 흥을 돋아나게 하여 내 심정을 사로잡는다. 대단히 포곤한 맛이 감돌아 온다.

1953.4.29.(수) 흐림

비를 갈망하다

웅크리고 있던 천둥은 아주 사납게 호령하며, 이따금 세찬 바람을 홱 홱 몰아붙인다. 그런데 왜 비는 내리지를 않는 걸까? 언제나 무엇이든 갈망하는 것은 얻기 어려웁고, 그다지 원하지도 않는 것은 쉽게 다가오는 것이 모든 자연의 법칙인가?

지금 쯤 농촌의 촌민들은 비를 얼마나 기다리고 있을까? 지금이야말로 보리를 얻게 되나 버리게 되나, 갈림길에 놓여 있을 텐데.

날씨는 무덥고 껍껍하다.

학교에서는 웃통을 벗는 사람들 수가 차츰 늘고 있다. 봄, 봄 하던 그 봄도 이제는 저물어가고 머지않아 곧 여름에 당하게 될 것이니, 더 더워지기 전 이 계절 쉬지 말고 노력하자.

1953.4.30.(목) 흐린 후 맑음

국부 시간에

1교시는 홍영식 선생님의 국부(國副) 시간이었다.

"선생님 이번 시간에는 문학 감상해요, 문학 작품들 소개 좀 해주세요." 동무들이 졸라댔다.

고대 소설 허균의 《홍길동전》부터 김만중의 《구운몽》을 거쳐서, 국초 이인직의 신소설 《혈의누》, 《귀의성》, 《치악산》을 거쳐, 비로소 현대소설에 들어와서 이광수에까지 이르렀는데, 그의 대표작은 처녀작이기도 한 《무정》이라 하셨다.

1953.5.1.(금) 맑음

정철의 〈사미인곡〉을 읊다

이 몸 삼기실제 님을 조차 삼기시니
한생연분이며 하날 모랄 일이런가
나 하나 점어있고 님 하나 날 괴시니
이 마음 이 사랑 견줄 데 노여 없다.
평생에 원하요데 한데 녀자하였더니
늙고야 무상일로 외오두고 그리난고
엊그제 님을 뫼셔 광한전에 올랐더니
그 덜에 어이하여 하계에 내려오니
연지분 있네 마는 눌 위해 고이 할꼬
마음에 맺힌 시름 첩첩이 쌓여있어
짓느니 한숨이요 지느니 눈물이라
인생은 유한한데 시름도 그지없다.

1953.5.2.(토) 흐림

폐의파모(弊衣破帽)

둘째 시간은 국어 시간이었는데, 이종호 선생님이 보강으로 들어오셨다. 동무들 의견에 따라 선생님의 지난 학창시절 이야기를 듣게 되었다. 옛날 고등학교는 지금과는 완전 딴판이란 전제를 두고 이야기를 시작하셨다.

선생님 이야기를 듣고 난 후 弊衣(폐의), 破帽(파모)[13]가 연상되며, 아주 고생스러웠던 생활이었단 생각이 남는다. 지금의 우리로서는 생각조차 할 수 없는 그러한 것들도 많았다.

1953.5.3.(일) 맑은 후 흐림

거대 산삼

아침에 세수를 하고 들어와, 신문에서 신기한 이야기를 보았다. 지난 4월20일 태백산에서 초유의 거대 산삼을 캤다는 것이었다. 길이가 6척[14] 2촌 5분이며 중량이 1관[15] 400이나 되는 거대 산삼이란다.

이것을 얻은 이는 경북 봉화 출신 정문흠 국회의원의 수행원이라 한다. 이 거대 산삼을 이(李) 대통령(이승만 대통령)께 선물로 보낸다고 한다.

13 弊衣破帽(폐의파모)는 '낡고 남루한 옷과 모자'라는 뜻이다. 궁핍한 생활 양태를 그리 표현한 것이리라.

14 1척– 약 30cm

15 1관– 3.75kg

전문가의 말을 빌리면, 이 산삼은 2,000여년 묵은 것이라 하며, 어느 유명한 한의사는 이것으로써 100만 명의 인명을 구할 수도 있다고 하였단다.

1953.5.4.(월) 흐림

오늘의 현실

6.25 동란 이후, 이 곳 부산이란 곳은 그 전의 부산과는 말도 못할 정도로 변하였고, 지금 이 시간에도 끊임없이 변하고 있다. 요사이는 더욱이나 비가 오지 않은 고로 거리거리마다 먼지요, 그 먼지처럼 사람 또한 들끓고 있다. 바람에 날린 먼지가 눈을 감게 하고, 앞에서 툭 부딪쳐 눈을 번뜩 떠 보면 이마와 이마가 서로 맞닿고, 뒤에서 차가 경적을 울리는가 하면, 옆에서는 지게꾼의 "짐이요." 고함소리, 두부장수 요령소리 실로 이와 같이 뒤엉켜 숨 한번 크게 쉬지 못할 정도로 사람이 포화상태이다.

그리고 우리나라의 현실이란 이렇다. 생산되는 것은 지극히 단순한 품목들이고, 참담한 싸움을 계속하고 있는 터라 뜻을 품은 청춘들은 총 한방에 쓰러져 가고, 또 부모형제 정든 고향 다 여의고 의지할 곳 없이 헤매는 불구의 상이군인들 천지다.

선배들의 말을 빌면, 옛날의 학생들이란 어디까지나 폐의 파모를 주장하며, 형이하학의 문제야 어찌됐든 늘 형이상학을 추구하고자 했다는데, 지금의 현실을 직시해보면 아무것도 아닌 존재들이 마치 무엇이나 되는 양 더 잘난 척하고 돌아다니며, 소위 어깨놀음이나 하며 그 복장의 사치야말로 여인들을 능가하는 무리들이 상상 의외로 많다.

만일 이 나라의 미래를 위협하는 존재가 있다면 이 얼마나 비통하게 여기며 슬퍼해야 할 것인가? 과연 이런 현상으로부터 제각 탈피해야 할 것이다.

1953.5.5.(화) 비

어린이 날 교내 웅변대회

오늘은 어린이날이다. 어린이는 미래에 피어날 꽃봉오리들이다. 이들은 장차의 세기를 등에 지고 나갈, 무엇보다 귀중한 보배가 아닐 수 없다.

오늘 우리 부산고는 중앙극장을 빌려 교내 웅변대회를 열었다. 여기에서는 누구보다도 선을 사랑하며 악을 미워하는 감동적인 청년들의 씩씩한 변론을 들을 수 있었다. 더욱이 단상에 나가서 변론하는 변사들보다도, 단상아래에서 관람하는 우리 부고 일 천명에 가까운 학도들의 시종일관 한 태도라니! 나 자신도 의심이 갈 정도였다.

1953.5.6.(수) 비온 후 흐림

오랜만의 비

오랜 가뭄에 시달리던 산천초목들은 오늘 비로소 순간 활기를 띈다. 우리학교 교문 앞은 비만 오면 온통 미끄럼 길이 나서 스케이팅 연습을 하는 학생이 대단히 많은데, 오늘 아침 역시 일찌감치부터 연습들을 하고 있었다. 조심조심 하다가도 실수를 하게 되고, 발가락만이 아닌 몸

전체의 신경을 집중해야만 미끄러지지 않는다.

변소 난간 길이 유독 더해 그 길을 걷기가 겁이 나서 오전 수업을 앉은 채 배겨 냈더니, 실상은 편안하다.

날씨가 궂게 되면(비가 내리면) 거리를 나다니는 행인들 행색에서 유무의 차이가 더욱 또록해진다(분명해진다).

1953.5.7.(목) 흐림

비 온 후의 항구 풍경

나리던 비가 뚝 그쳤다. 먼지투성이의 시가지는 한층 깨끗해졌고, 먼 바다 위 물결도 잠잠해졌다.

항구에 닻을 내린 육중스런 외국 선박들은 항해에 지친 몸뚱이를 멈춘 채 쉬고 있고, 이 배들이 풀어놓은 외국 원조 물자를 실은 기차는 북쪽을 향하여 거친 호흡으로 지체 없이 달아난다. 다른 기차들도 제각기 나름대로 움직이고, 기차가 내뿜는 연기가 역 선로 일대를 까맣게 뒤덮는다.

1953.5.8.(금) 비

형제불인 각분거

엊저녁 나절 형수님으로부터 우산 때문에 당치도 않게 꾸지람을 듣게 되었는데, 나는 거기에 대해 변명할 마음도 없었지만 기분은 썩 좋지 않았다. 그래서 오늘 아침 비가 오는데도 우산도 쓰지 않고 대신동 버스정류소까지 가서 버스를 타고 학교에 갔다. 교실에 앉아 있으니 옷은 꿉꿉하고 기분은 명랑하지 않았다.

점심 시간에 바지에 튀어 오른 흙자욱을 대략 털어내고, 미어(영어) 숙어집을 보았다. 하교 시에도 타기를 좋아하지 않는 그 버스를 타고 집으로 돌아왔다. 그 전에도 이런 일이 없지는 않았지만 그때 그때 내 자신을 도로 꾸짖곤 한다.

於我善者 我亦善之 (어아선자 아역선지)
於我惡者 我亦善之 (어아악자 아역선지)
我旣於人無惡 人能於我無惡哉 (아기어인무악 인능어아무악재)[16]

나에게 선하게 대하는 자는 나도 선하게 대하고
나에게 악한 자 또한 선하게 대하라
내가 먼저 나쁘게 대하지 않으면 남이 나에게 나쁘게 하지 않을 것이다.

옛 사람의 이런 말을 생각하며 비좁은 내 가슴에 부풀어 오르는 억울함을 억제하며 나는 속으로 이렇게 말하곤 한다. '야! 이 우둔한 인사야. 니가 만일 20세기의 청년이면 이런 미미한 일에 그렇게 급급 하는가? 그러고도 명색이 대장부라 할 수 있는가?' 내가 만일 이런 사소한 일에 반담을 하면 평화롭던 우리 가정을 불편케 할 뿐만 아니라, 가족간에 의가 상할 것이 아닌가? 옛 선인들의 교훈에도 '형제불인(兄弟不忍)이면 각(各) 분거(分居)'[17] 라 하였다.

16 명심보감 계선(繼善) 편

17 명심보감 계성(戒性) 편, '형제끼리 참지 않으면 헤어져 따로 살게 된다'는 뜻임.

옛 속담에 십년 공부에 달하지 않는 것이 없다더니마는, 나는 불노이득으로 하는 공부가 벌써 십년이 넘지 않았나 이 또한 대사(大事)이니 마음을 좀 더 크게 쓰자.

1953.5.9.(토) 흐린 후 맑음

토요일 방과 후에

토요일은 매 주 마다 돌아오지만, 토요일만 되면 이상하게 마음이 편안해지며 무거운 짐을 벗은 듯한 기분이다. 나만 그럴까? 다른 사람들도 동감이겠지? 나래(날개)가 금세 돋아날 듯 심신이 가볍다.

방과 후에 뜻 있는 급우 몇이 남아, 대학 입시도 입시이고 실력도 양성할 겸, 매 방과 후 한 시간가량 자체적으로 공부하는 문제에 대해 의논하였다. 말할 것도 없이 이야기는 잘 되었다.

시간표는 미어, 수학, 교양으로 하고 미어와 수학은 일주일에 각 2시간씩, 교양과 의견토론은 한 시간씩 하기로 하였다. 수요일만은 수업이 네 강좌이기 때문에 시간 여유가 없다. 우리는 이제 대부분 성인이 되었다. 다른 사람이 시키면 시키는 대로 따라 할 시기는 지났다.

얼마 전 언젠가 교외 행사가 있던 다음 날, 신 교관이 구봉산 고지에 우리를 모아 놓고 설교를 하며 기합을 주려 하였으나 그는 결국 우리를 어쩌지 못한 적도 있었다.

1953.5.10.(일) 맑음

자유로운 일요일

아침 일찍 일어나 문 밖을 나가보니 보통 사람들은 아직 일어나지 아니 하였는지, 보수동 다리 위 길 바닥이 잠잠하다. 그 틈을 타서 장사하러 나가는 사람들의 소 구루마 소리만 요란하게 길바닥을 울리고, 이따금 미군 군용차들만 바쁜 듯 달린다.

저 건너 산마루 성당 종소리는 오늘이 일요일입네 하고 떵! 떵! 울리어 늦잠 자는 사람들을 깨운다.

뿌옇게 밝아오는 대기 속에 저 쪽 도청(현·동아대 박물관) 앞 정원에 늘어선 나무들은 다른 때 보다 더 진한 새까만 녹색을 띄고 있다.

오전, 시간 가는 줄도 모르고 《문화세계의 창조》라는 책을 읽고 있었다. 좀 피곤하였다. 누워서 읽던 책을 마저 볼까 생각하고 베개를 베고 누웠는데, 고만 잠이 들고 말았다. 문득 깨어 일어나서 보니 시간이 꽤 지난 것 같았다. 오랜만의 휴일! 제일 자유로운 시간에 공연히 누워 잔 것이 후회스럽고 내가 해 놓고도 짜증이 났다. 생각하면 너무나 맛있는 잠이었는데도 말이다.

한편, '자고 싶을 때 자는 것이 얼마나 이로운가' 위로 삼아보니 짜증도 좀 사라진다.

1953.5.11.(월) 비

마땅한 우비가 없다

엊저녁부터 오기 시작한 비는 아침까지 내리고, 식사를 마치고 난 후에도 비는 그치지 않았다.

보슬보슬 내리는 가랑비라 우비가 없어도 옷을 흠뻑 적실 정도는 아니었다. 그러나 길 아래를 내려다보니 우비, 우산, 양산들이 야단이었다.

나는 우비를 걸치려 해도 마땅한 우비가 없다. 그래서 그냥 비를 맞고 문을 나섰다. 학교에 다 가도록 비를 맞았는데도 옷은 크게 젖지 않았다. 그러나 스스로 내 행색이 자꾸만 살펴졌다. 다른 사람들은 나를 보지도 않을뿐더러 이렇다 저렇다 아무 흉도 보지 않는데, 난 나 자신이 왜 그리 초라하게 느껴졌을까.

나 또한 벌써 물질주의에 길들여져서 그런 선입견이 생긴 건 아닐까. 사실 제 아무리 떳떳하고 완전한 인간이라 하더라도, 그 사람이 차린 행장만을 먼저 보게 되는 게 이치이긴 하다. 이것이야말로 '명주청보(明紬青褓)에 개똥'[18]이 아닐까?

1953.5.12.(화) 흐림

물질 만능 시대를 살며

물질 만능 시대!

18 '명주자루에 개똥'이란, 겉은 훌륭하나 내용은 형편없다는 의미로, 빛 좋은 개살구와 같은 뜻이다.

이런 것 저런 것 생각하고 또 생각하며 이 세상 돌아가는 현상을 연결하고 분석해 볼 때, 우리 청년들에겐 희망의 빛이 보이지 않는다. 되는대로 산다면 별 할 말 없지만, 그래도 인생을 생각하고 앞 날을 바라다 볼 때 지금처럼 계속 될 양이면 진정 참다운 삶을 살 수 있을지 의문이다.

모든 것이 물질 만능 시대!

차치하고 내 경우를 한 번 보자. '학생' 정말 고귀한 명사이다. 그러나 이 학생 생활의 이면을 한 번 들여다보자. 예전에는 지금과 같은 큰 건물의 학교도 없었고 대대적인 무엇이 없다 할지라도, 단지 공부만 잘하면 뭐가 되어도 되었다는 말을 많이 들었다. 그러나 지금의 실상은 어떤가?

학교를 들어 갈 때나 나올 때나 늘 필요한건 '물질' 즉 '돈'이다. 우리 같이 힘없고 미미한 존재는 이 미명(美明)의 명사를 생각만 해도 가슴이 저리다. 책 한권을 구하려 해도 필요한 건 돈이다. 가사 형편을 뻔히 아는 처지이니, 돈 달란 얘기를 입 밖에 내기가 여간 어려운 게 아니다. 그럴진대 복색은 말할 수도 없다.

그렇지만 나는 누구를 원망하지도, 집에 와서 해 달라 말아 달라 얘기도 다 하기 싫다. 그러나 이런 것들을 참고 견뎌야 된다는 걸 생각할 때마다 삶의 값어치가 점점 떨어져가는 느낌이라 싫다. 급우 중 한 사람은 매일 나랑 얘길 나누는데, 세상을 비판하는 것이 나하고 꼭 같은 생각이다. 국제신보에 자살자가 많이 늘었다느니 하며, 그가 이야기 하는 것을 들어보면, 그는 어째 그런지 나와 의견이 같은 면이 많으며 서로 통하는 면이 적지 않다.

참생을 영유해도 허무한 것이 인생일진데, 이 땅위에 사는 내가 우스꽝스러워 견딜 수가 없다.

1953.5.13.(수) 맑은 후 흐림

사람의 삶이란?

사람의 삶이란 도대체 뭘까?

우리 집은 보수동 산 중턱 비교적 높은 곳에 위치해 있기에 저 아래쪽이 잘 내려다보인다. 날마다 거리를 내려다 볼양이면 사람들이 마치 개미떼인양 바글거리고 있다. 그 바글거리는 속에서 한 개체로 살고 있는 나 자신을 생각해 본다.

시공을 초월한 어떤 절대적 존재가 있어서 우리들을 관찰한다면 얼마나 미미하고 보잘 것 없어보일까. 무궁한 시간 중에 아주 잠시 나타나서, 언제까지 계속될지도 모르는 일순간을 살아가는 게 우리의 생(生)이 아닐까? 그리 생각하면 하루살이의 삶과 무엇이 다를까? 그러니 굳이 고난에 싸여 괴로워하며 살게 무어 있나 싶다.

그러나 그렇다손 치더라도, 사는 동안에는 어디까지나 가치 있게 살다 가는 것이 생(生)이 지향해야하는 길이 아닐까?

1953.5.14.(목) 맑음

음악 감상(?)

점심 시간에 실내에 가만 앉아 미어 책을 복습해볼까 하고 있었는데, 창균 군이 와서 음악실에 음악 감상하러 가자고 졸랐다. 음악 감상이 매일 있긴 하지만, 나는 잘 안 갔기 때문에 한번 가보기로 했다.

조금 앉아있으니 자리는 금방 꽉 차 만원이 되었고, 학생들이 창밖에

까지 둘러서서 진을 치고 있었다. 굵게 울리어 나오는 레코드 확성기는 그렇게 많이 모인 학생들의 청각을 한 번에 사로잡았다. 그런 그 속에서 나는 한바탕 잘 잤다!

1953.5.15.(금) 맑음

밀양 향우회

방과 후, 우리는 교실에서 이우성 선생님으로부터 미국 영웅에 대한 교양 강연을 듣기로 하였다. 강연이 시작되고 얼마 후 밖에서 나를 찾는 사람이 있었다.

나가보니 류석우 군이었는데, 오늘 방과 후 밀양 향우회가 열리니, 그리 알라 하였다.

오는 일요일 우리 고향 밀양에서, 경남체육대회가 열리는데 거기에 우리학교 선수들이 출전한단다. 우리고장을 찾아온 우리학교 선수들을 보고만 있을 수 없으니, 그것을 의논하기 위해서라 하였다.

1953.5.16.(토) 맑음

보리밭을 보며 고향 생각

오늘 우리 삼학년들은 하급 학년들을 보다 선량하게 지도하기 위하여 단축 수업까지 하고 교내 풍기 확립대회를 열었다. 방과 후 일·이학년들은 구봉산 고지 광장에 집합하기 위해 일제히 올라가고 있었다.

우리들은 그 뒤를 이어 고지로 향하였다. 좀 올라가다 보니 길옆에 보리밭이 있었다. 보리는 때를 좇아 벌써 다 피었고, 볼록하게 물이 약간씩 오르기도 했다. 저번 춘기 방학 무렵, 집을 떠나올 때 땅에 깔렸던 보리가 어느새 이렇게 자랐는지. 학교에 가면 교실에 집에서는 방안에만 있다가, 오랜만에 뒷산에 오르니 모든 것이 새로웠다.

우리는(나는) 하급생들의 '풍기 확립'을 위해 가는 도중이었는데, 그 '풍기'에는 조금도 관심이 없었고, 오로지 흠뻑 젖은 땀을 말려주는 남쪽 바닷바람과 그 바람에 고개를 흔드는 보리 이삭에게만 관심이 갔다. 또한, 고향의 보리밭 푸른 이랑이 눈에 선하였다.

내가 나고 자란 한적한 시골 마을, 그 곳 논두렁과 지금쯤이면 이랑마다 피어나는 맥화(麥花), 내가 사랑하고 동경하는 것들이다. 우리 조상들이 그 이랑을 쪼고 가꾸고 해서 오늘과 같은 옥토가 되었고, 나는 그 땅을 대대로 물려받은 농부의 아들이다.

농촌, 시골, 보리밭 이런 단어들은 듣기만하여도 따뜻하고 포근해진다. 그러므로 나는 언제나 '촌(村)'자 붙은 것들을 다 사랑한다.

1953.5.17.(일) 맑음

〈영반월〉을 읊다

일요일이라 마음이 푸근하다.

남은 노트 정리에 정신을 팔고, 얼마 지나지도 않은 것 같은데, 이러구저러구 하다 하루 해를 다 보내 버렸다.

저녁 식사 후, 바람도 쐴 겸 문 밖을 나서니 포플러 나뭇가지는 이따금 부는 바람에 춤이라도 추는 듯 부드럽게 흔들린다. 시간이 좀 흘렀지만 아직 그렇게 어둡지는 않은데, 문득 하늘을 보니 조금 못 미친 반달이 공중에 걸려있다.

황진이는 저 달을 이리 읊었지.

誰斷崑崙玉 (수단곤륜옥) 누가 곤륜산 옥을 깎아
裁成織女梳 (재성직녀소) 직녀의 빗을 만들었던고
牽牛一去後 (견우일거후) 견우와 이별한 후에
愁擲壁空虛 (수척벽공허) 슬픔에 겨워 푸른 하늘에 던졌다네.[19]

그러고 보니 그럴싸하다.

1953.5.18.(월) 맑음

아침 조례 때 담임 선생님의 칭찬

오늘 아침 조례 때 담임 선생님으로부터 여러 가지 칭찬의 말씀을 들었다. 우리 반을 비롯한 교내 전 학급들이 모든 것이 자율적, 능동적이라 찬사하셨다. 그리고 지난 토요일, 교외 축구대회에서 명실공이 가장 강팀인 해양고를 물리치고 우승을 거둔 우리학교 축구팀 소식도 전하셨다.

따뜻했던 봄은 어디론지 자취를 감추고 어느덧 녹음이 짙어가는 초여

19 황진이의 '영반월(詠半月)'이란 시조

름이다. 거리의 학생들, 행인들 옷차림이 가벼워져간다.

1953.5.19.(화) 더움

안개 낀 아침

잠자리에서 일어나기가 무섭게 나는 문 밖 뜰 끝에 섰다.

꽉 끼인 안개는 무거운 듯 시가지를 저지(低地)로 낙착시켰다.

저 멀리 간신히 보일 듯 말 듯 한 바다는 땅보다 훨씬 높이 떠 있는 듯 보인다. 그 위를 몸뚱이를 감춘 기선이 고동소리를 뿜으며 사라져 간다.

한참 그러고 있으니, 건너편 구봉산 꼭대기로 해가 떠 올랐다. 산 아래 암자 창문에 햇살이 반사되어 마치 누런 금덩이 같이 빛난다.

1953.5.20.(수) 더움

여름 교복으로 바꾸어 입다

오늘부터 여름 교복으로 바꾸어 입었다. 일제히 하얀 반팔에 노타이, 새까만 바지차림. 대단히 산뜻하여 한층 여름 기분이 난다.

학교 앞 도로 양측에 늘어선 플라타너스 잎도 호박 잎 만큼 커졌다.

점심 시간, 많은 학생들은 책을 들고 플라타너스 나무 그늘 밑으로 나와 독서에 열중하고 있다. 일부 학생들은 배수지 밑 평행봉에 매달려 운동을 하는 이들도 있다.

점심 시간은 교내 생활 중 가장 자유스러운 시간이다. 이러는 사이 땡

땡 땡, 시작종이 울고 있다.

1953.5.21.(목) 흐림

곧 중간고사

우리들이 3학년이 된지도 벌써 두 달이 넘어간다.

하루하루 날은 잘도 간다. 어영부영하는 동안 어느 새 27일부터 중간고사 기간이란다. 시험이 닥쳐와도 크게 열이 나지 않는 것이 아마 최고 학년의 여유인가 보다.

나부터가 이러니, 물론 다른 사람들도 그럴 거라 생각한다. 이런 경험을 먼저 당한 선생님들은 조례시마다 우리들에게 훈계를 하신다. 그래서 그런지 우리 반에는 결석을 하거나 하루를 그저 보내는 동무가 없다. 선생님으로부터 반드시 큰 꾸지람이 돌아오기 때문이다.

1953.5.22.(금) 비

비가 내린다

요 며칠간 날씨가 몹시 덥고 습하더니, 오늘은 이 먼지 속에 비가 내린다. 우리 인간의 일만가지 근심처럼 이 홍진세계를 가득 채우고 있던 먼지를 비야, 니가 깨끗이 씻어다오. 이왕이면 올대로 퍼부어 이 혼탁함을 씻어라 제발.

이후에 깨끗이 청소된 세상에서 다시 큰 숨을 쉬고 살아보자. 흑판 밑 분필가루를 마신 우리들에게 더 맑은 공기를 제공해 주려무나.

1953.5.23.(토) 맑음

홍금술 선생님의 전근

교무주임 홍금술 선생님이 우리학교를 떠나서 시 학무과 장학관으로 전근을 가신다.

우리가 입학한 그날부터 우리들을 가장 사랑하시고 우리들이 가장 존경하던 선생님이라, 너무나 아깝고 또 아쉽다. 엊그제부터 직원실에서 분주한 공기가 떠돌더니, 결국은 그 말이 진짜가 되고 말았다. 내년에 졸업할 우리들은 누구보다 손해가 많다. 당장 적분과 물리 과목이 큰일이다.

1953.5.24.(일) 더움

홍금술 선생님의 공(功)

우리들의 대학 입학시험이 목전(目前)에 있기에 선생님들과 우리들 모두 맹렬히 노력하고 있는 중이다. 올해도 우리학교가 전국에서 질적·양적으로 가장 우수하다 할 수 있는데, 그것은 무엇보다 홍금술 선생님의 공(功)이 크다는 사실을 누구도 부인하지 못할 것이다.

선생님께서는 담당하시던 수학과 물리에 온갖 열정을 쏟으셨는데, 내년도 우리들의 수학, 물리 문제를 점칠 사람이 없어진 셈이라 학교 입장에선 요사이가 일대 불행기라 할 것이다.

1953.5.25.(월) 더움

시험은 왜 보는 걸까?

모레부터 중간고사가 있어서 제각기 나름대로 열심히 준비를 하고 있는 것 같다. 3학년들은 시험을 담담하게 받아들이는데 1,2학년들은 시험을 왜 보나 싶은 모양들이다.

시험을 목전에 두고 나도 시험은 왜 보는 걸까 생각해 본다. 쉽게 말해 공부든 시험이든 자신의 성공의 수단 내지 방법이 아닐까?

성공하기 위해서는 품을 수 있는 한 최대의 이상과 희망을 갖고, 꾸준한 노력을 해야 할 것이다.

1953.5.26.(화) 맑음

청년시절의 이상

'이상(理想)'이란 말만 들어도 가슴이 벅차다.

우리시대 사람들은 누구나 차이는 있겠지만, 저마다 샛별같이 빛나는 이상을 지니고 있을 것이다. 그런데 선배들의 말을 빌리면, 이상과 희망이 가장 큰 청년들이 좌절 또한 가장 크게 겪는다는 것이다. 그 이유를 생각해보니 이런 게 아닐까 한다.

청년들이 몸담고 있는 학원이란 곳은 진리를 탐구하는 신성한 곳인데, 사회에 나가보면 그들이 품었던 청운의 뜻과는 너무나 다르게 사회는 혼탁하고 패악에 물들어 있단 사실이다.

1953.5.27.(수) 흐림

학교의 역할

우리들은 높은 이상을 가지는 동시에 어떠한 난관이라도 헤쳐 나갈 수 있는 기량 또한 키워 나가야 할 것이다. 이런 능력을 키우며 나아가 최고의 인간으로 만드는 것이 바로 학교의 역할일 것이다.

시험은 그 과정의 일부일 것이니 당황할 필요 없이 그저 담담하게 받아들이면 될 것 같다.

1953.5.28.(목) 흐린 후 비

시험에 대한 변(辯)

중간고사를 좀 더 잘 본다고 해서 그 사람이 더 훌륭하다거나 지식이 더 뛰어난 건 아닐 것이다. 우리가 단지 시험을 잘 보기 위해 혹은, 학교 성적만을 위해 공부하는 건 바람직하지 않다고 생각한다. 성적이란, 우리가 공부를 꾸준히 하다보면 부수적으로 자연스럽게 이뤄지는 것일 게다.

아무튼 나는 시험기간이라고 밤을 새고 그러긴 싫다.

그냥 있는 그대로 평소대로 시험을 볼 것이다.

1953.5.29.(금) 흐린 후 맑음

미분시험 완전 실패

오늘 시험은 미분, 국부(國副) 두 과목이다. 미분은 실상 자신이 없다. 그래도 국어 고전만은 자신을 가지고 학교로 향했다.

예정대로 9시30분 시작종이 울리고 감독 선생님이 들어오셨다. 펜을 들었다. 미분이다! 들여다보니 아는 게 하나도 없었다.

세 문제 중 겨우 한 문제만을 손대어 봤는데, 자신이 없었다.

문제는 유치할 정도로 쉬운 문제였건만, 내가 풀 문제는 없었다. 나는 훨씬 어려운(수준 높은) 곳에서만 복습을 했는데 완전 실패였다.

1953.5.30.(토)

시험보기 적응의 역사

어제 시험을 끝내자 마자부터 여유가 생기고 마음이 푸근하다. 내일 하루 시간적인 여유가 있기에 더욱 그렇다. 시험이 빼앗아 가는 자유와 정신적인 구속, 그것이 싫다. 이제는 학교생활에 능물[20]이 다 된 모양이다.

2학년 까지만 해도 늦어도 시험보기 보름 전 부터는 책을 더 낫게 들여다보았는데, 이제는 그리 하기 싫어졌다. 시험이란 아는 것을 그대로 테스트 하는 것일 뿐 아무것도 아닌데, 그리 복잡하게 생각하지 않으련다.

20 '능물'을 사전적으로 풀어보면 늙은 물건이지 않을까? 능글맞다도 여기에서 유래 된 듯하고 능구렁이도 늙은 구렁이의 의미이니, 이는 필시 안 좋은 쪽으로 머리를 쓰는 것을 비유한 말이리라.

1953.5.31.(일)

시를 읊는 일은

내일부터는 시험이 하루에 세과목씩이다.

공부를 좀 해볼까하고 책상에 몸을 기대어 책을 훑어보긴 하는데, 그리 크게 걱정되진 않는다.

점심을 먹고 시 한편을 감상해 본다. 방금 먹은 밥이 소화가 금방 되며 흥이 난다.

과연 문학이란 좋은 게로군. 이 같이 속이 시원해지고, 학이 나르는 것 같다. 나에게는 어떤 악성의 노래보다 한편의 시를 읊는 일이 훨씬 즐거운 일이다.[21]

《현대 문학지》에는 요즈음 우리 문단에서 내로라하는 인사들이 대부분 다 나와 있기에 한번 읽어보고 싶던 참이었다.

1953.6.1.(월) 흐림

누구나 고민을 가지고 산다

어제, 그제는 놀며 시간을 여유 있게 보냈지만, 공부는 별로 하지 않았다. 이번 시험 기간에는 무슨 까닭인지 그다지 열이 나지 않는다.

---

21 아버지는 문학을 무척이나 사랑하셔서 늘 무언가를 읽고 쓰셨다. 아버지 곁에는 항상 책과 펜·종이가 있었다.

오늘 시험 세 과목도 어떻게든 지나갔지만 내일이 되면 또 그 나름의 고민이 생길 것이다.

사람이 살아가는데 고민거리가 없다면 그 것은 선인(仙人)의 삶일 것이다. 다소의 차이는 있겠지만 누구나 다 고민을 가지고 살아간다면 보통 사람이 가진 보통의 고민거리는 감수해야 할 것이다.

1953.6.2.(화) 맑음

지난 일주일을 반성

제일 마지막 시간 교련 답안지를 남 먼저 다 써놓고 가만히 앉아, 지난 일주일간의 일을 돌이켜 보았다.

답안을 백지로 제출한 게 3장이나 되며, 나머지 것들도 자신 있는 것이 드물다. 담임 선생님으로부터 들을 잔소리는 틀림없는 사실이고, 나 스스로도 반성할 일이다.

이런 저런 생각을 하고 있는 사이 긴장을 깨뜨리는 종이 울고, 뒤에서부터 답안지가 넘어 왔다.

1953.6.3.(수) 흐린 후 비

미국인 선교사의 설교

세 강좌의 수업을 즐겁게 받았다. 일주일에 2시간이던 교련 수업이 3학년부터는 1시간으로 줄어서 좋아졌다.

오후 3시 40분, 수업을 끝낸 전교생은 열을 지어 중앙국민학교 교정으로 갔다. 거기서 미국인 선교사 세 사람으로부터 《요한복음》이란 성경책을 한권씩 받고, 그들로부터 설교도 한참을 들었다.

거의 끝날 즈음, 웅크리고 있던 하늘에서 비가 쏟아지기 시작하였다. 해산하여 집까지 오는 동안 비는 얼마 맞지 않은 것 같은데, 옷은 흠뻑 다 젖었다.

1953.6.4.(목) 비

보강시간

집에서 나와 학교에 도착할 때까진 날씨가 멀쩡했는데, 교실에 들어가 조금 있으니 소낙비가 내리 쏟아지기 시작했다.

첫 시간은 독일어였고, 둘째 시간은 서양 문화사 시간이었는데 강의가 너무 재미있었다. 셋째 시간에는 한보우 선생님이 보강으로 들어오셨는데, 자신의 지나온 이야기를 들려 주셨다.

선생님의 고향은 함경도 어디인데 월남을 했다 하셨다. 서울공업학교 배속장교로 있었는데, 6.25가 터지자 정치범으로 몰려 인민군에게 잡혀가서 약 20일간 유치장에 갇힌 적이 있었다는 이야기도 하셨다.

1953.6.5.(금) 비

태풍 1

오늘 신문에 의하면, 대만에서부터 시작되어 동북간으로 향하고 있는 태풍은 일본 나가사키를 거쳐 지나고 있는데, 피해가 상당한 모양이다.

나가사키뿐만 아니라 우리 부산 역시 피해가 많다. 우리 옆집 허생원 집은 집 뒤에 쌓아 놓은 언덕이 무너져, 큰 돌들이 방 가운데 수북하여 집에 들어갈 수도 없을 지경이 되었다.

가까이는 이 일도 큰일이고, 보수공원과 연주동 뒤 피난민들의 사정 또한 너무도 딱한 일이다.

1953.6.6.(토) 비

태풍 2

오늘 역시 끊임없이 장대비가 내렸다.

학교에서 둘째 시간에, 교무주임 선생님이 교실을 둘러 보고 가시더니 이내 수업이 끝나고 우린 집으로 왔다.

친구들과 우산을 같이 쓰고 초량역 까지 오는데 옷은 벌써 함빡 젖어 축축하였다. 집에 도착하여 젖은 옷을 벗고, 남은 서양 문화사 노트를 정리하였다.

좀 지나니 어느 새 어둠이 끼기 시작한다.

1953.6.7.(일) 흐림

영어 단어 조사

오전에는 책상머리에 가만히 붙어 앉아, 기본 단어집을 펴놓고 내가 실제 알고 있는 단어 수가 얼마나 되는지 알아보았다. 오전에 조사한 것이 P부터 Z까지 약 1,500단어 밖에 되지 않았다.

점심을 먹고 한 시간 쯤 구약성서 창세기 31장부터 35장까지를 읽어 보았다.

좀 쉬고 나서 오전에 하던 걸 마저 했다. 오후 6시경 조사를 끝냈는데 대략 2,500 단어 정도 밖에 되지 않았다. 너무나 한심한 노릇이다.

1953.6.8.(월) 흐림

지각한 날

대신동 전차정류소에서 약 40분을 기다려 차를 타고 등교했더니 아침 조례가 벌써 끝나고 있었다. 걸어서 등교하는 것이 훨씬 빠르다는 것을 알지만, 연산고개 험한 길을 걷기가 싫어서 차를 타고 갔더니 지각을 하고 말았다.

지각을 한 탓에 아침부터 기분이 좋지 않았다. 거기다 1기분 등록금 납부기한을 오늘까지로 약속했기에 담임 선생님 대할 면목이 없었다. 당연히 약속을 지키지 못한 이유에서이다.

또한 신용과 위신 문제이기도 하다.

1953.6.9.(화) 맑은 후 흐림

휴전 임박

어제 오후 2시에 남북포로교환협정이 조인되어, 한국 전쟁 휴전회담

성립가능성이 거의 90%라 한다.

이러고 보면 우리 국민들은 과연 어찌해야 하는 걸까?

우리들은 통일 없는 휴전은 결코 원하지도 않으며 절대 반대한다. 그러나 이것은 그냥 우리의 바램 일 뿐, 이와는 상관없이 진행되는 UN의 일이라, 어찌할 수도 없는 모양이다. 이를 본 이 대통령께서는 일보의 양보도 없이 북진할 것이라 굳게 성명하였다.

약 3년간이나 지루하게 계속되던 전쟁이 갑자기 휴전된다는 것은 일대의 변화이다. 시민들은 어제 충무로 광장이 비좁을 정도로 모여 휴전반대 운동을 하였으며, 오늘도 시민 전체가 일어나서 궐기를 하였는데 우리학교 1학년생들은 수업을 전폐하고 거기에 참가하였다.

아무것도 모르는 일반사람들이나 징병기피자들은 그냥 하는 말로 '정전이나 됐으면' 하지만, 만일 그리 된다면 지금보다 훨씬 살기가 힘들어질 게 뻔한 현실이다.

그나마 지금은 외국의 원조 물자로 입에 풀칠이라도 하며 지난 해와 같은 흉년도 견뎌왔지 않은가? 정전의 결과는 아직 확실히 알 수 없으나, 장차 어찌될 것이라고 예상한 셈인지 이웃집 부인들 말이 곡식가격이 엄청 뛰어 올랐단다. 우리들이 살아있는 동안 하루라도 먹지 않으면 살 수가 없으니, 언제 어느 때를 막론하고 민생의 근본문제는 늘 먹고 사는 일, 이것이 가장 근본적으로 해결되어야 실권을 잡을 수 있을 것이다.

1953.6.10.(수) 맑음

약소국가의 설움

어제 있었던 백만 학도의 데모는 누가 시켜서 하였던 건 아니었다. 데

모 도중 약소국가의 설움을 목전에서 확인하는 일이 일어나, 젊은 학도들의 분개심을 더욱 자극하였다.

휴전을 반대한 사실이 외국인들에겐 그렇게도 싫은 일인지, 공대생 두 명이 미군 헌병이 쏜 총에 맞아 쓰러졌다. 어제 서울에서도 그러한 불상사가 일어났다 하니 통탄하지 않을 수 없는 현실이다.

우리는 비참한 환경에 늘 젖어있기 때문에 예사로 생각할 수도 있지만, 세계 사람들은 분명히 우리의 이런 현실에 주목하고 있을 것이다.

1953.6.11.(목) 흐림

허물어져가는 첨성대

생각해보니 우리들의 문화재, 국보가 이 전란으로 말미암아 얼마나 많은 피해를 입고 있는지 통탄할 지경이다.

학교에서 점심 시간에 신문을 읽고 있었는데, '허물어져가는 첨성대'란 제목이 눈에 들어왔다. 내용은 이랬다.

첨성대 바로 옆으로 차도가 있는데, 거기로 수많은 차들, 특히 전차들이 날쌔게 달려 지면이 동요하여서, 첨성대 중상부에 균열이 생겼단다. 그래서 허 문교부장관은 이 실정을 조사하여 사태를 파악하라 하였단다.

첨성대는 신라 27대 선덕여왕 때 세워진 27계단의 석조건물인데, 1305년의 역사를 가졌다.

1953.6.12.(금) 맑은 후 흐림

그리운 고향

오늘 아침 일찍 본가로 가신 형수님은 또다시 그 전의 자취생활을 나에게 복직시키셨다. 지금쯤 시골에서는 보리타작으로 분주할 것이다. 삼베옷에 보리 짚 모자를 쓰고 도리깨질에 신명이 날 타작마당이 눈에 선하다.

늙은이 젊은이 할 것 없이 모두들 들에서 분주한데, 짙어진 녹음만이 사립을 지키며 한가한 뜰에는 해당화가 가득 피어 있겠지. 우리 집 뜰에는 내가 가꾼 해당화가 하마 활짝 피어 맑은 향기를 뿜으며 나를 기다리겠지.

그립다! 향내 나는 해당화 곁이. 우리 집 뜰을 생각하니 오늘은 유난히도 내 고향 풍경이 그립다.

195.6.13.(토) 흐림

공납금 문제

엊그제 목요일 담임 선생님께 또다시 약속을 했다. 물론 공납금 문제이다. 지난 월요일 약속을 못 지킨 건, 주말에 내린 비바람 때문에 고향에 가지 못했다고 핑계를 대고 다시 다가오는 월요일로 기한을 이야기했다.

실상, 본가에 간다 해도 별 뾰족한 수가 있는 것이 아니라서 마음이 답답하고 고민이 많다.

요즘 같이 심하게 이랬던 적은 드물었다. 학교 수업은 40%도 받지 못하는 것 같은데, 좀 억울한 생각도 든다. 아침 전까진 아무 생각이 없었는데 또 한편으론 빨리 돈을 갖다 주고 개운해지고 싶기도 하다.

1953.6.14.(일) 맑음

밥 투정

좀 일찍 일어나서 좁은 뜰과 앞 골목길을 청소하고 물을 뿌렸다. 쌀을 일어 솥에 안치고, 불을 붙여놓고 미문법(영문법) 책을 폈다.

한 40분이 지난 뒤 밥이 다 지어졌다. 밥상을 닦아 놓고 식기를 씻어 밥을 퍼 담았다. 쌀이 안남미라 그런지 밥에 윤기가 하나도 없고 푸슬푸슬하여 주걱으로 퍼 담기도 힘들 정도였다. 반찬은 김치랑 형수님이 해 놓고 간 생선찜, 이것이 전부다.

밥도 찰기가 없지, 반찬도 그렇지, 국도 없지 하니까 형님과 자형은 입이 까끄럽다(입맛이 없다) 하시며 밥을 반도 못 드신다. 그렇지만 난 밥이 좋거나 나쁘거나 관계치 않고 반찬 또한 문제 삼지 않는다.

난 내 밥그릇을 깨끗하게 다 비웠다.

1953.6.15.(월) 더움

멘델의 법칙

오늘 첫 시간은 교련이라 모두들 각반과 고무줄을 준비하고 명찰도

달고 시작종이 울리기를 기다리고 있었다.

그런데 뜻밖에 교무주임 강윤길 선생님이 보강으로 들어오셨다. 모두들 좋아라고 떠들었다. 우리는 요즘 듣기 드문 교양이랄까 상식이랄까 어쨌든 선생님으로부터 많은 이야기를 들었다.

인간 두뇌의 우수성, 혹은 열성은 거의 대부분 유전에 의하지만 후천적인 면도 있다는 것이다. 그리고 인간의 유전에서는 부모의 좋은 인자, 즉 장점의 인자만이 유전되고 단점은 숨는다는 것(멘델의 법칙)이다. 그렇기 때문에 될 수 있는 한 근친간의 결혼은 피해야 하며, 먼 집안끼리 결혼을 해야 현명한 자식을 얻을 수 있다는 것이다. 사람이 원시시대부터 점차 진화한 것도 이 장점의 유전자에 의해서라 한다.

1953.6.16.(화) 더움

휴전 반대의 절규

오늘도 어제도 절규는 높아서
거리마다 외치는
피에 젖은 고함소리
통일이 아니면 죽음을 달라
통일이 아니면 죽음을 달라
뼈 속에서 우러나는 이 절규는
이 나라 백의민족의 외침이다.
이 무슨 약소민족의 원죄이냐
오늘도 어제도 데모행렬은
거리마다 외치며 시가를 울린다.

싸우고 싶은 우리에게 무기를 달라
싸우고 싶은 우리에게 무기를 달라
이것이 무슨 죄인가.
총검을 겨누는가
죽음이 두려운 자는 물러서라
우리는 전진한다. 북진통일로.
오늘도 어제도 계속되는 데모행진은
천지를 울리고도 남음이 있다.
외팔은 남은 다리마저 바친다.
외눈은 남은 눈마저 바친다 하고
아무리 봐도 남은 것은 최후 총포
우러러봐도 굽어봐도
최후까지 북진이 최선이다.

1953.6.17.(수) 비

데모 행렬

어제, 교장선생님으로부터 오늘 9시 정각에 충무로 광장에 집합하란 지시가 있었다. 뜻하지 않게 비가 추적추적 내리고 있다. 학교로 가나 충무로 광장으로 가야하나 망설이다가, 그만 하루 쉬기로 작정하고 집에 있었다.

11시쯤부터인가 밖에서는 야단이 났다. 장대같이 퍼붓는 폭우 속에서 "북진! 통일!" 데모 행렬의 고함소리가 그치지 않는다. 데모하는 여학생들의 모습은 비를 맞아 젖은 옷이 몸에 달라붙어 보기가 민망하였다.

이런저런 모습을 보니 미안한 마음이 들고 집에서 쉬는 게 부끄러운 생각마저 들었다.

조금 후 또 한 차례의 행렬이 지나가고, 오후 4시까지 다섯 차례나 행렬은 계속 되었다.

비는 종일 여전히 내리 쏟아진다.

책을 들고 책상에 앉았으나 집중이 되지 않는다.

저녁밥을 다 지어 놓고, 형님이 아침에 주신 돈을 가지고 시장에 가서 배추를 사왔다. 하동아주머니한테 가지고 가 김치를 담아 주십사 부탁하였다.

1953.6.18.(목) 맑음

'애나벨 리Annabel Lee'를 읊다

It was many and many a year ago.

아주 아주 먼 옛날

In a kingdom by the sea.

바닷가 어느 왕국에

That a maiden there lived whom you many Know by the name of Annabel Lee.

애나벨 리라는 이름의 소녀가 살고 있었죠, 여러분도 혹시 알지 모르는.

And this maiden she lived with mother thought

다른 생각은 전혀 안하고

that to love and be loved by me.

저와 사랑에 빠졌었지요.

—Edgar Allan poe (에드가 앨런 포우 1809~49)

1953.6.19.(금) 흐린 후 비

안호상 박사의 강연

오늘 첫 시간은 독어였는데, 서양 문화사 선생님이 들어오셔서 모두들 수군수군 거렸다. 어찌 된 일인지 한 급우가 묻자, 징집당한 선생님들이 많아서 야단이라고만 말씀하셨다.

2교시가 끝난 뒤, 중앙국민학교 강당에서 안호상(초대 문교부 장관) 박사의 강연이 있다 하여 일제히 열을 지어 그리로 갔다.

비가 내렸다. 강연내용은 이랬다. 지금처럼 혼란한 시기에 무엇보다 단결이 가장 중요하며, 우리학도들의 역할 또한 매우 중요하다 했다. 단결은 자신이 일찍이 주장했던 일민주의(一民主義)를 통해서만 가능하다고도 설명했다.

강연 내용도 내용이었지만, 나는 그 분의 설명하는 모습을 더욱 유심히 지켜보았다. 제법 긴 시간동안 조금의 동요도 없이 꼿꼿이 선 채 말 한마디 더듬지 않고 논리적이고 조리 있게 강연하는 모습에서 나는 정말 대단하다는 생각이 들며 배울 점이 많다고 생각했다.

1953.6.20.(토) 흐린 후 비

징집 영장

엊저녁 일찌감치 저녁을 먹고 책상에 앉았는데, 졸음이 쏟아져 자리에 누워 잠시 눈을 붙였더니 10시가 되었다. 밖에서 귀에 익은 목소리가 나를 불렀다. '형수님 목소린데?' 형수님은 일주일 전 모내기랑 보리타작 하시러 집으로 가셨는데 벌써 오실 리가 없는데…….

오늘 저녁에는 형님도 자형도 모두 일찍 들어오셨고, 그런데 두 번째 부를 때는 확실해졌다. 형수님이었다. 급히 내려오신 이유가 내 징집영장을 가지고 오시느라고 그러셨단 얘기였다.

'나이가 몇 개월 미달인데 징집이라니?' 6.25 일어나고 얼마 되지 않았을 때도 모병을 했었단 사실이 떠올랐다. 인원을 충당시킬 목적에 무조건 나오라 하며, 시골은 무법천지라 해도 과언이 아니었다. 지금은 초비상시국이니 또 다시 대폭 징소집을 하는 모양이었다.

두근거리는 가슴을 진정시키며 영장이란 것을 받아보니, 무안면 삼태 박지효(朴志孝)라 적혀있었다. 내 이름이 아니었다. 삼태에는 이 이름이 나밖에 없다며, 지서 순경이 우리 집에 갖다 주었단다. 출두 시일이 6월 20일 오전 9시로 그야말로 번개다. 사무착오가 아닐 수 없단 생각에 담당사무원에게 화가 치밀어 올랐다. 학생은 아직껏 간 예가 없으니, 만일 내 것이 틀림없다면 동래까지 가는 수고만 하면 될 것이었다. 자리에 누웠으나 잠도 오지 않았고, 신경은 극도로 예민해졌다.

날이 밝았다. 장마 비가 부슬부슬 내렸다. 학교로 가서 조례 후 이런 일에 경험 있는 급우들에게 물어도 보고, 교무실로 가 한(韓)교관에게 상담해보니, 이상한 일이지만 하여간 가보란 이야기였다. 그러면서 병적 관련 일체의 서류를 내게 주었다.

집으로 오는 길에 서부출장소로 가서 형님과 의논하고, 오늘 무안으로 가보기로 하였다. 출발 길에 자형한테 들러, 만일의 경우에 우정국 자형 편으로 연락하마고 말하였다. 전화번호도 5309번, 2470번(국장실) 두 개를 적었다.

사상까지 빈 트럭을 얻어 탔었는데, 차에 탄 몇 명이 태극기를 들고 있는 것으로 봐서, 오늘 징소집 받은 사람들을 동래까지 바래다주고 오는 듯 보였다. 늙은 할머니, 젊은 아낙 모두 눈물 섞인 한 숨 뿐이었다. 흐느끼는 한 젊은 아낙네를 곁에 사람들이 위로 하고 있었다.

오늘 새벽 그 이의 남편이 출두한 모양이었다. 이런저런 모습을 보니, 저것이 남의 일 같지 않은 것이 지금까지의 나라는 존재와는 코페르니쿠스적 전환이다.

면(面) 병무소에는 아무도 없었다. 장(시장)으로 가서 돌아다니다 천일 여객 정류소에서 어떤 UN군 병사와 한참을 놀다, 정오 무렵 면사무소로 가 보니 담당자가 와 있었다. 아는 사람이었다. 서류를 던져주며 어찌된 것인지 알아보라 일러두고는 그냥 왔다. 아는 사람이라 어찌하지는 못하였다.

오후에는 머슴과 같이 보리타작을 하였다.

구름이 몰려와서 우리 일을 재촉하여 타작을 빨리 하였으나 바람이 불지 않아 가래질은 하지 못했다. 머슴을 내(川)건너 보리밭에 마당을 닦으러 서둘러 보내고, 늦게야 나도 거기를 한번 돌아보러 갔다. 오는 길에는 맑은 냇물에 목욕을 하였는데, 그 시원하고 개운한 맛이 둘도 없었다.

1953.6.22.(월) 맑은 후 비

보리타작 후 마실

볼일도 보았고 학교도 빠지고 해서 부산으로 내려갈까 했는데, 내(川) 건너 들마당 보리타작을 한다 하니, 그 소릴 듣고 차마 내려갈 수가 없었다. 머슴과 함께 아침 일찍 새들(서쪽 들판) 논으로 가 보리를 베었다. 조반 후 베어놓은 보리를 두 마당 타작했다. 그런데 비가 부슬 부슬 내리는 게 아닌가? 하는 수 없이 보리를 끌어 담고 집으로 왔다.

장대비 때문에 젖은 옷을 갈아입고 연지누나 집으로 마실을 갔다. 어제 무안에서 돌아오자마자도 누나 집에 갔었다. 마루에서 모두 점심을 먹고 있었고, 안촌 아지매는 사랑방 솥 앞에, 누나는 부엌에 있었다. 아저씨께 인사를 하고 났는데도 누나는 나오지를 않아 부엌으로 가서 누나에게 인사를 하니, 누나는 눈물이 글썽한 눈으로 나를 반겨주었다.

점심을 먹고 정원을 둘러보니, 꽃이 눈에 띄지 않아 물어보니 뒤 정원으로 가보라 하였다. 그 언덕에 줄찔레꽃이 빨갛게 피어 눈을 황홀하게 하였다. 나는 그 속에 비스듬히 누워, 눈을 감고 이 생각을 저 생각하여 보았다. '내 이 존재라는 것은 수많은 지구상 인류에 비하면 있으나 없으나 마찬가지로 미미하지만, 그래도 나를 인간으로 대해주고 아껴주는 사람들과 어울려, 아름다운 꽃동산에서 천년 만년 놀았으면.' 그런 생각이 들었다.

인간의 정이란 참 무서운 모양이다. 오늘도 좀 여가가 생기니 다른 곳은 마다하고 이리로 발길이 놓아지니 말이다. 빗줄기는 점점 더 굵어진다.

1953.6.23.(화) 흐린 후 비, 다시 맑음

논두렁 보수

아침에 어머님이 새들 논에 다녀오시더니, 논두렁이 무너졌더란 말씀을 하셨다. 나는 즉시로, 큰댁에서 삽을 얻어 논으로 가서 논두렁을 손봤다. 한 두어 시간 걸렸다.

지난밤에 내린 비로 화봉내(동네를 돌아 흐르는 냇물)는 벌건 황톳물이 되었다. 올해 모심기는 이제 걱정 없게 되었으나 남은 보리타작이 야단이다.

오늘은 어떻게든 부산엘 가야 할 텐데, 비는 부슬부슬 자꾸 내린다. 그러더니 문득 햇빛이 나며 날씨가 개인다. 날이 개면 오후에는 떠나야지. 행장은 극히 간단하다. 단어, 숙어집 하나만 챙기면 그 뿐이다.

1953.6.24.(수) 맑음

조회 후 작업

아침 일찍 등교하여 담임 선생님께서 오시기를 기다려 이번 결석했던 사정을 말씀드렸다.

조회는 중앙국민학교 교정에서 있었다. 조회를 마친 뒤 우리는 운동장에 널려있던 돌가루 뭉치들을 우리학교 입구 통로로 운반하였다. 작업은 약 두시간 정도 걸렸다. 우천 시의 불편함을 없애기 위해서 제각열심히 돌을 운반하였다. 이 때문에 첫 시간 수업은 하지 못하고, 2교시 생물부터 수업이 진행되었다.

1953.6.25.(화) 흐린 후 비

되새겨지는 6.25

이 날을 맞이한 우리들은 더욱 예민해지며 정신은 새롭다. 1950년의 이 날은 생각만 해도 치가 떨리는 날이다. 평화를 위협하며, 이 겨레의 한 허리에는 철벽의 장막을 두른 채 아직도 참혹하게 총탄이 퍼 붇고 있다. 이 전쟁으로 말미암아 우리의 문화, 건설 모든 것이 파괴를 거듭하여 신음하고 있고, 갈 길을 잃은 불쌍한 민중들의 생활은 처참하기 이를 데 없어졌다. 갈팡질팡 헤매면서 흘린 피가 강을 이루고, 그들의 시체는 온 누리의 산맥을 이루는 현상이다.

이것이 과연 누구의 죄인가?

현시대 사람들은 태평성대에 나지 못하고, 왜 하필 가장 불운한 풍파 속에 태어났나? 그리고 정전은 또 웬 말인가? 우리는 최후까지 일보의 양보도 없이 북진해야 할 것이다. 이것이 우리 선열들에 대해 조금이나마 보답하는 길이 아닐까? 백만 학도는 매일 데모 행렬에서 무기를 달라고 외친다.

우리들은 정신을 더욱 바짝 차리고 전시 체제의 생활을 강력히 영위해야 할 것이다. 말로서는 이렇지만 그 실제가 어디 그러한가? 광복동 네거리의 광경을 보라. 이것이 전쟁하는 나라의 백성이 해야 할 생활인가? 지긋지긋한 이 날을 우리는 벌써 몇 번이나 당하였는가? 제각 각성해야 할 것이다.

1953.6.26.(금) 비

청마의 시를 읊다

오월 우(五月 雨)

유치환

어디메 요란한 화림(花林)을
낭자하게 무찌르고 온 비는 또
나의 창(窓) 앞에 종일을 붙어서서
비럭지처럼 무엇을 조르기만 한다.

—《청마시초》中, 1939년

심산(深山)

유치환

심심산골에는
산울림 영감이
바위에 앉아
나같이 이나 잡고
홀로 살더라.

—《청령일기》中, 1949년

1953.6.27.(토) 비

긴 장마

장마는 왜 이리 질질 끌며 계속 되는지?

맑지 못한 일기에 본래부터 좋지 못한 기질이 더욱 약화되는 느낌이다.

더위보다는 나을까도 생각해보지만, 땅땅한 햇볕이 보고 싶다.

부엌의 화목(火木)도 꿉꿉하니 불이 잘 살지 않고, 매운 연기만 뿜을 뿐이다.

1953.6.28.(일) 흐림

동회에 신상신고

신상 신고를 할까 생각하고 동회로 가보았다. 보수동은 어제가 기한이었다. 많은 사람들이 열을 지어 접수하고 있었다. 나도 그 틈에 끼어 있었는데, 드디어 순번이 돌아왔다.

별 탈 없이 잘 통과하였다. 그런데 이것을 가지고 부평동 12가 동회로 가라 한다. 제법 먼 길인데, 다리에 풀이 죽는다. 하는 수 없이 질퍽한 길바닥을 밟고 부평동으로 향했다.

1953.6.29.(월) 흐림

태풍 피해

이번에 내렸던 비로 인해 이웃 일본에서는 태풍과 더불어 홍수가 나서 60년 만에 큰 피해를 입었단다. 100만 명이 집을 잃었으며, 60만 명이 홍수를 피해 거처를 옮겼다고 전해지고 있다.

어떤 천문학자들의 연구결과 요사이 계속되는 폭우는 비행접시들의 영향이 아닌가 하고 말하기도 하며, 세간에 돌고 있는 소문에 의하면, 영국 그리니찌 천문대에서 한 학자가 측정한 결과 오는 8월 14일 오후 3시경에 화성과 지구가 충돌한다는 황당한 얘기도 들린다.

1953.6.30.(화) 맑고 더움

나는 한 떨기 야생화

반백년 겪은 풍파.

영남루의 주인공 나는

외로이 피어난 한 떨기 야생화이다.

등진 화악, 안은 종남, 굽 도는 남천수, 우뚝 드러난 표충비각, 송운의 보금자리.

이들이 나를 키운 고장이더라.

오가는 나그네의 옷자락마다 지닌 향기를 쓸어 바쳐 무료한 취각을 사로잡으마.

여윈 꽃술이 나고, 푸른 잎이 쇄할 때까지 언제나 변함없는 한 떨기 야생화이다.

일며 새며 그리는 내 고장 당두를 여읜지도 벌써 삼년.

고교살이 삼년 만에 눈물이 난다.

1953.7.1.(수) 더움

방학 계획

벌써 7월이 다가왔다. 날은 참 잘도 간다.

녹음이 무성하게 우거진 7월이 왔다. 이제 3~4 주 만 지나면 또 하기 방학(여름 방학)이다. 다가오는 방학 때는 시원한 해변의 적당한 장소를 골라 합숙을 하며 수영도 하고, 아침저녁 시간에는 강습을 받는 것으로 의논이 되어간다. 그러나 막상 따라 다니는 건 언제나 경제적 난관이다.

우리 반에서는 희망자가 약 반 수 정도인데, 가망이 있을까 의문이 들기도 한다.

1953.7.2.(목) 비

졸음

엊그제부터 오늘까지 첫 시간부터 정신이 흐릿해지며 아무리 견디려 하여도 졸음이 쏟아진다.

요즘 더 절실히 느끼는 사실인데, 졸음은 잠시나마 복잡한 현실의 고난을 잊기에는 안성맞춤이란 생각이 들기도 한다.

학생에게 학업 이외에 다른 괴로운 일이나 심적 고난은 정말 견디기 어려운 일이란 생각이다.

내 사정을 모르는 사람에게 이는 아무 일도 아닐 것이지만 말이다.

1953.7.3.(금) 흐림

김치 담그기

이전에 한두 번 김치가 떨어졌을 때, 재종숙모들의 수고를 빌린 적이 있었는데, 오늘도 그런 일이 생겼으나 입을 열어 부탁하기가 죽기보다 싫었다. 그래서 내손으로 김치를 담가 보았다. 마음은 편했다. 저녁에 먹어보니 맛도 괜찮은 것 같고 자형도 잘 되었다고 하셨다. 이번을 계기로 앞으로도 이렇게 할 작정이다. 계산을 해보면, 지금부터 대학졸업 때 까지 몇 년이나 더 홀아비 생활을 해야 하지 않는가?

난, 초라하지만 남모를 향기가 가득한 한 떨기 야생화이고 싶다.

1953.7.4.(토) 비

신중함

오늘 방과 후에는 '이조 회화 전람회'를 관람하기로 되어 있었다. 그러나 난 거기를 갈 시간적 여유가 없었다. 집으로 오는 길에 서점 여러 곳을 돌며 책 구경을 하였다. 우리가 기다리던 '수험사'의 《대학입시론》도 나와 있었다.

집에 돌아온 즉시, 저녁을 하려고 부엌에서 화목을 쪼개다가 왼손 지적지(指摘指, 검지)를 칼로 쪼아버렸다. 순간 아프지도 않았다.

즉시 생각했다.

勤(근)은 爲 無價之寶(위 무가지보)요.

愼(신)은 是 護身之符(시 호신지부)[22]란 것을.

22 근면함은 값을 따질 수 없는 보배이고, 신중함은 몸을 보호 하는 부적이다. – 명심보감 中

이 작은 사고는 한낱 지나간 일 일 뿐이다.

1953.7.5.(일) 맑은 후 흐림

자유의 일요일

오늘은 일요일이다. 자유의 시간을 얻은 지 퍽이나 오래된 감이다. 저번 일요일에서 이번 일요일까지 일주일 밖에 지나지 않았는데, 무엇을 하느라 그렇게 바빴던 건지.

아침에 일어나 밥을 지어 먹고, 가방을 들고 학교로 가고, 학교에서 돌아와서는 땀 좀 식힌 후 또 저녁밥을 해야 하고, 저녁이 되면 고단하였다. 이것이 근래 나의 하루 생활이었다.

오늘은 양말 빨래를 하였다.

1953.7.6.(월) 태풍

폭풍우

연일 계속되는 임우(霖雨-장맛비)와 더불어 서해안 지방을 지나던 태풍이 오늘은 우리 부산까지 그 영향을 미치나 보다.

장대비를 섞어가며 흩뿌리는 폭풍은 무척이나 사납다. 바람 소리와 더불어 처마를 두드리는 비 소리는 마치 우리를 놀리는 듯하다.

바다를 내려다보니, 뿌려대는 빗줄기 사이로 집채 같은 파도가 방파제를 때리며 휘갈긴다. 방파제 안쪽엔 범선들이 줄줄이 매달린 채 바람에 몸을 맡기고 있다.

1953.7.7.(화) 흐리고 바람

우리 교실

어제보다는 좀 잦아들었지만, 오늘도 여전히 바람결이 세다. 바람이 부는데도 날씨는 여전히 텁텁하다. 아침 등교 길에 배수지 도로 앞에서서 흐른 땀을 한참동안 말린 후 교실로 들어갔다.

3학년 네 학급 중 A반과 우리 교실이 가장 밝고도 시원하다. 생물 선생님이 말씀하신다. 우리 교실이 가장 좋고 시원하다고. 그래서 성적 또한 제일 좋아야 하지 않겠느냐고.

1953.7.8.(수) 흐리고 비

비가 새는 교실

오늘 아침엔 중앙국민학교 교정에서 조회를 하였다. 교련 교관으로부터 학생들의 집합 상태가 대단히 불충실하다는 꾸지람을 무려 10분 이상 들었다.

조회가 끝나자마자, 흐린 날씨에 염치도 없이 비가 막 퍼부어 우리들을 엉망진창으로 만들어 놓았다. 교실로 돌아오니 천정 공기통에서 비가 새어 첫 교시 수업은 옳게 하지도 못하였다.

2교시를 마치고 밖으로 나오니 비가 개이고 날씨가 좋아졌다. 그러나 화창하게 개이지는 않았다.

1953.7.9.(목) 흐린 후 맑음

밀양 향우회 소식

점심 시간에 밀양 향우회 서기로부터, 오는 12일 부산동중학교 강당에서 회의가 열린다는 소식을 들었다.

이번이 두 번째 모임이다. 작년 12월 25일 우리 '재부 고등학교 밀양군 유학생 친목회' 라는 모임이 탄생하여 오늘에 이르고 있는 것이다.

이번에는 경남여고 학생들이 적극적으로 협력하고 있다 한다. 장한 일이다.

1953.7.10.(금) 더움

졸음

갠 날씨 따가운 햇살은 여름 폭양의 맛을 제대로 보여준다. 여태까진 장마철이라 그래도 구름장막 밑에서 그나마 시원하게 공부했던 것 같다.

천막 교실은 볕만 나면 골치가 아파 배겨내기 힘이 든다. 첫 시간부터 졸음이 쏟아진다. 학교를 다니는 중 여태까진 교실에서 졸아 본 적이 없었는데 삼학년이 된 요즘은 자꾸 게을러지는 것 같다. 인생 타락의 옆길이 아닐까 두려워지기도 하는데, 정신을 차리려 해도 쉽지가 않다.

1953.7.11.(토) 더움

고요한 산길이 좋은 이유

도회의 거리가 갑자기 싫어져서 요사이는 산길로 다니고 있다. 초량 뒷산으로 해서 구봉산 허리 길을 밟아 보수공원 옆으로 내려오는 길인데, 거리도 좀 가까운 듯하다.

나는 성격이 대중적이라기보다는 오히려 고독을 좋아하는 편이라, 이런 고요한 장소가 더 마음에 드는 것일 수도 있을 것이다.

그리고 산 정상까지 올라가야하기 때문에 힘은 들지만, 이 길이 좋은 또 한 가지 이유는 정상에 올랐을 때의 그 기분 때문이다. 저 아래에서 오물오물하고 있는 세상과는 별개로, 초월한 어떤 느낌이 들어 우뚝한 기분이 든다.

동으로 닿아 있는 끝없는 수평선은 이 복잡한 현실을 바다 저 너머로 몰아 사라지듯 마음 또한 시원하다.

흰 물새들이 자유로이 마음대로 날고 있는 모습 또한, 정말로 보기 좋다. 그 모습을 보노라면, 나 또한 이 하잘 것 없는 지간지상을 떠나, 저 물새 무리에 섞여 넓디넓은 바다 위를 날고 싶다는 욕망이 솟아오른다.

1953.7.12.(일) 더움

재부 고등학교 밀양군 유학생 친목회

여덟시 반쯤, 아침을 먹고 셔츠를 하나 찾아 입고는 보수공원 뒷산 비탈길을 올랐다. 친목회 참석 차 동중학교로 가는 길이다. 초량 본 교사

앞길에서 김수겸 군을 만나 악수를 하였다.

목적지에 도착하여 보니 준비위원들은 단 한사람 밖에 보이지 않았다. 회의장 정리를 끝내고 수겸 군과 나는 접수를 보아야 했다. 뭉게뭉게 한 그룹씩 입장을 시키다 보니 두 시간쯤 후에는 접수가 거의 끝이 났다. 접수장에 의하면 학생이 총 117명이였고, 그 중에서 대학생이 4명, 고향 유지가 5분이었다. 우리들이 바깥에서 정리를 하고 있는 동안 회의장 내에서는 회칙을 통과시키고 있었다.

우리가 장내로 들어갔을 때는 임원을 뽑고 있었다. 나는 우리 급우인 박희선 군을 회장으로 추천하였다. 일고, 동고, 상고 등에서 희망자가 여럿 나왔지만 우리는 희선 군을 기어이 회장으로 뽑았다. 부회장은 부산상고 박대기 군, 여학생 중에서는 사대부고의 박 양이 되었다.

회의를 마무리하고 간단한 식사를 한 후, 오락시간을 가지고 기념사진 촬영도 하였다.

이번 모임은 실상 부산고 3학년 학우 몇 명이 모여 의논한 결과 만들어진 모임이다. 작년까진 선배들의 과외활동에 고향 유지들의 원조 덕분으로 자금 문제가 그리 어렵지 않았다고 한다. 그러나 회의 결과 올해부터는 유지들의 도움을 받지 않고, 자체적으로 해결을 하기로 하였다. 그래서 1인당 200환의 회비를 내기로 하였는데, 실상 회비 200환은 부담스러울 정도이다.

대부분이 가난한 농촌 출신이다 보니 회비가 과해서 참석하지 못하는 경우도 허다하였다.

그러나 향우들의 친목을 도모한다는 뜻있는 모임이라, 약간 무리를 해서라도 나온 동무도 있었다. 못 나온 사람과 무리를 해서라도 나온 사람, 수 적으로 따지면 어느 쪽이 더 많을까? 오고 싶어도 오지 못한 사람의 심정은 그 당사자 외에는 아무도 모를 것이다. 또다시 우리의 현실이 비극적으로 다가온다.

궁핍한 현실 때문에 인간은 점점 인간다움을 잃어갈 수도 있다. 선배들의 말씀을 들어보면, 그들의 학창시절(일제 하)에 비하면 지금은 정말 행복하다 한다. 그러나 내가 보기엔 불행을 넘어서서 현실은 비참하다. 허나, 불행한 이 현실은 긴 인생 중 한마디에 불과할 뿐이니 최후까지 매진하고 또 매진해야 할 것이다.

1953.7.13.(월) 흐림

장거리 구보

오늘은 첫 시간부터 교련이었다.

다른 반 얘기를 들으니, 장거리 구보가 있을 거라 하여 더욱 걱정이었다. 기름 묻은 M1 모의 소총, 교관의 딱딱한 목소리와 하고 많은 잔소리를 생각하면 듣기 싫고, 교련은 하기도 싫다. 그러나 시대가 이러하고 이게 현실이니 하는 수 없다.

"펜을 드는 것만이 공부가 아니다. 훈련도 교련도 중대한 공부다." 교관의 말이 틀린 건 아니지만, 싫은 건 싫은 것이고, 어쩔 수 없는 건 또 어쩔 수 없는 것이다.

"앞에 총!", "세워 총!", "뛰어 갔!", 구령과 함께 우리 3학년 D반은 10시 20분 초량역전 큰 길을 뛰고 있었다!

1953.7.14.(화) 흐림

곧 방학이다!

오늘이 화요일이니 기다리는 방학도 얼마 남지 않았다. 담임 선생님께서도 약 1주일 후면 방학이니 남은 동안 결석이나 지각, 조퇴 등을 하지 말고 잘 마무리 하자고 하셨다.

그러면서 오는 20일까지는 2분기 납부금을 완납해야한다고 하셨다. 돈 얘기만 나오면 골치가 아프다. 아마 전달하시는 선생님도 마찬가지인 모양이다. 사제 간에도 납부금 문제 때문에 서먹해지는 경우도 허다하다. 학교 측에서도 납부금이 제대로 걷히지 않으면 운영에 문제가 있을 것이니, 어렵지만 모두 신경 써야 할 문제일 것이다.

1953.7.15.(수) 폭풍우

큰 비바람

생각보다 날씨가 매우 좋지 못하다. 하교 시 윤중연 군과 같이 비를 흠뻑 맞고, 마치 메기 꼴인양하고 버스에 올랐다.

비바람은 저녁까지 너무도 몰아친다. 오뚝하니 불거진 자리에 있는 우리 집은 지붕이 날아갈까 걱정이 될 정도이다.

문 앞에는 가마니를 두 개나 매달아 놓았지만, 방까지 들어오는 빗살을 막지는 못한다. 작은 방 천정에서는 비가 새어 빗물이 벽을 타고 줄줄 흘러내린다. 비만 오면 드물지 않게 있는 일이지만, 여기다 남풍까지 불게 되면 그야말로 야단이 아닐 수 없다.

올해 들어 벌써 두 번째로 맞는 큰 비바람이다.

1953.7.16.(목) 비 온 후 흐림

비 온 후의 일상 풍경

지난 밤, 그 비 내리는 난리 통에 나는 늦게까지 책을 읽었다. 보통 날보다 비 오는 날은 독서할 기분이 더 난다.

아침에 눈을 뜨니 다섯 시쯤 되었다. 자형은 서울로 길을 떠나실 채비를 하고 있는데, 퍼붓는 빗줄기는 마치 폭포와도 같이 세차다. 문을 열어 저 밑 검둥다리 밑을 보니, 도랑이 터질 듯 벌건 황톳물이 흐른다. 그 옆으론 사람들이 주욱 늘어서서 흐르는 물을 구경하고 있다.

얼마가 지나니 비는 뚝 그치고, 날씨는 문득 뻐~언 해졌다. 자형은 짐을 챙겨 문을 나선다. 나도 큰 트렁크를 하나 가지고 본(本)역(부산역)까지 자형 배웅을 갔다. 먼 길 무사하길 빌었다.

1953.7.17.(금) 흐림

제헌절

제헌절이라 학교에 가지 않았다. 우리 대한민국이 이날로부터 처음 '나라'라는 체제를 갖추게 된 날인가?

나는 지금 아무 하는 일 없이 무료하다.

오전의 끝 시간, 동회에 가서 병적수첩을 사온 일 뿐이다.

1953.7.18.(토) 더움

더운 날

날씨는 견디기 힘들 정도로 찌덥다.
학교에서도 방학 때까지 70분으로 단축수업[23]을 한다.

운영위원회에서는 해양훈련을 계획하고 있으나, 금두꺼비 우리 교장선생님[24]께서는 허락을 해주지 않으신다. 오늘같이 더운 날은 두꺼비가 힘을 쓰지 못하고, 장마가 져야 엉금엉금 기어 나와 기를 펼 것인가.

1953.7.19.(일) 더움

여유 있는 하루

오늘 하루는 여유 있게 보냈다. 한 달도 넘게 한 부엌생활의 짐을 오늘 아침 드디어 벗었다. 말 할 것도 없이 형수님이 내려오신 덕택이다.

엊그제 튀겨온 튀밥을 먹고 놀았다. 책을 들고 읽으니 놓기가 싫었다.
마음의 여유가 있어서 좋다. 나도 오늘부터는 밥 안 해도 되는, 그냥 '학생'이 되었다!

23 이때는 1강좌가 90분 수업이었다.

24 김하득 교장선생님

1953.7.20.(월) 비

운동도 공부도 열심히

이번 시내 고교 야구 대회에서 우리 학교 야구부는 출전한 팀 중 가장 강팀이라 주장하던 부산상고(현·개성고)를 여유로이 꺾고, 또 동고(동래고)에게도 자신 있게 우승하여 오늘 또한 여유 있게 출전하였다.[25]

한층 사기를 돋우어, 상당히 기대되며 여간 신나는 일이 아닐 수 없다. 운동선수들은 운동장에서 힘껏 싸우고, 우리들은 교실에서 열심히 공부하니 더욱 격에 맞고 각자가 뽐낼 수 있는 일이다.

1953.7.21.(화) 비

저녁의 얼굴에 관한 시(時)

파수꾼의 호각소리
아물거리는 검둥다리
이 저녁의 얼굴이랍니다.
깜빡이는 불빛사이로
자동차의 고동이 울고
연달아 내닫는 그들은 바쁘기도 합니다.
깜깜한 장막 위에 다시 총총
불빛은 급하게도 박힌답니다.

---

25 부산고등학교 야구부의 명성은 이때도 대단했던 모양이다. 그 시절 부산에는 부산고, 경남고, 경남상고, 부산상고 등의 고교야구팀이 있었다.

그 놈의 시린 선맥(腺脈)

복잡도 하더군요.

— 짙어가는 밤거리

1953.7.22.(수) 비

한밤중에

쉬~ 가쁜 숨을 들이키는 호롱불

까불까불 춤을 추며 순간을 재촉한다.

그 밑에선 펜이 기어 흰 이랑을 스친다.

참된 인물이 되어, 넓은 대지를 찾아가라 속삭인다.

1953.7.23.(목) 비 온 후 맑음

밤바다

남쪽 바다로부터 시골의 순박한 큰 애기 같은 바람이 솔솔 불어와 막힌 가슴이 다소 뚫리는 느낌이다.

오늘 저녁에는 유난히도 뭉게뭉게 이는 구름이 찬 달(보름달)을 덮고 또 덮으며 지나간다. 그럴 때마다 바다는 은빛으로 변하여 미인의 치마폭인양 주름 잡혀 굼실거린다.

고깃배 한 척 없는 넓디넓은 바다를 작은 등대 하나만이 서서 지키고 있다.

외로운 등대는 낮이면 갈매기 떼들이 유일한 벗이고, 밤이면 넓디넓은 바다의 파수꾼이 된다.

비가 오나 눈이 오나 한 자리에 서서 언제나 충실하구나.

1953.7.24.(금) 더움

고향으로 가기로 결심

더위에 시달리는 우리들은 휴식종이 울리기만 하면, 너나할 것 없이 학교 옆 우거진 플라타너스 그늘을 찾곤 한다. 거기는 교실보단 바람이 잘 들어 시원하기 짝이 없다. 윗옷을 벗고 런닝 바람으로 있어도 되니 여학교 보단 자유롭다. 찌는 듯한 천막 교실에서의 수업도 오늘로서 끝이 나고 내일이면 하기 방학식을 하는 날이다.

모든 것이 말할 수 없이 급히 지나간다. 4월 1일 신학기가 시작된 것이 엊그제 같은데, 벌써 한 학기가 다 지났다. 하루하루 지나가면 갈수록 우리 마음의 짐은 더욱 무거워진다.

이번 하기 방학 중 3학년 전체는 휴업하지 않고 학교에서 강습회를 하기로 했단다. 이는 우리들의 멀지 않은 장래에 무거운 짐이 기다린다는 의미이기도 하다. 약간의 강제성을 띄더라도 3학년 학생들을 위해서 진행되는 일 일 것이다.

약 한달 전부터 조용한 바닷가에서 합숙을 하며 공부하자는 의견들이 있었는데, 결국 모든 계획이 무산되고 말았다.

학교에서라도 모여서 공부한다니 그나마 다행이다.

그런데 나는 참가해야 하나 어찌해야 하나? 나를 위해서나 공부를 위해서나 참가하게 되면 밑져야 본전이다.

오늘 아침, 형님께 등록금을 받아오면서 방학 강좌에 대해 얘기하였다. 얼마 되지 않는 돈이라고는 하나 입이 떨어지지를 않았다. 그래서 다른 방법을 생각해 본다. 여기에서 한 달 동안 들어앉아 꼼짝 않고 배겨보는 것과 본가로 가서 자연 속에서 열심히 노력해 보는 것, 두 가지 방법이 있다.

염증나는 도회지 구석보단 전원의 풍경을 음미하며 공부하는 편이 훨씬 효과적일 것이란 생각도 든다. 한편으론, 어머님을 모시는 것 또한 자식의 도리이기도 할 것이다.

중학교를 입학한 얼마 후, 가장 엄하게 나를 훈계하시던 아버님께서는 불귀의 객이 되셨다. 홀로 남으신 어머니께 짧은 시간이나마 슬하에서 자식의 도리를 다하는 것 또한 나의 일 일 것이다.

이래저래 나는 본가로 돌아가기로 마음을 정하였다.

1953.7.25.(토) 더움

방학 시작

중앙국민학교 교정에서, 교장 선생님으로부터 내일부터 시작되는 하기방학에 대해서 금쪽같은 말씀을 들었다.

"나는 방학을 휴학이 아닌 전환의 계기라 생각한다."

참으로 적절한 말씀이다. 방학이 되면 규칙적인 생활에서 벗어나기에 내 마음대로 되기가 쉬운데, 꼭 일대 각성이 필요할 것이다.

1953.7.26.(일) 더움

내 고향 밀양으로

앞들 논에서 물싸움을 하고 나는 생각해보았다. 그러나 아무리 생각해도 상대편이 너무 괘씸한 짓을 하였다는 것을 알고는, 비록 싸움을 하긴 했지만 정당하게 내 주장을 내세운 게 큰 잘못은 아니었다고 혼자말로 중얼거려 보았다.

순간, 귓가에서 땡 땡… 소리가 들려 벌떡 일어나 앉았다. 모두 꿈이었다. 교회당의 종소리는 여전히 땡 땡 울고만 있다.

나는 작정했다. 나약해진 신체도 단련할 것이며, 여유 있는 시간을 틈타 학과 공부에도 힘을 써 보리라 굳게 다짐하며 시골의 자연과 더불어서 방학동안 생활 할 것이다.

뭇사람들이 오르내리는 정거장으로 간 것이 7시 20분.

아직 한 시간을 더 기다려야 기차는 출발한다. 그 시간이 지루하였다.

드디어, 수많은 승객을(나를) 실은 기차는 두 줄 평행인 철로를 줄곧 내달려 단숨에 삼랑진까지 와서는 길게 숨을 내쉰다. 그러면 늙은 역부들이 덤벼들어 기관차 아가리에 물을 부어 배를 불려준다. 표 없이 오른 승객 수십 명을 이끌고 가는 교통 순경을 뒤로 둔 채, 기차는 다시 스르륵 지나간다. 기적소리가 길게 목청을 가다듬을 무렵, 기차는 우리를 내려놓은 채 달음박질친다.

어느덧 밀양이다! 읍의 풍경이 늘어선 그대로 눈에 든다. 녹색파도가 굼실굼실 자꾸만 나의 가는 길을 따른다.

내 고향

당신이 지켜나려 오는 비밀의 역사
아득히 흘러내린 무궁한 세파
당두야 너는 나를 낸 고향이었지.

누른 소들이 누워서 염불하는
정든 숲 속의 맑은 송풍.
나는 이 소리면 자다가도 즐겁구나!

맺히고 서린 정기 끝 간 데가 없건만.
물박산 내린 물이 꼬리를 감돌아
조화옹의 기술로 점지하여 이른 곳.
영원히 행복할 나의 고향 당두여.

1953.7.27.(월) 더움

고향에서의 첫 날

교회당의 종소리를 대신하여, 감나무에 앉은 참새들이 요란스레 재잭거리며, '이제 동이 트는 새벽이요!'하며 빨리 일어나기를 재촉하는 듯하다. 서슴지 않고 벌떡 일어났다. 아직 껌껌하니 채 밝지도 않았다. 호롱불을 밝혔다. 불을 끄면 책의 글자를 겨우 알아 볼 수 있을 정도이다.

대수 책을 내놓고 귀납법을 복습해 보았다. 약간 암 직도 하고 십분 모르기도 하였다. 두 문제를 세 번 풀었다. 다음 문제를 맛보았다. 깡통이다.

동녘의 해가 머리를 비춘다. 아침식사를 끝낸 후 다시 책상에 가까이 앉았다. 구슬땀이 자꾸만 흐른다. 수건이 끕끕하다. 또 닦는다. 하는 수 없이 들길로 나갔다.

시원한 바람이 땀을 식혀준다. 작년과는 색이 다르게 붉고 푸른 물옷을 입고 논매던 일꾼들이 벌써 중참 때가 되었다는 듯 논둑에 나선다, 그걸 본 이웃 일꾼들도 따라서 논두렁 밖으로 나서서, 뻘 묻은 소매로 흐르는 땀을 슥 슥 닦는다. 이고 나오는 중참들을 반가운 듯 쳐다보며 둥천(둑방)에 앉아, 물 묻은 손으로 엽초를 (쌈지에서)꺼내어 곰방대에 쑤셔 넣고는, 불을 붙이고 쭉 빨아서 두 줄기의 흰 연기를 코로 내뿜는다. 요 근래에 못 보던 정겨운 모습이다.

나는 버들 숲 저쪽에서 다른 사람들과 같이 목욕을 하였다. 다시 고래들(당두의 동북쪽 논)을 한 바퀴 돌고 그늘 숲에서 한참을 놀다가 집으로 돌아왔다. 오후에는 웃마(윗마을)로 가서 대략의 집안을 방문하고, 안촌댁으로 가 누나와 재미있게 놀았다.

1953.7.28.(화) 더움

7월 27일 휴전 협정

오전에는 정자나무 밑에서 영감분네들 하시는 얘기를 재미있게 듣고 놀았다.

“어제 27일 오전 8시 경에 그동안 된다, 안 된다 하고 야단이던 그 정전 협정이 되었단다, 이 사람들아.”

어제 군수 영감이 중학교 가교사 낙성식에 참석하여 연설하시더라고 한 어른이 얘기하셨다.

그러니 곁에 한 분이 “에이 그거 잘 되었다! 나중에는 어찌 되든 우선은 반갑다.” 하면서 너털웃음을 웃는다.

“이제, 저어기(군대) 갔던 아이 놈들 다 오게 되겠는가? 그 말은 어제 없던가?” 다른 분이 말씀하셨다.

그 말에 곁에 있던 사람들은 제각기 시사에 통한 듯이, 쉽지는 않겠지만 전보다 휴가는 차츰 많아져서 한번 씩은 집에 오게 될 거라고들 대답하였다. 그러자 저 쪽 구석에서 누군가가 “이제 부산 집값이 폭등하겠네.”하며 일어났다.

“그것도 그리 될는지는 모르지. 이제 싸움이 정지 됐으니 서울 피난민들도 제각기 자기 고향으로 갈려고 안하겠나?”

“그러나 저러나, 누런 군복에 맥고모자 쓰고, 지 놈들만 한 딱총을 메고 엊그제 우리 동네 온 무안 놈들 이제 큰일 났구만! 아무 할 일 없이 촌 동네 다니며 술이 좋다 밥이 좋다 하던 놈들 이제 정전이면 더 이상 그러지는 못하겠지?”

“우선은 그렇겠지만 완전한 평화가 와야 안심이지. 아직은 모르는 일이네.”

이런저런 이야기를 들어 볼 때, 가면을 쓴 민주경찰! 이 얼마나 허울 좋은 일인가? 양과 같은 촌민들을 그다지도 괴롭히다니. 위협이 미치지 않는 곳은 어디에도 없는 것 같다.

1953.7.29.(수) 더움

아침에 두개방천으로 목욕가다

아침 일찍 일어났다. 아직 채 밝지도 않았다.

정신을 수습하여 수건을 가지고 올해 처음으로 두개방천으로 목욕을 하러 나갔다. 하얀 안개가 나직한 초가지붕을 포근하게 껴안고, 살금살금 앞으로 나아온다.

개울에 닿으니 발밑으론 길게 흐르는 물결이 거울처럼 맑으며, 얕은 여울에서는 자갈 구르는 맑은 소리가 무거운 아침공기를 뚫고 피어오른다.

수백 마리의 눈챙이(송사리) 새끼를 이끌고, 수십 마리의 큰 물고기 떼가 물길을 유유히 배회하고 있었다. 이 미물들도 이같이 서로 친애하는데, 만물의 영장인 우리 인간은 과연 어떤가. 세계의 겨레들은 이 정반대의 꼴이 아닌가. 나는 한참 더 이 평화로운 '참가족'들을 보고 부러워하지 않을 수 없었다. 작고 협소한 웅덩이에서 검둥이, 누런둥이, 수많은 물고기가 살고 있건만 모두들 아무 불평불만 없이 서로 의좋게 살고 있지 않은가.

목욕을 마친 후 옷을 주워 입고 언덕 위로 올라왔다. 해는 백산(당두들 건너 산) 먼 중턱까지 떠올랐다. 곧 내 그림자도 서쪽으로 길게 비추인다. 풀잎에 맺힌 이슬방울이 새 빛에 영롱하게 빛난다. 들 가운데론 사람들이 보인다. 일의 행복감의 흥인지 일시적으로 피로를 덜기 위해서인지, 하여튼 신명 있게 소리를 하며 이슬 맺힌 고랑 사이를 기어 다닌다. 집이 먼 사람들은 벌써 밥 광주리를 이고 지고 들길로 나오고 있다. 나도 할 일 없이 여기 서 있지 말고 집으로 가야지…….

1953.7.30.(목) 더움

수점 할배 제삿날

늦잠을 자고 일어났다. 벌써 조반 준비가 다 되어 있었다. 크게 아픈 곳은 없으나 확실히 근래에 와서는 몸이 약해진 것 같다. 자꾸만 야위어 가니 말이다. 보는 이 마다 첫인사가 어디 앓았느냐는 것이다. 그럴 때마다 내 건강을 의심하지 않을 수 없다.

조반 후에는 아랫보 역사를 나갔다. 별 일은 없었다.

보 꾼들이 모두 술이 나오기를 기다리고 있는 것을 보고 고래들(당두의 동북쪽 논)로 향했다. 날씨는 따끔거리고 발밑은 뜨거웠다. 논매던 일꾼들은 논두렁으로 나와서 물옷을 갈아입고, 한 무리는 벌써 집으로 들어간다. 골목의 호박넝쿨, 박넝쿨은 폭염에 늘어졌다.

오후에는 사랑방에서 책을 읽었다. 해가 다 져갈 무렵, 머슴이 매고 있는 논으로 가보았다. 새들(당두앞 서쪽들판) 논은 아직 덜 맨 듯하였고, 앞들 논은 물꼬에 물만 출 출 흐르고 있었다.

아까 세계아재를 만난 일이 갑자기 생각났다. 오늘 저녁 경주 큰댁에서 수점 할배 제사가 있단다. 연지 누나가 저녁에 놀러왔다. 큰댁에 올라가는 길에 달이 뜨도록 누나와 이야기하였다.

밤이 깊었다. 밤기운에 못 이긴 듯 회색빛 동네는 납작 엎드렸고, 개들도 한 낮의 내달음이 없이 조용하다. 큰댁에서는 마당에 멍석을 깔고 여럿이 모여 이야기하며 놀고 있었다.

낯선 사람이 한 명 있었는데 맹인인 모양이었다. 한참 후, 손가락을 꼽으면서 내게 생년월일을 묻고는 중얼중얼하였다.

1953.8.1.(토) 흐린데 더움

적막한 집에서

아침에 자고 났다. 싱그러운 공기가 온 대지를 싸고돈다. 조금 있으니, 일꾼들이 벌써 물옷을 어깨에 메고 이슬도 덜 걷힌 논으로 나가고 있다. 나는 이불을 정리하고 책상머리에 앉았다. 노트를 펴 놓고 잡기장(연습장)에 문제를 풀어보기로 했다.

그러나 수학은 본래부터 내가 할 학문이 아닌가?

도대체 취미가 없다. 억지로라도 해보려하나 아무래도 신통치 않다.

구름이 뭉게뭉게 산 너머로부터 피어오른다. 해는 나타났다 사라졌다 하고 있다. 내 책상머리를 비추어 이마를 찌푸리게도 한다. 몇 시간 후 집안엔 아무도 없고, 나 혼자 역사책을 벗하며 이야기를 나눈다. 적막한 집에는 햇빛만이 가득하고 그 아래서 졸고 있는 강아지, 뭇 새들은 그늘에 숨어 앉아 지저귀고 있다. 그럭저럭 오전의 일과도 다 지나갔다.

오후에는 삽을 메고 들로 나갔다.

올해는 가는 곳마다 청청물꼬를 이끌고 봇물은 아래로 아래로 거리낌 없이 잘도 흘러가고 있다.

1953.8.2.(일) 흐린 후 비

일꾼들 바라지

일찍 일어나 책을 좀 보고 있는 동안, 어둡던 동녘도 어느덧 환히 밝아 책의 글자가 밝게 보인다.

머슴이 들어오더니 오늘은 일꾼이 일곱 사람 쯤 되니 그렇게 바라지를 하랍시고 나갔다. 나는 곧 뒤이어 내 건너 논으로 가서 뒤를 보아주었다. 일꾼들은 한 나절 일을 마치고, 고래들 웅덩이 가에서 후다닥 거리며 한바탕 야단이더니 커다란 가물치를 연신 잡아내었다.

이것을 가지고 집으로 오는 도중 지상이를 만났는데 "왜 약속을 안 지켰나?"는 말을 들었다. 자기들끼리 정한대로라면, 오늘이 함박산 소풍날이었던 모양이다.

1953.8.3.(월) 흐림

건장마, 햄릿

날씨는 볕이 쨍쨍 나지 않고, 건장마를 끌고 있다. 들의 나락들은 병이 좀 덜 하려고 하니, 생기를 못 찾게 또 날씨가 좋지 못하다. 작년에는 가물어서 물을 퍼서 대느라 힘들었는데, 올해는 무리무리 병을 해서 벌겋게 타고 보잘 것 없이 되어있다. 우리 고래 논도 다른 곳 나락보다 훨씬 뒤진다.

오후에는 지배와 함께 연지 누나 집에 가서 이야기하고 노느라 일하는 데 방해가 되었다. 전날 빌려 줬던 《햄릿》을 오늘 돌려받았다. 그래서 완전히 마스트했냐고 물었더니, 너무 어려워서 채 읽지도 못했다고 했다.

여기까지 일부러 갖다 준 게 헛수고였다는 걸 알았다. 어떻게든 한 번 읽혀주고 싶었는데, 그렇다고 내가 해석해 줄 시간까진 없었다. 생각하면 유감스럽다. 짧게나마 중요 골자만 얘기해 주었다.

건너다보이는 골짜기에는 흰 연기가 깔린다.

1953.8.4.(화) 흐림

웃마로 놀러

지배와 같이 웃마(윗마을)로 놀러갔는데, 거기에는 춘성 군이 와있었다. 서로 인사를 하고 한참동안 시간이 흘렀다. 그러나 누구 하나 침묵을 깨트리는 사람이 없었다. 좀 시원한 곳을 찾아 뒷문 쪽으로 가니, 요즘 사람 같지 않게 사람을 보고도 벽 취급하며 너무 어색해하는, 이웃집 타성(일가가 아닌) 처녀가 놀러와 있었다. 순간 나는 미안함을 느꼈다. 그들이 재미있게 노는 자리를 깼기 때문이었다.

저녁에는, 목욕을 하러 냇가로 갈까 그냥 자리에 누울까 망설이고 있는데, 한 무리의 친구들이 찾아왔다. 참외 원두막에 끌려가서 실컷 놀았다.

1953.8.5.(수) 더움

私心(사심)과 正心(정심)

집에 내려 와 밥을 먹은 지 벌써 열흘째이다. 멀리서 유학 했으나 놀기 시작하니 날이 잘도 간다.

다른 학우들은 벌써 열흘째를 시험준비에 날을 보내고 있을 텐데, 사실 나는 아무 한 일이 없다. 놀면 자꾸 놀고 싶고 뻗어진 다리가 말을 듣지 않는다.

한 가지 일을 행하려면 正心(정심)과 私心(사심)이 서로 다투게 되는데, 늘 私心(사심)이 이기게 되는 건 숨길래야 숨길 수 없는 사실인 것 같다. 모든 일이 다 그런 것 같다.

이와 같이 한 사람이 가지고 있는 신체 내의 조종자부터가 서로 싸우며 자아의 모순에 봉착하고 있다. 나는 이것을 원망하지 않고 그리 하기도 싫다. 왜냐면, 나 자신부터가 억제할 수 없는 본능 때문에 사심이 정심을 이겨 가기 때문이다. 하지만 이것을 초월하려면 사심을 타도하여 이 난국을 깨 부셔야 할 것이다!

1953.8.6.(목) 더움

잡종세(雜種稅)

쨍쨍 내리 쬐는 불볕보다 흐린 날씨가 더욱 더 이 여름을 우울하게 한다.

집에는 책과 더불어 졸고 있는 나만이 사랑방에 있을 뿐, 아무도 없다. 아이들(동생들과 조카들)은 자기 볼 일에 나가고, 어머님은 잡종금(잡종세) 때문에 무안 장으로 쌀을 팔러 가시었다.

아무데나 마찬가지겠지만, 이 빼빼마른 농촌에 퍼붓는 각종 세금은 그 무게가 말 할 수 없이 무겁다. 여러 모로 보아도 불쌍한 것은 몽매한 우리 촌백성들 뿐인 것 같다.

1953.8.7.(금) 더움

혼탁한 현실

어제 장만한 돈으로 동사(洞舍) 창고에 수매한 보리를 찾으러 갔다. 동리에선, 어디에서 내라 하는 돈이 있으면 그 입이 떨어지기도 전에 벌써 야단들이다. 자기들 맘대로 정해 놓은 기한이 채 넘기도 전에 집집마다 다니며 먹는 보리쌀이라도 퍼가는 것이 요새 새로 생긴 시골 세금 징수법이다. 실은 이렇게라도 해야 자신들 일이 쉽고, 징수하는 사람 면목도 서고, 농촌도 존재할 수 있는 것일 게다. 이렇게 해놓고, 어느 동네는 세금 납부가 완료되었는데 어느 동네는 왜 아직 멀었단 말인가 하고 서로들 우쭐댄다.

실로, 사회가 발달하면 할수록 무슨'主義(주의)'가 늘어가는 것이 사실이지만, 지금 우리나라보다 그 '主義(주의)'가 복잡한 곳은 아마 세계 어디에도 없을 것이다. '쉬자 주의',' 채우자 주의', '골로 보낸다 주의'……. 그러나 무엇 하나 제대로인 것이 있는가?

조금이라도 아는 놈은 '주의'를 찾고, 아무 것도 모르는 놈은 눈만 멀뚱히 뜨고 어찌할 바를 알지 못한다. 순한 양 같았던 얼굴에서 독한 이리떼로 바뀌니, 이 일을 어찌하면 좋을까?

맑게 흐르지 못하고 이리 혼탁할 바엔 차라리 천지개벽이나 돼버렸음 싶다. 새로운 태고로 돌아가서 진실로 인간답게 살 수 있는 그런 시대가 오기를 나는 간절히 원할 뿐이다.

1953.8.8.(토) 더움

이웃 동네 사람들과의 싸움에 대한 생각

어제 저녁 일이다. 저녁밥을 먹은 뒤 몹시 더워 목욕이나 갈까 하고 웃마로 가는 길이었다. 돌박걸(동네입구)에 사람들이 우 모여서 이야기가 자자했다.

이야기를 듣자하니, 어제 오후 우리 동네 청년들이 초전(이웃 동네)에 가서 거기 사는 이(李) 씨들과 난투한 내용이었다.

싸움의 발단은 엊그제 장날, 덕촌 아재와 초전에 사는 청년 하나가 다툰 데서 비롯되었나 보았다. 그 난투장에 있었던 친구 몇이 곁에 서 있었는데, 이야기를 듣고 나니 난 약간 미안한 생각이 들기도 했다. 난 어제 종일 동사(洞舍)에서 보내느라 그 사실을 감쪽같이 몰랐다.

하지만, 어찌 생각하면 이웃 동네 사람들끼리 몰려가서 서로 싸우는 이런 행동들은 시대에 뒤떨어진 대단히 수준 낮은 행동이 아닐까 싶다.

오늘은 별 일 없이 사랑방에서 독서를 하며 보냈다.

1953.8.9.(일) 더움

꽃을 꺾다

욕망의 감각기관인 눈 즉 시각, 이놈이 괴상한 놈이다. 오전에 내(川) 건너 논에 갔다가 목욕을 하고 돌아오는 길에 연지 누나 집에 갔다. 화단에는 이름 모를 좋은 꽃이 몇 송이 피어있었다. 그것을 본 나는 바짝 탐이 나서 견딜 수가 없었다. 눈을 질끈 감고 한 송이를 꺾었다!

집안에서는 야단이 났다. 그러나 이미 어쩔 수가 없지 않은가?

나는 뒤늦게 사람에게보다 진실로 꽃나무에게 미안한 마음을 금할 수 없었다. 봄부터 한 송이 꽃을 피우기 위해 갖은 힘을 다했는데, 오늘 나라는 무자비한 인간에게 이렇게 당했으니, 나를 얼마나 원망할 것인가?

그러나 저러나, 내 책상 위 화병에는?……

1953.8.10.(월) 비 온 후 흐림

농사 걱정

아침에 눈을 뜨니, 마치 봄비인양 문 밖에는 가늘은 비가 내리고 있었다. 그러나 이따금은 굵은 빗방울이 좌락좌락 쏟아지기도 하였다.

엇그제 새들보 역사를 했는데 봇물이 줄었다더니, 오늘은 비가 내린다. 올해는 풍년 들기 허탕이라지만, 새들의 나락은 병이 없으니 그것만 해도 딴 들보다 낫지 않은가?

오전에는 가끔 소나기가 퍼붓더니, 오후에 큰 들로 나가는 길에 두개 방천을 지났는데, 붉게 물든 냇물이 억수로 불었다. 물동이를 물에 담궈 물을 펐다. 이 물이 논으로 논으로 흘러들어 우리의 살과 피가 될 것이 아닌가. 자연의 법칙이란 참 묘하다.

1953.8.11.(화) 몹시 더움

몹시 더운 날 논에서

까칠한 폭양을 온 몸에 받으며 끓는 듯한 뜨거운 물에 몸을 박고 있는 나락이 이따금 부는 바람에 무럭무럭 자란다. 병에 시달리던 볏잎들이 생기를 차린다.

풀을 매느라 논에 엎드려 있으니 구슬땀이 흘러 멱을 감은 것 같다. 머슴이 입은 옷은 마른 데가 없이 흠뻑 젖었다. 물꼬 물은 제 멋대로 소리 내며 논으로 흘러들어온다. 멱을 두 번이나 감았지만 다시 견딜 수가 없다. 몹시 더운 날씨다.

그러나 일이 사람을 이길 수는 없다. 오늘도 '일'은 우리에게 패배 당해 끝나고 말았다!

머슴은 김매어 놓은 것을 지게에 지고 들어온다.

오후에는 가을 남새(채소)를 심으려고 채소밭을 갈아 씨를 뿌렸다.

1953.8.12.(수) 더움

어머님을 위해

한나절 녘이었다. 사랑채 마루에는 사동댁이 와 앉아있었다. 날씨가 몹시 더운데 여기는 좀 시원하다며 서로 이야기를 나누었다.

어머님은 마루에 누우시며 "눈을 못 뜨겠다." 하시었다.

몸살인가 걱정이 됐다. 몸살이 나실 만도 하다.

어제만 해도 그랬다. 그 더운 날씨에 논에서 풀을 맨다는 둥, 밭을 갈아 파 씨를 심는다는 둥, 올해 일 철 들어 하루도 손수 돌보시지 않은 적이 없을 것이다.

이래저래 자식 된 도리를 생각하니 눈물이 나지 않을 수 없다. 연세가 높아짐에 따라 고역이 더해가는 게 모두 자식의 무능 때문인 것 같아 뼈가 저리다.

집에 올 적부터 고기로서는 개고기가 제일 적당하다 생각하여, 한 마리 구할까 하던 차에 동네에 적당한 것이 있다하는 얘기를 들었다.

먼저 가서 금(가격)을 정해놓고, 머슴을 데리고 가서 개를 잡아왔다. 남의 품을 갚으러 간 일꾼더러 모두 장만해 달라고 하기는 좀 거북하였다.

저녁을 마친 후 지일,지영 형들과 아랫보에 멱을 감으러 갔다. 늦게 나간 터라 금세 잘 시간이 되어 서로 헤어져 아래 길로 향하는데, 인기척이 있어서 보니 연지 누나와 정희였다. 오늘 저녁 내내 나를 찾아 다녔다 했다.

내일이 중학 동창회이니 우리는 이 기회에 함박산 소풍을 가자했다. 그 말을 무시할 순 없으나, 나는 아직 확정을 못하겠다.

1953.8.13.(목) 흐리고 더움

중학 동창회

어제 저녁 소풍에 대한 확답을 못했기 때문에 일찍 일어나서, 정희네 집으로 갔다. 준비를 마치고도 연지 누나가 오지 않자 정희는 누나 집으로 올라 갈 참이었다. 따라 몇 걸음 나가는데 누나가 행장을 차리고 내려왔다. 사정을 말하고 미안하지만 나는 못 가게 되었다고 말하니, 울 듯한 목소리로 나를 비방하였다.

그러나 계속 거기 있을 수는 없기에 집으로 와서 도로 부역을 갔다. 열한시경 집으로 와 옷을 갈아입고, 동창회에 참석키 위해 신법(아랫동네)으로 내려갔다. 벌써 동무들이 많이 와 기다리고 있었다. 사정상 12시부터 회의를 시작하고, 4시에 점심 요기를 하여 7시에 끝이 났다. 오락시간이 너무 짧았다. 오랜만에 아니, 중학교를 졸업하고 처음 만난 친구들도 많았다.

한잔 한잔 돌아온 술잔이 벌써 5잔에 달했다. 이쯤이야 생각했는데, 술기운이 점점 낯에 올랐다. 무안 사람들한테 또 한잔을 받아 마셨다. 여기저기서 질탕한 노래 소리가 흘러나오기 시작했다. 넓찍한 운동장 풀밭 모퉁이에서 판이 벌어졌다. 어둑어둑해졌다. 손은 장단을 맞추느라 상을 두드렸지만 아픈 감각이 전혀 없었다. 이렇게 흥이 나긴 올해 들어 처음이 아닌가?

밤이 깊어감에 하늘에는 별이 컸다 작았다 깜빡였다.

그럭저럭 그만 놀기로 하고, 나는 정신을 끝까지 수습하여 지일 형을 좇아 올라가다, 다시 교정으로 가서 주저앉아 얼마를 토했는지 모른다. 어째도 집으로 간다는 생각에 일어 선 것이 걸음걸이는 갈지(之)자!

1953.8.14.(금) 몹시 더움

어제 일을 생각

아침에 늦잠을 잘 수도 없고 해서 일찍 일어났다. 뱃가죽이 등에 붙어 숨을 쉴 수가 없으며, 골치가 지끈거리고 다리가 허둥허둥하여 걸음이 제 자욱에 놓이지를 않았다. 웃옷은 런닝 바람이었고 왼쪽 정강이가 아파서 바지를 걷어 살펴보니, 옷과 발 정강이가 온통 흙투성이였다. 새벽녘에 몸부림을 치다 마루에서 떨어진 기억이 생생히 되살아났다. 낯을 씻고 흙을 대략 털고, 사랑방으로 가서 한숨 잘 잤더니 아침 때(식사 때)가 훨씬 지났다. 밥상에 앉아서 한 술 떠보니 입은 까끄럽고, 온통 지독한 소주냄새 뿐이다.

허둥허둥 삽을 들고 아랫보 역사를 나갔다. 웃 주막걸에는 지일 형이 있었는데, 서로 죽을 욕을 보았다며 이야기를 하였다.

가만히 어제 일을 생각해 보았다. 만취한 주정꾼을 보고 웃은 일이 있었는데, 어제는 내가 바로 그 당사자였다. 과하게 먹으면 아무리 정신을 차리려고 해도 소용이 없고, 또 허물어진 학교가 볼수록 쓸쓸하고 가슴 막힐 일인데, 뭐가 그리 좋다고 고함을 지르며 춤을 추었던가?

어제 회의에서 교장선생님이 이야기했듯 지금은 폐허가 된 이 학사가 다름 아닌, 무안고등공민학교 학생들이 하나하나 운반한 블록과 기와로 만들어진 유물이 아닌가. 어제 모인 1,2회 졸업생들이 일을 가장 많이 하였고 공도 크지만, 그들은 변변한 졸업장 하나도 못 받고 나온 사람들이다.

1953.8.15.(토) 몹시 더움

칠월칠석날

오늘도 정신이 명랑하지는 못하였다.

안촌 댁에 가서 조금 앉아있으니, 맑은 술을 한잔 주길래 거절하지 못해 조금 마셨다. 후둑후둑 술기운이 올라오더니, 조금 후에는 사라지는 동시에 허둥지둥하던 다리도 좀 덜하였다. 거기서 점심 때가 되는 줄도 모르고 놀고 있다가 점심까지 얻어먹었다.

해가 다 져 갈 무렵 집으로 돌아 와 잠시 후 새들 논을 둘러 봉답 논에 나락 구경을 갔다. 가는 길에 신법 고모님을 만났다. 부산에서 며칠 전초 하루날 오셨다며, 들 구경 나오시는 걸음이라 하셨다. 지영 형이 내려오면서 무안 배구 시합 구경을 가잔다.

해가 다 져 가는데 무슨 무안엘 가냐고 했더니, 그래도 가서 구경하자 하였다. 호의에 못 이겨 같이 갔다가 컴컴할 때 쯤 돌아왔다. 논 물이 말랐는지 신법 학교 밑에서는 물 푸는 기계소리가 어두운 장막을 뚫고 나온다.

오늘이 광복절이기도 하고 음력으로는 칠석이다.

일 년 내내 서로 그리고 바라던 견우와 직녀, 오작교를 건너서 서로 만나는 날 밤, 그들에게 이 날보다 더 좋은날은 아마 없겠지.

1953.8.16.(일) 몹시 더움

더운 날 공부는 힘들어!

어머님은 아침 일찍, 보리 한가마니를 머슴에게 지워서 신법 방앗간으로 가시었다. 당두 방아는 고장이 나서 고치러 갔기 때문에 방아가 없다. 찧은 보리쌀을 장에 내고 아침 때가 되어 집으로 오셨다가, 개 값도 주고 집에서도 쓴다 하시면서 다시 나가시었다. 나는 사랑방에서 복습을 하였다.

읽다 남은 책을 다시 들었다. 오늘은 끝을 내고야 말 참이다. 꼭 앉아 끝내리라《문화세계의 창조》.

조반 후 한참 앉아 있으니, 더워서 도저히 견딜 수가 없어 물가로 갔다. 이제 냇물도 엊그제와는 눈에 띄게 줄어들어 근근이 이어 내려갈 정도다.

오후에는 지철 형이 왔다 하여 가서 놀았다.

1953.8.17.(월) 흐림

논물 시비

점심 나절은 다 되었을 것이다. 정희네 집에서 여럿이 놀다 헤어져 나와, 나는 자연스레 물가로 갔다. 들로 나가 보니 목욕할 정도로 물이 없어 고래 논에나 둘러 올까 하고 등대까지 갔더니, 거기는 물이 많았다. 배락대미 근방 논에는 두렁이 터질 정도로 물이 넘쳤는데, 한 마지기에만 논바닥이 드러나 있었고, 그 옆에는 종철이 있었다.

아니 이게 어찌된 일인가? 시비를 다투다가 치밀어 오르는 화를 억제하고 또 억제했다. 미련하기 짝이 없고 욕심이 충장한 인간을 대적해 무엇 하리. 저번에도 한번 야단이 있었지만, 딱히 인간적으로 대할 수 없는 상대라 말하기 싫었다.

생각하면 그 집과 우리는 무슨 맺힌 원한이라도 있는 건지 사사건건 시비를 건다. 이 사실을 모르는 이는 동리에서 아마 드물 것이다.

1953.8.18.(화) 더움

황당무계한 전보

아침에 시험문제를 풀어보느라 한참 머리를 쓰고 있으니, 어머님이 밖에서 "이것이 우리 것이냐? 와 보아라!"하시며, 종잇조각 하나를 주시었다. 그것은 '병적수첩 교부가 20일이니, 빨리 부산으로 내려오라'는 전보였다.

오늘이 18일이고 등교 일자는 25일, 수첩 교부만 아니면 단 며칠이라도 더 집에 있으면서 어머님의 노고를 조금이라도 덜 것인데, 왜 이리 됐냐고 생각했다.

오전에는 별일 없이 집에 있다가 오후에는 안촌 댁에서 할머니들 화투 치는 것을 구경한 후, 배락대미 논에 가서 피를 뽑았다. 그 논에는 여전히 물이 없었다. 손에는 풀물이 시퍼렇게 들었다. 해가 다 진 후 뽑은 피를 묶어 가지고 집으로 돌아왔다.

저녁 늦게 봇물에 나가 마지막으로 목욕을 하고 돌아왔다. 촛불을 켜고 붓을 드는데 연지 누나가 찾아왔다. 대단히 반가웠다.

1953.8.19.(수) 더움

다시 부산으로

마루 밑 구석에서 속삭이던 귀뚤이(귀뚜라미)도 동이 터오는 것을 보고 밤이 짧다고 날이 새는 것을 원망이나 하는 듯 처량한 목소리를 더욱 가다듬는다. 귀뚤이 소리가 멎는가 하니, 앞 뜰 감나무 가지에서 자던 참새들이 요란스러이 재잭 거리며 날이 밝았음을 알린다.

일어나 앉아 문을 여니, 날이 훤히 밝아오고 머슴은 지게를 지고 밖으로 나간다. 책상 위에 어지러이 널린 책을 가방에 정리하고, 책상을 단조하게 꾸미었다. 출희와 어머님을 뒤로 두고, 동사 앞에서 7시 반에 내려오는 버스를 탔다.

집을 나설 때는 언제나 같은 감정이지만, 숲(동네 어귀 솔 숲)을 지날 때면 만감이 교차한다. 어머님이 혼자 또 얼마나 고생하실까?

어머님을 생각하면 눈물겨웁다. 일정하게 흐르는 시각을 내 마음대로 조정하여 빨리도 가게 하고, 늦게도 가게 할 수 있으면 얼마나 좋을까? 내가 완전한 성인이 되어 어머님을 모시게 되었을 때, 그 후부터는 시간이 천천히 천천히 오래도록 갔으면!

1953.8.20.(목) 더움

병적수첩 수령

부산의 거리도 비가 좀 왔으면 싶게 무척이나 덥다.

시가지 표면은 먼지가 하얗게 뒤덮였고, 우물엔 식수가 부족해서 야단들이다.

8시경 되어 옷을 입고, 동회를 거쳐 보수공원, 남일국민학교 광장으로 갔다. 벌써 도착한 사람들도 대단히 많았다. 오늘은 지난 15,16일에 우선 된 사람들의 수첩 교부였다. 한 9시쯤 되니, 그 장소에 모인 사람이 수천은 되어 보였다. 번호가 높은 순부터 시작한 관계로 나는 비교적 일찍 마치고 돌아온 셈이다.

집에 와 아침 식사를 하니 정오의 고동이 운다.

1953.8.21.(금) 더움

사진, 추억

일찍 일어난다고 한 것이 벌써 저편 서쪽 산꼭대기가 햇살로 덮여 있었다.

오늘 할 일을 생각해 보았다. 부산진으로 가볼까? 언젠가 안촌댁 뒤 정원에서 찍은 사진도 찾고, 이럭저럭 하루 보내고 올까 작정하고 조반을 마치었다. 아무리 집안이라 해도 나는 혼자서 지붓지붓 댕기기가 싫다. 나는 고독을 즐기는 편에 가깝다.

복잡한 네거리를 비껴 전차에 오른 것이 부산진 가까이까지 갔다. 지배 집을 향했다. 한참 얘기를 나눈 후에 구경하라며 한 장씩 현상한 사진을 열장 남짓 가지고 나왔다. 비교적 잘 나왔다. 사진에서 내가 좋아하던 그 정원을 다시 구경하고 친구들도 보았다. 나는 속으로 기뻤다. 지난 날을 생각하니 행복하였다. 마음은 지금도 그 때로 달려가지만, 현실은 다르게 나는 여기 서 있다.

오는 길에 동회 사무실에 들러 도민증을 찾아왔다.

1953.8.22.(토) 더움

다짐

지금 이 시간은 영원히 돌아오지 않는다.
허물어져가는 나라 집. 동요하는 만방을 바로 잡고
조화할 책임이 있는 나.
인생의 달콤한 꿈만을 꾸지 말며,
반드시 보람 있는 삶을 희망하라.
'멀지 않은 앞날에 꼭!'

1953.8.23.(일) 더움

달 밝은 밤

종일토록 밖엘 나가지 않았다. 왜 그런지 나가기가 싫다. 아무 할 일 없이 걸상에 앉았다 내려앉았다 하다가 해가 저물어 갔다.

사람들은 백중이 오늘이니 내일이니 하고들 있다. 어쨌거나 달이 몹시도 밝다. 가을 기분이 난다.

한 달 전에는 정든 고향 집에서 어머님과 저 달을 보며 부산에서 지내던 이야기를 나누고, 친구들과도 같이 보내었는데, 오늘 저녁엔 홀로 저 달을 보고 있자니 그 때가 다시 그립다. 저 달이 여기 있는 나를 비추고 있듯, 멀리 계신 어머님과 친구들도 한가지로 비추고 있겠지.

오늘 밤은 반짝거리는 바다에 고깃배가 유난히 많기도 하다. 나 혼자 저 달과 바다를 바라보고 있는 사이 검둥다리 위에서 가게 보던 사람들의 등불이 자취를 감추었다. 잘 때가 거의 된 모양이다.

1953.8.24.(월) 더움

방학 끝!

시간은 무궁한 것이라고는 하나, 일정한 기간을 두고 달리는 시간은 이다지도 빠른 것인가.

무성한 플라타너스 그늘 밑에서 '내일이면 기다리던 방학이다' 이야기하던 게 어제 아니 바로 좀 전 같은데 내일이면 다시 그 그늘로 돌아가야 한다. 무더운 천막 교실로도.

어차피 갈 날이면 빨리 가라. 내일이면 다시 새로운 기분으로 학교엘 가보자. 정다운 선생님과 씩씩한 학우들과 끓는 피의 악수도 해보자!

1953.8.25.(화) 무더운 뒤 비

시업식

무지도 덥다. 등교 길 반도 못가서 등골을 타고 내리는 땀이 웃옷을 다 적시었다.

시작종은 전과 같이 9시 10분에 울려, 우리들은 교실에서 간단히 시업식을 마쳤다. 학우들 모두 건강한 얼굴로 다시 한자리에 모인 것이 기뻤다. 수업은 없었다. 일부는 교실 내외를 정리하고, 나머지는 집으로 갔다. 나는 윤 군과 같이 오다가 윤 군의 청으로 그의 집으로 가서 한참을 놀고 목욕도 하였다.

빗소리가 야단이다. 도시도 도시지만 가뭄을 걱정하며 논바닥과 하늘을 번갈아 쳐다보던 농촌에 비는 더 없이 반가운 존재다. 약간 늦었지만 그만해도 반가운 일이다. 시작한 김에 한줄기 잘끈 내릴 것이지 못 이겨 못 이겨 오는 듯하다.

저녁에는 그래도 비가 온 탓에 금방 산들산들 바람이 불며, 열고 자던 문을 닫게 하고 모포를 덮게 만든다.

1953.8.26.(수) 흐림

정상 수업

오늘부터는 시간표대로 정상 수업이다. 90분의 시간이 지루했지만,

좀 시원해져서 좋았다.

첫 시간을 마치고 이웃 교실에 갔던 길에 창균군을 만났다. 이 군은 어제 합천에서 돌아왔는데, 거기는 가뭄 때문에 곳곳에서 물을 푸느라 야단이라 했다.

비가 왔으니 그건 어느 정도 해결이 되었지만, 종종 산(山)손님들이 출현해서 민간인을 괴롭혀서 난리인가 보았다. 거기에는 반공포로들의 힘이 굉장히 크며, 활발하게 활동하고 있다고도 얘기했다.

1953.8.27.(목) 비

소설의 구절을 옮겨 적다

웃샨의 노래

– 괴테의 《젊은 베르테르의 슬픔》 中

서쪽 저녁하늘에 반짝이는 아름다운 별 하나
그 찬란한 얼굴 구름 속으로 내밀고
조용히 조용히 언덕 위를 헤매어 가노니
너는 거칠은 벌판 그 어느 곳을 비치고 있느뇨.
몹쓸 광풍 이제 잠들고
멀리 시냇물 소리 들리어 올 때
바위에 희롱하는 먼 곳 출렁이는 물결소리
들 위에는 밤벌레 울음 그득히 퍼져 나가는 도다.
아름다운 빛이여 너 무엇을 보고 있느뇨.
물어보아도 대답 없이 웃음 웃고 가버리면

물결 기꺼운 듯이 너를 껴안고
아름다운 빛이여 잘 가거라
나타나라 옷샤의 넋. 숭엄한 빛이여.

1953.8.28.(금) 시원

두발 문제

비가 개인 날씨는 이제 판이하게 달라졌다. 등골에 흐르던 땀도 이제 걷히기가 바쁘다.

학교에서는 3학년 전체에 두발 문제에 대한 말이 있었다. 지금 내 머리는 꼬박 두 달을 기른 것인데, 깎으려니 조금 아깝지만 별 도리가 없다. 이번 다가오는 검문만 넘어가면 되지만, 다음에 머리 기를 기회가 또 오겠지.

학교에서 집으로 돌아오니 4시 경이 되었다.

책상 위에 널려있던 책들을 정리하고, 오면서 구해 온 《법학개론》을 뒤적이며 있었다.

친정에서 돌아온 형수님께 이발료를 말하였다. 돈 달라는 이런 얘기를 언젠가는 하지 않아도 될 날이 올 것이지만, 지금은 쉽게 입이 떨어지지가 않는다.

1953.8.29.(토) 맑음

형이하학

예전의 철학자나 위대한 사람들이 논하였던 형이상학(形而上學)과 형이하학(形而下學)에 대해 생각해 보았다. 인간의 인격이 고상할수록 형이하학에서 초월한다는 사실이 새삼 생각을 어지럽힌다.

오늘 나는 군사 훈련 시간을 핑계 댈 작정으로 학생에게는 어울리지 않는 작업복 겉옷에 검은 바지를 입고, 군인들의 훈련화를 신고 등교를 하였다.

아침에 사람들을 지나칠 때마다 애써 태연한 척 하려했지만, 학교 정복을 가지런히 입은 친구들과 허영심 많은 여학생들을 지나칠 때는 자꾸만 내 행색이 보살펴지곤 했다.

학교에서는 교련 시간도 무사히 지나갔는데 집으로 올 때는 자꾸 친구들보다 빨리 걷고 싶은 마음이었다.

나는 솔직하게 형이상학을 추구하지만 형이하학도 무시 할 수는 없는 일. 하지만, 자신을 기만할 수는 도저히 없었다.

1953.8.30.(일) 서늘함

지구는 여전히 건재!

다른 천체와 부딪쳐 떨어진다고 야단이던 이 지구는 여전히 건재한 모양이다. 그 얘기가 나온 시절이 지나가고 이 달이 다 지나 가도록 아무런 기척이 없는 것을 보면 말이다.

원대한 희망이 있는 우리들이 그런 비과학적인 이야기를 듣고 있자니 얼마나 우스꽝스러운 일인가. 오늘 어떤 책에서 천체에 대한 이야기를 읽었기 때문에 문득 그런 생각이 들었다.

오늘도 해가 다 져 가는데, 전도하는 예수교 교인들의 전도 연설은 아직 들려오지 않는다.

1953.8.31.(월) 서늘함

가슴에 새긴 말

오늘은 첫 시간부터 교련이다. 나는 작업복을 준비하지 않았기 때문에 실습을 하면 나가지 않을 수도 없고 해서 집합해 기다리고 있었는데, 마침 교실에서 학과를 하게 되어 대단히 기뻤다. 그러나 세 강좌의 단축수업을 마치고 중앙국민학교 교정에서 앞으로 있을 교련 수업에 대해 자세한 설명을 들었다.

이제부터는 꾸준히 단축수업을 마치고, 이 자리에서 교련을 받아야 된다는 둥 학교의 외부 인사에 대한 위신 체면 문제라는 둥 앞으로의 시간이 걱정스럽다.

인간은 누구나 다 고통스런 것은 피하고 싶고, 조금이라도 편한 것을 좋아할 것이다. 그러나 나는 새로이 내 주관을 튼튼히 해 본다. '어떤 고통스러운 일이 있더라도 그것을 인내하며 극복한다.' 다시 혼자말로 가슴에 새긴다.

莫妄想(막망상). 事忍耐(사인내). 達誠實(달성실)

헛된 생각을 말고, 모든 일에 인내 하며, 정성스럽고 참됨을 이루자.

1953.9.1.(화) 흐림

천고마비의 계절

이제 확실히 좋은 때가 왔다. 옛 사람들도 하늘은 높고 말은 살찐다고 형용하였으며, 등불을 가까이 할 시기라고도 하였다.

오늘부터는 일절의 것을 다 청산하고 오로지 마음으로써 학업에 힘써 보겠다고 다짐한다. 생각할수록 초조한 마음뿐이다. 참으로 맛있는 우리들의 학창시절이 닥쳐오는 신선한 가을 한 철로 끝이 난다 생각하니 한편 가슴이 아프다.

선배들 말이 "뭐니 뭐니 해도 고등학교 시절보다 더 좋은 학창시절은 없더라." 했다. 그렇다 치더라도 내년 3월 발등에 떨어진 불은 여전히 부담스럽다.

1953.9.2.(수) 흐림

피곤한 하루

어제 우리 3학년 학생 전체는 한 자루씩의 총을 받았다. 그것을 항상 휴대해야 한다는 교관의 말이 쟁쟁하다. 군복을 입고 총을 멘 우리들을 외부 사람들은 구경삼아 보고 있다. '훌륭한 부대의 우수한 국군용사!'

아침 조례 시간에는 분열 연습을 하였다.

50분씩 두 시간 수업을 끝내고, 우리 전교생은 중앙극장에 〈이별의 곡(쇼팽)〉 이란 영화를 보러 갔다. 1831년대에 곳곳마다 대리석 벽돌집에 여자들의 생활 또한 별세계였다. 똑같이 사람 사는 세상인데, 서양과 동양(우리나라)이 이렇게 다르다니 놀랄 경관이었다.

3시 정각부터 다시 집합 장소에 모여, 있는 힘을 다해 훈련을 마치고 5시 20분경 집으로 돌아 왔다.

대단히 피곤하다. 아침부터 저녁까지 하루해가 이렇게 부족한 것이 요사이 나의 일과이다. 그리고 눕는 잠자리가 나에게는 둘도 없는 천당 극락이다.

1953.9.3.(목) 흐림

부담스런 교련 훈련

오늘 오후에도 우리는 중앙국민학교 운동장에서 조총 동작을 배웠다. '더 숙여!'나 '엎드려 쏴!'를 할 때면 팔꿈치가 아파 견디기 어려웠다. 땅에서 한두 번 뒹굴다보면 온몸에 힘이 빠지고 전신이 흐느적거려 "이놈의 훈련 언제 끝나나"며 친구들과 수군거리기도 하였다. 그럴 때면 교관은 여지없이 "자기 맡은 바 책임! 거기 무슨 사담이야? 훈련받는 병사가 잡담할 겨를이 어디 있어?"하며 야단을 쳤다.

그러거나 말거나다. 그러나 훈련이 끝이 나면, "사실 이거 선생이 할 짓이 못됩니다."하고 말하면, 우리는 "그도 그럴 거야." 하며 서로 눈짓을 하기도 한다.

당국의 지시에 의하여 하는 수 없이 하는 일이니 그 누구도 어찌할 도리가 있겠는가?

1953.9.4.(금) 맑음

워즈워드의 〈무지개〉를 읊다

My heart leaps up when I behold a rainbow in the sky.
So was it when my life began
So is it now I am a man.
So be it when I shall grow old.
Or let me die!

The child is father of the man!
And I could wish many days to be
Bound each to each by natural piety.

하늘의 무지개를 바라보면
내 가슴은 뛰노라.
내가 어릴 때도 그랬고
지금도 그러하니
내 늙어서도 그러 하리.
그렇지 않다면 차라리 죽으리.

어린이는 어른의 아버지
내 살아가는 나날이
자연에 대한 경이로 이어질 수 있기를.

— 윌리엄 워즈워드

1953.9.5.(토) 맑음

소설 읽기

둘째시간, 저번 시간에 하다 남은 과를 마치고 나머지 시간에 문학 감상을 하였다. 작품은 문예지 9월호에 실린 최인욱의《인생의 그늘》이었다.

짧은 단편이기에 금방 읽었다. 주인공 고 씨의 아내와 고 씨 친구 사이에서 벌어진 일을 우리는 어떻게 봐야하나. 만약 우리가 고 씨 입장이라면 말이다. 물론 고 씨는 모든 일을 묵인하고 본래의 직업인 마도로스로 돌아갔다. 하지만 친구들 대부분은 참을 수 없다는 입장이었다. 즉 임자 있는 여자가 정절을 어수룩이 여기고, 남편을 지극하게 생각하지 않았다는 점에서 말이다.

하지만, 난 좀 다르게 볼 수도 있지 않을까 생각했다.

젊고 아리따운 여인이 한 달에 한두 번 훌쩍 왔다 가는 남편에게 아무리 극진한 사랑이 있다고 해도 그 기간이 너무 짧고, 혼자서 독수공방을 지킨다는 것이 얼마나 어려웠을까? 밤마다 밝게 비치는 등불이 얼마나 원망스러웠을까? 님이 곁에 있었다면 아마도 그 등이 덜 밝다고 원망했을 수도 있지 않았을까?

마지막 장면에서, 아내가 저지른 모든 일을 알면서도 고 씨는 태연하게 집을 나서는데, 그때 아내의 눈에 눈물이 고여 흐른 걸로 보아서 남편을 사랑하지 않았다고는 말할 수 없을 것이다. 이 소설에 대해 다른 반에서도 여전히 같은 의견이 나왔겠지만, 나는 마지막 장면에서 보았듯이 이 여자의 입장을 충분히 고려해야 한다고 본다.

1953.9.7.(월) 서늘함

중성

범일동 정동진 군의 이웃에 사는 김(金) 이란 한 청년은 포항여자중학교를 졸업하고, 몇 달 전에 여자에서 남자로 변했단다. 그의 집엔 딸만 셋이다가 이번에 그가 20살이 되어 갑자기 남자로 변하여서, 그의 부모들은 의외의 외아들을 얻어 동네 사람들을 모아 놓고 기꺼이 잔치를 했다는 것이었다.

우리학교 재학생 중에는 남자도 여자도 아닌 중성(中性)을 가진 학생이 있다. 부산 동중학교 출신인데, 처음에 부산상업학교에 시험을 보아 학과 고사는 우수한 성적으로 합격했으나, 신체검사에서 떨어져 우리학교에 온 것이다. 중성이라! 대단히 흥미 있는 일이다.

우리 하급생인 이 친구는 골격과 음성, 각선미 까지도 여자인데, 다만 생식기만 남자란다. 단 그것이 보통의 남자들과 같이 작용할 수 없다고 추측되어 중성으로 판정이 난 것이란다. 앞으로 날이 지나면 여자로 변할지도 모른다는 얘기들을 하며 한바탕 웃었다.

인간(동물)에게는 개체 유지 본능과 종족 유지 본능이 있다. 더구나 우리 젊은이들은 이성이라면 누구나 다 사랑하고 동경하는 감정이 있다. 그래서 이성 앞이면 심장이 힘 있게 뛰고, 없던 용기도 용솟음치지 않는가.

남자 옷을 입고 남자 같이 행동하지만 누구에게도 관심을 받지도 주지도 못한다는 말에는 너무나 기이하고 안쓰러운 생각이 든다.

1953.9.8.(화) 흐림

등화가친의 계절

날씨는 어딘가 서늘한 감이 든다. 담임 선생님께서 조례 시간에 하신 말씀을 다시 생각해본다. 옛날, 한태기란 분이 공부하러 가는 조카에게 '신록입교 등화가친(新綠入敎 燈火可親)' 이란 글을 보냈는데, 이후 많은 사람들이 인용하게 되었단다. 우리도 이대로 실전에 옮겨야 할 것이다.

현 20세기 과도기적인 세계에 처해있는 젊은 철학자들, 우리의 앞날을 위해서라도 하루하루 무미하게 보내는 것에 대한 책임을 각성해야 할 것이다!

이번 사열을 앞두고 학교 학생 모두가 초조해 한다. 당국에서 현 고등학교를 단지 사관학교 예비훈련소로 밖에는 취급하지 않는다는 것을 알면서도 이 사열을 결코 등한히 할 수는 없다. 이번 사열 결과에 따라 학생 징소집 문제도 확실히 좌우된다는 소리를 들었다. 그도 그렇지만, 전시 국가의 학생으로서 마음대로 할 수 있는 게 무엇이 있겠는가? 불평하여 무엇 하겠는가? 무엇이나 시키는 대로 그냥 따르는 것이 안전한 방법이며, 또 그렇게 해야 한다.

우리의 타고난 숙명을 누가 해결해 준단 말인가. 어차피 할 거면 '걸어 총'도 난관 없이 해보자.

'걸어 총'이 늦는다는 이유로 전체 소대 기합을 받았다. 별 꼴도 다 봤다.

1953.9.9.(수) 맑음

분열식 연습

중앙국민학교 교정에서 조회를 하고 분열식 연습을 했다. 3학년 A, B반은 동작이 느리다는 이유로 '엎드려 총' 기합을 받았다. 먼지를 털며 모두들 불평이었다. 한편으로는, 최고 학년 주제에 아침부터 하급생과 합숙하는 외부사람들(민공대) 보기에 민망하기도 하였다. 딱딱한 교관의 잔소리가 듣기 싫으니 모두들 고분고분 말을 잘 들었다. 기합 받는 부대를 제외해 놓고 우리는 행렬 연습을 하였다. 시간 제약을 받기 때문에 두 번 세 번 거듭하였다.

본교에 들어가지도 못하는 설움, 이등 가기도 아까운 좋은 본 교사를 두고 천막으로 만든 가교사에 운동장조차 없어 어린아이들이 공부하는 국민학교에 와서 구구한 말들을 듣는 이 불쌍한 처지, 그야말로 모순덩어리다. 하지만 누구를 원망하지도 탓하지도 말아야겠다.

우리들이 주인공이 될 미래에는 두 번 다시 이 같은 일을 빚어, 가련한 후배들을 만들지 않기를 힘써야겠다.

1953.9.10.(목) 흐림

졸업 여행

3년이란 고교생활도 머지않아 끝이라 여행 얘기가 나왔는데 장소가 문제다. 대부분의 의견이 먼 곳은 가망이 없고, 부여를 찾아 가서 낙화암이나 보고 왔으면 했는데 그것도 여의치 못하다. 현실이 현실인 만큼 다른 도시로의 여행은 여러 가지로 애로가 많긴 한 것 같다.

또래의 동지들이 풀잎의 이슬처럼 사라져가기도 하고, 어제는 성하던 팔다리가 오늘이면 목발 신세가 되기도 하는 게 현실인데, 어디가 좋으니 어디가 좋으니 하며 포근한 꿈만을 꾸는 건 전시 국민으로서의 양심에 가책이 들기도 한다.

또 한편으로 엄밀히 말하면, 군병은 군병이고 학단은 학단인 현실에서 조금 허용되는 문제이기도 한 것 같고.

작년 졸업생들은 이 충무공의 승전지인 통영 한산섬을 배를 타고 갔었다. 올해 역시, 통영이나 가까운 신라 서울(경주) 중 한 곳을 택해야 하는 모양이다. 대부분의 학교들이 경주로 간다 한다. 둘 중 한 곳이면 작년에는 통영을 갔으니 올해는 경주를 가는 게 좋겠단 생각이다.

찬란한 문화의 보고! 옛 주인이 터를 잡아 천 년, 오늘날까지 또 천년, 2천년에 달한 그 자취를 학생시절에 한 번 찾아보는 것도 의미 있는 일일 것이다. 경주, 신라라는 말만 들어도 나에게는 삼국 중 가장 동경하는 대상이 아닌가.

1953.9.11.(금) 흐림

입추 삼경에

쇠해 가는 녹음과 더불어 성해가는 벌레소리. 오늘은 입추다.
뭇 벌레들의 소리 중 유독 뚜렷한 삼경의 귀뚜리 소리.
님 그린 상사병이 너의 넋이 되었나.
다북한 하소연을 슬피 슬피 보내오니
이 한밤이 새도록 전하여 다오.

L양, 이 소리를 들어요.

나는 외로이 처량한 이 소리에 골똘히 취해서

마음을 앓고 있소. 가을소식을 전하는 이 한사람이 아마 당신을 기다리는가 봐요.

— 입추 삼경에

1953.9.12.(토) 흐림

빨리 사열식을 마쳐야

벌써 토요일이다. 25일 사열식까지는 열사흘이 남았다.

하루 빨리 사열식을 마쳐야 두 날개를 펴고 기분 좋게 다닐 것인데.

요즘 육군 소위가 우리 3학년에게 취하는 태도가 너무나 냉정하고 탄압적 강압적이어서 우리의 불평을 억제할 수 없을 정도다. 밤 낮 '건설적이고 참된 의견으로서…', '배타적이고 비협조적이다.' 이런 소리로 귀에 딱지가 앉아 철판이 될 정도다.

그도 우리와 같은 시절을 보냈을 것이고 농촌의 장부로 지냈을 것인데, 우리의 정열적인 감정을 너무도 몰라줘서 아쉽다. 준위는 2학년생을 때리기를 예사로 안다.

참 별 꼴도 다 있다.

1953.9.13.(일) 비

비가 내리니 푸근한 마음

아침부터 밤까지 내리는 빗발이 학교를 쉬는 날 때를 알아 내려 격이 맞는다. 자다 깨어 멀뚱멀뚱하고 있는 어느 때 지붕을 흩두드리는 빗소리를 들으면 마음은 한 층 푸근해지고, 다리를 뻗고 기지개를 한 번 펴면 잠은 더 잘도 온다.

밤부터 내리던 비가 아침에 눈을 뜨니 나뭇가지를 흔들며 여전히 내리고 있었다. 어제까지도 우물물이 딸려서 야단이었는데, 이제 그것쯤은 문제 밖이 되었다. 인간의 힘이란 자연에 비하면 너무나 미약하여 최후에는 자연에 의존하지 않고는 어찌할 수 없는 일.

어제 오후까지만 해도 허연 먼지를 일으키던 검둥다리 위 네거리도 이제는 촉촉이 비에 젖어 있을 뿐이다. 거리 좌우편에 늘어선 자그마한 장사치들도 오늘은 별 눈에 띄지 않고, 다만 형형색색의 자동차들만이 바쁘게 오간다. 이따금 말이 끄는 구루마들만 지나칠 뿐 복잡한 인파는 구경할 수 없다.

조용한 시가지에 서늘한 바람과 함께 연한 빗줄기만 내릴 뿐이다.

1953.9.14.(월) 비 온 후 흐림

비 때문에 교련 수업 중단

오전에는 50분씩의 수업을 두 시간 했다. 점심 시간에 용해 군의 집에 총을 가지러 갈려니 비가 왔다. 비 오는데 무슨 교련을 할까 생각했었는데 그게 아니었다.

1시 40분, 어김없이 중앙국민학교 운동장에 대열을 지어 돌지 않으면 안 되었다. 곧이어 교관도 나왔다. 출결 사항을 다 조사하고 난 후, 정식 사열 대형으로 소대를 정하였다. 나는 '제1중대 2소대 2분대 8번'이란 것을 암기해야 했다. 만약 그것을 암기하지 못하였을 때는 무조건 사열을 할 의사가 없다고 인정하기 때문에 할 수 없이 외워야만 했다.
대형 명단 작성을 미처 다 하기도 전에 음침한 하늘에선 빗방울이 떨어지기 시작했다. 할 수 없이 우선 잠시 비를 피하였다.
'물에 종이'라더니, 잠시 내린 비에 그냥 놓아두었던 책이 젖어 엉망이 되었다. 책을 싸놓지 않은 걸 후회했다.

"즉시로 귀가함. 이상 끝!" 그것도 군대식이었다.
한 구간에 10환짜리 버스를 탄 것이 3시 20분에야 종점에 닿을 수 있었다.

1953.9.15.(화) 흐림

오전 교련, 오후 수업

어제 발표한 시간표는 국어, 적분학이었는데 학교에 가보니 그게 아니었다. 3학년 전체는 오전부터 교련이 있고 수업은 오후에 있다 하였다. 정신이 또록또록 할 때 수업을 하면 좀 나으련만 오후 수업이라니 기운이 빠져서 잘 될지 모르겠단 생각이었다.
교련도 교련이지만, '입시'라는 두 글자가 우리 눈앞에 다가와 있기에 우린 어떻게 해서든 수업을 등한히 해서는 안 된다. 만약 여기서 열외가 되었을 때의 앞날을 생각해보면 뻔한 일이다.
오후 첫 시간, 예정대로 적분학 이충걸 선생님이 들어오셔서 문제를 풀었다. 둘째 시간은 국어 대신 지리 선생님이 들어오셨는데, 수업은 미합중국의 기후 및 농공업에 대한 내용이었다. 1950년도 통계에 소 7천만 두, 돼지 6천만 두, 말 1천만 두, 양 5천5백만 두 해서 이처럼 판

매에도 성하고 있다는 사실이 우리로서는 도저히 상상이 안 갈 정도이다.

1953.9.16.(수) 흐린 후 비

사열 예행연습 때의 불상사

오늘은 예전과 같이 운동장 조회가 있었다. 우리 학교에서 음악을 담당하시던 윤이상(尹伊桑, 1917~1995)[26]선생님이 건강이 좋지 않아, 이번에 부득이 우리 학교를 그만두게 되었다는 섭섭한 얘기가 들렸다.

조례 후 사열 예행연습이 있었다. 바로 직전 우리 3학년 전원은 작업복을 벗고 운동장 군데군데 고인 물을 치우는 봉사 작업을 하였다. 곧바로 두 시간의 열렬한 연습이 시작되었다. 열병 도중 제 2중대 끝에서 한 학생이 무슨 확실치 않은 이유로 6,7중대 담당 육군 대위 김 교관에게 걸려서 전교생 앞에서 과도한 구타를 당했다.

말없이 엄숙한 얼마의 시간이 흐른 뒤, 각 선생님의 채점 결과에 따라 1등은 운동장 한바퀴, 2등은 3바퀴, 3등은 5바퀴, 4등은 7바퀴, 5등은 9바퀴, 6등은 13바퀴, 7등은 15바퀴를 각각 실시했다. 우리 3학년은 1중대 13바퀴, 2중대 15바퀴에 해당되었다. 운동장에 나온 시간이 9시 10분 우리들이 13바퀴를 돌고 나니 시간은 12시 20분이 되었다. 피곤

26 우리가 아는 그 유명한 작곡가이다. 통영을 대표하는 음악가여서 당연히 통영 출생인줄 알았으나 찾아보니 출생지는 경남 산청이다. 1920년 통영으로 이사하여 유년기를 보냈다. 자료에는 1953년 휴전이 되자 서울로 가면서 부산고등학교 교직을 그만둔 것으로 되어 있으니, 아마도 건강상의 이유인 듯하다. 아버지는 부고와 부고 은사님들에 대한 자부심이 대단했다. 어릴 적 우리에게 고등학교 시절 음악 선생님이 윤이상 선생님이셨다고 말씀하시며, 세계적인 음악가가 은사님이었다는 걸 늘 자랑스러워하셨다.

이 온 몸에 가득 차 있던 차에 아까 열병 시에 구타당했던 2학년생이 또 다시 꼬마 대위에게 동물과 같이 당하고 있었다.

우리는 그냥 볼 수 없었다. 우리 3학년 300명은 누군가 지휘나 한 듯 동시에 우뢰와 같이 크게 소리 질렀다. "저기 김(金) 교관 저 자식 죽여라!" 너무나 갑작스런 고함소리에 때리던 김(金) 대위는 물론 두 명의 교관도 잠시 멈칫 서있었다. 그러다 자기네들의 체면을 세우기 위해서인지 되지도 않는 이유로 변명을 토하였다. 그러나 모두들 그냥 골목 밖 개 짖는 소리인양 하였다. 그렇지만 부산고의 점잖은 전통을 지키느라 가슴 속에 타오르는 불같은 심장을 억누르고만 있었다.

오후 2시 정각에 40분 간의 점심 시간을 보낸 뒤, 다시 중앙국민학교 운동장에 집합하였다. 하급생들은 열심히 교련을 하고 있었다. 우리 3학년은 한 곳에 집합하여 교감 선생님으로부터 엄한 훈시를 받았다. 오전에 행한 일에 대해서 3학년 전체는 연대 기합으로 일인당 곤봉 3대씩을 맞아야 했다. 집에서도 맞아본 기억이 없는 나로서는 견디지 못할 정도로 고통스러웠다. 부고에 들어온 후 첫 분노의 기억이다. 너나 할 것 없이 모두 고통스러웠을 것이다.

즉시 1학년으로부터 어제 빌려준 총들을 받아와서 다시 예행 연습이 시작되었다. 제 6,7중대가 먼저 하고 우리는 구경을 하고 있었는데, 흐린 날씨가 가볍게 비를 뿌렸다. 비가 그치지 않자 해산할 양으로 본래의 대형으로 모였는데, 3학년만 행동이 느리다는 이유로 해산은 커녕 '앞으로', '뒤로'를 연거푸 시켰다. 그러나 이왕 맞은 곤봉, 이왕 맞은 비, 거푸 시킨다고 순순히 응할 사람은 아무도 없었다. 하고파야 하는 것이지. "뛰어가." 하는 구령에는 그러거나 말거나 총을 질질 끌고 절뚝거리기만 하였다. 모두들 할 테면 해보라는 식이었다. 선생들과 같이 4시반 까지 비를 맞다 해산을 명받았다. 그러나 아무도 해산에 응하지 않고 담판을 지을 작정이었다.

교문 밖까지 나가던 한(韓) 교관은 도로 들어와 "어디 한 번 해보자. 누가 먼저 학교를 물러나나." 하며 일부 학생들을 꿇어앉히자, 우리들도 모두 가서 같이 앉아 "위대하신 교관님을 따르자." 하며 놀리고 야단이었다. 하지만, 일부 어울리지 않고 나가는 이들도 있었다. 우리들이 해산하지 않은 것이 나쁜 의미만 있는 것은 아니었다. 닥쳐오는 사열을 잘 받기 위한 건설적인 의미도 없잖아 있었다.

2학년 담임을 맡은 준위는 우리들을 따라 다니며 비는 어조로 해산을 권하였으나, 아무도 듣는 척도 안했다. 떠들던 이기우 군은 한(韓) 교관에게 들키어 곤봉이 두 동강이 나도록 맞았다. 얼마 후 친구 등에 업혀 학교로 가는 것을 보고, 우리들도 교문을 나왔다.

기차 시간도 다 되었고 해서 통학생들은 이어 나가고, 시간은 다섯 시가 되었다. 아무런 결과도 거두지 못하고 소수의 희생자만 낸 채 오늘의 하루 막이 내렸다. 홍(洪)군과 같이 총을 맡겨 놓고, 슬슬 걸어 둘이서 연산 고개를 넘었다.

1953.9.17.(목) 흐림

교련수업 거부 통보 사건

두 시간의 수업을 즐겁게 받았다. 아침 조례 시 담임 선생님으로부터 '현 시국을 확실히 인식해야 한다'는 간곡한 부탁을 받았다. 그러나 어제와 같은 불상사를 빚어내고 우리는 도저히 그만 둘 수가 없었다.

1시 20분 3학년 전체는 중앙국민학교에 질서정연하게 모여서 이번 상황에 대해 토의했다. 그 결과 교관에게 첫째, 교련 수업을 민주적 방법으로 행할 것 둘째, 어제 사건에 대해 더 이상 묻지 말 것 셋째, 오늘 이미 귀가한 학생에게 아무런 책임 추궁도 하지 말 것 등의 요구 조건을 내세웠다. 이같이 하면 교련 수업을 계속하여 사열을 받을 것이고, 이것이 불가하면 사열 일자까지 교련 연습을 못함은 물론, 현(現) 교관에게는 수업을 받을 수 없다 하였다.

때마침 온 한(韓)교관에게 이 내용을 알렸으나, 교관은 여전히 우리의 의견을 무시하였다. 그리하여 모두 해산하여 귀가하였다.

1953.9.18.(금) 맑음

궐기 조장하는 학교의 대응

아침 운동장 조례 시에 교장 선생님의 엄한 훈시가 있었다. 옛날 군법 이야기를 하셨다. 훈시를 들을 때는 대부분의 학생들이 엊그제와 같은 열광적인 기세가 꺾이는 듯 했다.

그러나 단순히 그렇게 생각할 수만은 없는 일이었다. 우리 3학년들이 교관의 비인간적인 행동을 근본적으로 타도했으면 하는 것이지 군사훈련이 싫고 사열이 싫다는 게 아니기 때문이었다.

점심 시간이었다. 어제 일 때문에 이두용 군이 퇴학 명령을 받아서 3학년 모두는 다시 궐기 하였다.

1953.9.19.(토) 맑음

사열연습 재개

아침에 등교하여 변소에 갔다 오다 게시판을 보았다.

9월 18일자로 이두용 군을 퇴학 시킨다는 내용이 별지에 크게 게시되어 있었다. 그리고 전교생은 오늘 각각 자기 소지품을 가지고 9시 20분까지 중앙국민학교 운동장에 집합하라는 내용도 있었다.

사열 연습 시간이었다. 제1중대 1소대와 2소대는 기술을, 나머지는 제식 훈련 연습을 하였다. 성적 여하에 따라 12시 30분까지는 귀가 시켜준다 하여, 12시 50분경 집합 해산하였다.

휴일에는 수정국민학교에서 훈련이 있었다. 21일, 22일은 추석인데도 집합할 작정인가보다.

이번 3학년 사건이 있고 부터는 조금 달라졌다. 교관이 지휘봉을 가지지 않고 나오고, 일부러 한 번씩 꾀를 부려도 그대로 묵인하고 넘어간다.

1953.9.20.(일) 맑음

성의를 보인 사열 연습

교관의 성질이 다소 누그러졌으니, 우리는 굳이 애를 먹일 필요는 없다고 생각했다. 오늘은 집합 시간이 8시 정각으로 대단히 빨라서 지각생이 많았다. 근무병이 지각생을 별도로 교문 앞에 주욱 세워 놓았는데, 3학년은 그냥 보내주었다. 그래서 훈련 시 말도 잘 들어주고 제일 성의를 보였던 날이었다.

이 학교에서는 시청 직원들이 시험을 보고 있었다. 시험 보는 것을 구경한 학생들 말이 대부분 사회 문제인데, 모두들 싸매고 골머리를 앓고 있다 하였다.

우리는 1시쯤 교문을 나와 집으로 왔다.

1953.9.21.(월) 맑음

누나에게 보낸 편지

누나 추석이 왔습니다. 그렇죠, 정말!

대대로 물려받은 풍습대로 조상님들도 많은 명절 중에 이 추석을 가장 좋아했는지 '팔월 한가위'란 말도 있지요. 5월 땀에 젖었던 농부의 일옷이 추석날은 신선의 옷인 백색으로 바뀝니다.

땀으로 쌓은 공이 하늘과 땅 사이 가득한 음식으로 돌아와, 벌써부터 우리를 배부르게 합니다. 여름 방학 이후 손꼽아 기다리던 이 날이 곁에 옵니다. 겉으로는 아무렇지도 않은 듯하지만, 내면으로는 형용하기 어려운 표정입니다. 마음과는 다르게 고향에 갈 수 없는 현실은 안타깝기만 하고, 회향증(回鄕症)으로 달리고 있는 순간, 이번에는 사정상 서로 만나 즐겁게 놀 수 없으니 탓하지 말아 주세요. 신성한 학원에까지 다가온 '사열'이란 비극은 우리나라의 가냘픈 현실이고, 넘지 못할 벽입니다. 나는 여기서 서로들 재미있게 놀 것을 부러워하며, 즐거웠던 과거를 회상하며 미래를 기대합니다.

1953.9.22.(화) 맑은 후 흐림

추석

그래도 추석이라고 눈이 일찍 떠졌다. 성당 종소리가 들릴 때는 고요히 고향을 향하여 손을 모았다. 늘 요란스러웠던 검둥다리 위는 오늘 아침에는 별 인파를 이루지 않고 조용하다. 9시경 하동 재종숙모 댁에서 제사를 지내고, 10시 20분쯤에 세 집의 제사가 모두 끝났다.

이때쯤 대부분의 사람들이 제사를 마쳤는지, 거리에는 알록달록 아이들이 뛰놀고 있다. 제사를 마치고 나니 도시에서는 별 할 일이 없다. 고향에서처럼 성묘를 가거나 동리 어른들을 찾아보거나 그러지 않으니, 무미한 생각이 더욱 솟는다. 타관이라 참으로 쓸쓸하다. 내 고향 당두를 생각하니 고독함에 다시 눈물이 난다.

낮에는 아무것도 하지 않았으나, 저녁에는 안정이 안 되고 설레어 잠도 오지 않았다. 몇이 둘러앉아 화투놀이를 하며 시간을 보냈다. 허공의 밤.

모두들 헤어진 밤에는 의식조차도 갈피를 못 잡는 마음이었다. 숨바꼭질에 목매인 인생은 허공의 역사를 떠올리곤 한다. 분침이 무한을 가리키고, 시침이 영에 도달했을 때 인생은 그제야 허공의 참이 무엇인가 알았다.

무한대로 연결된 참.
무한대로 연결된 순간.
오르내리는 인생의 맥박 위에 수놓은 운명의 채색화라

인생을 살았다는 것도
바다에 파도가 인다는 것도

하늘에 구름이 떠돈다는 것도
모두가 참의 순간, 순간의 참이었나니.

1953.9.23.(수) 흐림

아프고 쓸쓸한 날

대사동 아지매 집에서 아침을 먹었다.

입었던 교복을 벗어 놓고 주룽주룽 매달린 작업복을 입고 학교로 갔다. 어제 그제 이틀 동안 잘 놀았는데, 몸은 더 고단하고 뼈골이 살살 녹는 것 같았다. 사열을 받기 위해 훈련은 해야 하는데 몸은 말을 잘 듣지 않았다.

오전 훈련을 마치고 점심 시간이었다. 창균 군과 함께 운동장 모퉁이 굵은 고목 아래 누워있었다. 눈을 슬쩍 감고 있는데 무언가 빰을 사정없이 후려치기에 정신이 번쩍 들어 눈을 떠보니, 난데없는 축구공이었다. 한숨 잘까 하고 있었는데 그것도 마음대로 되지 않았다. 오전부터 기분이 썩 좋지 못하더니, 오후에는 기어코 열이 나고 전신이 어느 곳 하나 아프지 않은 곳이 없었다. 하교 시에는 기다시피해서 간신히 역까지 나왔다. 집에 와서는 천지가 어찌 되든 몰랐다. 저녁 늦게 하동 아지매가 물을 끓여 사탕을 풀어주었는데, 그 이외에는 아무 기억도 없다. 기운도 한 점 없고, 우리 집에는 아무도 없고, 단지 나 혼자뿐이다. 쓸쓸하기 짝이 없다. 몸이 불편하니 더욱 더하다.

1953.9.24.(목) 맑음

감을 먹으며

마음을 단단히 먹어서인가, 젊어서인가 아침에는 무사히 일어났다. 며칠 쉬었으면 하는 생각이었는데, 사열 때문에 허둥허둥 학교로 나갔다. 어제는 고향에 갔다가 결석한 학생들도 더러 있었는데, 오늘은 한 사람도 빠짐 없이 모두들 출석하였다.

오늘은 이제껏 배운 기술과 학과를 모두 총 연습하는 날이다. 내일 사열관 앞에서 할 모든 것을 이제 점검해 보는 것이다. 오후 1시경 총 예행연습을 무사히 마치고, 모두들 내일은 자신 있다는 행동들이 미리 잘 드러났다.

학교에서 돌아와 세수를 하고 있으니, 형님께서 "이제 왔느냐" 하시며 밀양 본가로부터 돌아 오셨다. 세수하고 잠긴 문을 따고 방에 들어가 이야기를 나누며, 집에서 가져온 감을 먹었다. 이 감만 봐도 무척 반갑다.

어릴 때부터 입에 익은 이 감 맛, 예전 그대로다. 감은 아직 덜 익어 붉지 못하였다. '촌에는 햅쌀도 아직 멀었더라,'는 형님의 말씀 끝에, 우리는 그저께 이미 햅쌀을 먹었다는 둥 이야기를 나누었다. 올 추석 촌 풍경은 여러 해 만에 처음으로, 아직 햅쌀은 멀었다 하면서도 집집마다 풍족한 백주며 떡이 흔했다 하니, 아마 이제 태평성대가 올려나 하는 생각이 들었다.

'시절풍년지' 라는 덕담처럼 풍년만 오면 순한 농촌이 되겠지 아마.

1953.9.25.(금) 맑음

사열이 있는 날

여름방학을 마치고 이제껏 근 한 달에 걸쳐 초조해하고 걱정하던 사열이 있는 날이다. 이 사열 때문에 불상사가 일어나고 학우 중 한사람이 퇴학을 당하게도 되었는데, 이 모든 고난이 12시가 지나면 다 풀린다 생각하니, 한편 기쁘고 또 한편 걱정이다.

아침 여섯 시에 일어나 밥을 지으려고 쌀을 가지러 들어가니, 형님이 "반찬도 없고 하니 죽을 좀 쑤어라" 하시기에 콩나물을 사러 나갔는데, 콩나물이 없어서 도로 돌아왔다. 15분이 흘렀다. 6시 40분까지는 식사를 완료해야 7시 30분까지 집합 장소에 모일 것인데, 좀 더 일찍 일어나지 못한 것을 후회했다. 그러나 빨리 하는 수밖에. 마음이 조급했다.

달리는 전차에 오른 것이 7시 5분, 영희네 집에 맡겨 두었던 총을 찾아 가지고 중앙국민학교 운동장에 들어섰을 때는 예정시간 5분 전. 9시 50분에 열병분열에 들어가서 제 1중대(우리부대)가 조준관 연습, 사격자세를 마치고, 편대형에서 사열관 육군 대령 앞에 밀집하여 강령을 들은 후 11시 반에 모든 게 끝이 났다.

약 한달 연습을 하며 10일간 집중 연습을 한 결과 얻어진 성적이 '대체로 우수하다'였다. 즉 2,000점 만점에 900~950점, 좋은 결과였다.

하교 시에는 무기를 싣고 가는 학교 차에 의지해 검둥다리까지 잘 오게 되었다. 아! 그렇게 하기 싫던 훈련도 이제 모두 끝이 났다!

전쟁이 빚어내는 결과는 비참한 현상 뿐. 지금 계속되고 있는 정치회담이 빨리 성공해, 유구한 역사여 어서 와서 지루한 전쟁, 교련, 훈련, 자취를 없이 하라!

1953.9.26.(토) 맑음

임시 휴학

오늘부터 다음 화요일까지 우리들은 임시 휴학에 들어간다. 그렇게 야단이던 사열도 끝이 났으니, 지금부터는 마음 단단히 먹고 공부에 열중하지 않으면 안 된다. 그러나 당장은 논다니 즐겁다. 이것이 인간의 본능 아닐까?

아침 저녁 밥을 짓는 것은 그리 큰 일이 아니나, 제일 골칫거리가 찬이다. 조반 후 시장에 나가 배추를 한 단 사왔는데, 이것을 담그는 게 문제다. 곁에 재종숙모들이 셋이나 있지만 괴로움을 끼친다 생각하니 입을 열기가 싫다. 물론 이것은 내 생각이지, 아지매들이 결코 괴롭다 귀찮다 말하진 않을 것이다. 부득이 떼기 싫은 입을 열어 수고를 빌렸다. 며칠간 한 시름 놓아 마음이 푸근해진다.

사람이 자기 책임이 없을 때는, 하등의 걱정도 또 이런 푸근한 만족감도 없지 않을까.

1953.9.27.(일) 맑음

복습이 시험공부

닥쳐오는 시험의 첫 시간이 미어(美語-영어)부터이다.

하루 4과목. 과목수가 많은 편이다.

배운 것을 처음부터 대략 훑어본다. 의외로 시간이 상당히 많이 든다.

전에 하던 대로 책을 보는 것일 뿐. 내일 모레가 시험이라니까 시험을 잘 보려고 또는 시험 때문에 마음이 조급하다든가 그렇지는 않다.

왜 그런지, 이제 시험이라 해서 그렇게 열심히 하기는 싫어졌다.

1953.9.28.(월) 맑음

성공을 지향

어제 오후에 형님 친구 몇 분이 찾아와 형님을 데리고 나갔는데, 마음이 조마조마했었다. 말은 없었지만 아마 이번 시청 공무원 시험 결과가 좋지 못한 듯하였다.

오늘 아침 식사를 같이 하면서 졸업 날짜에 대해 물으셨는데, 아마도 금전적인 문제가 가로 막힌 모양이다. 얼마 남지 않은 고교 생활, 앞으로의 나날이 절망적이다. 우리 집 형편을 살펴보면 일체의 학비를 형님에게 의존하지 않고는 도저히 불가능하다.

내가 고등학교에 입학한 이후, 불행히도 계속 흉년이 겹쳤기에 본가에서는 많은 식구에 식량도 근근이 당해 내는 판에 나에게까지 돌아올 여유가 어디 있겠는가? 딱한 사정이다.

지금 대국적 견지에서 보려니 후진국인 우리나라에서는 뭐니 뭐니 해도 공부를 많이 해서 선진 국가를 당해내야 하는 것이 맞지만, 소국적 견지에서는 역시 무엇보다 대학 나온 사람이 출세가 빠르다는 건 누구도 부정할 수 없는 사실이다. 공부를 많이 해서 대학을 나오고 대학원을 나와야 꼭 출세하고 훌륭하다고는 말할 수 없겠지만, 우리같이 평범한 사람들에게 딱히 뾰족한 방법이 있는 것은 아니다.

하니, 두뇌가 명석한 젊은 시절에 무조건 미리 공부해 두고 계산은 나중에 하자, 이것이 지금 내 생각이며 한번 작정한 뜻은 절대 변하지 않는다. 무슨 일이 있어도 끝까지 해서 성공을 지향한다!

1953.9.29.(화) 맑음

내일부터 시험

적분 문제를 풀어보았다. 대개의 문제는 풀 듯하였다.

특히 취미가 없던 수학을 이 정도라도 풀 수 있다는 사실이 좀 의아하다. 벌써 내일부턴 시험이다.

나흘이 이리 급히 갈 줄이야! 시계의 빨간 초침이 그 많은 시간들을 다 잡아먹었구나. 이놈은 그렇게나 무궁한 세월을 다 집어삼키고도 조금의 표도 없다. 그리고 아무렇지도 않은 듯 그 좁고도 제한된 공간에서 재깍재깍 바쁜 듯 달린다.

한 바퀴를 돌고 나면 또 새로운 바퀴이지만 늘 그 자리. 사람은 그 순간순간을 살아가기도 하지만 미성년이 성인이 되고, 어찌 생각하면 기쁜 일이지만 또 슬픈 일이기도 하다.

1953.9.30.(수) 흐림

시험 박두!

며칠 전 사열을 마친 후 하셨던 교무주임 선생님의 말씀이 확실히 기억났지만, 오후 2시 20분부터 시험이 시작 된다는 게 아무래도 잘못 들은 듯 이상해서, 12시 20분 일거라 생각하여 11시쯤 학교로 향했다.

그러나 3학년은 몇 명 없고 2학년들만이 야단이었다. 하루에 1.2.3학년 번갈아서 시험을 보니, 2시 20분이 틀림없이 맞는 듯 하였다. 창균군도 일찍 와 있었다. 미어(영어) 프린트 교재를 해석해 보자고 해서 시간을 보내고 있으니 시작종이 울렸다.

1953.10.1.(목) 흐림

국가시험에 대비

우리는 지금 1학기 정기 시험을 보고 있지만, 오늘로서 2학기가 시작되는 첫 날이다. 이제까지의 일체의 기분을 전환시켜 50일 밖에 남지 않은 적성검사인 국가시험에 보다 유효적절하게 대처 해야겠다.

이전 졸업생보다 우리의 진학 문이 훨씬 좁아졌다는 생각을 하니 가슴이 답답하다. 앞으로의 머지 않은 장래가 대단히 궁금하기도 하고 초조하기도 한 심정이다.

전국의 3학년 졸업반 모두가 당하는 일, 더구나 국가에서 하는 일을 감히 누가 막을 수 있으랴. 좋든 싫든 우리는 반드시 당해야 하며 또한 능가해야 한다.

1953.10.2.(금) 맑음

늦여름

아침 바람이 산들하다. 반팔 입은 사람을 보면 겉옷 하나를 더 걸쳤으면 하는 생각이 들 정도다. 그러나 햇살이 달고 바람이 잠잠할 양이면 또 등골에 땀이 흐른다. 약간의 일기 변화에 이랬으면 저랬으면 하고 있으니, 사람처럼 간사한 건 없을 것이다.

어쨌거나 낮에는 덥다 덥다 하여도 이제 옳은 더위는 아닌가 보다. 학교 옆 배수지 가로수인 플라타너스 이파리도 생기가 줄어간다. 하늘을 덮던 넓은 잎도 점점 색이 변해 간다. 매일 그 밑에서 놀며 같이 살아왔는데, 오늘 문득 그 모양이 새삼스럽다.

낙조에 점점 가까운 늦여름 오후, 푸른 천막 밑 엷은 그늘 밑에 널려 앉아 책을 들고 오늘의 마지막을 유감없이 보낼 양으로 모두들 열심이다.

시험 때가 왔다. 적분 미분이 처음이고 다음 독어, 물리, 문제는 칠흑 같은 밤중 같아 '야 이거 야단인데' 하는 생각으로 뒤를 돌아 보니, 모두들 그 판인 것 같았다!

1953.10.3.(토) 맑음

한가로운 하루

오늘은 개천절이라 학교에 가지 않는다.

아침 일찍부터 집안을 정리, 청소하고 우물에서 물을 세 바케스 길어 왔다. 아직 구덕산 머리에 햇빛이 오르지 않았다. 천천히 밥을 지어 식사를 했다.

문득 거울을 보니 머리가 너무 길어 보기 싫기에 즉시 이발을 했다. 이제 사열도 마쳤고, 10월 1일도 지나갔으니 머리를 길러볼까 생각했다. 만약 내가 자취만 하지 않는다면 보헤미안처럼 머리를 그대로 좀 기르고도 싶었는데. 막 이발을 하고 집에 와 앉으니 섭현씨가 찾아왔다.

오늘은 별 할 일 없이 엊그제 마친 시험 문제들을 훑어보며 지냈다. 해가 벌써 다 져 간다.

참 한가로운 하루였다.

1953.10.4.(일) 맑음

이른 아침풍경

이따금 들리는 자동차 소리에 섞여 '따끈한 목장우유!' 하는 소리가 저쪽 큰 길로부터 차츰 가까워 오는데 하나뿐이 아니다.

창 밖엔 아직 어둠이 걷히지 않았다. 이제 겨우 5시 5분. 우유 파는 소년들의 고함 소리가 한 무리 지나갔다.

한참 조용한 시간이 흐른 후 밖으로 나가보았다.

총총 들어박힌 불빛들은 차츰 기운을 잃어가고, 성당 종소리만이 새롭게 들린다. 검둥다리 위에는 인적이 드물고, 조그마한 굴뚝에는 밥 짓는 연기들이 피어오른다.

따라 나도 바가지에 쌀을 일어 솥에 불을 모은다.

1953.10.5.(월) 맑음

장래 전공에 대한 고민

"앞으로 전공을 뭘 할 건지, 학교는 어딜 갈 건지 확실한 계획을 세워 놓았냐?"며 자형이 물으셨다.

"앞으로 경제학을 공부해볼까 하오!"라 답했지만 학교에 대해서는 말이 나오지 않았다. 사람은 중앙으로 가야 한다는 생각을 갖고 있긴 하지만, 어찌 될는지는 모를 일이다.

나는 막연하게 경제학을 하겠다고 했지만, 실은 경제보다는 법학을 공부해 보고 싶은 생각이 거의 확정적이다. 내가 법학 공부를 하고 싶은 이유는 이렇다.

우리 조상들은 이조 500년 동안 출세의 길이 너무도 협소했고, 중앙집권적 전제 군주국가에서 관리들에 의해 얼마나 많은 괴롭힘을 당했는가?

이런 것이 축적 되어 내려와 부모님이나 집안 어른들은 어쨌든 내 자식 만큼은 공부를 많이 시켜 관리를 시켜야지 하는 일종의 보복 심리가 생긴 것 같다. 요즘 사람들이 들으면 이상하다 할 수도 있겠지만, 내 주위 환경이 이러니 자식 된 도리로 부모님 뜻을 받들어 한번 쯤 그 원을 들어드리고 싶은 것이다. 다른 길도 많이 있겠지만 법학을 공부함이 가장 알맞고 또 빠른 길이라 생각한다.

1953.10.6.(화) 흐림

국민 궐기대회

어제 오후 들은 바와 같이 우리들은 충무로 광장에 모이게 되었다. 반공포로 학살사건[27]에 대해서 '미군(美軍)은 우리 강토를 철퇴하라'는 국민총궐기대회가 있는 날이다.

'Korean Time' 앞에서 시작되는 시간이 11시 5분 전부터란다. 원래는 9시부터라 했었는데, 기다리는 시간이 지루하였다.

마침 우리들 곁에는 부산여고가 서게 되었다. 내가 서있는 바로 왼쪽

27 1953년 6월18일 이승만 대통령은 유엔군이 관리하던 반공포로들을 몰래 석방시켰다. 아이젠하워 미 대통령은 막바지에 이른 휴전회담이 깨어진다고 화를 냈으나, 공산국 측은 차라리 잘 되었다고 생각했다 한다. 석방성명이 발표된 후 탈출을 시도하던 포로들에게 미군들이 무차별 총격을 가해 47명의 사망자가 발생하였다

줄이 부여고(釜女高) 3학년들인가 보았다. 이성들이 옆에 서 있으니 호기심도 생기고, 자연스럽게 자꾸 쳐다보게 되었다. 그런데 벌스럽진 않았다. 모두들 뚱보 아니면 호박 뿐이었다. 그 중 몇 줄 앞에 중대장이라고 완장을 찬 학생이 있었는데, "그 중 좀 낫다!"며 친구들과 같이 농을 하기도 했다.

그러는 동안 회의는 계속 중인 모양이었다. 우리들은 맨 끝에 있었기에 모든 것이 구석진 듯 앞에서는 무슨 연설을 하고 있는지 잘 들리지도 않고, 끼리끼리 작은 사담(私談)만이 자꾸 성해갔다.

1953.10.7.(수) 흐림

영화 이야기

어제 우리들은 충무로 광장에서 퇴장하여 시가 행렬을 마치고, 동아극장에서 〈올리버 트위스트〉[28]란 영화를 봤다. 이는 19세기 초 영국 작가가 낳은 유명한 작품이란다. 주인공 '올리버 트위스트'란 고아의 기구한 인생 이야기였다. 이에 대해 오늘 아침 학교에서는 동무들끼리 많은 이야기가 오고 갔다.

28 영국작가 찰스 디킨스(1812-1870)의 소설이 원작이다.

1953.10.8.(목) 맑음

현실에 전전긍긍

수업이 다 끝난 후 옆 교실에서 와~ 떠드는 소리가 들렸는데, 아마 한글날인 내일 수업을 하지 않거나 무슨 좋은 소식이 있는 듯 했다. 얼마 후 우리 교실에도 담임 선생님이 들어오시어 종례를 하였다. 우리들은 하루하루 잘 견뎌나가는 것 같지만, 무의식 중에 우리를 싸고 도는 현실에 전전긍긍 하고 있는 게 사실인 것 같다.

신문지상을 빌린다면 늦어도 이달 중순을 넘기지 않고 정치 회담이 성립 될 것 같다 한다. 얼마간 우리들의 현실을 좌우하게 될 중대지사가 있음이 우리를 긴장시킨다. 눈에 보이지 않는 시간은 자꾸만 변화해가고, 그 사실이 놀랍다. 우리가 겪고 있는 고충이 심하면 심할수록 우리가 느낄 행복은 훨씬 더 크고 확실할 것이다. 그러므로 우리들은 다가오는 고난을 달게 받으며 아무런 불평도 없어야 할 것이다.

1953.10.9.(금) 맑음

한글날

오늘은 507주년 한글날이다. 생각해보건대 우리 문화란 것은 우리글이 생기고 난 후 부터가 진짜가 아닌가 싶다.

그 당시 세종대왕께선 진실로 백성을 아끼고 사랑하여 집현전의 여러 학자들과 문자 창제의 과업에 착수해서 이 글을 먼저 시험해 본 것이 바로 용비어천가이고, 이를 제작한 지 3년 후 세상에 반포한 것이 바로 우리의 한글인데, 세종 28년의 일이었다. 10월 8일 저녁 몇 명의 신하만 불러 어전 회의를 열고 10월9일에 한글을 반포하셨다 한다.
당시 반대파이던 최만리 일파, 당시의 사정으로는 그렇게 할 수 밖에 없었을 것 같아 나는 그들을 동정할 여지가 있다고 생각한다.

1953.10.10.(토) 맑음

쌍십절, 삼랑진으로

중국 사람들은 북쪽이나 남쪽 다 같이 오늘을 쌍십절이라 해서 크게 기념하는 모양이었다. 손문 선생을 중심으로 봉건적 고대국가에서 민주적인 현대국가로 전환한 혁명의 날 즉, 지금의 중국을 탄생시킨 날이기 때문이라 한다.

우리들이 세 강좌 수업을 마치면 언제나 3시 15분이 된다. 옆 반에서는 1학기 성적표를 내주는 모양이었다. 우리도 하마 발표하겠지 하고 있는데, 원부 대조가 미비하여 오는 월요일로 미루어졌다 하였다.
집에 돌아와서 내일이 휴일이니 어떻게 의미 있게 보낼까 생각하다, 문득 삼랑진(둘째 누님댁)에 놀러 갈 생각이 들었다. 4시 30분경 역으로 발길을 옮겼다. 역에 도착하니 차 시간은 아직 멀었고 시간이 갈수록 통학생들이 하나하나 모여들었다. 어물거리고 있던 기차는 6시가 넘어 어둑어둑해진 뒤에야 비로소 부산역을 떠났다.
난 일찍부터 왔으니 앉을 자리가 있었는데, 늦게 온 사람들은 설 자리도 겨우 있을 정도로 차 안은 복잡하였다. 모두들 제각기 주절거리고 왁자지껄 하는 동안, 기차는 캄캄한 선로를 달려서 구포역까지 갔다.

여기서 우리 반 급우 몇 명과도 헤어졌다.

8시 정각 송지역에 내려 어두운 길을 혼자 걸었다.

한 참 걷다보니 길 옆 벼논으로부터 가을의 향기가 나는 듯하였다. 무거운 검은 장막을 뚫고 뭉게뭉게 피어나는 내음은, 비린내 나는 항도 부산에서는 도저히 찾아볼 수 없는 진정 푸근한 시골의 향기 그것이었다.

1953.10.11.(일) 맑음

누님 댁에서의 하루

어제 저녁은 늦도록까지, 저녁 밥솥에서 쪄낸 밤을 까먹으며 누님과 함께 지난 날 이야기, 가정사, 처세에 대해서 이런저런 이야기를 하며 시간 가는 줄 모르고 놀았다. 12시가 넘어 자리에 누웠는데 아침 6시에 겨우 눈이 떠졌다.

냉수욕이나 할 마음으로 근방 개천으로 갔다. 이따금 서늘한 바람이 불어오고, 새로 핀 들국화만이 인사를 하듯 바람에 간들거린다. 보아주는 사람이 있건 없건 철을 찾아 어김없이 꽃을 피우고, 향기를 뿌리는 모습이 너무나 사랑스럽다. 개천가에 한참 있자니 손이 시리고 소름이 돋았다. 집으로 돌아오려 발길을 돌리는데 아침 일 나가는 일꾼들과 마주쳤다.

오전에는 들밭에 심어놓은 감자를 캐러 갔다. 농촌에서 가을은 제일 좋은 철이다. 논밭 어디를 가나 자복한 것은 다 무르익은 곡식들!

감자밭 옆 고랑에는 방금이라도 흐를 듯한 이삭을 매단 채 고개를 숙이고 있는 수수들이 천연스러이 서 있다. 부산에서의 생활과는 사뭇 맛이 다른 시간들이다.

1953.10.12.(월) 맑음

기차 타고 부산으로

캄캄한 방 안에서 등잔불을 옆에 놓고 아침을 먹었다.

고요한 아침 공기를 헤치며 띄엄띄엄 발길을 옮겨, 누님 댁에서 나온지 45분만에야 송지역에 닿았다.

기차에 올라 졸고 있는 학생들 틈으로 들어가 조금 있자니, 시간이 아깝기도 하고 지루하기도 하여 《20세기의 사상과 인간주의》란 책을 꺼내 읽기로 했다.

터널을 지나간다. 연기에 코가 아플 지경이었다. 책을 보고 있자니 기차야 가든 말든 걱정도 되지 않았다. 기적을 길게 울리며 끄떡! 함과 동시에 사람들 소리가 왁자한 걸 보니 목적지인 부산에 당도한 모양이었다.

1953.10.13.(화) 맑음

대학 입시 강습소 같은 자괴감

일모도원(日暮途遠)에 주마가편(走馬加鞭)[29]이라는 말은 예부터 있었지

29 日暮途遠 走馬加鞭 (일모도원 주마가편) : 날은 저물어 갈 길은 멀기에 달리는 말에 채찍질한다.

만, 지금 우리들 처지가 이와 같다 할까? 뜻하지 않게 적성검사가 눈앞에까지 와 있다. 아직 적성검사가 뭔지 모르는 학생들도 많이 있지만, 우리는 실로 여기에 관심을 갖지 않을 수 없다.

장차 전공을 어떻게 택해야 할까 알지를 못하겠다. 고등학교에서는 고등학생으로서 배워야 하고 알아야 할 것들이 많을 텐데, 지금 우리나라의 상황을 살펴보면 고등학교란 단지, 대학입시를 위한 강습소 같단 생각 밖엔 들지 않는다. 이것은 물론 우등한 학교의 상황이다.

우리가 고등학교를 졸업하고 대학 진학을 못한다면, 그 개인의 장래가 어찌 될지 우려된다고 하니 우리는 자나 깨나 루트를 풀어야 하고, a b c를 외우지 않으면 안 된다.

우리 학교의 경우, 운동장도 없이 그저 하루하루를 흑판 앞에서만 보내게 되니, 그야말로 대학입시를 위한 강습소와 같은 생각이 들 때가 더욱 많다.

1953.10.14.(수) 맑음

교장 선생님

지금 우리가 모시고 있는 김하득 교장 선생님은 교육계에 몸 담으신지 오늘로서 만 25주년이 되는 날이라 한다. 오늘날 같이 어지러운 시국에 젊은이들에게 희망을 주는 교육계에서 25년이란 긴 세월을 몸 바쳤으며, 남은 일생도 교육 사업에 자신을 희생하겠다고 하시니, 이런 분을 모시는 우리 부고(釜高)는 정말 행복한 일이라 하지 않을 수 없을 것이다.

1953.10.15.(목) 맑음

짙어가는 가을

외국 선박들이 바쁘게 드나드는 아치섬(현·해양대) 저 너머로 바라다 보이는 곳이 바로 대마도라 한다.

여태 보이지 않던 섬이 갑자기 보이기 시작하니 날씨가 맑을 대로 맑다는 얘기다. 맑게 개인 하늘은 자꾸 높아만 간다.

공중에서 바람이 한 번씩 불어오면, 나뭇잎들도 점점 생기를 잃고 그저 바람에 몸을 내맡기는 모습이 가엾다. 하지만 뜰 안에 가득 핀 코스모스며 국화는 아직 향기로울 뿐이다. 가을이 점점 짙어간다.

1953.10.16.(금) 맑음

사람됨에 관한 금언

- 어떠한 사람의 말이든 귀를 빌리기는 하여도
- 어떠한 사람에게든지 입을 함부로 열지는 마라.
- 돈을 빌려주는 것은 원금과 같이 친구까지 잃는다.
- 훌륭한 것은 좋으나 화려한 것은 결코 좋지 못하다.
- 의복은 때때로 그 인물을 표현하기도 한다.

1953.10.17.(토) 맑음

어수선한 나날들

저녁을 먹고 괴로운 몸뚱이를 창 밖으로 간신히 내밀어 보니, 검푸른 창공에 걸린 달이 밝고 좋다.

요즈음 내 몸은 유난히 고단하고, 자꾸만 힘이 빠져 편치 못하다. 새벽 종소리가 울릴 때면 정신은 말똥한데, 일어날 용기가 나지 않아 7시경 까지 누워 있다가 하는 수 없이 일어나곤 한다.

등교 준비를 하고, 밥을 한 술 뜨고는 갖은 용기를 내어 학교에 간다. 수업시간에도 머리가 아프고 한기가 들며 정신이 희미해지기도 한다. 겨우겨우 세 강좌를 마치고 허둥지둥 집에까지 오면 눈앞이 캄캄해지며 현기증이 난다.

전신이 편치않아 자리에 누우면 괜한 공상만 하게 된다. 그렇다고 잠도 오지 않는다. 잠이라도 잘 오면 모든 걸 잊고 실컷 자고 나면 좀 편안해 질 듯 싶기도 한데, 하루하루 밀려나오는 노트 정리도 일거리가 되고, 공부도 해야 하는데 자꾸 헛된 시간만 보내게 된다.

마음이 어수선하니 모든 것이 어수선하다.

1953.10.18.(일) 맑음

권투 구경

일요일이라 하는 일 없이 집에서 책을 뒤적이고 있다가 문득, 오후 1시부터 중앙국민학교에서 권투대회가 있다는 게 생각이 났다. 주머니에 손을 넣어보니 권투 대회 입장표가 잡히었다. 12시 조금 넘어 집을 나와 어슬렁 어슬렁 걸어서 학교로 갔다.

초량 부근에서부터 많은 인파가 학교 쪽으로 몰리고 있었고, 나도 그 속에 끼었다. 오는 순서대로 표를 사서 들어가면 되겠거늘 우~ 하니 모여들어 조그만 문 앞에서 밀고 당기고 하는 통에 표를 줄 겨를도 없이 밀려서 입장을 하게 되었다.

권투 구경도 구경이지만, 들 때나 날 때의 그 질서 없이 날뛰는 마치 동물과도 같은 행동들, 대저 그런 곳에 다니는 나 자신부터가 한 없이 부끄러운 생각이 들었다.

1953.10.19.(월) 흐림

졸업여행 일정

아침부터 교실 내에서는 여행비 문제로 야단들이다. 여행 날짜는 내일로 예정되어 있었다. 약 한달 전부터 오늘까지 여행 얘기를 끌어오고 있다. 처음에는 경주로 가기로 했었는데, 결정된 며칠 뒤 당국에서 도내(道內) 여행만이 용납된다는 지시가 있어 장소가 바뀌게 되었다. 도내라면 어디를 갈 것인가 하다 여행은 그만두고 원족(遠足)[30] 겸 해서 통도사나 가서 하룻밤 자고 오자는 의견도 있었다.

그러다 제일 마지막으로 일치된 의견이 한산섬 통영사지 일주였다. 종례 때 담임 선생님께서 말씀하시기를, 선박 교섭에서 내일은 작은 배밖에 없기 때문에 일정을 모레로 연기한다고 하셨다. 300명 정도 갈 예정이고 그 중 졸업반은 200명도 채 되지 않는다 한다.

30 기분을 돌리거나 머리를 식히기 위해 바깥에 나가 바람을 쐬는 일.

1953.10.20.(화) 흐림

여행을 포기함

조례 때 담임 선생님으로부터 여행에 대한 설명이 있었다. 늘 듣던 대로 똑같은 내용이었다. 어제 아침 형님으로부터 여행 경비 조로 1,500환을 받았다.

졸업 앨범비로 500환씩 선금 낸 것이 있었는데, 어제 학교에서 이것을 도로 내어 주시는 것을 받았다. 앨범 대금을 도로 받고 보니 기분이 대단히 좋지 못하여서, 이번 여행 또한 포기하고 말았다. 고등학교 시절 3년을 같이 공부하고 지내던 친우들의 얼굴을 찍은 사진첩 하나 못 만드는데, 여비까지 써가며 여행을 가고 싶진 않았다. 앨범을 하자 하면 좋다 하며 얼마씩이라도 선금을 낼 줄 알았는데, 단 한 사람도 내지 않았다.

1953.10.21.(수) 맑음

졸업여행을 안 가고

당초부터 나도 여행에 대해서는 적극적이었다. 그런데 앨범 문제 때문에 틀어진 기분이 영 돌아 오지 않았다. 몇 일전 형님께 말씀 드린 대로, 어제 얻은 돈으로 학교에서 돌아오는 길에 신발을 한 켤레 샀다.

아침 등교길에 몇몇 친구들을 만났는데, "왜 여행을 가지 않느냐?"고 물었다. 그런데 엊그제 가졌던 불평은 일시에 사라지고, 작다면 작은 불평 때문에 여행을 단념했다는 나 자신이 조금은 창피하게 느껴졌다. "잘 놀고 와서 우리에게 얘기해 주게나." 인사한 후 내 갈 길을 걸었다.

초량까지 걸었는데, 여행에 빠진 학생들은 부산극장에 집합하라는 말을 듣고 도로 전차를 탔다. 부산극장에서 〈북서로 가는 길〉이란 영화를 관람했다. 여행을 떠나지 않은 학생들 수가 3분의 2였다.

1953.10.22.(목) 맑음

고향마을 나락 타작

고향에 가기 위해 캄캄할 때 집을 나와 6시 20분 서울행 열차를 탔다. 차 안에서 창밖을 내다보니, 생각보다 빨리 온 가을이 한창이었다. 밀양 삼문동에서 이원옥 이란 친구에게 붙들려 아침식사를 같이 하였다.

11시 경 본가에 도착하였다. 소끌논으로 나갈려다가 출희와 함께 집으로 돌아오시는 어머님을 만났다. 여름방학 때 보고 몇 달 만에 본 출희는 훌쩍 성장해 어머님보다 키가 더 컸다. 오후에는 소끌논 나락을 묶어 들였다.

저녁에는 마당도 치울 겸 머슴과 같이 타작을 했다. 보름달은 대낮보다 밝았고 여기저기 타작 기계 소리가 요란한데, 우리도 그 속에 있었다.

1953.10.23.(금) 맑음

풍년 든 해의 들판 풍경

오전 약간의 여가를 틈 타서 집안 대소가를 방문했다. 집집마다 추수에 한창 분주하였다. 마지막으로 연지 누나 집을 찾아갔다. 타작을 벌써 마쳤는지 다른 집보다 조용한 편이었다. 여름 방학 이후로 누나를 처음 보는 것이었다. 누나는 부엌에서 일을 보다 뛰어 나와 나를 맞아 주었다.

보는 사람마다 웃음 가득한 얼굴로 풍년 추수의 기쁨을 이기지 못하는 것 같았다. 온 들판에 사람들이 하얗게 널리어 있고, 왔다갔다 분주하게들 움직이는 모습들이다. 누나가 빨래를 하러 나가는 길에 같이 따라 나와 머슴이 나락 단 묶어 놓은 곳으로 가 보았다. 꿉꿉하니 나락이 아직 덜 말라 보였는데, 일을 줄이기 위해 미리 묶어 놓은 모양이었다.

얼마 후 집으로 와서 점심을 먹고, 소에 구루마를 앉혀 나락 묶는 데로 나갔다. 오후에 네 번을 나르고 나니 해는 벌써 지고 어둡기 시작했다.

저녁에는 연지 누나가 놀러 와서 동네 소식도 듣고 지난 이야기를 하며 놀았다.

1953.10.24.(토) 맑음

나락 베기

아침 식사 후 머슴과 함께 언제나 두통거리인 고래 논(무논)으로 나락을 베러 가기로 했다. 먼저 위에 있는 마른 논부터 베기 시작하여 마무리하였다.

낫을 새로 갈은 후 물이 흥건히 고인 아래쪽 논으로 발을 옮겼다. 마른 논과 비교하여 일은 능률도 오르지 않고, 허리도 아프고 훨씬 더 피곤하였다. 점심 때가 되어 밥을 맛있게 먹고 막걸리를 한 대접 숨도 쉬지 않고 마셨다. 밥술을 미쳐 다 놓지도 않았는데 곤하기 짝이 없었다. 그 옆에 있던 지게 밑에 누웠더니, 금방 잠이 들어 한 숨 잘 잤다.

1953.10.25.(일) 맑음

가을 하루

아침에 일어나서 나락 가마니를 방앗간으로 날랐다. 너 댓 가마니쯤이야 식전에 끝나겠지 하며 기다리고 있었는데, 우리 차례는 도무지 돌아오지 않고 보리 방아만 돌아가고 있었다. 아침을 먹은 후에도 서 너 시간을 더 기다려서야 비로소 우리 차례가 돌아왔다. 방아를 다 찧어 쌀을 집에까지 옮기고 나니, 시간은 벌써 오후 2시가 되었다.

오늘은 꼭 부산엘 내려 가려 하였는데, 점심을 먹고 보니 시간이 늦어졌다. 오늘 부산엘 못 가면 삼랑진까지라도 가려고 어머님께 말씀드렸더니, 오늘은 너무 늦었으니 내일 아침 첫차로 가라고 하셨다. 내일 하루 결석을 한다는 생각을 하니 약간은 불안하기도 했으나, 우선은 집에 조금이라도 더 머무는 것이 기뻤다.

별로 할 일도 없어 화단 옆을 거닐어 보았다. 주인들이 바빠서 돌아보지도 못하는데, 때를 좇은 국화는 눈이 황홀할 정도로 가득 피어서 온 집안에 꽃향기가 싸고돈다. 우리 집에는 황국도 얼마 정도 있지만, 대부분은 홍국이다. 황국에 비해 홍국이 송이도 더 크고 향내도 훨씬 짙다. 한참동안 꽃을 어루만지며 향내를 맡았다.[31]

얼마 후 단어장 하나를 가지고 정자나무 밑으로 바람을 쐬러 갔다. 새들에는 군데군데 심어 놓은 김장 배추만이 푸른빛일 뿐, 황금빛 벼들은 자취를 감추었고 거의 거무스름한 흙빛 뿐이다.

도로 돌아와 정희네 집에 들렀다가 연지 누나에게로 갔다. 한참 후 그

31 아버지는 늘 국화를 키우셨다. 품종 좋은 국화를 접시만하게도 키우시고, 옥국화를 화단가에 줄줄이 열을 맞춰 심으시기도 하셨다.

집에서 형수님들과 찰밥을 해서 먹으며 놀았다.

1953.10.26.(월) 흐림

부산으로

따뜻한 이불 밑에서 일어날 줄도 모르고 기상 시간이 넘도록 자고 있었다. “차 시간 다 돼간다, 일어나서 세수해라” 어머님의 깨우시는 목소리에 눈을 떴다. 세수를 하고 방으로 드니 출희는 벌써 아침 밥상을 들이고 있었다.

구름 낀 날씨가 걱정이 된다. 며칠만 참아주면 가을걷이가 끝날 것인데, 비가 오면 어쩌나? 마당에 가득 실어다 놓은 나락을 어쩔까? 여러모로 걱정스런 마음을 뒤로 하고 차 시간에 쫓겨 집을 나섰다.

오늘은 보나마나 결석이겠거니 생각했었는데, 의외로 차가 빨리 도착하였다. 고관(古館)에서 내려 시간을 보니 오후 강좌는 들을 수 있을 것 같아 학교로 바로 나갔다. 그러나 오후 수업도 이미 시작되고 있어서 한참동안 정신없이 어리둥둥 하였다.

1953.10.27.(화) 흐린 후 비

고향 걱정

날씨가 좋아지지 않는 것이 비가 오겠구나 했더니 오후부터 영락없이 비가 오기 시작했다.

몸은 이곳에 있어도, 마음은 어제 떠나 온 고향에 가 있다. 그저께 베어 놓은 고래 논 나락도 도로 뭉쳐 내야하고, 집 마당에 타작해 놓은 나락도 그대로 비를 맞게 버려두는 건 아닌지 걱정이 태산이다.

어머님은 얼마나 애를 태우고 계실까? 이번 비가 그치면 날씨는 급변할 것이다. 이제 상강도 지났으니 금세 찬기온이 몰려와 추워지겠지.

1953.10.28.(수) 비온 후 흐림

춘향가 중에서 가슴 아픈 대목

남문 밖 썩 내달아 광한루야 잘 있더냐.
오작교야 무사하냐.
객사 청청 유색신은 나귀 매고 놀던 데요,
청운 낙수 맑은 물은 내 발 씻던 청계수라.
녹수진경 넓은 길은 왕래하는 옛길이요,
오작교 다리 밑에 빨래하는 여인들은 계집아이 섞여 앉아…….

—〈열녀 수절 춘향가〉 中

풍경들은 예와 다를 것 없지만 꿈에도 못 잊었던 그리운 님은 창 앞에서 시들어 가는 것을! 이때의 장부의 심정이 어땠을까? 춘향가 중에서 나는 이상하게도 이 구절이 가장 가슴 아프다.

1953.10.29.(목) 흐림

적성검사

첫 시간에는 새로 오신 미어(美語, 영어) 선생님을 맞았다. 김종출 선생님과 청산학원 동기 동창이라 하였다. 그래서 그런지 김 선생님과 많은 면에서 비슷한 인상을 주었다.

지리 시간에는 객관식 문제를 내어 풀어 보기로 했다. 닥쳐오는 국가연합고사에 대해서 상세하게 설명을 들었다. 처음에는 이것을 적성검사라 했는데 이른바 지능 테스트는 아니며, 어디까지나 학력고사라 하는 게 맞을 것 같다. 기일은 대학입시 2개월 내지 40일 전에 친다 한다. 합격자는 전체 수용 능력의 30%를 더 뽑는다 한다. 그리고 필수 과목에 과학을 더 한다는 말도 있다.

1953.10.30.(금) 흐림

모의시험

오늘 수업은 70분씩 세 시간을 했다. 1,2학년들은 다 집으로 돌아가고, 3학년들은 남아서 모의시험을 쳤다. 90분 동안 전 과목을 다 보는 것이라 시간이 대단히 급했다. 맨 먼저 사회생활과를 시작으로 하여, 공민, 국사, 서사(西史, 서양사), 동사(東史, 동양사), 지리를 모두 같이 보았다.

약 15분 동안 답안지를 완벽하게 채우고 다음으론 과학과를 보았다. 물리, 화학, 생물, 커다란 시험지에 새까맣게 들어박힌 글자들 때문에 아는 것도 어지러울 지경이었다. 과학은 예습도 못한데다 3분의1 정도 밖에 못 채웠다.

수학은 쉬워 보이긴 했지만 그냥 백지로 돌리고, 다음 국어과는 다 아는 문제 같았는데 쓰는 도중 약간 혼동되는 것도 있었다. "미어는 10분" 하는 말에 갑자기 조급증이 났다. 시간이 많이 부족한 감이 들었지만, 한편으론 시간이 좀 빠듯해야 옳은 실력을 테스트 할 수 있지 않을까 하는 생각도 들었다.

1953.10.31.(토) 흐림

자취 생활

오늘, 오늘하고 벼르고만 있던 형수님은 아침에 본가로 가셨다. 형님도 같이 가셨다. 오늘부터 또 나 혼자 생활이다. 아침부터 부엌에 나가 쌀을 안치고 불을 때야 한다. 한편으론 재미도 있지만, 또 한편으론 자취도 이제 고만했으면 싶기도 하다. 해 주는 밥을 먹고 다니면 좀 편할지는 모르지만 학교에 늦어도 뭐라 할 수도 없고 했었는데, 모든 것이 이제는 내 책임이다.

학교에서 돌아오면 떠드는 아이들 참견할 새도 없이 저녁을 준비해야 한다. 나중으로, 내일로 미루던 버릇도 일소되고, 신경질이 나도 참아야 하던 것도 해결되는가 싶다. 이리 생각하니 한편으론 잘 되었다 싶기도 하다.

1953.11.1.(일) 흐림

심심한 일요일

일요일, 푸근한 마음에서 잠을 깨고도 이불 속에서 이리 뒹굴, 저리 뒹굴 몸부림을 치며 누워 있다가 7시가 되어서야 자리에서 일어났다. 천천히 일어나 밥솥에 불을 피웠다. 밥만 하면 식사 준비는 끝난다. 나 혼자이니 어찌해도 좋다. 밥 한술에 김치 한 젓가락이면 충분하고도 만족하다. 간단히 아침 식사를 끝내고나니 심심하기 짝이 없다. 할 일 없이 책상 위 책을 이리 저리 뒤적거리며 읽어 보기도 했다.

이러고 있는데 밖에서 "아주머니 계시우?" 하며 낯선 목소리가 들려 나가보니 반장이었다. 집에 사는 사람들 조사를 한다하여 옳게 듣지도 않고 "예, 그렇소" 코대답을 마치고는 방으로 들어 왔다. 날씨가 제법 겨울 맛이 나기 시작한다. 내의를 꺼내 입었다. 벌써 동짓달이 왔구나! 날도 참 잘 가는구나!

1953.11.2.(월) 흐림

눈치 보이는 등록금 문제

구름이 얼멍덜멍하며 바람이 거세게 나뭇가지를 흔드는 것이 마치 우리를 위협하는 듯 보인다. 아침 조례 때 담임 선생님께서 등록금 독촉을 하셨는데, 나는 미안한 마음이 들었다. 등록금 이야기는 벌써 상당한 시일 전에 나온 말이건만, 나는 아직 집에 와서 운도 띄워 본 일이 없다. 사실 형님 눈치만 보고 있던 참이다.

당장 이야기를 해도 형편이 여의치 않고, 적어도 일주일은 지나야 그

나마 얘기라도 해 볼 수 있을 것이다. 언제 쯤이면 완전한 성인이 되어 자율적으로 모든 것을 해결할 수 있을지? 학창시절이 좋다는 것은 두말 할 필요도 없지만, 경제적인 문제만 나오면 하루라도 빨리 졸업을 했으면 하는 마음이 든다.

1953.11.3.(화) 맑음

학생의 날

오늘은 뜻깊은 '학생의 날'[32]이다. 선열들의 훈훈한 피 향내는 이 땅 이 겨레가 영속하는 한 언제나 교훈이 되는 바 일 것이다. 3.1 운동의 피를 이어 받아 1929년 11월 항일의 끓는 피를 억제할 수 없었던 학도들의 감정이 폭발하여 전국을 휩쓸고, 마침내는 전 인류에 감동을 준 바 컸었다. 멀지 않은 과거이지만, 그때의 선열들은 지금과는 좀 달랐던 것 같다. 전 민족이 같이 호흡하고 같이 웃고 같이 민족을 걱정하였던 결과로 오늘 같이 역사적 사실로 남겨진 건 아닐까 한다.

지금의 학생들은 젊은 사람들만의 순정이 없는 듯하고, 감정이 너무나 얼어붙어 무정한 것 같다. 지금의 우리들에게도 과거 선열들 못지않은 중대한 사명이 있다고 생각한다. 이 사명을 완수하기 위해선 무엇보다 각자의 그릇을 키워야 할 것이라 생각한다.

---

32 1920년부터 지속적으로 발발하던 항일 학생 운동이 1929년 광주에서 촉발되어 1930년 3월 까지 전국으로 확대 되었다. 1929년 11월 3일 나주역 앞에서 한일 학생들 사이에 큰 충돌이 발생하여, 일제가 10일간의 휴교령을 내렸다. 1953년부터 11월 3일을 '학생의 날'이라는 이름하고 국가기념일로 제정하였다.

1953.11.4.(수) 맑음

자취의 애환

하늘 바람이 마구 불어온다. 따뜻한 이불 밑에 몸뚱이를 웅크리고 있는 게 좋아 일찍 일어나야 하는 게 서글프다. 더구나 바깥에선 우~ 우~ 집이라도 날릴 듯 바람소리가 야단스럽다. 우리 집은 오똑한 언덕에 있어서 바람 소리가 유달리 더 하다. 6시 40분, 구덕산(부산 서구에 있는 산) 꼭대기엔 아직 햇살이 들지 않았다.

쌀을 일어 솥에 안치고 불을 모았다. 그러나 바람이 고래 구멍으로 도로 불어 들어와, 반대쪽에서 불을 때는 듯 연기만 잔뜩 날 뿐이다. 바람이 잠시 자는 틈을 타 간신히 불을 붙였다. 반찬을 장만할 겨를도 없이 밥은 금방 다 되었다. 혼자 밥을 할 때는 재미있기도 하다.

한데, 우리 집은 길 옆 골목과 문을 마주 트인 관계로 길 가는 사람까지 쳐다 볼 때는 좀 쑥스럽기도 하다. 다른 사람들이 쳐다보지 않으면 더 힘든 일이 있다 해도 그냥 할 수 있을 듯도 하다.

문득, 이 집에 이사 왔을 때의 일이 생각난다. 본가에서 간장을 양철통에 담아가지고 온 일이 있었다. 동이에 장을 가득 넣어 마개를 해서 짊어지고 집에서 나와 밀양역까지 걸어가는데, 아침 먹던 길로 출발한 것이 오후 한시가 넘어서야 도착하였다.

기차를 기다리려니 밤중이나 돼야 할 것 같고 해서, 트럭이나 얻어 타고 갈까 하고는 역 선로 가에서 기다리고 있었다. 트럭이 하나 오면 간장 통을 가지고 그리로 쫓아가고, 근처까지 도착할라치면 그 차는 그만 싹 떠나 버리고, 한참을 기다려도 다른 트럭이 안 오면 또 본래의 자리로 되돌아오고 그렇게 수십 번을 왔다 갔다 하며, 어떻게 겨우 겨우 집으로 돌아오긴 했었다. 가족들이며 집안사람들이 모여 노는 자리에서 그 이야기를 하였는데, 모두들 한바탕 웃고 넘어간 적이 있었다.

1953.11.5.(목) 온난

책의 유혹

아침에는 바람이 약간 불었으나, 낮에는 요 며칠 보기 힘들었던 온양(溫陽)한 날씨였다. 하교 길에 길을 지나오다 문득 고개를 돌린 곳이 길가 책방 한 곳이었다. 무심히 쳐다보고 그 앞으로 가서 섰는데, 《입센집(集)》이란 책을 보고는 그것을 사고 말았다. 주머니에는 120환 밖에 없었는데, 책값으로 그것을 다 달라는 것을 80환 밖에 주지 못했다. 나머지로는 내일 학급 사진 값을 줄 작정이었는데, 저녁쯤 반(班)에 석유 배급 값으로 20환을 주었다. 이제 사진 값이고 뭐고 다 틀렸다.

학교의 일정은 잘도 지나간다. 연합고사 기일이 12월 27일이라는 소문이 들리지만, 학교에서는 아직 공식적인 발표가 없었다. 요즘 내 머리 속은 너무나 복잡하다. 학교에다 낼 등록금이며 사소하게 들어갈 돈들, 집에는 오늘부터 당장 김치마저 떨어졌고, 거기다 시험을 대비하려면 참고서도 몇 권 사야하고 이래저래 돈 들어 갈 일은 많은데 나 혼자 걱정에 다른 생각 할 겨를이 없다. 잠시라도 이런 복잡한 고민을 떠나 살 수 있다면 참으로 인간다운 삶을 살 수 있지 않을까 생각해 본다.

1953.11.6.(금) 맑음

국어 시간의 에피소드

국어 홍영감(홍영식 선생님) 시간에 《두시언해》를 했다. 수업은 반 이상 지났지만 그 과목은 진도가 잘 넘어가지도 재미있지도 않아 머리가 아픈데, 모두들 문학 감상을 하자고 떠들고 있었다. 그 떠드는 중에 누군가 '알랑소 얼렁소, 알랑소 얼렁소'라 하는 바람에, 모두들 배꼽을 잡고 한 바탕 흐드러지게 웃었다. 선생님께서도 따라 웃으셨다.

이 대목은 엊그제 수요일 문학사 시간에 우리 고전 중 에로문학에서 나온 말이다. 우리나라 고전에도 에로문학이 제법 많은가 보았다. 그 시간에 재미있는 내용을 많이 들었지만, 이 '알랑소 얼렁소'가 가장 서민적이며 재미있었던 대목인 것 같다.

1953.11.7.(토) 맑음

문학 감상

오늘 국어 시간에는 진짜 '문학'을 감상했다. 제목은《배비장전》이었다. 우리나라에 소설이 많긴 하지만 제주도를 배경으로 쓴 것은《배비장전》이 그 중 유명한 작품인 것 같다.《춘향전》보다는 뒤에 씌어진 작품이고, 내용은 양반계급의 몰락을 엿보여 주는 것이며, 방자의 활동이《춘향전》에서 보다 훨씬 활발하였다. 반 쯤 읽었는데 종이 울려 다음 시간으로 미뤄졌다.

뜻하지 않은 시험도 있었다. 화학 시간, 교관이 시험지를 가지고 들어왔다.

1953.11.8.(일) 온난

내일은 모의시험

아침을 먹고 부엌 청소를 한 후, 들통을 가지고 우물가로 갔다. 지난 일요일 물을 길은 후로는 오늘이 처음이었다. 저번에는 우물에 물이 가득했는데 오늘은 물이 쑤욱 내려가 있었다. 한참 애를 써서 너 댓 동이의 물을 길어다 날랐다.

내일은 또 모의시험이다. 이번이 두 번째이다. 90분 동안 다섯 과목의 시험을 보자니 무척이나 바빴었다. 저번처럼 어물거리다 아는 것도 채 못 쓸 수도 있으니, 공부를 좀 해야겠다는 생각이 들었다. 종일 문 밖에도 나가지 않고 들어 앉아 있었는데, 실상 남는 것은 별로 없는 듯하다. 그러나 한편 시험을 빨리 한 번 쳐 봤으면 싶기도 하였다.

저녁에는 형님께서 본가로부터 돌아 오셨다. 저번에 내가 타작해 놓고 왔던 차나락(찰벼)으로 만든 떡을 먹으며, 집안 이야기를 하기도 했다.

1953.11.9.(월) 온난

시험에 따른 초조

하교 시에 혼자 걸어오면서, 오늘 시험이며 요사이 우리들이 초조해하는 모양들을 생각해 보았다. 오늘 시험 도중 미어(美語)는 연필도 대어 보지 못했다. 한번 훑어 볼 겨를도 없이 시간이 다 되어 종이 울리고 말았다. 시간 분배를 잘 하지 못하고 한 곳에 너무 치중한 게 잘못이었다. 그러나 왜인지 모르겠지만 기분은 전혀 나쁘지가 않았다.

1953.11.10.(화) 추움

아침에 김치를 담그다.

바깥 바람이 세차다. 갑작스럽다. '겨울 날씨 변하듯 한다.' 는 말이 있는데, 꼭 오늘을 가리키는 것 같다. 바람 소리와 더불어 일찍 일어났다. 오늘 아침에는 어제 절여 놓은 배추로 김치를 담아야 한다. 절여 놓았던 배추를 헹구는데 손가락이 굳어져 감각이 없을 정도였다. 그렇지만 김치를 다 담은 후에 밥을 지어 먹어야 한다.

김치 담그는 일은 이제 다른 사람 손을 빌기가 싫다. 손이 터지는 듯 시렸다. 거리의 사람들도 갑자기 털옷을 벌렁거리고, 우리같이 없는 사람들은 생활의 위협을 느낄 뿐이다.

1953.11.11.(수) 추움

바람 부는 추운 저녁

오직 느껴지는 건 추위뿐인 이 저녁에 언제나 그리운 건 변함없는 부모님의 슬하, 따뜻한 보금자리 내 고향이다. 오늘이 며칠이길래 예리한 눈으로 세상을 훑어보는 저 초승달, 저 달만이 외롭고 초라한 내 형상을 어슴푸레 비추고 있다.

북풍은 여전히 창살을 갈긴다. 휘이~ 휘이~ 호령하는 버들가지는 한잎 두잎 낡은 잎을 자꾸 떨굴 뿐! 나무들은 여름날 풍성했던 나뭇잎을 다 훑어 버리고, 떨어진 낙엽들은 마당이며 길 위를 이리저리 굴러다닌다.

빼빼 마른 가지만 남은 버드나무야! 내가 보는 너나 다른 사람이 보는 나나 무엇이 다를까?

1953.11.12.(목) 온난

겨울이 지나야 봄이 온다

다가오는 토요일 또 시험이 있다하며 시험 범위가 게시되었다. 모두들 정신 차리자! 내년 2월 10일 이후를 생각하며 더욱 분발하자!

세상에 태어나지 않았으면 몰라도, 이왕 났을 바에야 산 보람을 하고 물러가야 하지 않겠는가. 인간이면 누구나 이런 생각을 갖게 마련일 것이다. 그런데, '겨울이 지나야 봄이 온다.'는 것이 자연의 섭리이거늘, 우리 인간에게도 이것이 적용될 것이다.

겨울이 지나고야 반드시 만물이 생동하는 향기 가득한 화원을 구경할 수 있는 것이겠지. 우리는 이 겨울을 황소와도 같이 묵묵히 끈기 있게 걸어가야 할 것이다. '겨울이 오면 멀지 않은 곳에 봄이 기다린다.' 지금으로선 이것이 유일한 희망이다.

1953.11.13.(금) 온난

꽃에 대한 사랑

나는 꽃을 사랑한다. 어느 누구 못지않게 나는 꽃을 사랑한다.

헤아릴 수 없이 많은 꽃 중에서도 누구나 볼 수 있고 만질 수 있고, 꺾을 수도 있는 그런 곳에 핀 꽃에는 크게 흥미가 없다. 워낙 꽃을 좋아하는 성미 때문에 한번쯤 향내는 맡아 볼지 몰라도 그런 꽃을 진심으로 사랑하고 싶지는 않다.

숲속에 홀로 피어 자신의 자태를 감추며 수줍어하는, 그런 귀한 꽃을 사랑하고 싶다. 내게 꽃을 택하라면 반드시 그런 꽃을 택할 것이다.

1953.11.14.(토) 온난

가장 기분 좋은 토요일 오후

단축 수업을 두 시간 마치고, 60분씩 두 시간 모의시험을 쳤다. 모의시험이긴 하지만 그래도 시험이라 다소 졸이던 마음이 이젠 가벼워졌다.

토요일! 일주일 중 가장 기분 좋은 토요일 오후. 거기다 시험까지 다 친 후라 시원한 가슴이다. 책방을 구경하고 천천히 집으로 왔다.

오는 길에 뒷집 사는 연자와 마주쳤다. 나는 그냥 어리거니 취급을 하는데, 저쪽은 그게 아닌 것 같기도 하다. 한 번도 말을 건넨 적은 없지만 골목에서 정면으로 맞닥뜨릴 때면 유달리 나를 의식하며 얼굴을 붉히기도 한다. 살펴보면 꽤 이뻐 보이기도 하고 앵두같이 곱기도 한데, 내 눈에는 어쩐지 만개한 꽃으로 보이지는 않는다.

1953.11.15.(일) 흐림

구름과 바람

정오의 하늘에는 구름만 잔뜩 덮였을 뿐…….

나뭇가지를 흔들고 지나가는 바람 소리에 주위를 돌아본다.

1953.11.16.(월) 비

산을 넘어 등교

어제 저녁부터 내리기 시작한 비는 밤새 내리고, 오늘까지 계속 내리고 있다. 8시 20분경 집을 나서는데 비는 마치 여름비와도 같이 내렸다. 우비를 입었으나 한 시간 넘게 빗속을 걸으니 바지 아랫단은 다 젖었다. 그래서 버스나 전차를 탈까 하고 버스 종점으로 갔는데, 버스는 한 대도 보이지 않았다. 전차는 정류소에 정차조차 하지 않아 30분 동안을 기다리다 운동장으로 갔다. 거기에는 100여명은 되어 보이는 사람들이 줄을 서서 전차를 기다리고 있었다.

우리들은 이렇게 줄만 서 있을 것이 아니라 그냥 걸어서 가자는 의견을 내어 걷기로 하였는데, 곁에 섰던 덕수 군은 "이렇게 질퍽거리는 길을 어떻게 산을 넘어가나?" 고 말하였다. 그래서 내가 "배가 산을 넘다니!" 하고 영화의 한 대목을 말했더니, 모두들 와~ 하고 한바탕 웃었다.

오늘은 젖은 옷 때문에 학교에서 추위에 떨었다.

1953.11.17.(화) 온난

고민

어제부터 시작된 과외수업 시간에 오늘은 미어(美語, 영어)를 들었다. 어제는 수학을 들었는데 훨씬 나아질 가능성이 보인다.

오늘 아침 조례 때는 공납금 미납자 전체가 선생님께 꾸지람을 들었다. 요즘은 집에 와서 돈 얘기는 일절 하기 싫다. 형님의 고민이 곧 나의 고민이란 것을 생각하면 가슴이 아프다.

1953.11.18.(수) 온난

〈가시리〉를 흥얼거리다

가시리 가시리 잇고
바리고 가시리 잇고 나난
위 증즐가 태평성대

날러는 엇디 살라고
바리고 가시리 잇고 나난
위 증즐가 태평성대

잡사와 두어리 마라난
선하면 아니 올세라
위 증즐가 태평성대

설온님 보내 오나니
가시난 듯 도셔오소서 나난
위 증즐가 태평성대

— 고려가요 〈가시리〉

1953.11.19.(목) 추움

첫얼음

밤새 찬바람이 내리 갈긴다. 바람은 몹시도 차거웁다. 첫 얼음이 얼었다. 겨울의 위엄을 보일 모양이다. 학교의 책상 의자는 엉덩이가 시릴 정도로 얼어있다. 허술한 판잣집에서 이 한겨울을 날 생각을 하니, 학교 야외수업 보다 조금도 나은 게 없다.

학교에서는 교실 수리 대금을 걷어 일제히 공사에 착수하기로 했다. 여름에는 우리 3학년 D반 교실이 어느 교실보다 시원하다고 좋아했었는데, 겨울에는 바람이 가장 많이 들어온다.

1953.11.20.(금) 추움

추운 날의 단상

바람은 어제 보다 약간 자는 듯 보이나 추위는 변함이 없다. 버석 거리는 낙엽들은 이리저리 굴러 날아다니고 있다.

추운 나의 눈에는 맞은편 부두의 많은 선박들도 움츠리고 있는 듯 보인다.

저 건너 영도 쪽 하얀 판자 집들이 산 중턱을 향하여 자꾸만 늘어간다. 북쪽 피난민들도 대부분 제 곳을 찾아가곤 해서 부산의 인구도 많이 줄었을 텐데, 이상하게 판자 집들은 자꾸 늘어만 간다.

저 편 아치섬 너머로부터 한척의 큰 광선이 꿈적꿈적 생활전쟁의 항도, 부산 부두를 향해 들어오는 게 보인다.

1953.11.21.(토) 추움

暗香(암향)

몇 자의 붓 희롱을 먼 후일 다시 보게 됐을 때, 지나간 과거가 마치 어제처럼 다가와, 새로운 暗香(암향)이 피어오르겠지.

1953.11.22.(일) 온난

오늘

나는 오늘 저녁 골똘히 생각해 본다.

나는 오늘 무엇을 하고서 하루라는 이 긴 해를 보내고 말았는가? 흔적 없이 달아나는 시간은 가도 가도 끝없이 얼마나 먼 곳을 향해 달려가는지. 얼마나 바쁜 일이 있길래 일각도 지체하지 않고 자꾸 흘러 흘러가는지.

1953.11.23.(월) 온난

사람이 산다는 건

사람이 산다. 그냥 공연히 산다. 밥을 먹고 산다. 그리고 옷을 입고 지낸다. 먹고 입는 것 외에 사람이 산다는 건 또 무엇일까? 밥만 먹고 옷만 잘 입으면 무엇 한단 말인가? 아무것도 아닌, 단순한 이것들 때문에 사람은 늘 허덕인다. 일하고 또 일하고, 허덕거려도 결국은 입에 풀칠하는 게 전부인데 인생은 안타깝게도 아무 의미 없이 먼지로 화(化)해 간다.

1953.11.24.(화) 온난

부드러운 물

이 세상에 물처럼 부드럽고, 모든 것에 순응하는 것은 없다. 그러나 단단한 것 위로 떨어질 때에는 무엇보다 강한 게 물이기도 하다. 약한 것은 강한 것을 이기는 법이다. 부드러운 것은 그것을 잘 알고 있다.

사람들은 부드러워지려 생각지를 않는다. 유순한 사람이 가장 강한 자이다.

1953.11.25.(수) 온난

쉽고도 지혜로운 일

악에 대해 선으로써 갚는 것은
악을 악으로 갚는 것 보다
훨씬 쉽고도 지혜로운 일이다.

1953.11.25.(목) 추움

이상무(以上無)

오늘의 일과(日課)
……
전(前)과 변함없다.

1953.11.27.(금) 추움

바람 부는 날에 대형화재 목격

이제 연합고사 날짜도 꼭 한 달 밖에 남지 않았다. 최선을 다하여 노력해야 한다. 책상에 앉아 있자면 발이 무척 시려, 그럴 때마다 평발 하는 버릇이 생겼다. 평발을 한 번씩 치다가 종종 책상에 복숭뼈(복사뼈)를 부딪친다.

저녁이다. 바람이 몹시도 불어온다. 바람 소리에 몸이 다 떨릴 정도다. 모질게 부는 바람 소리가 듣기 싫다. 열한시가 다 되었는데, 소변을 보려고 밖으로 나가니 보수공원 저 너머로 온통 벌겋게 불꽃이 하늘로 오르고 있었다.[33]

1953.11.28.(토) 온난

거듭되는 대화재 참사

오후에 본가로 갈 작정을 하고, 아침에 물을 서너 번 길었다.

학교에 가려고 연산 고개를 넘었는데, 눈앞에 펼쳐진 광경은 놀랍게도 비참한 잿더미 속이었다. 연기는 아직도 여기저기서 피어오르고 길에는 화기가 채 가시지도 않고 있었다.

33 1953년 11월 27일 영주동 어느 가정집에서 부주의로 일어난 불이 강풍을 타고 대청동, 동광동, 영주동 일대로 번지면서 부산 중심가를 불바다로 만들었다 한다. 아버지는 이 날 소변을 보러 나갔다가 역사의 현장을 목격하여 기록으로 남기셨다.

간밤에 보았던 그 불꽃이 바로 이것이었구나![34] 저번 국제시장의 화재[35]와 비교도 되지 않을 정도의 규모로 보였다.

학교에서는 수업도 하지 않고, 대 화재에 피해 입은 학생 수를 조사하였다.

수업이 없어서 본가로 가는 데는 시간적인 여유가 있었다. 그러나 밀양에서는 집에 가는 버스를 오후 4시 경에나 겨우 탈 수 있었다.

1953.11.29.(일) 추움

다시 고향집으로 되돌아오다

아침 일찍 동사(洞舍) 앞에서 부산으로 부칠 쌀 짐을 가지고 버스를 기다리고 있었다. 그러나 내려가는 차는 만원이라 신호하였다. 하는 수 없이 신법까지 내려갔다. 그러나 거기서도 여의치 못해서 하는 수 없이 무안까지 짐을 옮겼다.

11시가 다 되도록 차는 없었다. 조금 더 기다려 보았으나 별 도리가 없어보여 짐을 맡기기로 하였다. 짐을 맡기면서 오늘은 부치지 말라고 부탁을 하여 놓고 집으로 올라왔다.

저녁에는 오래간만에 진술 군을 만났다. 그가 출전한 이후 오늘 만남

34 1953년 11월 27일 피난민 판자촌 화재, 부산역 대화재 이재민 3만 여명 발생. 부산역사가 소실되었으며, 1969년 6월1일 초량에 새 역사를 신축 이전하여 오늘날에 이르고 있다

35 1953년 1월 부산 국제시장 화재. 건물 4천 260채 전소. 이재민 3만 여명 발생.

이 처음이었다. 같이 몇 시간 놀았다. 차츰 너 댓 명이 모였다. 어디로 나가 바람이나 쏘일까 생각하던 차에 밖에서 연지 누나 목소리가 들렸다.

1953.11.30.(월) 온난

버스 교통사고

어제 일을 생각하니 어정거리다가는 아무 일도 되지 않겠다 싶어, 일찌감치 무안으로 내려가 맡긴 짐을 도로 찾아 버스를 기다렸다. 첫 번째 버스는 무거운 짐까지 가진 내가 다기는 불가능하였다. 두 번째 부산행 버스는 8시 30분 차. 먼저 짐을 뒤쪽에다 얽어매 놓고 앞으로 와 보니 버스 안쪽으론 들어갈 수도 없었고, 문 앞에 붙어 서서 가야할 형편이었다. 짐을 실은 것만으로도 족하였다.

어느덧 정곡 동사 근처까지 갔을 때였다. 내 옆에 붙어 섰던 순경 하나가 차 문을 뛰어 내리자마자 '아차!' 하는 생각이 머릿속을 스쳤다. 이내 '딱!' 하는 소리와 함께 차 두 대가 서로 충돌하였다. 무심결에 당한 일이지만 위험천만한 일이었다. 우리가 탄 차가 재빨리 정차한 후에 상대편 차가 와서 부딪혔기 때문에 약간의 부상자만 생겼을 뿐 다행히 큰 사고는 없었다. 말할 것도 없이 차는 두 대 다 찌그러지고 부서졌다.

1953.12.1.(화) 흐림

과외 수업

어제 하루 결석한 것이 마치 며칠동안 빠진 듯하였다. 밑 채인 일들이 복잡하였다. 첫 시간에 교무주임이 들어와 어제 과외 수업 상태에 대해서 평가하였다. 그러더니 교관이 와서 복장 문제 때문에 몇 몇 학생들이 수업 중 교무실 출입을 하고 왔다.

종례 시간에는 제2회, 3회 모의 시험 답안지를 받았다. 영어 과외 시간 때였다. 'twelfth'란 단어 때문에 부끄러운 일을 당하였다. 정신을 차리지 않으면 안 되겠다 싶었다.

1953.12.2.(수) 비

비가 오면 푸근하다

바가지 싸움 끝에 우물에서 반시간 동안 퍼 올린 물이 겨우 한 동이 뿐이었다. 시간 여유가 많은 사람은 모르겠지만, 나같이 시간이 모자란 상태에선 도저히 못할 노릇이다. 이럴 때 마다 '시골집 우물을 옮겨 올 수만 있다면…' 하는 헛된 생각도 해본다.

어제부터 흐려 있던 하늘인데, 오늘은 기어코 비가 온다. 비가 올 때 마다 마음이 풍족해지는 건 비단 나 뿐만은 아니겠지만, 나는 왠지 비가 오면 푸근한 기분이 든다. 어제 그제보다 물 구하기가 조금은 더 쉬울테니 이것만 해도 내겐 일을 한 몫 더는 셈이며, 시간이 조금은 더 여유로워지는 게 아니겠는가.

1953.12.3.(목) 맑음

대화재 후의 재건

이번 방송국 일대를 분소시킨 대 화재는 '부산' 에만 한정된 사건이 아니라 세계에 알려지게 된 큰 사건이 되었다. 우리나라와의 관계가 편치 않음에도 불구하고, 일본 적십자사에서는 이번 화재에 대해 위문뿐만 아니라 실질적인 물자 원조를 보내오고 있으며 다른 나라들에서도 원조를 보내오고 있다.

시커멓게 재만 남아 볼 모양이 없는 그 자리에는 다시 재건의 일보를 힘차게 내딛고 있다. 공병, 탱크부대들은 열심히 터를 고르고 있고, 길가 주변의 하꼬방들도 서서히 정리가 되며, 그 생명을 다 해가고 있는 중이다.

1953.12.4.(금) 온난

유정과 무정을 다 가진 불

비온 뒤의 날씨가 의외로 따뜻하다. 하꼬방에서 몰려나온 사람들이며, 화재로 집을 잃은 사람들에겐 그나마 다행한 일이다. 집을 잃고 헐벗은 무리들이 모든 게 사라지고 없는 빈 터에 오물오물 모여 그래도 살아 보겠노라고 입김을 호호 불며 웃불을 쪼이고 있다. 오늘도 연산고개를 넘어가며 본 광경이었다.

우리 학교에서도 예외 없이 화재 위안금을 거두고 있다. 금액의 다소를 막론하고 마음의 표시를 하는 것 같다.

불은 우리에게 없으면 안 되는 존재로 그 사용 가치가 엄청나지만, 한 번만이라도 실수를 하면 이리도 무섭게 급변하니, 유정 무정을 다 가진 이 불이야말로 만질 때마다 조심하고 또 주의해야 할 존재인 것이다.

1953.12.5.(토) 온난

실력 검토하는 모의시험

오늘은 제5회 모의시험을 보았다. 시험이 거듭될수록 실력은 점차 진보하는 것 같다. 학생들이 가장 싫어하는 이 시험. 그러나 시험을 보고 나면 싫든 좋든 간에 결과적으론 보다 소득이 많다는 건 누구나 느끼는 공통된 심정일 것이다.

이제 대학입시와 연합고사가 이마까지 박두했다. 그래서 한번이라도 더 시험을 보아 자신의 실력을 검토해 보는 계기로 삼아야겠다. 2학년 때 까지만 해도 중기시험, 말기시험 해서 약 일주일씩 보던 시험이 지루하기도 했었다.

1953.12.6.(일) 맑음

일요일 과외 수업

오늘은 일요일인데도 학교에서 8시 반부터 화학 과외 수업이 있었다. 아침을 먹지 않고 가려 하였으나, 나 혼자가 아니기에 아침밥을 빨리 짓느라고 지은 게 8시가 되어서야 비로소 조반을 마치게 되었다. 이럭저럭 동무들과 같이 앉게 된 것은 이미 수업이 반시간도 더 지난 후였다. 겨우 한 시간 남짓의 수업을 받으려고 오며 가며 두 시간을 허비하였다.

변효수 군과 같이 연산고개를 넘어오다 공병대들이 작업하는 것을 구경하였다.

오후에 책상에서 미어(영어)를 복습한다고 앉아있으니, 오래 간만에 형님의 목소리가 들려왔다. 어둑어둑할 무렵 형님과 같이 안태(누님댁)로 의외의 여행을 떠나게 되었다.

1953.12.7.(월) 맑음

기차 안에서

누님 댁에서 아침밥을 먹고 아침 5시 반 송지역으로 나왔다. 부산행 통근 기차는 이미 도착해 있었다. 아직 어두웠다. 비좁은 차 안은 언제나 한결같이 요란하고 창 틈으로 새어 들어오는 새벽바람은 살을 파고 들었다. 그저 서 있자니 지겹고 춥기만하여 학교에서 받은 프린트를 꺼냈다.

얼마를 보고 있자니 갑자기 왁자하여 고개를 들어 보았다. 옆의 헌병대에서는 자봉침(재봉틀) 하나와 젊은 남자 하나, 그 곁에 경찰이며 군복 입은 사람들이 모여 있었다. 보아하니 젊은 남자가 자봉침(재봉틀)을 훔쳐 오다 주인에게 들켜 헌병대에서 진상을 조사하고 있는 모양이었다.

1953.12.8.(화) 흐림

새롭게 반 편성

다가올 연합고사를 대비해 얼마간이라도 부족한 과목들을 보충하기 위하여 반 편성을 다시 하였다. 나는 이과 2반이다. 새로운 우리 교실은 미술실로 자그마한 교실이 대단히 마음에 들었다. 반 학생 수가 적어 분위기가 도서관 같은 느낌이 든다.

쉬는 시간이나 점심 시간에는 떠드는 무리도 있고, 꼼짝 않고 앉아 책만 들여다보는 친구도 있다. 하여튼 시험이 눈앞이라 급박하게 되었다.

홍영식 선생님으로부터 '각하육주(脚下肉走)'란 시를 쓴 사람(김득신)[36]도 결국에 가서는 정승이 되었다는 이야기를 들은 적이 있다. 공부란 것은 자신에게 맞도록 하는 법이란 얘기도 하셨다.

1953.12.9.(수) 흐림

미분 시간

미분 시간이었다. 도대체 난 왜 이 미분 시간이 이렇게도 싫은 것인지 참으로 이상한 일이다.

김상돈 선생님이 오기 전까진 내가 미분을 할 줄은 몰라도 이렇게까지 싫지는 않았는데, 이 선생님이 온 후로 본래부터 취미 없던 수학에 더욱

36 김득신(1604–1684) : 호는 백곡. 조선 후기 풍속화가 김득신과는 다른 인물이다. 각하육주는 다리 아래서 노는 물고기를 보고 어린 김득신이 그리 표현한 것인데, '물고기에게 고기 육자를 쓴 것은 그만큼 무지 했다'는 일화의 인용이다.

흥미를 잃고 말았다. 이 선생한테는 사제지간의 정이란 것은 고사하고 도무지 인간미가 느껴지질 않는다. 스승이면 스승답게 엄한 가운데 따뜻하고 포근한 맛이 있어 제자들을 따르게 하는 아량과 인격이 있어야 할 것인데, 아무리 봐도 가볍기만 하지 선생으로서의 자질이 느껴지질 않는다. 나는 그저 학과 공부에 충실하지 못한 일개 제자라고나 할까?

1953.12.10.(목) 추움

추운 겨울날 수업하는 선생님의 수고로움

반 편성을 새로 한 후 시간표에는 일주일에 미어 6시간, 수학 4시간이 배정 되었다. 날씨가 추워서 공부하기에 적잖이 지장이 있다. 학생들은 의자에 가만 앉아서 강의를 듣는 것이라 다소 나을 수도 있지만, 선생님은 교단에 서서 차가운 백묵을 쥐고 강의를 해야 하기에 보기에 대단히 딱한 생각이 든다.

추우나 더우나 선생으로서의 의무를 다하기 위해 꼿꼿이 서서 90분 강의를 해야 하는데 뒤에서 잡담하며 옆 사람에게 방해가 되는 무리를 볼라치면, 안타깝기 짝이 없다. 요사이 우리들에게 이 한 강좌의 수업은 평소보다 몇 배는 더 중할 것인데 말이다.

1953.12.11.(금) 추움

열악한 교육환경

추운 날씨가 계속되어 우리들에게 박두한 국가고시에 적지 않은 방해가 된다. 물에 빠진 생쥐 마냥 초라하게들 웅크린 모양이며, 새와 같이 떨고 있는 모습들이 불쌍하기 짝이 없다.

'Time' 이나 'Life' 같은 외국 잡지에서 보고 들은 바에 의하면, 과학문명이 발달한 선진 국가에서는 겨울이 와도 춥지 않고, 여름에도 덥지 않게 지낸다 한다. 겨울에는 스팀장치, 여름에는 냉기장치 등으로 외부 날씨와는 전혀 상관없이 안락하게 공부하는 그네들과 현 상황의 한국 학생들을 비교해 보면 안타깝기 짝이 없다.

다른 학교와 마찬 가지로 우리 학교의 경우도 하꼬방 판잣집 교실이다. 모든 것이 우리의 책임이며 우리의 짐일 것이다.

1953.12.12.(토) 추움

사열 표창식

50분 단축 수업을 마친 후 전교생은 수정국민학교 교정으로 갔다. 저번에 시행된 제1차 전국 군사사열시 우수했던 학교들의 표창식이 있었는데, 거기에 참석하기 위해서였다. 우리 학교도 경남지역 72개 고교 중 3등이란 등위에 들어갔다.

우리들이 수업을 마치고 목적지에 닿았을 때, 다른 학교는 수업을 하지 않고 온 모양인지 먼저들 와 있었다. 우리 부고 1,000여명의 학도들이 도착하였을 때, 기세가 너무도 등등하여 다른 학교 학생들이 기가 죽어 보였다. 표창식은 오전 중에 끝났다. 근래에 이리 일찍 끝난 건 처음이라 생각하고 지영 형을 만나보러 갔으나 만나지 못하였다.

근처까지 간 길이라 인동 댁으로 들어갔다. 아무리 항렬이 위이고 나이 많은 영감이라 하더라도, 눈짓이나 나를 대하는 태도 등 모든 것을 볼 때 나를 무시하는 태도가 역력하였는데, 그것을 눈치 못 챌 내가 아니었다. "너는 어데 댕기노?" "부산고등학교에 다닙니다." "오늘 저녁에 서울 갈 참인데…" 얘기인 즉, 홍(弘)이 중앙대에 다니는데, 서울대학으로 전학을 한다고. 서울에서 대학을 다니려면 한 달에 2만환이 든단다. 삼년을 하면 거금이 드니 형편 안 되는 너는 그냥 부산에 있으란 얘기였다.

우선 지내기야 우리보다 좀 나을진 몰라도 나는 그런 비루한 살림 돈 조금도 부럽지 않다. 구역질이 난다. 거기서 한 반시간 있는 동안 나는 온갖 각오와 생각을 다짐하였다.

1953.12.13.(일) 온난

우물가에서

요사이 하루가 어찌 이리 빨리도 가는지, 오늘도 어영부영 하는 사이에 벌써 날이 저물었다. 쌀을 씻어 저녁밥도 지어 먹었다. 그런데 내일 아침에 쓸 물이 없어 물통을 가지고 어슴푸레한 골목길로 내려갔다. 길은 조용한데 우물가에 닿으니 사람들로 왁자하였다. '부산에는 물이 귀해서, 물이 귀해서' 하시던 어머니 말씀대로 사실 여기는 물이 귀하기 짝이 없다.

우물가에는 청년 하나가 서 있었는데, 그도 나와 같은 자취생인 듯 보였다. 곁에는 서 너 명의 처녀들이 물을 따르고 있었는데, 곁에 두레박을 기다리는 청년과는 이웃에 사는지 서로 농 비슷한 이야기를 주고받고 하였다. 어찌하다 보니 내게도 신상을 묻고 서로 이야기를 하게 되었다. 나는 내가 학생이란 말은 하였으나 어느 학교 몇 학년인지는 얘기하지 않았는데, 그네들은 이미 나에 대해 다 알고 있었다. '이번에 닥쳐오는 국가고시에 얼마나 수고가 많으냐.' 고 물어오는 말에 더욱 온정이 생겼다. 인간의 온정이야말로 인생의 향기가 아닐까?

우물물은 바가지 싸움 밖에 되지 않고 해서, 덮개를 덮어놓고 물이 고일 때까지 한참을 기다리게 되었는데, 거기 있던 너 댓 명이 각자 한 방울씩 힘겹게 따라 놓은 물을 한데 모아 내 물통에 부어 주는 것이 아닌가? "이거 가지고 얼른 가서 시험공부 하시오" 하면서 말이다. 그들의 따뜻한 인간미에 나는 아무 말도 할 수가 없었다.

1953.12.14.(월) 흐림

연산고개 길

아침밥을 먹고 학교로 향하였다. 학교에 다 닿으면 준비종이 울리도록 그렇게 작정하고 시간을 맞추어 출발하였는데, 얼마 가지 않아 국제시장 위에서부터 연산고개 쪽 길을 막고 통행을 금지하고 있는 게 아닌가? 그 길은 미8군의 원조로 수리 도중에 있었으며 공병대들이 열심히 작업 중이었는데, 갑자기 통행을 금지 시키니 우리 통행인들은 여간 곤란한 게 아니었다.

오후 학과를 마치고 나서는 국어과 모의시험이 시행되었다. 연합고시 이전에는 오늘 시험이 국어로서는 마지막 시험인 듯하다.

1953.12.15.(화) 비

본래로 되돌아가다

어슴푸레한 연기 사이로 굵은 빗발이 듣는다. 깨진 유리창 틈 새로 북풍이 새어 들어 온다. 이쪽은 바람이 야단인데, 내려다보이는 맞은 편 저 바다 위에는 비가 내리지 않는지, 바다 물결은 의외로 잔잔하게 보인다. 부두에서 쉬고 있는 큰 배는 아궁이로 연기를 내뿜는다.

'대양이 기다리고 있으니 어서 닻을 거둬라' 하듯, 배 하나가 서서히 움직이기 시작 하더니 순식간에 흰 이랑을 감추며 사라지고 말았다. 배는 와서 쉬었다가 간다. 우리 사람 또한 왔다가 쉬어서는 다시 본래로 되돌아간다. 이런 생각을 하고 있으니 이상한 기분이 든다.

학교에 입학한 게 어제 같은데 벌써 3년이 지나 이제 물러나지 않으면 안 될 때가 눈앞에 다다랐다. '시간'에게 우리는 무엇을 이야기 할 수 있을까?

1953.12.16.(수) 흐림

새벽에 깨어

고요한 공간에 어두운 장막을 뚫고 떵~ 떵~ 울리는 새벽 종소리에 벌써 날이 샌 것을 아쉬워하며 자리에서 일어나 호롱에 불을 붙인다. 네 시 반이다. 깜빡 눈을 붙인 것 같은데 너 댓 시간이 지나갔다. 너 댓 시간이란 것이 깊이 잘 수만 있다면 충분하겠지만, 잘려고 자리에 누워 눈을 감으면 자는 척만 하지 실상은 온갖 헛된 공상의 세계를 방황하며 헛것들을 보게 된다. 나중에는 골치가 아파 눈을 떠 보면 이상한 꿈을 꾸어 머리가 아팠음을 깨닫게 된다. 꿈에서 깨면 골치가 아프며 정신이 멍하여 기분이 맑지 못하다. 그러고는 벌써 날이 새어 밤이 짧은 것에 대한 아쉬움만 남는다.

1953.12.17.(목) 온난

나에 대한 자멸감

학교 급우들은 밤낮을 가리지 않는 건 물론이고, 쉬는 시간이건 뭐건 조금의 틈도 놓치지 않고 책을 들고 머리를 파묻는다. 그런 광경이 나 같이 뇌가 둔한 인간의 눈에도 들어오는데, 어쩐 셈인지 나는 그다지 힘이 나지 않는다. 생각해 보건데 도대체 나라는 인간은 무엇을 하는 인간일까? 자멸감에서 나오는 심정일지는 몰라도 초라한 내 거동이 자꾸만 보살펴지며, 나중에는 음식물을 소화시키는 한 낱 유기체일 뿐 대체 내게 남은 건 무엇인가? 하는 생각도 든다.

1953.12.18.(금) 온난

젊은이와 이상

평소 때와 같이 집에 돌아왔지만 저녁밥이 늦어 시간은 여덟시가 넘었다. 전기불도 막 들어왔다. 형님은 한 잔하고 들어오셨다. 근일에 복직문제 등으로 고민이 많으실 터인데, 내가 또 학교 임시 부담금을 여쭙고 해서 여러 가지로 심란하신 모양이다. 해서, 모든 고민을 한동안이라도 잊고자 한잔 하신 듯하다. 생각하니 가슴이 아프다.

언제나 같은 일이지만, 가난한 사람들의 생활은 항상 괴롭고 고생스럽다. '짧은 바지에 대님 매기'란 옛말도 있지만 무리이고 또 무리 일지라도 눈을 떠야하며, 그 뜬 눈으로 사물을 분별해야 한다는 것이 젊은 이의 이상일 것이다.

열에 열을 다하여 나라는 존재를 둘러싸고 있는 모든 장벽을 돌파하지 않으면 안 될 것이다. 생각하건데, 우리 가족들은 오로지 나를 위해 희생이 되어 준다. 그 뜨거운 마음을 어찌 허술히 여기리. 집안이 여유 있는 급우들은 집에서 천환을 받아 용돈으로 쓴다면, 내게는 십 환의 돈도 가족들의 땀방울이라 생각할 때, 그 가치는 참으로 몇 십 배에 해당할 것이다.

1953.12.19.(토) 온난

가난이라는 도적

사람이 살아가는 데는 늘 경제적인 문제가 뒤따른다. 아침에 담임 선생님 대신 교감 선생님이 들어오셨다. 오늘은 학무과로부터 학교로 수험표가 오는 날이란다. 그런데 이번에 부과된 임시부담금을 포함해서 그 외의 의무를 완료하지 않은 학생에게는 이 수험표를 주지 않을 거라고 한다.

대단히 불쾌한 감정이 치밀어 올랐다. 아무리 의무를 다 한 후에 권리를 주장하는 게 맞는 말이라곤 하지만, 다른 사회도 아닌 학원에서조차 이러는 건 차마 있을 수 없는 일이라 생각한다.

그러나 원망해야 할 건 오직 나 자신일 터. 예로부터 나라의 3대 도적 중 하나가 가난이다. 사정이 딱하다고 해서 학생의 의무를 수행하지 않을 생각은 추호도 없다. 오히려 남의 동정을 받는 가련한 존재가 되는 건 더욱 싫다.

1953.12.20.(일) 온난

어머니께서 오시다

엊저녁 형님과 함께 오늘 할 일에 대해 이야기하고 있을 때, 문밖에서 어머니 목소리가 들렸다. 하던 이야기는 중단 되었고, 한참 후에는 어머니로 부터 집안 소식을 다 알게 되었다. 무엇보다도 형수님의 순산 소식이 가장 기뻤다. 나 또한 너무나 기다리던 조카가 아니었던가. 궁금하던 차에 형님은 속으로 얼마나 반가우실까. 또한 시간에 쫓기는 나는 오늘 집으로 가지 않아도 된다는 게 정말 다행한 일이다. 만약 어머님이 오시지 않았더라면 요사이의 우리 집 살아가는 모양이 더욱 가엾어 보였을 것이다.

어제 저녁 밥상을 물린 뒤 물통을 가지고 우물로 갔다. 철없는 가시내들이 퍼지지도 않는 두레박을 올렸다 내렸다 하며 지껄이는 그 사이에 나도 끼게 되었다. 그 처녀들은 이 우물가에서 여러 차례 만난 적이 있기에 벌써 낯이 익은 상태였다. 달은 휘영청 밝아 있었다. 어슴푸레한 것 보단 차라리 낫다 싶었다. 그들은 어색하게 내게 말을 건네었다. "요즘같이 귀중한 시간을 이 우물에 와서 다 보내다니, 그렇잖아도 여가가 없을 텐데……" 하며 자기네들의 동이에 조금씩 모은 물을 내 물통에 모두 부어 주었다. 나는 조금 미안했다.

그네들의 눈에 내가 얼마나 초라해 보였을까. 그리고 시간이 없어 늦은 저녁마다 이렇게 만나게 되는 걸 그네들이 얼마나 가엾게 여겼으면 그랬을까.

그러나 오늘 저녁부터는 어머님이 오셨으니, 나는 더 이상 초라한 행색을 나타내지 않아도 된다!

1953.12.21.(월) 온난

총정리 기간

오늘부터 시험 전 일주일간은 총정리 기간이다. 학교에 나가서 수업을 들어도 되고, 나가지 않고 집에서 자습을 해도 된다. 오늘 수업은 수학과 물리라서, 수학을 들으려고 나는 학교로 나갔다. 대다수의 학생들이 출석을 했다. 수업은 세 시간이었다. 나는 세 시간 모두 수학을 들었다. 모르는 문제를 들고 집에서 골치를 앓는 것보단 훨씬 효과적이었단 생각이 들었다.

1953.12.22.(화) 온난

어머니와 함께 먹는 동지팥죽

첫 시간 미어 강좌를 듣다가, 춥기도 하고 별 재미도 없고 해서 윤 군과 둘이서 교문을 나섰다. 24일 전 까지는 등교가 개인의 자유다. 학교에서도 3학년에게 총정리 기간이라 특권을 준 셈이다. 이왕의 시간이면 유효적절하게 사용해야 할 것이다.

집으로 돌아와 조금 있으니 정오 싸이렌이 울렸는데, 그때 대사동 아지매가 우릴 데리러 왔다. 오늘이 동짓날이라고 해서 어머님과 같이 올라가 팥죽을 먹었다. 그런데 작은 방에서 이상한 소리가 문틈으로 새어 나왔다. 들어본 즉 하동 아지매가 무엇을 외우고 있었다. 아마 토속적인 미신으로 천신께 복을 비는 무슨 축사인 모양이었다.

이 댁에서는 가끔 무당을 불러 굿을 하는 북소리를 들을 수도 있었다. 얼마동안 굿을 하지 않고 지내면, 병으로 앓아눕는다고도 한다. 소위 귀신이 작용하는 모든 일들은 그것을 믿는 사람이라야 잘 걸리게 되는 것이지, 유물론을 주장하는 사람에겐 걸리지 아니하는 법이라는 홍 영감의 말씀이 새삼스럽게 생각났다. 아마 이 댁은 절대적인 유신론을 신봉하는 모양이다.

진짜로 신이 있나 없나 하는 문제는 17세기 이래로 각 학자들에 의해 끊임없이 논의 되고 있으며, 연구 대상이 되고 있다. 과학 만능 시대인 19C 이후 미국, 영국 같은 나라에서는 귀신을 연구하는 심령학도 우수한 학문으로 대두되고 있다한다.

1953.12.23.(수) 온난

집에서 공부

오늘 시간표에는 듣고 싶은 과목도 들어있지 않고 해서 집에서 자습을 하기로 했다. 아침부터 모든 계획을 작정해 놓고 조반을 마쳤다. 형님은 출장을 가시면서 오늘은 학교에 가지 않느냐고 물으셨다. 박두한 시험을 앞두고 정리기간이라 학교에 가지 않아도 된다고 말씀 드렸다.

오전에는 계획대로 잘 보내었으나, 오후 일과는 허술히 넘긴 것 같아 시간이 아까웠다. 학생은 언제나 학교에 가는 것이 그 본분이거늘, 집에서 독습한다는 것은 쉽고도 어려운 일이다. 무조건 교실에 앉아 있다해서 다는 아니지만, 그래도 학교에 다니는 동안에는 등교를 꼭 해야겠다는 사실을 알겠다.

오늘도 겪은 일이지만, 계획을 세워놓고 그것대로 시행한다고 해도 옆방에서 나는 이야기 소리, 곁의 뭇소리들이 정신을 산란하게 하고 결국에는 계산해 보면 큰 소득이 없었다는 것을 알 수 있다.

친우들끼리 모여 이야기해 보면, 어떤 사람은 죽어도 저녁에는 공부를 못 하겠다 하고, 또 어떤 이는 낮에는 어쩐지 공부가 잘 안되더라고 하는 등 모두가 세각각이다. 그러나 결론은 역시 나의 환경이 너무나 불리하다는 건 사실인 것 같다. 낮에는 학교생활이 전부이고, 헐떡거리며 집으로 돌아와 저녁밥을 짓고, 먹고 치우면 보통은 여덟 시가 넘는다. 그러니 낮 시간은 학교생활 이외에 단 반시간도 얻기 힘들고, 밤 시간 또한 잠자는 시간을 줄이는 수밖에는 별 도리가 없는 셈이다.

1953.12.24.(목) 흐림

학생으로서의 인간미

오늘은 학교엘 나갔다. 단순한 복습 두 시간이 지났다. 몇 일 전 종이를 사서 제출했던 지리 프린트가 오늘에야 비로소 우리 손에 들어 올 수 있었다. 이것을 나눠 가지는데 있어 인간의 심리란……. 물론 나쁜데 비기는 것은 아니지만, 조용히 기다리고 체면을 유지한 사람에겐 그만큼 불리하였단 것 이외에 아무 것도 없었다.

다른 학생들 처럼 하려니 양심이 허락하질 않고, 도대체 어떻게 했었어야 하는지? 물질문명이 발달한 현 사회에서 인간적인 면을 강조하는 사람은 자연히 제외되고 마는 것일까? 덕과 인간의 도리 등을 찾는다면, 케케묵은 사상을 가졌다하여 다른 사람의 우스운 농담감이 될진 몰라도 나는 그리 생각하고 싶지 않다. 물론 학생의 첫째 본분은 공부이겠지만, 그것보다 더 시급한 문제는 먼저 학생으로서의 인간미를 가지는 게 우선이 아닐까 한다. 여기(부산) 와서 내가 언제나 홀로 생각해 보는 것은 학생들 아니 청년들만이 가질 수 있는 천진성, 순수성이 너무 부족하다는 사실이다.

이 지방이 변동 많은 물질매매 도시로서의 역사가 있어서일까? 온갖 오합지졸 무리들 천지이기 때문에 가정교육이라고는 조금도 없이 자란, 거친 들판의 제 멋대로 자란 잡초와도 같은 인간들 뿐인 것 같다. 장래 사회의 참빛 같은 존재가 어디 있을까?

1953.12.25.(금) 흐림

크리스마스

늦게 자리에 누웠는데, 이상히도 빨리 일어나졌다. 크리스마스의 성가와 아울러 새로이 솟아오르는 빛과 함께 희망에 벅찬 함성과 경쾌한 새 뜻이 굳어진다. 어스름 반달 새벽에 초롱처럼 거리를 꾸미는 인적들이 잠든 부산의 공간은 집집마다 흘러나오는 찬송가로 오늘의 막이 열린다.

한참 분주하던 인적들이 일제히 끊어지는가 싶더니, 다시 물 구루마 바퀴 소리가 조용하던 검둥다리 시멘트 바닥을 시끄러이 굴러간다. 이내 한 사람 또 한 사람 그 뒤를 이어 다니기 시작한다. 딸랑딸랑 두부장

수도 한 몫 한다. '따끈한 목장우유~' 하며 외치는 소리는 이내 자취를 감췄다. 여기 저기 산재해 있는 성당의 종소리는 쉬지 않고 잇달아 사방으로 울려 퍼진다.

날씨는 크리스마스의 위세를 보이는 양 음산한 구름장을 여기저기 날리며, 이따금 북풍이 가로에 삐죽한 전신주들을 울리고 지난다. 종일토록 의자만 누르고 앉아 있던 나도 밖으로 산보를 나가보았다.

저녁이 되었다. 일각일각 밤은 또 짙어간다. 이웃 집 옆방에서도 이야기 소리가 성글어 가더니, 잠시 후 남자의 코고는 소리만 들릴 뿐 아무 소리가 없다. 천정에는 분주한 쥐들의 운동경기, 시계바늘은 쉬지 않고 왔던 길을 되돌릴 뿐이고 밤은 이미 사경은 된 듯하다.

1953.12.27.(일) 추움

수험표를 받다

천천히 학교엘 나갔다. 집무실에 선생님은 아무도 없고, 십여 명의 학우들 뿐이었다. 모두 그룹을 이루며 들어갔다. 거기 모인 사람들은 여태 부담금을 내지 않고 있는 사람들이었고, 나는 오늘 마침 돈을 가지고 나갔다. 얼마간을 기다리니 다른 담임들은 보이는데 우리 선생님은 나오지를 않으셨다.

답답한 놈이 우물 판다고 선생님 댁으로 찾아 가기로 하고 나서는데, 도화 군은 더 기다려보자면서 싫은 듯 따라 나섰다. 수정동 사택에 당도하니 마침 태홍, 정환 군이 선생님과 함께 나오는 길이었다. "자네들 여기까지 왔는가?" 하시며 온 뜻을 먼저 아시고 속주머니에서 수험표를 꺼내 각각 나눠 주셨다. "여기까지 온 김에 안에 들어가 좀 놀다 가지” 하며 들어가기를 권하셨다.

학교로부터 돌아오는 길에 연필 한 자루를 사려 했는데, 파는 곳을 도무지 발견하지 못하여 얼마나 짜증이 났는지 모른다.

노영복 선생님 얘기대로 미리부터 만반의 준비를 해 놓고 기다려야 하는 것이었는데 그리 하지 못한 나 자신에게 공연히 화가 났다.

1953.12.28.(월) 추움

국가고시 1

국가고시 날짜가 드디어 닥쳐오고야 말았다. 어제 저녁 열한 시경 잠자리에 들었는데, 쉬이 잠이 오지 않았다. 다시 일어나 시계를 보니 새벽 두 시. 오늘이다! 불안하고 초조하여 이리저리 책을 뒤적여 보다, 빨리 날이 밝아 시험을 쳤으면 하고 기다렸다. 기다리던 시간도 쫓은 듯 지나가서 여덟 시가 되었다. 가벼운 식사를 마치고 시험 장소인 경남상업학교로 향해 걸어갔다.

내가 들어갈 제7 시험장 108호실은 쉽게 찾을 수 있었다. 정각 9시에는 여러 수험생들과 함께 고시 감독관의 위엄 있는 훈시를 들었다. 9시 30분 시작종이 울리자 두근거리는 심장을 꾹 누르고 눈을 감은 후 100까지 세고나서 눈을 떴다. 약 3분이 지났다. 첫 시간은 국어시험. 90분의 시간이 순식간에 지나갔다. 다음은 미어, 오후에는 수학. 이렇게 해서 3시 30분에 모든 시험이 끝났다. 언제나 그렇지만 일이 앞에 있을 땐 어떻게 하나 조바심이 가득하지만, 막상 당하고 나면 별 것 아닌 것이 된다.

저녁에 돌아와 오늘 시험 결과를 평해보니 그런대로 잘 친 편인 것 같다. 그러나 그냥 반만 맞아도 만족하게 생각할 것이다. 왜냐하면 지난해 대학시험에서도 250 이상이면 서울대학 어느 과라도 들어갈 수 있었는데, 하물며 이번 시험은 대학입시 검정시험에 불과하기 때문이다. 하지만 내일을 좀 더 효율적으로 보내기 위해서는 그래도 그저 잘 수도 없고해서 책장을 넘겨보며 하루를 마무리하였다.

1953.12.29.(화) 추움

국가고시 2

어제 저녁 여덟 시 경부터 의자에 앉은 것이 시간이 가는 줄도 몰랐는데 벌써 자정 싸이렌이 운다. 멀리서 야경꾼들의 곤봉소리만이 똑딱똑딱 점점 가까워 올 뿐 주위는 잠잠한 침묵 뿐이다. 호롱불은 기름이 없는지 차츰 힘이 빠져가서 호롱을 흔들어 보니 찰랑찰랑 아직 기름이 남았다.

새벽달이 돋아오는 모양인지 문 밖이 훤해진다. 시계는 새벽 4시를 가리킨다. 보던 책이 흐릿하니 아마 시간이 그리도 되었을 듯싶다. 문득 발이 시리단 생각에 이부자리의 유혹을 못 이겨 발을 넣어보니, 따뜻하고 포근한 것이 마치 깃털 같다. 깜박 눈을 붙였다 뜨니 한 시간이 지났다. 문 밖은 달빛, 불빛 해서 아직 흐릿할 정도로만 밝았다.

정각 8시 어제의 장소를 향해 다시 발을 옮겼다. 얼마 안 가 내 앞에는 듬성한 무명옷을 입은 이가 터북터북 시험장소로 향해 가는 것이 보였는데, 틀림없이 시골에서 올라 온 학생 같았다. 우리는 집이라도 가깝지, 시골에서 오자면 여간 힘든게 아니었을텐데 부디 시험이나 잘 보고 돌아가길 빌어보았다.

1953.12.30.(수) 추움

시험 후일담

시험도 끝이 났다. 한편으론 섭섭하기도 하다. 어제까지만 해도 108호실 맨 왼쪽 줄 뒤에서 두 번째 자리에 앉아, 뭇 학교 학생들과 함께였는데…. 뒤에 앉아 일체의 것을 내 시야에 넣고서 같은 급우들끼리 부고(釜高)의 프라이드를 뽐내면서 문제들에 대해 토론하기도 했었다. 입·퇴장할 때도 수험 도중에도 늘 우리들이 으뜸인 양 으스대었는데 오늘은 모든 게 다 끝이 났다.

다른 학생들은 이 시험이 끝났다고 좋아서 야단들인데, 우리 학우들은 모두 너무 빨리 끝나서 서운한 기색들인 것 같다. 시험문제 역시 우리학교 학생들에게는 너무 쉬운 편이라 오히려 고통이 아니었던가 생각된다.

그런데, 부산여고에서 시험을 본 경남상고생들이 부린 추태를 들었는데 학생이 어찌 그리 불량한 행동을 할 수가 있는지 놀라지 않을 수 없었다. 같은 장소에서 시험을 본 학우들의 이야기를 빌면, 부고생들 더러 답을 보여주지 않으면 가만 두지 않겠다고 협박을 하여 약한 애들은 더러 답을 보여주기도 하고, 또 시험 감독을 때리기까지 하였다 하니, 소위 개판이라 하지 않을 수 없는 일이다.

그 중 통영애들 소식을 들었는데 그들이 정말 가엾단 생각이 들었다. 시험도 잘 쳤는지 못 쳤는지, 여기 몇몇 학교 학생들 주먹이 무서워 뿔뿔이 흩어지고, 한 사람은 붙들려 얻어맞고 죽는다 산다 하며 야단들이었다한다. 어딜 가든 텃세가 있다고는 하나, 부산 토박이들 좀 신사적으로 놀면 얼마나 좋을까?

1953.12.31.(목) 온난

늙어가는 학창시절

지난 시험문제들에서 의심 되는 곳을 뒤적뒤적 찾아보았다. 수학은 문제조차 기억나지 않지만, 그래도 몇 문제는 자신이 있었다. 이제 방학 동안에 무엇을 해 볼까 하고 여러 가지로 궁리도 해 본다. 그러나 별 신통한 계획도 나오지 않는다. 방학이라 해도 이제 지난 때와 같이 그렇게 즐겁지만은 않은 게 사실이다.

예전에는 12월만 되면 방학이 며칠이나 남았나, 겨울방학이 다 지나면 몇 달 후엔 또 여름방학이지 하고 달력을 뒤적여 보곤 했었는데, 이제 방학이 눈앞에 있어도 별 재미가 없다. 학창시절도 늙어가나 보다. 고등학교 시절도 이제 얼마 후면 끝이 난다 생각하니 한편 섭섭한 마음도 들고, 떠날 그 때는 어떻게 하나 공연히 헛 걱정도 해본다.

아서라! 뭇 공상일랑 집어 치우고 소설책이나 읽자하고 뒤적뒤적 먼지 묻은 헌 책 하나를 꺼내 본다. 한 삼년 전에 읽어본 기억이 나는《처녀의 고백》이란 책이었다. 표지에 수줍은 처녀의 얼굴이 그려져 있었단 기억 뿐 내용은 남아있는 것이 없다. 오늘 다시 읽어 보았다. 재미가 있어서라기 보단 그저 취미로 읽는 것이다. 곰곰하게 외우고 쓰고 하는 시험공부보단 훨씬 쉽다.

오늘이 섣달그믐. 목욕이라도 가자하며 수건을 가지고 어슬렁어슬렁 목욕탕으로 갔다.

빰을 살그머니 간질이고 달아나는 바람은 훈훈한 기운을 실어오고

먼 바다 위 돛단배도 아롱아롱 희미하게 물들었다.

살랑살랑 웃고 서있는 성근 매화까지.

암향이 또 다시 피어나누나.

3장

고교 3학년

1954년 (단기4287)

1954.1.1.(금) 흐림

신년 축하식

엊저녁에는 늦도록 형님 사무 정리하시는 걸 도왔다. 그래서 그런지 크게 잠도 오지 않는 것이 신년의 새 정신 때문일까? 야경꾼의 곤봉소리 끊긴지 오래고, 짙은 어둠의 장막도 차츰 열어가고 있다. 호롱불을 켜놓고 청산별곡 등의 글을 읽어보곤 하였다. 오늘은 학교에 간다.

중앙국민학교 교정에서 우리는 신년 축하식을 거행하였다. 교장선생님께서는 새해를 맞이하여 우리에게 이런 말씀을 해주셨다.

"새해를 맞이하면서 어제 저녁부터 오늘 아침까지 여러 생각들을 해보았는데, 문득 공자님이 하신 말씀이 생각났습니다. 공자님은 육십에 이르도록 새로운 무엇을 생각해 내기 위해 늘 애써 보았으나, 결국 깨달은 것은 학자에게 늘 책을 가까이 두고 읽는 것 보다 더 가치 있는 일은 없단 사실이었다고 합니다."

공자님같이 위대한 성현께서 그런 말씀을 하셨다는 것은, 우리 같은 학도는 학업에 충실해야 한다는 것 이외에 다른 무엇도 없다는 뜻일 것이다.

식을 마치고 학교 서무실에서 임시 학생증을 받아서 여러 친구들과 함께 교문을 나섰다. 연산고개를 넘었다. 잿더미가 됐던 폐허 위에는 다시 흰 판자에 푸른 텐트를 두른 집들이 꽉 들어차게 박히었다. 일부 군대 집단을 제하면 모두 집 잃은 화재민이 그 속에 들어서 생활하게 되었다. 완전복구는 멀었지만 비참했던 그날에 비하면 이만해도 어딘가? '파괴가 있는 곳에 건설이 있다' 이 말이 여기에도 적용되고 있었다.

1954.1.2.(토) 흐림

고향 길, 연지 누나 결혼 소식

고향으로 가는 날이라 기쁜 마음에 여섯시도 되기 전 따뜻한 이부자리를 박차고 일어났다. 어둑어둑한 골목길을 나서서 가로를 내닫는데, 달리는 자동차 헤드라이트가 초라한 내 행색을 비추고 스치어 간다.

'새마당'[1] 으로 갔는데 새마당이 아닌 '헌마당'이 되어 있었다. 타다 만 새까만 돌벽만이 험상궂게 서있고, 주위에는 망을 쳐놓고 통행을 금하고 있었다. 간신히 옆길로 들어가서 표 파는 개찰구를 찾을 수 있었다. 사람이 별로 없어 어찌되었나 보니, 5분 전에 이미 차는 떠나고 없었다. 하는 수 없이 급행차를 기다린 것이 거의 세 시간 반이나 기다린 후에야 비로소 기차를 탈 수 있었다.

집으로 가는 버스 창밖으로 빗발이 나리었다. 한겨울 날씨가 이리도 푸근한가 싶었는데 겨울은 틀림없는 겨울인 듯 손이 시렸다.

집에 당도한 얼마 후 형수님으로부터 연지 누나가 시집을 간다는 얘기를 들었는데, 이상한 느낌이 들었다. "잔치는 언제라지요?"하고 물으며 지난 날을 생각해보았다. 어느 종자매(從姉妹)들보다 유달리 누나와의 정이 좋았다. 여태껏 올드미스로 있다가 새로운 출발을 한다는 생각에서는 마음이 기쁘지만, 자유스러운 처녀시절도 이제 며칠밖에 남지 않았다 생각하니 한편 서운하기도 하였다.

저녁 나절 누나 집을 방문하였다. 그러나 누나가 전과 같이 뛰어나와

1 1887년 부터 부산항에서 근대적 매립공사가 시작되었다. 일제는 늘어나는 철도와 선박의 물동량을 직접 연결하기 위해 영선산 일대를 무너뜨려 약 14만 8천여m^2를 매립하였다. 이 1·2차 공사는 1902년부터 1912년 8월에 걸쳐 행해졌는데 이 공사로 오늘날 중앙동 사거리 일대 일명 '새마당'이라는 넓은 평지가 만들어졌다. — 디지털 부산문화대전

반겨주지 않아서 마음에 좀 걸렸다.

1954.1.3.(일) 흐림

옛 추억

한 달반 전보다 동네의 사정에 변동이 많이 생겨 고요히 정돈되어 있던 감수성 많은 나를 흔들어 놓는다. 가는 곳마다 들려오는 소식은 혼사에 관련된 얘기들이었다. 그런 얘기들이 왜 이다지도 내 마음을 둥둥한 상태로 만드는지. 나 뿐 아니라 모든 청춘남녀가 다 같은 심정일 것이다.

저녁에 정희네 집으로 갔다. 친구 몇이 모였다. 이야기의 실마리는 몇 해 전의 옛 추억들로 시작되었다. 한 삼 년 전 내가 고등학교 입학하던 그 해 정월에 가장 재미있게 놀았던 기억이 난다. 그 때가 참으로 좋았다. 그 해 처음으로 집안 종자매, 형제들과 어울려 놀았었다. 어둑어둑한 저녁나절 사랑 냉방에 모여 춤추며 놀았던 기억, 비가 추적추적 내리던 날 모여서 밤을 새워 놀던 기억 등등. 어울려 놀아보긴 그 때가 처음이었던 내겐, 지금도 그 기억이 너무나 선명하다.

1954.1.4.(월) 온난

시집, 장가 소식

아침밥을 먹고 책을 한 권 끼고 어슬렁어슬렁 웃마(윗마을)로 향했다. 도중에 친구들을 만나 정희네 집으로 갔다. 나는 술을 달라 졸랐다. 지상이가 11일 날 장가를 간다고 오늘에야 그 소식을 알았다. 점심 때가 되었을 때 지상이와 함께 우리 집으로 와서 점심을 먹고, 오랜만에 홍시도 맛보았다. 굴밑(우리 동네에 딸린 마을)에서 저녁을 먹고, 둘이서 헌이가 시집살이를 하고 온 중리댁으로 가보았다.

새신랑 구경을 갔으나 신랑은 간 곳 없고 영감들 판이었다. 헌이는 탈을 벗고 곱슬곱슬한 양머리를 한 모던 걸(Modern girl)로 변해 있었다. 어둑한 속에서도 우리가 누구인지를 단번에 알고 뛰어나오며 울기 시작하는 모양이 우리를 어리둥절하게 만들었다. 좋아서 울까 나빠서 울까? 그 보다 비밀리에 시집을 간 자기 처신이 미안해서 그랬나? 우리는 선걸음으로 정희네 집으로 갔는데, 헌이 아니, 김실(金室)이도 거기로 왔다. 서로 붙들고 한참동안 울고불고 야단이더니 시집 이야기로 자자하였다.

그럴 즈음 나는 정신이 산란하고 모든 것이 싫증이 나며 감당 못할 정도로 골치가 아프기 시작하였다. 그래서 종석이와 술을 마시러 갔다. 한잔하고 나니 기분이 좀 나아졌는데 11시 4,50분이 다 된 시각이었다. 안촌댁으로 갔다가 마루 앞에서 뒤돌아 왔다.

1954.1.5.(화) 온난

소 구경

내일은 집에서 키우던 소를 팔아야 하는데, 이번에 집에 온 제일 큰 목적이 그 일 때문이었다. 조반을 마치고 큰댁 사랑으로 나가 보았다. 이런저런 얘기를 나누고 있었는데, 마침 대궐(이웃 동네) 사람이 와서 소를 구경하자고 했다. 소를 몰고 나가 구경을 시키고 다시 집으로 몰고 왔다.

집으로 오나 큰댁으로 가나 큰 의논도 없다. 그저 장에 한번 몰고 나가보는 수 밖에 없을 듯 싶다. 큰댁 형님(사촌 형님)도 따라 가주는 정도 이외에는 아무 수도 없을 것이다.

책 한 권을 가지고 마실을 나갔지만 편히 놀 수도 없고, 그저 내일 일이 큰 걱정인양 따라 다닌다.

1954.1.6.(수) 온난

소를 몰고 장으로

약간 이상한 기분도 들었지만 모든 것을 접어두고 소를 몰고 장으로 갔다. 사람들이 벅신벅신하였다. 오늘 장에서는 송아지는 매매가 잘 되었는데, 큰 소는 한 마리도 매매되지 않았다. 대략의 가격을 보니 우리 소는 한 석장(30,000환)은 족히 받을 수 있을 것 같았다.

1954.1.7.(목) 온난

소를 팔다

오늘 장에는 소를 꼭 팔아야 한다. 보통 때보다 아침을 빨리 먹고 이까리(고삐)를 갈아서 길을 나섰다. 갈 때는 철용이와 함께 소에 대한 이야기를 하며 걸어갔다. 우리 앞에도 검둥소, 누렁소, 송아지를 몰고 고개를[2] 넘는 사람이 있었다. 읍 배다리를 건널 때 12시 싸이렌이 울렸다.

2 밀양 읍내 소 전으로 소를 팔러 가는 길인가보다. 고향에서 밀양으로 가자면 날티고개를 넘어야 하는데, 길이 몹시 험하였다. 고향 당두에서 밀양 소전까지는 약 30리 길이다.

소 전 뭇 소들과 한자리에 우리 소도 매어졌다. 오늘로서 '우리 소' 란 이름도 부르지 못하겠구나.

오후 2시경 29,500환의 소 값을 찾아 쥐고 큰댁 형님(사촌 형님)과 상청마당(밀양에 있는 지명)으로 발을 옮기어 점심요기를 했다. 마침 버스간을 둘러 나가는 트럭을 만나 쉽게 집으로 올 수 있었다.

내일은 부산으로 가야해서, 저녁 무렵 한 번 더 누나를 찾아갔다. 한 서너 시간 동안 이야기를 하였다. 눈이 제법 어둠에 익을 무렵 "내일 가면 또 언제 와?" 누나가 물었다. 소를 처분하기 위해 집으로 왔는데 의외로 누나의 결혼 소식을 듣게 되었다. 지상이도 장가를 간다하고 해서 생각 끝에, 사흘 후에 다시 온다고 대답하고 문 밖을 나섰다. 누나는 아무 말도 없이 따라 나오고, 고요한 골목길엔 발자국 소리만이 나를 따랐다.

1954.1.8.(금) 흐림

형님께 소 값을 속이다

아침식사를 할 때 바지 재단에 대해 형수님과 이야기를 하고, 신법(당두 아랫동네) 양복점에서 바지 치수를 잰 후 무안으로 갔다. 첫 차와 다음 차를 보내고 오후2시 차를 기다리던 중 나락(벼) 싣는 트럭을 얻어 타고 역전(밀양역)까지 갔다. 역에서 삼랑진까지는 군인차를 이용하였고, 삼랑진에서는 학우 한명과 함께 송지역으로 갔다. 5시경 다행히도 디젤엔진 기관차를 탄 것이 진역(부산진역)에는 6시가 조금 넘은 시간에 당도하였다.

집에 도착해서 고향집 사정을 이야기하고 어제 장만한 소 값을 형님께 드렸다. 어제 받은 27,000환에서 2,500환이 떨어졌다. 형수님께 900환을 드리고 이것저것 제하고, 1,460환을 평소에 보고 싶던 책을 구하려고 따로 제쳐 놓았다. 형님께는 28,000환의 소 값에서 1,000환을 형수님께 드렸다고 말씀드렸다. 양심에 약간 찔렸다. 형님을 속인 건 나쁘지만 나는 헛되게 돈을 낭비한 적이 없고, 더군다나 책값으로 제쳐 놓은 것이라 어느 정도는 스스로 위안을 삼았다. 학교에 낼 돈도 못 내어 마음에 고통이 클 때가 많은데, 더군다나 책을 살 돈은 손에 들어올 기회가 없다. 그래서 소를 팔았을 때 눈을 한번 질끈 감은 것이다.

1954.1.9.(토) 비 약간

사진기를 빌려 다시 고향으로

아침에 일어나 세수를 한 후 책의 먼지를 털고 조반을 마치었다. 갑자기 모레로 다가온 지상이 장가 가는 일이 머리를 스친다. 축시나 한 장 준비할 생각으로 책방에 들렀다. 여러 군데 책방을 구경하고, 부용동 책방에서 《인생독본(人生讀本−톨스토이)》, 《웅변과 식사(式事)》 두 권의 책을 430환에 샀다.

집에 돌아와 어머님께 소에 대한 사실 이야기를 낱낱이 말씀드리고, 돈에 대한 이야기도 세세히 말씀드렸다.

오전에는 축사의 초안을 잡으며 시간을 보냈다. 오후 2시경 행장을 차리고 부산진 세계 댁으로 갔다. 거기서 점심을 먹었다. 한참 기다리니 목욕 갔던 지배도 돌아왔다. 사진기를 빌리고 초량에서 필름을 사서 마산행 통근차를 기다리고 있었는데 정근 군을 만나 지루하지 않았다. 그런데 차가 가지 않고 애를 먹였다.

삼랑진 역에 당도하니 밤 9시 30분경. 동행이 너댓 명 있어 안태 누님댁까지 무사히 갈수 있었다. 저녁을 먹은 후에 여러 사정 이야기며 가정사 이야기를 나누느라 새벽 한 시를 넘겼다.

1954.1.10.(일) 맑음

명랑한 과거

7시20분전 자리에서 일어나 송지역으로 나왔다. 역에 도착한지 얼마 후 기차는 기적과 함께 승강구로 들어섰다. 많은 사람들이 뒤죽박죽 서로 먼저 타겠다고 뒤섞인 모양이 심히 가여워 보였다. 한 인간이 오래 산다고 해봤자 겨우 백년, 무궁한 시간에 비하면 한 개의 작은 점에 불과한데 그 짧은 세월을 살아가는 인간이 무엇이 급해서 저렇게도 야단들일까?

오는 길에 신법(당두 아랫동네)에 잠시 들렀다. 지상 군도 만났다. 저녁에는 지부가 찾아와 내일 결혼식 축사에 대해 말을 꺼내길래 벼루에 먹을 갈아 붓을 들었다. 어제 초안을 잡아놓은 것을 약간 고쳐서 백지에 올렸다. 아직 잘 시간이 멀어 웃마로 향했다. 두시간 정도 이야기를 하며 시간을 보내다 누나와 지부, 나 셋은 잠잠히 골목길을 거닐었다. 지부를 먼저 보내고 나는 누나와 좀 더 걸었다.

집집마다 문에 불이 밝아있고, 밤공기는 무겁게 가라 앉아 있었다. 초엿새 달은 벌써 지고 암회색 밤빛만이 구석구석 들어 박혔고, 이따금 찬바람이 불었다. 되돌아 은행나무 밑까지 닿았다. 미래는 암담하고 과거는 명랑한 동시에 행복했었다.

1954.1.11.(월) 온난

지상이 장가가는 날

아침을 먹고 신법(당두 아랫동네)으로 가서 양복점부터 들어가 보았으나 옷은 여전히 되어있지 않고, 사람도 아직 오지를 않았다. 그 길로 할 일도 없이 무안 장으로 내려가 빗을 하나 사가지고 되돌아 올라왔다. 신법 주막방에서 누가 불러서 가보니 오늘 잔치에 갈 신랑 친구들이었다. 그들과 두 시까지 기다렸으나 밀양읍에서 온다는 사람들은 소식이 없었다. 그래서 그만 기다리자 하던 차에 버스에서 네 사람이 내렸는데 우리가 기다리던 바로 그들이었다. 서로 인사하고, 신법 안마실 신부 댁(지상의 처가)을 찾아 들었다. 신랑 친구들을 기다리다 못해 이미 예식을 시작 했노라며, 신부 절을 시키고 있었다.

식이 끝나자 우인 대표로 내가 써가지고 간 축사를 읽게 되었다. 학교에서 글 읽는 것과는 달리 좀 떨리는 것 같아 '축사' 해놓고는 숨을 크게 쉬고 내리 읽었다.

축사가 끝나고 사진을 찍은 후 우리들은 사랑방에서 혼주와 인사하고, 신랑이 있는 큰방으로 안내 되었다. 큰 상을 받고 만족하게 먹고 놀았다.

적당한 시간에 물러 나오다 다시 붙잡혀 들어가 저녁 대접까지 받게 되었다. 나는 행여 예의에 빠지지나 않았나 심히 걱정스러웠다. 저녁술(숟가락)을 놓자마자 바로 나와서 교장 선생님 댁에 좀 있다 오니, 정희 군이 뛰어 나오며 우리를 찾는 모양이었다. 다른 친구들을 모두 신랑 집으로 보내놓고, 나는 다시 신부 댁으로 들어가 혼주에게 예의가 빠진 것을 널리 양해해달라 인사하고, 그 편에서 주는 수건을 받아 가지고 나왔다.

굴밑의 신랑 본가에서 한바탕 놀고 난 후 아까 신부 댁에서 받아온 수건을 한 장씩 나눠 주었다. 웃방에서 이야기를 좀 더 하다 잠이 들었다.

1954.1.12.(화) 온난

신랑 친구들

아침에 눈을 떠 아랫방으로 내려가서 조금 있으니 술상이 들어왔다. 좀 미안한 감이 들었지만 어쨌든 주는 것은 반가웠다. 곶감 안주에 술을 한 잔 들었다. 두 친구는 먼저 떠났고, 나머지 여섯은 거기에서 아침을 먹었다. 지부와 나는 집으로 내려오고, 다른 친구들은 각각 제 갈 길로 갔다.

집에 와서 생각해보았다. 총각들이 장가가는 친구를 따라 가다니, 세월 참 좋아졌다. 내가 가 놓고 생각해도 세상 많이 변했다 싶다. 어른들 얘기가 '신랑 보다 신랑 친구들이 더 큰 손님이지' 하시더니, 어제 그 댁에서도 그런 셈이 되어버려 큰 폐를 끼친 것 같다.

1954.1.13.(수) 온난

내일은 연지누나 결혼

한 일 없이 하루 해는 무정하게 다 가버렸다. 지금까진 집에 오면 연지 누나가 제일 반가웠고 누나 또한 나를 반겨주곤 했었는데, 오늘로서 누나도 아름다운 처녀시절이 다 끝이 나고 내일이면 새로운 완전한 한 인간으로 다시 태어나겠지.

여자들은 남자와는 달리 결혼을 하면 그 순간부터 인정스럽게 대하던 예전 모습은 간 곳 없고 갑자기 일변하는 게 보통인데, 누나 역시 외따로 떨어져 과거를 회상하고 있을 내 생각을 한번쯤이나마 해줄는지. 그런 생각을 하니 서글픔이 밀려온다.

저녁을 먹고 웃마 누나네 집으로 올라가 보았다. 작은 방에서는 잔치 준비에 분주했고, 큰 방에서는 모녀간에 약간의 다툼이 있었는지 서로 훌쩍거리는 모양이 보기에 민망하였다.

1954.1.14.(목) 비

연지 누나 결혼

아침에 일어나니 짙은 구름장이 하늘을 덮고, 음침하게 내려다보는 날씨가 마땅찮았다. 아침을 먹고 나니 가늘게 비가 내렸다. 경주 아주머니 댁으로 올라갔다. 여러 사람들이 신랑을 기다리고 있었다. 손위 형들도 있었는데, 같은 또래만 모인 것 보다 훨씬 재미있었다. 곧 신랑도 도착하고 조금 후 행례가 있었다.

좋은 날 다 놔두고 하필 오늘 같은 날에 비가 내리나 하고 못마땅하게 생각하고 있었는데, 누군가가 물양대복이라고 하는 바람에 그냥 좋게 생각을 했다. 피로연 때 우리 집안 청년들은 모두 오신 손님들에게 술을 쳤다. 신랑 친구들 속에서 전에 무안중에서 우리에게 미어(영어)를 가르친 박지하를 만나 얼마간 이야기를 주고받았다.

저녁 나절, 오신 손님들은 대부분 다 가시고, 신랑방에서는 집안 청년들 인사가 끝이 났다. 신랑은 명색이 대학생이라는데, 저녁 신랑 방에는 나이 많은 노패들이 판을 짜고 있었고 우리는 우리대로 큰방에서 마음껏 놀았다. 나는 누가 뭐라든 정이 달라 실컷 놀다 가고 싶은 마음이었다. 다른 친구들은 학교에서 열심히 수업을 받고 있을 터인데 나는 이번 잔치 때문에 부산에서 도로 올라온 것이다.

1954.1.15.(금) 비

상방지기

욱이와 소전댁에서 자고 일어났다. 정신은 멍하며 옷은 온통 무엇이 묻어서 얄궂게 되었다. 자리에서 일어난 즉시 씻을 작정으로 방천길로 나왔다. 물가에 닿아 물에 손을 넣어보니 목욕은 도저히 할 수가 없어서 웃통을 벗어놓고 세수를 했다. 잔칫집에서 아침을 먹었다. 낮에는 사람들이 얼마 모이지 않았다. 오늘 저녁에는 상방지기를 해봐야지 맘을 먹고 밤이 오기를 기다렸다.

밤11시경 모여 놀던 사람들이 거의 떠나고, 우리도 일단 대문 밖으로 나왔다. 지영, 지부, 나 우리 셋은 담 밖 벚나무에 올라가 집안 동정을 살피기 시작했다. 집안에선 열쇠로 광 문을 열고 들어가 상을 차리느라 분주하였다. 그 틈을 타서 대문을 닫기 전 얼른 집으로 들어가 마구간에 숨었다.

안을 살피니 음식을 잔뜩 차린 상을 방으로 들여가고 있었다. 새 색시는 아직 신방에 들지 않았고, 방안에서는 먹는 소리가 한창이었다. 신랑과 큰 처남은 작은 방에 있었고, 다른 사람들은 모두 큰방에 있었다. 우리도 음식을 좀 갖다 먹기로 의논하고, 지부가 살금살금 기어갔는데 바로 되돌아 왔다. 광 문이 잠기진 않았는데, 열기가 힘들겠단 얘길 하였다. 소리가 나지 않게 문 여는 법을 알려줬는데 작은 소리에도 우리 둘은 가슴이 덜컥 내려앉았다.

한참 후 큰방에서 흰 옷을 입은 사람이 마루로 나왔는데 때마침 광 문이 열리며 지부가 나오는 것이었다. 우리는 지레 겁을 먹고 담을 넘어 도망쳤다. 잠시 후 은행나무 밑에서 셋이 만났다. 먹을 음식을 좀 가져왔나 했더니, 어두워서 제대로 찾지를 못했고 연근 장조림만 좀 가지고 나오다 방에서 사람이 나오는 바람에 문 앞 뒤주 밑에 숨겨 뒀다는 얘기를 했다. 다시 들어가면 그걸 가져 올 수 있다고 자신만만해 하고 있을 때 대문 잠그는 소리가 났다.

이제 상방지기를 본격적으로 한 번 해보자며 나무에 올라가 다시 집안 동정을 살폈다. 안에서는 누군가 대문을 잠근 후 등불을 들고 집안 구석구석을 살핀 후 방으로 들어가는 모습이 보였다. 지부가 먼저 담을 넘고 나, 지영이 차례로 담을 넘어 아까처럼 집안에 숨어들었다. 지부는 아까 숨겨뒀던 음식을 다시 찾아왔다. 셋은 소 마구간 구석에서 그 짠 반찬을 맨 입에 다 먹었다.

어느덧 새색시도 신방에 들어갔다. 우리는 장독대 옆으로 붙어서 부엌 뒤로 돌아가 숨소리를 죽여 가며 작은방 모퉁이로 돌아갔다. 안을 살피니 신랑은 홍시를 먹고, 각시는 그 옆에 바짝 붙어 앉아 곶감을 먹고 있었다. 조금 후 각시는 상을 들어 벽장에 넣고 신랑은 일어섰다. 우리는 들키지 않으려고 벽에 붙어 서서 숨을 죽였다. 신랑이 문을 열고 침을 뱉더니, 다시 문을 닫고 벽장에서 병풍을 내어 둘러친다.

아마도 신랑은 우리가 온 것을 눈치 챈 듯 했으나, 각시는 아무것도 모르는 듯 했다. 그것이 더 재미있었다. 신랑이 자리에 누우며 곤한 기척을 하니, 각시가 이불을 끌어당기며 "피곤하시지요?" 아양을 떤다. 방안에선 불이 꺼지고 우리 뒤로는 안촌 아주머니가 왔다 갔다. 뒤이어 큰 처남이 군화를 요란하게 끌고 나오는 바람에 판이 다 깨지고 말았다. 그제야 각시는 비로소 밖에 우리가 있단 사실을 알았을 것이다.

1954.1.16.(토) 비

다시 잔칫집으로

여덟시 경 눈을 떴다. 아침을 먹고 밖으로 나가 보았다. 가동 아주머니댁 황 서방네 누나를 만나, 어제 저녁 얘기를 하며 한바탕 웃었다. 음식은 광에 있었던 게 아니라 장독대에 모두 옮겨 놓았었다는 이야기를 해주었다. 음식이 모두 장독대에 있는 줄 어제 저녁에만 알았어도 열기 힘든 광 문을 여느라 그 야단을 내지 않아도 되었을 것을. 고생은 고생대로 하고 아무것도 먹지도 못하고 참 원통한 일이다.

몇이 모여 다시 산칫집으로 찾아갔다. 신랑 방에서는 한재댁 최서방의 동생이란 자가 떠들썩하니 야단을 치고 있어서 눈에 거슬렸다. 나는 거길 들어가지 않고 큰방으로 들어갔다. 탁주를 내어왔으나, 나는 입에 대지 않았다. 학생복을 입고 술을 마시기가 그래서 거절하였다. 나와 지부는 마루 끝에 한참 앉아있다 집으로 돌아왔다.

1954.1.17.(일) 흐린 후 비

빗속에 솟질로

오늘은 종가댁(宗家宅) 사랑에서 종친회가 열리는 날이다. 안촌댁으로 가, 신랑 방에서 한바탕 얘기를 나누는데 밖에서는 영감들이 종가에 가서 심부름이나 하라고 고함을 쳤다. 하는 수 없이 종가댁으로 가보았더니, 어른들이 많이 모여 회의를 하고 있었다. 회의를 구경하고 있으니 가끔 눈에 거슬리는 이들도 없진 않았다.

오후 3시경 점심 식사를 하는데 소고기 국밥이 나왔다. 욱이와 안채 물리청(방앞에 달아 낸 좁은 마루)에서 서너 그릇은 먹은 것 같다.

저녁에는 욱이에게 꼬여서 솟질(들 건너 마을)로 가게 되었다. 지영이와 셋이 들 복판을 지나갈 때 비를 만났다. "이 빗속에 무슨 청승인지, 김 서방이 자꾸 오라니 별수가 있나?" 욱이는 나름의 변명을 하며 우리 눈치를 살폈다. 온통 비를 맞고 의령 댁에 당도하니 모두 저녁 식사 중이었다. 약 한 시간 정도 지체하다가 비도 그치고 달도 밝아지기 시작해서 다시 고개를 넘어 돌아왔다.

자기 그림자를 밟으며 길을 되돌아온 우리는 꿉꿉하고 찝찝하였다. 오늘 저녁 이 꼴이 된 건 모두 다 욱이 탓이다!

1954.1.18.(월) 흐림

집안 일을 돌보다

아침에 일어나 도장(창고)에서 방아 찧을 나락을 챙겼다. 너덧 가마니의 나락을 방앗간에 져다주고 집으로 돌아왔다. 소 마구간을 치워서 거름을 너덧 짐 져다 날랐다. 꽉 차 있던 소 마구간은 훤하게 정리되었다. 소를 밖으로 내 몰아 매어놓고 쓸어 주었다. 큰 소가 아니라 송아지다 보니 폴폴 뛰고 가만있지를 않았다. 어질러진 마당도 대략 정리하였다.

그 때까지 방앗간에선 연락이 없었다. 지게를 지고 방앗간으로 가보았으나 방아는 아직 덜 찧어졌다. 잠시 아동 댁에 들어가 보았다. 잔치 때 먹을 떡국을 미리 얻어먹고 나왔더니 방아가 마무리되었다.

쌀 두가마니를 한꺼번에 져보았다. 간신히 지고 집에까지 오고 보니 말할 기운도 없었다. 불과 쌀 여덟 말을 지고 이 지경이 되다니, 사람 힘이란 게 너무 보잘 것 없단 생각이 들었다. 나중에 닷 말짜리 짐은 훨씬 수월하였다. 낯을 씻고 점심을 먹고 나니 오후 세시가 넘었다. 그 길로 나가서 어슬렁어슬렁 바람을 쐬다 돌아왔다.

저녁에는 중리댁에서 봉사 아저씨 입담에 밤 12까지 시간가는 줄을 모르고 놀았다. 밤에는 지영이와 함께 경주 큰댁에서 창녕 할매 제사를 모시었다.

1954.1.19.(화) 흐림

내일 떠나다

아침 먹던 길로 바지를 다 해놨나 하고 신법 양복점으로 가 보았다. 그 집 문은 꼭 잠겨있었고, 아이들에게 물어보니 장인 영감 부고를 당해 모두 가고 없다는 것이었다. 그래서 내려온 김에 고모님 댁으로 가서 문상을하였다. 한 두어 시간 앉아 시간을 보냈다. 오후가 되어 이만 가야한단 말씀을 드리고 물러 나왔다.

집에 오자마자 수득세(穗得稅) 미납된 것을 한가마니 마저 뭉쳐 주었다. 그것 때문에 세무서에서 근 십여 명이 동리에 나와 소란을 피우곤 하였다. 그 꼴도 보기 싫고, 나머지 시간도 채울 겸 경주 아주머니 댁으로 놀러갔다. 거기에는 어울릴 만한 사람이 몇 있어서 시간을 재미있게 보냈다.

해는 잘도 간다. 저녁에는 골목 밖에서 달이 뜨는 것을 바라보며 한참을 멍하니 서 있었는데 성규가 가까이 왔다. 그 길로 웃마를 갈까하다 중리댁으로 제수에게 놀러갔다. 조금 후 이턱이랑 넷이 둘러앉았다.

제수도 내일 떠난다 하여 동행을 하기로 하고 일찍 집으로 돌아와 자리에 누웠다. 그러나 요즘 생활습관 때문에 쉬이 잠이 오지 않아 불을 켜 놓고 있으니 출희가 홍시를 가져와 먹으라 한다.

1954.1.20.(수) 비

방학 마지막 날

오늘로서 방학도 끝이다. 하루 빨리 학교에 나가 여태껏 보지 못한 급우들을 만나보고 싶기도 하다. 앞으로 남아있는 큰 고개를 생각하면 놀고 있어도 마음이 편치 않았다. 이번 동기방학(겨울방학)을 끝으로 고등학교 시절의 방학은 모두 끝이 난다 생각하니 과거가 다시 그립기도 하다.

이번 방학에는 아무것도 한 일이 없다. 집에 가서 처음 며칠은 동리의 심한 변동에 어리둥절하였고, 한 10여일은 양쪽 집 잔치 때문에 괜히 들뜬 생활을 하였다. 손을 꼽으며 한참 놀겠다 말하던 그 때가 어제 같은데 돌이켜 보니 거의 한달 전 일이다.

오늘 여행은 교통편이 비교적 순조로운 편이었다. 그런데 부산에 도착하니 난데없는 장대비가 내렸다. 철벅철벅 흙탕물 투성이의 골목길. 한겨울에 별일도 다 있다.

1954.1.21.(목) 흐림

새 마음, 새 각오

해이해진 기분을 가다듬고 얼마 남지 않은 학창시절 유종의 미를 거두자고 새로운 각오를 한다. 학생은 어디까지나 학생답게 본분에 충실하며, 교칙도 준수하고 아름답게 생활해야 한다는 게 내 생각이다.

오늘 아침 담임 선생님 말씀처럼 학교는 공부만을 할 목적으로 다니지는 않는 거라 생각한다. 앞날의 희망을 갖고 참다운 인간이 되기 위해 그릇을 키워야 할 것이다. 그러자면 당연히 고난도 따를 것이다.

1954.1.22.(금) 흐림

아직 방학 기분

오늘은 방학이 끝난 지 이틀째이건만, 학생들의 방학 때 기분은 그대로 살아있는 듯 교실 안은 휜하게 빈자리가 많았다. 등교한 급우가 겨우 20여명 밖에는 되지 않았다. 우리 교실만 그런가 하고 이웃 교실로 가 보아도 역시 마찬가지였다.

1954.1.23.(토) 흐림

가난한 이에게 더 가혹한 추위

여태 따뜻한 봄날 같던 날씨가 갑자기 웬일인지, 북풍은 여지없이 추위를 호령하여 헐벗은 무리들을 또 다시 괴롭힌다.

1954.1.24.(일) 혹한

방 안에서 동장군을 피함

일곱 시 반에 일어났다. 밤 새 내리 갈기던 찬바람은 오똑한 우리 집의 지붕이라도 가져갈 양으로 한결같이 애를 쓴다. 방 안은 어느 곳을 가릴 수도 없이 찬바람이 새어 올라온다. 방바닥은 상그랗다(매우 차고 휑하다). 발이 시린 것을 근근이 견디고 있다. 하루 종일 문 밖을 나가보지도 않았다.

1954.1.25.(월) 혹한

혹한에 따른 기분

오늘도 혹한은 여전하다. 교실에 앉아 있어도 마음이 붙지 않고 기분이 성글다.

1954.1.26.(화) 추움

경제학 공부를 할 작정을 하다

오늘 부터는 학생 수가 약간 늘었다. 한 반 수는 나왔다. 시간표가 새로 작성되어, 오전에는 필수과목을 마치고 오후에는 선택과목을 하기로 했다. 이같이 정해지긴 했으나 아직 대학의 전공과목을 정하지 않은 상태라 오후 선택과목은 무슨 공부를 해야 하나 고민 중이다.

올해 서울대학 입시에선 필수과목에 사회생활 과목이 빠진다 한다.

지난 일요일엔 자형이 놀러 와서 여러 가지 이야기를 나눴다. 그런데 학과 선택이 새로이 두통을 앓게 한다. 많은 학생들이 법학과로 기우는 경향이 있어 나는 다시 생각해보기로 했다.

지금부터 적어도 15년, 20년 후나 돼야 일선에 나가 일을 할 수 있을 텐데, 눈앞에 당장 닥쳐오는 현실 문제는 어찌할지. 법과를 나와서 좋은 자리에 취직을 하더라도 공무원, 관리 융통성 없는 그 자리일 테지. 나 역시 법과를 작정하고 있던 터인데 여태까지의 계획을 다시 검토한 결과 보다 적극적이고 활발한 공부를 해보자는 결론을 얻었다.

언제 어느 때를 막론하고 모든 사회 상황을 좌지우지하는 건 바로 '경제' 가 아닐까. 'Money makes more.' 이라는 말도 있지만 꼭 돈을 많이 벌고자 하는 것 보다 경제는 사회과학 중 일부분이기도 하고 무게 있는 학문인 것 같기도 하여 나는 새로 작정하기를 앞으로 경제학 공부를 해볼까 한다.

1954.1.27.(수) 온화

모순의 현실

몰아붙이던 날씨도 조금 풀리는 느낌이다. 대학은 어디로 가야 하나? 서울, 부산? 집안 형편을 생각하면 대학도 다 그만 두고 군에나 가야 한다. 급우 중 몇 사람은 사관학교로 간다. 나도 그렇게나 해볼까? 아니면 궁색하게라도 어느 학교든 들어가 근근이 내 전공이나 힘쓸까? 일찌감치 다른 조치를 취해야 하나? 사관학교에 간다는 것도 말은 쉽지만 한 번 들어가면 평생을 직업군인으로 보내야 할 것 아닌가. 그 생각을 하니 그것도 맘에 들지 않는다.

이상은 하늘에 닿고도 남음이 있지만, 현실은 땅바닥에 달라 붙어있다. 이 모순덩어리를 어찌 해결할까. 꿈도 많고 이상도 높다. 공상도 많고 망상도 많다. 이것저것 온갖 것들이 머릿속을 괴롭히고 있다. 저녁 자리에 누워 생각하니, 내 처지가 마치 풍랑이 심한 대양에서 어디로 갈 지 목표를 잡지 못하고 헤매는 가엾은 편주와도 같단 생각이 든다.

1954.1.28.(목) 추움

늦추위

바람 먼지가 앞을 가로막아 눈을 못 뜨게 만든다. 오전 두 시간 수업을 마치고 추워서 즉시 집으로 돌아왔다. 오늘은 대단히 춥기도 하다. 대한, 소한도 다 지났는데 늦추위가 사람 죽인다.

1954.1.29.(금) 추움

간밤 피란민 하꼬방의 불난리

첫 시간은 홍영식 선생님의 국어 시간인데, 홍 선생님은 기차 통근을 하시기에 좀 늦으셨다. 그 동안을 서수임 선생님이 들어왔다. 교과는 '은근과 끈기.' 다음은 영문법 시간이다. 박 선생님은 모든 면에서 김종출 선생님과 비슷하다. 같은 동기동창이라 그런가.

간밤에는 영주동 박가이산에 불이 났는데 거기 역시 피난민 하꼬방이 무수히 많다. 그런데 지난번 큰 불에 놀랐던 인근 시민들은 밤새 잠도 못자고 짐을 옮기느라 난리도 아니었던 모양이다. 그런데, 심 국회의원의 셋째 첩이 화물차 세 대를 세워놓고 짐을 나르느라 분주하였다 한다. 셋째가 그러하거늘 둘째, 첫째는 물론 본처는 보지 않아도 뻔 할 노릇이다. 다른 사람들은 이불 짐 하나는 커녕, 빈 몸도 간신히 인파를 넘을까 말까하였다는데 그 복잡한 틈에 셋째 첩의 짐은 자동차 석대 분량이었다 하니 겉으로는 애국애족 하면서 일만 인이 추대한 일만 인의 민의원이 안으로는 애국애족을 팔아서 애첩함이 아니고 무엇이랴.

1954.1.30.(토) 온화

한 시간 수업 이후의 일과

첫 시간 한시간 수업으로 오늘의 교내 생활을 마무리하고, 변효수 군과 부산여상을 방문하였다. 오후에는 이발을 하였다. 손님이 많았다. 이발관이 한 대목 본다.

1954.1.31.(일) 온화

땔감 사러 가는 길에 생긴 일

아침을 먹고 형님과 함께 대신동으로 나무를 가지러 갔다. 가는 도중 한 사복 경찰관에게 검문을 당했다. 얄궂은 작업복에 다 떨어진 구두를 끌며 지게를 진 내 차림새 때문이었다. 나는 학생이며 근처에 나무를 가지러 가는 길이라 말하니, 군소리 없이 그는 제 갈 길을 갔다.

나무 백가지를 묶어놓은 것을 한꺼번에 다 묶어 짊어졌다. 얼마 가지 않아 삐딱삐딱 하더니, 짐이 한 쪽으로 넘어지고 말았다. 그래서 다시 묶어지고 한참을 오다 좀 쉬려는데 또 넘어졌다. 하는 수 없이 짐을 둘로 나눠 옮겼더니 훨씬 수월하였다.

공연히 작은 영웅심에서 과하게 힘을 써서 기운만 빠졌다. 이것이 어리석은 인간의 생각이었다.

오전에 사온 나무를 다 쪼개고 나니, 팔도 아프고 손바닥은 따가워서 불이 펄펄 난다. 오늘의 일과는 이것이 전부이다.

1954.2.1.(월) 추움

새로운 2월의 첫날

계획의 달 1월도 종적을 감추고 오늘은 다시 새로운 2월의 첫 날을 맞았다. 희망찬 명랑한 얼굴로 돋는 해를 향할 때 마음은 기쁨에 넘쳐 흐른다.

1954.2.2.(화) 추움

맞지 않는 달력

음력이 작으니 크니하며 요사이 일간의 화젯거리가 되었다. 신문을 보면 2월 4일이 음력 갑오 원단이라고 되어 있고, 어떤 달력들은 3일이 원단으로 되어 있다. 이러한 결과를 자아낸 것은 달력을 만드는 사람들의 너무도 무책임한 행위의 결과일 것이다. 그런데 맞지도 않는 이 달력들은 갑오년이 다가오기 몇 달 전부터, 한집에 서너 장씩 맡겨져 그

값을 치르느라 분주했었다.

여기 보수동 일대, 아니 부산에서는 거의 모두 작은 달을 따르기로 결정하였다(3일이 설날).

올해에는 나 혼자만이 제사를 모시게 되어, 아침 6시 20분 기차를 타고 본가에 왔다. 당두에서는 모두 큰 달(4일이 설날)을 따른다고 한다.

1954.2.3.(수) 온화

고향에서의 설날 전야

집안을 돌며 인사를 드렸다. 부산에 계시는 재종숙들도 모두 오시었다. 부산 사람들은 모두 오늘이 설이라고 준비했음이 틀림없다. 오전에는 계미 할매 댁에서 놀았다. 다른 일행들이 산소에 성묘 간다며 나오는 것을 보고, 나도 집으로 와서 집안 일을 약간 돌보았다. 저녁에 켤 호롱들을 모두 손보아 놓고 기름도 가득 채웠다. 우리 앞집 퇴로 아주머니가 방아 찧으러 와서 이런저런 농담하는 것도 들었다.

저녁에는 덕촌댁으로 들렀다가 큰댁으로 해서 집으로 왔는데, 내가 집에 들어오자 집안에서는 호롱불 켜는 기척이 났다.[3]

3 섣달 그믐날 잠을 자면 눈썹이 하얗게 센다하여 집 안 곳곳에 대낮처럼 환하게 불을 켜 두는 풍습이 있다.

1954.2.4.(목) 온난

설날 차례와 성묘

나는 아직 마음이 아이 같아 그런지 기다리던 설이 왔다 생각하니, 엊저녁 비교적 늦게 자리에 누웠는데도 불구하고 아침 일찍 잠에서 깨었다. 집안 식구들을 모조리 깨우고, 바깥 여러 곳에 켜 두었던 등불들을 거두고 삽짝(사립문)을 열었다. 우물물로 세수를 하였는데 그리 차갑지 않았다. 철 들고 한복에 두루마기까지 입기는 처음이라, 대님을 매는데 익숙하지 않아 시간이 좀 걸렸다. 큰댁을 들러 집으로 왔다가 집안 대소가를 돌았다. 아직 해가 동산에 턱을 걸까 말까 한 이른 시각이어서 가까운 집 몇 군데를 더 돌았다.

9시쯤 큰댁 제사가 시작되어 12시가 넘어서야 비로소 집안 제사가 다 끝이 났다. 우산 아재 댁에서 한참 동안 어른들과 여러 가지 이야기가 있었다. 나는 그 길로 나와서 아버지 산소에 성묘를 갔다. 성묘하고 오는 길에 굴밑에 잠깐 들러 어른들을 찾아뵈었다. 해가 저물 무렵쯤 되어서야 동네를 거의 한 바퀴 다 돌아보았다.

덕실 아지매 댁에서 여러 종매들과 우연히 모이게 되어 한바탕 소란을 피우며 놀았다. 밤 열한 시쯤 장소를 옮겨 안촌댁 큰방에서 윷놀이를 하였다. 새벽 4시경 몰래 빠져나와 집으로 와서 자리에 누웠다. 노는 것도 정말 힘들다.

1954.2.5.(금) 온난

이웃마을[4]에 놀러가다

본 동리는 거의 인사를 돌았고 해서, 오늘은 정곡으로 갈까 생각하고 있었는데, 같이 갈 사람이 없어 머뭇거리고 있던 차에 희순이와 지우를 만나 먼저 조무실로 건너갔다. 시내를 둘러 솟질에 닿으니 시간은 정오가 다 되었다. 영감 댁에서 비빔밥을 얻어먹었다. 대략 인사를 돌고 난 후, 매온 댁에서 당두 패와 솟질 패가 모여 한바탕 놀았다. 그러는 동안 시간은 흘러 해는 산 그리매를 이고 서쪽으로 자꾸만 달아난다.

우리 일행이 당두로 건너오기 위해 문 밖을 나섰을 때, 저 편 운정 쪽에서 두루마기 하나와 치마폭 하나가 바람결에 날리는 것이 보였다. 누구다 누구다 분분하였는데, 가까이 와 보았더니 중리댁 김 서방 내외였다. 하는 수 없이 또 다시 붙들려 들어가 거기서 저녁을 먹고 놀았다. 시간은 점점 짙어 가는데, 노래와 춤이 도무지 끝이 나지 않았다.

새벽 4시쯤 눈이라도 좀 붙이자고 이불을 깔았다. 그런데 지석이 형님이 훼방을 놓아 도무지 잘 수가 없었다. 잠자기는 글렀다고 이불을 다시 걷고 깽자깽이 놀음이 벌어졌다. 웃느라 배가 아파 견딜 수 없었다. 올해의 설은 여기서 이렇게 보내었다. 지금도 종규와 순(珣)이의 노랫소리가 귀에 맴돈다. 종규가 내 뒤에 앉아서 불렀던 '칠석 날 떠나던 배'[5] 는 오랫동안 기억에 남을 듯하다.

---

4 정곡, 조무실, 시내, 솟질, 운정은 우리 동네인 당두 근처에 있는 이웃 마을들의 이름이다.

5 왕수복의 '고도의 정한(孤島의 情恨)'을 말하는 것 같다.
'칠석날 떠나던 배 소식도 없더니 바닷가 저쪽에선 돌아오는 배….'

1954.2.6.(토) 온난

아직 설 기분

아침에 눈을 뜨자마자 욱이와 함께 서당고개(솟질로 넘어가는 고개)를 넘어왔다. 집에 와서 오전에 두어 시간은 잠을 잤다.

오후에는 이리저리 봐도 재미있게 놀 곳이 마땅찮아 봉사아저씨한테 가서 좀 놀았다. 저녁에는 예전에 어울리던 친구들을 만나 얘기를 나누다, 중리댁에서 김 서방을 만났다.

1954.2.7.(일) 온난

다시 부산으로

이제 설도 다 갔고 나도 내 일을 해야지 싶어 아침 일찍 보따리를 챙겨 집을 나서서 무안으로 갔다. 간장 대신 메주 서너 장을 가져가는데, 짐이 무겁다고 춘희가 그것을 이고 무안까지 따라 나섰다. 생각하면 도리어 동생에게 미안하였다.

밀양역에서 삼랑진까진 버스, 구포까지는 기차, 충무로까진 다시 버스로 해서 집에 무사히 도착하였다. 4시경 변효수 군을 찾아가 근일의 학교 소식을 들었다. 졸업시험 얘기가 나올까 내심 걱정이었는데 그 얘긴 없었고, 3월 2일에 졸업식이 있단 말만 하였다. 우리 앞에도 벌써 졸업식이 당도했구나.

1954.2.8.(월) 온난

오랜만에 학교로

여러 날 만에 학교에 나갔다. 급우들의 출석은 여전하였다. 나는 여간 미안한 마음이 드는 게 아니었다. 아침 등교할 때 게시판에서 '3학년 제군들은 얼마 남지 않은 고교생활을 하급생들에게 모범이 되며, 스스로도 유종의 미를 거두자' 는 내용을 읽었다.

얼마 남지 않은 고교 생활에 나 스스로 얼마나 어긋났나 하는 반성의 마음이 들며, 또한 동시에 미안한 마음도 들었다.

조례 때 담임 선생님께서 벼이삭은 익을수록 고개를 숙이는 법이란 말씀을 하셨을 때, 은사님이 겨울날 따뜻한 이불 같단 생각이 들었다.

1954.2.9.(화) 온난

이상과 현실 그리고 나

이상은 밝게 빛나는 푸른 별.
현실은 황량한 사막.
나는 그 속에서 고뇌하는 신기루.

1954.2.10.(수) 온난

생의 가치

고개를 들어 앞을 바라보라 지호(志浩)여!

그대는 무얼 그리 고뇌 하는가?

무엇이 그대를 그렇게까지 만들었나?

남아(男兒) 일생의 고뇌는 스무 살 고개라 하는데,

그대는 스무 살 고개를 넘긴지도 이미 오래. 생의 가치는 어디에 존재하는가?

1954.2.11.(목) 흐림

신산한 심정

이제 각 대학의 입시 선택과목들이 하나하나 발표되고 있다. 서울대, 고려대, 연희대(현 연세대), 성대 등등. 시험과목들이 발표됨과 동시에 응시자들 가슴은 한층 울렁거릴 것이다. 3월 5일까지는 이제 얼마 남지 않았다.

서울로 가는 학생들은 벌써부터 시험문제들을 논하고 졸업식을 걱정 삼아 논한다. 빨리 졸업식을 해야 어서 서울로 갈 것인데 하고 말이다. 생각해보면 졸업도 임박해오고, 졸업 후를 상상하여 서로 싸인들도 교환해야 하고 이것저것 할 일들이 자꾸 앞을 가리운다.

요사이의 심정이란 말할 수 없이 조급하며 신산하고 어지럽다. 다들 이 시기를 넘겼겠지마는 요사이보다 고뇌 많고 다사(多事)한 시절은 실로 없으리.

저녁에는 잠자리에도 눕기 싫고, 눕는다 해도 잠도 오지 않는다. 억지로 잠을 청하며 눈을 감고 있으면 눈알만 아프고 골치 또한 아파 견딜 수가 없다.

1954.2.12.(금) 온난

지족가락(知足可樂)

두 시간의 수업을 마치고 집으로 돌아왔다. 집에 돌아와도 크게 할 일도 없는데 학교에서는 공연히 바쁜 듯이 집으로 왔다. 수업을 마치고는 조금도 지체 않고 곧바로 돌아온 것이다. 책상머리에 앉아 머리를 조아리고 골똘히 있어보아도 별 신통한 수는 생기지 않는다.

우리 학급 급우 78명 중 대다수가 서울로 간다하고 부산에 남는다는 학생은 불과 몇 명밖에 되지 않는다. 부산에 남는다 생각하니 아무리 일각이 금같이 귀한 요즘이라 할지라도 열심히 노력해 볼 마음이 생기지 않는다.

'부산고등학교' 전국에서도 최고 일류라는 고귀한 지금의 프라이드로서는 도저히 부산에 그냥 남아 있을 수가 없다. 그러자니 제일 먼저 걸리는 것이 경제적인 사정이다. 학문을 닦아 보고자하는 사람은 처지가 넉넉지 못하고, 사정이 넉넉한 사람들은 그럴 마음이 없고, 세상사가 다 그러한 것 같다. 이런 생각을 하다 지족가락(知足可樂-족함을 알면 가히 즐겁다-명심보감 안분 편)이란 말을 떠올리니, 모든 복잡한 일이 조금은 위로가 되는 듯 하기도 하다.

1954.2.13.(토) 흐린 후 비

봄을 재촉하는 비

아침에 맑았던 날씨가 어느덧 담천(曇天)이 되더니, 한 시간 수업을 마친 하교 길에는 비가 내렸다. 입춘도 지났고 봄이 멀지 않았다. 삼동에 헐벗었던 모든 산천 초목들은 이 한 방울 한 방울의 비에 새로이 생동할 테고 얼었던 개울도 이제 곧 풀리겠지. 겹겹이 입었던 내의를 홑겹으로 갈아 입어도 근일에 들어서는 그리 춥지 않다.

가늘게 흩어지는 저 빗발은 여인네 치마 자락인양 연하게 휘감는다. 보수공원의 검게 말라붙은 어린가지들, 순한 바람에 살랑살랑 흔들리는 양이 머지않아 여린 싹과 고운 꽃으로 화답하겠지.

오늘도 시간은 저물어 야삼경에 가까웠는데, 야경꾼의 곤봉소리와 아울러 봄비가 포곤히 오신다. 짙은 적막을 깨고 검둥다리 위를 자동차 한 대가 지나가고 이내 천지는 다시금 고요해졌다. 건너 방에선 한 잠 드신 형님의 코고는 소리 들리고, 조금 전까지 내가 책 읽는 소리를 듣고 계시던 어머님은 가늘은 숨소리를 내시며 꿈나라에 계신다.

내일이 일요일이라 그런지 참 푸근한 기분이다. 이제 시계침도 오늘과 내일의 경계에 닿아있다. 그만 자리에 들어볼까?

1954.2.14.(일) 흐림

손님들과 함께

산뜻한 기분을 수습하여 자리에서 일어났다. 조반을 마치고 자리에 우두커니 한참 앉아 있었는데 그 사이 날씨는 환하게 개었다가 이내 다시 약하게 빗발이 듣는다.

어수선한 책상을 정리해 놓고 잠시 바람을 쐬는데, 낯선 사람 하나와 거제리 태현씨가 찾아왔다. 잠시 얘길 나누고 있으니 마침 형님이 들어

오셔서 책임을 던 듯 마음이 가벼워졌다. 잠시 후 함께 술잔을 나누었다. 한잔 또 한잔 돌아오는 술에 취기가 약간 올랐다. 얼큰한 기분이 되니 이 이야기 저 이야기 지난 날의 회고담 등으로 재미있어졌다.

오후 3시경 손님들은 떠나고 저녁상을 물리고 난 뒤, 나는 머리가 아파 잠시 풋잠을 잤다. 깨어보니 하동 아주머니가 와 계셨다. 한참 후 한 방 가득 모여 앉아 화투 놀이를 했다. 제일 첫판은 내가 이겼고, 그 다음 부터는 형님께 양보하고 나는 물러앉았다.

내일은 국가고시 합격자 발표 날이다. 맘 졸이며 기다리던 그 날도 하루 앞으로 다가오고, 몇 시간 후인 내일 오전 중이면 어떻게든 결판이 나겠지.

1954.2.15.(월) 흐림

'국가고시' 합격자 발표 날

행여 어찌 되었나 조마조마한 생각에 지난 밤은 잠도 옳게 오지 않았다. 설마에 속아 산다는 말도 있지만, 요사이 내 심정이 꼭 그러하다. 시험이란 결과가 나오기 전까진 알 수 없는 것이다.

조례 시간에 담임 선생님으로부터 오후에는 아마 다 알게 될 것이란 얘길 듣고 실로 두 시간의 수업이 어찌 지나갔나 알 수 없었다. 너나 할 것 없이 마음이 어수선한 모양이었다.

종례 때 한 소식통에 의하면, 우리 반에서는 불합격자가 다섯 명이 나온 것 같다 했다. 나중에 교감선생님이 도(道)에서 돌아오시어 확실한 결과를 알 수 있었다. 부산고 298명의 응시자 중 합격자는 281명, 즉 93.4%의 합격률이란다. 우리 부고가 전국 인문 고등학교에서 수석을 차지하였고, 경남이 전국에서 가장 우수한 성적을 내었으며, 총 응시자의 89.8%가 합격하였다 한다.

1954.2.16.(화) 비 약간

슬픈 소식

아침에 등교를 하니, 어제의 기쁜 소식에 반하는 지극히 슬픈 소식이 우리를 기다리고 있었다. 어제까지도 학교에 나오셨던 임원묵 선생님이 어제 밤 8시경 세상을 떠나셨다는 소식이었다. 엉뚱한 거짓말 같았다. 2학년 때 우리 담임이셨고, 지금은 3학년 B반 담임을 하고 계셨었다. 선생님 춘추 이제 겨우 서른, 그 자질로나 실력으로나 너무나 훌륭하신 분이었는데, 선생님을 잃었다는 건 우리학교 아니, 우리나라 교육계의 지대한 손실이다.

선생님들끼리 농담 끝에, "임 선생님은 나이가 서른이 되도록 왜 결혼을 하지 않느냐"고 물으면 선생님은 웃으시며 "나는 결혼을 하여 한 사람의 아내를 사랑하는 것보다, 학원의 총명한 많은 학생을 사랑하는 것이 더 좋기 때문"이라 대답하셨다. 아무리 농으로 하신 말씀이라도 얼마나 거룩한 생각에서 우러나온 말씀인지.

우리를 지극히 사랑하시던 선생님이 세상을 떠나시다니 믿기지가 않았다. 이제 2주일만 지나면 이 학교를 떠나게 되는 우리에겐 너무 가혹한 소식이다. 서른이 된 오늘날까지 한 순간도 헛되이 보내지 않고, 오로지 학문에 그 힘을 다 기울이다 고요히 떠나신 선생님은 마치 뉴턴과도 같은 분이시다.

1954.2.17.(수) 비 약간

임 선생님의 발인

늦게 학교에 갔는데 아직 조례가 시작되지 않고 있었다. 10시경부터 50분씩 두 시간의 수업을 마치고, 오후 2시경에는 임 선생님의 발인이 있다 하였다.

생각하면 너무도 허무한 것이 인생이다. 누군가 말하길, 인간은 70을 살아도 영원히 살 것만 같으며 죽게 될 그 시간을 알지 못한다 하였다. 임 선생님 역시 15일 오후 5시까지는 평소와 같이 학교에서 일을 보며, 3학년 B반이 연합고시에 모두 합격하였다고 그렇게 좋아하셨는데, 몇 시간 후 내가 눈을 감게 될 것이라 어디 상상이나 했을까? 오늘 발인식을 마치면 이제 이 세상과는 영원히 이별이다. 울고 싶은 마음에서 아무리 울어보았자 무슨 소용이 있으리.

1954.2.18.(목) 추움

불안정한 하루

요사이는 학교에 나가도 공부에 별반 도움이 되지 않는 듯 해 오늘은 그냥 집에 있기로 했다. 날씨가 매우 차다. 어머님은 몸이 편찮으신지 이불을 덮고 누우신다. 마음이 대단히 편치 못하다. 이대궐 아주머니 댁에 가서 숯을 좀 얻어다, 어제 바래놓은 바지를 다리고 어머님 치마도 다려 놓았다. 정오가 가까워지자 편찮으신 것도 무릅쓰고 일어나셔서 밥국(경상도식 김치국밥) 끓여 들어오셨다. 나는 평소보다 맛있게 먹었다.

책상에 앉았다 바닥에 앉았다 하며, 공부도 되지 않고 마음도 안정이 안 된다.

1954.2.19.(금) 추움

원서를 써보다

오늘은 학교로 나갔다. 우리 반에는 급우 몇 명만이 나와 있었다. 제가끔 듣고 싶은 과목 교실로 찾아가고 뿔뿔이 흩어지고 나면 대개 빈 교실이 된다. 나는 3학년 C반에서 박지홍 선생님으로부터 국어를 들었다. 발이 대단히 시렸다.

1시간을 마치고 이창균 군과 이야기를 하면서 연산고개를 넘어왔다. 학교에서 돌아온 즉시, 그저께 받아온 연대 입학원서를 양식에 맞춰 써보았다.

1954.2.20.(토) 추움

하릴없는 하루

아침을 먹고 군불을 대어 놓았다. 한참 후 방바닥이 제법 뜨뜻해졌다.

방바닥에서 뒹굴었다. 책도 읽히지 않고 시간은 어느덧 오전을 넘겼다. 머리도 아프고 해서 오후에는 뒷산으로 산보를 나갔다.

1954.2.21.(일) 추움

연희대(현 연세대)를 지망

추위가 가실 줄을 모른다. 목통이 껍껍하고 코가 찐찐한 것이 아마 찬 바람에 감기인가보다. 조반 후에는 앉아서 정치 문제를 잠시 보고 있었는데 중연 군이 찾아와 한참을 이야기하고 놀았다.

하루에 한 과목씩 훑으면 시험날짜까지 얼추 맞다. 3월 5일까진 불과 20여일 남짓, 그동안이나마 충실히 해 볼 생각이다.

오후에는 오랜만에 자형을 만나 학교 문제 등에 대해 얘길 나눴다. 자형은 부산에 있으면서, 부산대가 아니라 굳이 연대를 지망했느냐며 한참을 이야기했다. 부고 출신이라는 자부심에선지 어쩐지 부산대는 지망할 생각이 없다. 연대라면 그래도 우리나라 제일류에 속하니 부산에서 2년을 마치고 3학년부터 본교에 가서 2년을 더 하면 되지 않을까 하는 생각이다. 물론 경제적인 문제를 생각 안 해 본 건 아니지만 바로 서울로 갈 수만 있는 처지라면 하필 연대가 아니라 국립대로 가겠지. 힘은 없으나 서울로는 가고 싶고, 묻혀있으면 그냥 그만큼 밖에 되지 않는다는 게 지금의 내 생각이므로 나는 그냥 이렇게 노선을 정한 것이다. 인간은 누구나 자기의 위치를 확실히 파악해야 되는 줄 알긴 하지만……

시간은 오늘의 경계선을 넘는 야삼경이다.

1954.2.22.(월) 온난

원서 접수

찾아온 동무들과 같이 원서를 가지고 학교로 갔다. 3학년 학생들은 졸업식 날까지 휴학이라 몇 명밖에 나와 있지 않았다. 나온 친구들은 모두 원서 때문에 나온 모양이었다. 노영복 선생님께 원서를 접수해 놓고 집으로 돌아왔다.

호적 초본이 한통 필요해서 무안까지 가야 하는데, 오늘 올라갈 작정을 하고 우선 보수동으로 왔다. 어머님께 말씀 드리니, 오늘은 시간이 너무 늦었으니 내일 갔다 오라 하신다. 불편한 교통에 늦게 나서서 날 저물면 안 할 고생도 하게 된다는 뜻이리라. 부모님 마음이 느껴진다.

1954.2.23.(화) 온난

호적초본 떼러 무안으로

밀양까지는 잘 갔는데, 창녕행 첫 버스는 8시 반에 벌써 떠나고 없었다. 이전보다 차 시간이 30분씩이나 당겨졌다.

마음은 급하고, 무작정 기다릴 수도 없고 해서 걷기 시작했다. 날티고개에서 트럭 한 대를 만났으나, 좀 태워 주지를 않고 그냥 지나쳐 갔다. 할 수 없이 부르튼 발가락을 끌면서 무안까지 갔다.[6]

6 30리길을 홀로 걸으며 아버지는 무슨 생각을 했을까. 발가락이 부르텄다니 가슴이 아프다. 호적 초본 한 통을 떼기 위해 이 고생을 해야 했으니 지금으로선 이해되지 않는 일이다.

볼 일을 마치고 일단 집으로 올라갔다. 오늘 다시 부산으로 돌아갈 작정으로 2시경부터 신법에서 기다렸으나 차가 한 대도 없었다. 의원 군을 만나 좀 놀다, 도로 집으로 올라오고 말았다.

1954.2.24.(수) 온난

수험표를 받다

아침 7시 반쯤 청도면에서 내려오는 버스를 타고 부산까지 왔다. 차비는 이상하게도 무안에서 밀양까지의 것 밖에는 받지 않았다.

12시 반쯤 학교 교무실에서 수속을 밟았다. 원서대를 가지고 영도에 있는 접수처로 가서 수험표를 받아왔다.

집에 돌아오니 오후 4시쯤 되었는데, 피곤해서 견딜 수가 없었다. 어제도 아침 겸 점심 한 끼, 오늘 역시 그랬으니 어디서 힘이 날 수도 없는 노릇이지. 저녁은 먹는 둥 마는 둥 자리에 눕는다.

1954.2.25.(목) 비

미리 공부하지 않으면

징병검사 통지서에 딸린 신원명세서를 기재해 놓고 목욕탕으로 갔다. 무겁기만 하던 다리가 조금 풀리기는 했지만 그래도 책을 볼 용기가 생기지 않는다. 급하게 고향엘 다녀온 때문인지 대단히 힘들었던 것 같다.

오후에는 비 옷을 좀 손봤다. 저녁에는 책상머리에서 책을 보기는 하나 명랑하지 못해 그저 시간만 보낸다. 시험 일자는 점점 가까워 이제 꼭 일주일 남았다. 내일은 신체검사 모레는 졸업식, 더욱 바빠 온다. 지난 날 미리 좀 더 공부하지 않은 것이 후회스럽다. 예불소학 과시회(藝不小學 過時悔)[7]가 거짓이 아니로다.

1954.2.26.(금) 비

신체검사

아침을 먹고 바로 건국대학에 있는 징병검사소로 찾아갔다. 벌써 많은 사람들이 나와 있었으며, 얼마 후 당국의 지시대로 제1, 제2, 제3 검사실 징병관(김기용 대령)앞에서 신고가 있었다. 접수순으로 탈의장을 거쳐 신고를 마친 후 제1 을종이란 판결을 받았다. 신체검사를 마친 후 생각해보니, 이 모두가 전부 형식에 불과하단 것이었다. 12시 30분쯤 집으로 왔다.

저녁이었다. 며칠 전부터 형님은 자꾸만 어머님께 고향으로 올라가시라 하였는데, 오늘 저녁 또 그 말이 나와서 나는 한참동안 불안하였다. 며칠 후면 명색이 그래도 대학 입시인데, 어디든 대학엘 가지 못하면 군대 문이 나를 기다리고 있는 처지이거늘, 어머님마저 올라가시고 안 계시면 내가 살림을 맡아야 하니 시간이 더욱 없게 되는 것인데, 일이 닥칠 때마다 어찌 이런지……. 다른 급우들을 보면 부형들이 더 자진해서

7 중국 송나라 때 구준(寇準)의 구래육회(寇來六悔)에 나오는 구절이다. 젊을 때 재주만 믿고 공부 하지 않으면 나이 들어 후회한다는 뜻이다.

급우들의 진학에 관심이 크건만, 난 어찌해서라도 큰 그릇이 되어 보겠다 애쓰고 있건만 내 주위는 왜 이리도 무심한 것인지.

책상에 앉아있어도 온갖 잡념이 머리를 흔들어 자꾸만 훼방을 놓는다. 놀지도 못하고 그렇다고 공부하지도 않는 어정쩡한 내 모습이 내가 봐도 가소롭다.

1954.2.27.(토) 비

영광스럽고 쓸쓸한 졸업식 날

오늘은 부산고등학교를 떠나는 마지막 날, 졸업식이다. 세상사는 무정하여 세월은 유수같이 흘러갔다. 비가 와서 우의를 입고 학교로 갔다. 졸업식은 중앙국민학교 강당에서 행해졌다. 화려하게 꾸며진 강당에서 우리 졸업생들은 하급생들이 달아주는 흰 꽃을 가슴에 달고 강당 중앙 전면에 앉아 있었다.

생각하면 영광스러운 졸업식이지만 또 한편으론 너무나 쓸쓸하다. 어지럽고 복되지 못한 시절을 만나, 변변한 교실조차 없이 일천 날을 넘게 눈비 맞아가며 같이 웃고 울던 선생님, 벗들과 오늘로서 헤어지는 마당이니 어찌 쓸쓸하지 않을 수 있으리.

졸업장 수여 후, 차례로 후배들의 꽃다발을 받을 적마다 가슴은 한 층 한 층 내려앉고 눈물방울은 앞을 가리웠다. 교장선생님께서는 "자기 운명은 자기가 개척하라." 라 하셨고, 내빈 말씀 중에서는 "군들은 소금과 같은 인간이 되라", "끊임없이 학문을 연구하라" 는 등 떠나는 우리들에게 모두가 당부의 말씀을 하셨다.

우리의 책무는 실로 크다. 불행한 이 나라를 우리 손으로 복되게 만들어야한다. 마음은 쓸쓸하지만 가슴 한켠 새로운 희망의 새싹을 틔워본다. 빗발이 나리는 틈에 졸업장을 받아 쥔 나는, 집에 오는 길에 몇 명의 동무들과 같이 사진관으로 갔다.[8]

오후에는 날씨가 훤하게 개었다.

1954.3.1.(월) 비

지금 이 순간

새벽 네 시 반, 어머님을 모시고 역으로 갔다. 기차를 한 번 타려면 언제나 밤중에 일어나야 한다. 차표는 좀 쉽게 구할 수 있었다. 어머님, 먼 길에 별일 없으시기를.

오전에 초량 갔다 오는 길에 오늘이 3.1절이란 것을 알았다. 학생들이 깃발을 들고 거리로 새까맣게 나와 길은 매우 복잡하였다. 버스는 연산 고개로 올라와서는 역전으로 도로 내려갔다.

며칠 째 비가 계속된다. 오늘부터 다시 부엌데기 신세다. 그러나 나는 지금 이 시간 시간이 가장 행복하다. 과거는 지나버렸으니 없는 것이요, 미래는 아직 오지 않은 것이니 역시 없는 것이다. 나는 오직 현재에

8 이 날 찍은 사진이 남아있다.

만 존재한다. 그러니 지금 이 순간이 가장 값있는 때이다. 미래에 살 수도 없고, 과거에 살 수도 없다. 그러나 내 추억은 과거에 살며, 내 희망과 이상은 미래에 산다.

1954.3.2.(화) 비

별 하는 일도 없이

비 오는 날, 별스럽게 하는 일도 없이 방에서 하루 해를 다 보냈다.

오후 다섯 시 쯤 저녁밥을 짓기 시작했다. 해가 많이 길어진 듯하다. 밝은 녘에 저녁 식사를 마치고 한참을 앉아 있었는데, 저 밑 한 길에서 벌써 통행금지 방망이 소리가 들린다. 잠시 후 전기불도 꺼졌다. 점점 조용해진다.

낮에는 비가 와서 야단이더니 이제 내리던 비도 어느덧 그쳤다. 고이 잠들어가는 이 공간을 순한 바람이 살랑살랑 나부끼며, 가느다란 가지를 어루만진다.

이제 똑딱이던 방망이 소리도 점점 멀리로 사라진다.

1954.3.3.(수) 맑음

가까이 온 봄

산뜻한 푸른 하늘이 기분을 한층 새롭게 만든다.

거리는 먼지가 안 날 정도로 촉촉하고, 봄을 재촉하는 아낙들의 치맛자락 울긋불긋 마음을 들썩이게 만든다.

봄이 확실히 가까이 왔다.

1954.3.4.(목) 흐림

부산대에서 원서를 받아

며칠간 들앉아 있다가 오늘 밖으로 나가 보니, 마치 두문동에 있었던 듯 세상사 변한 것이 많았다. 저번에 그렇게 야단이었던 국가연합고시가 어이없게도 이제는 무효가 되었고, 각 대학 입시 날짜도 연기가 되었다 한다. 연희대 시험일자는 3월 9일로, 3월 15일인 다른 학교보다 며칠이 더 빠르다.

어쨌거나 잘 되었다. 시험일자가 그러니 천상 부산대 원서도 한 부 내놓아야겠다. 종상이와 영도에서부터 오는 길에 대신동으로 향했다. 부산대에서 원서를 받아 집으로 왔다.

오후 1시 사이렌이 울 무렵 점심을 한 술 뜨고 다시 학교로 갔다. 그러나 담임 선생님은 바쁘셔서 내게 심부름만 시키고 일은 봐주시지 않았다. 하는 수 없이 일을 내일로 미루고 집으로 돌아왔다. 집에 와서 한참 있다 저녁을 지으려고 솥에 쌀을 안치고 불을 살피고 있는데, 밖에서 연이가 들어왔다. 홀아비 오빠의 신세가 불쌍하다고 깔깔거리며 나를 놀린다.

1954.3.5.(금) 흐림

부산대에 원서를 접수

학교로 가는 길에 범일동에서 자고 오는 종상이를 만났다. 종상이 볼 일 보는 데부터 먼저 따라가기로 했다. 가는 길에 국제시장 구석구석을 구경했다. 시청 앞에서 두 시간을 넘게 기다려도 종상이 일은 시작도 되지 않았다. 하는 수 없이 나는 먼저 학교로 향했다. 학교에서는 교무주임 강윤호 선생님이 서류를 작성해 주셔서 즉시 부산대로 향했다. 오후 한 시쯤 원서 접수를 마치고 집으로 왔다. 대단히 복잡하고 일이 많은 것처럼 느껴졌다.

대사동 아주머니 댁에서 점심을 얻어먹었다. 오늘은 이월 초하루, 곁에 있던 화투를 들고 한참을 갖고 놀았다.

1954.3.6.(토) 추움

졸업한 지 일주일

부고를 졸업한지도 벌써 만 일주일이 흘렀다.

오늘은 날씨가 이다지도 추운지. 부엌에 나가 밥을 지으려고 풍로에 숯을 피웠다. 아궁이에는 도무지 불이 붙지 않았다.

작게 쪼개 놓은 장작 세 쪽이면 두 사람 밥은 충분히 지을 수 있다. 이렇게 나무를 적게 때니 방바닥이 따뜻할 리가 없다. 찬 방바닥에 이불을 깔아놓고 오전 내내 뒹굴었다.

열두 시 사이렌, 한 시 사이렌이 차례로 울었다.

오후에도 역시 이불 위에서 뒤적거린다. 저녁에는 늦도록 있어도 형님이 안 오신다. 통행금지 시간이 되고 한시가 되어도 아니 오신다. 아마도 밖에서 주무시나보다 생각하고, 문고리를 걸고 자리에 눕는다.

1954.3.7.(일) 흐린 후 눈

3월에 눈이 내리다

3월에 눈이 내린다.

푸근한 기운이 감돌며 톱밥 같은 싸락눈이 내리기 시작 한다. 세수를 한 후 대야에 그대로 있던 물에 살얼음이 얼었다.

검둥다리 위에는 인적이 드물다. 모두들 걸어뒀던 겨울옷을 도로 주워 입고 벌렁거린다.

냉방 이불위에 홀로 뒹굴며 가만 생각하니, 참 쓸쓸하여라.

1954.3.8.(월) 맑음

해가 무척 짧은 느낌

오늘도 날씨는 차다. 볕살은 도타우나 바람이 차다.

마루에 내다 앉아 남항동 앞바다를 내려다보며 한참동안 멍하니 앉아 있다가 문득 내일 있을 시험 생각에 다시 방으로 들어왔다.

이제까지 보아오던 책들을 다시 한 번 뒤적거려본다. 오늘은 해가 무척 짧은 느낌이다.

저녁, 열 한 시, 열두 시, 한 시, 밤은 깊을 대로 깊었다. 소란하던 천지는 조용히 잠들었고, 곁에 작은 호롱불만이 깜빡깜빡 숨을 내쉰다.

자리에 누우니 등골이 차가웁다.

심신이 고달프다.

1954.3.9.(화) 온난

연희대 입학시험

가슴 졸이던 오늘, 연희대(현 연세대) 입시의 날이다.

아침 여섯시부터 쌀을 가지고 나가 밥을 지어 먹고, 여덟시 반경 시험장에 도착하였다. 벌써 많은 사람들이 모여서 시간을 기다리고 있었다. 그 많은 학생들 틈에서 부산고 뱃지를 단 우리 그룹만이 유난히 기백이 넘쳐 보였다. 맘 졸이던 첫 시간은 기어코 닥쳐오고 미어, 수학시험, 그리고 점심 시간이었다.

오후 시험은 1시 반부터 시작되었다. 국어, 사회생활 해서 4시 경에는 시험을 다 마쳤다. 모두 합해서 반 이상은 맞겠지. 내가 지망한 사회과학부에는 8대1 하고도 열 명의 나머지가 더 생겼다.

인문과학부와 자연과학부는 약 3대1 정도이고, 신학부는 인원미달이었다. 사회과학부만 보았을 때는 어느 일류 대학 못지않게 경쟁률이 높은 편이다.

1954.3.10.(수) 흐림

산 중턱을 돌아 산보

오늘은 아무 할 일도 없는 사람 같다. 한 이틀 간이라도 시험을 봤더라면 하는 생각에 좀 아쉬운 마음이다.

지나고 보니 아무것도 아닌 것을. 당하기 전에는 놀아도 노는 것 같지 않게 마음 고생을 시키더니……

아침을 먹고 책상 밑에 숨겨두었던 술병을 꺼내어 한잔 기울였다. 동무라도 있어야 술 맛이 있을 텐데, 혼자서는 아무 재미도 취하는 기분도 나지 않았다. 오늘은 참 심심하기 짝이 없다. 사랑하는 님이라도 가까이 있으면 이리 심심할 때 찾아가 정담이나 나누련만, 따라지 신세 참 불쌍하다. 책상에 앉아 이것저것 뒤적이다 사진을 내놓고 한 토막 한 토막 과거를 회상해본다. 아름다운 추억들이다.

오후에는 또 무얼 하나 생각하다 산보를 나섰다. 책 한권을 끼고 뒤산 중턱을 한 바퀴 돌아 보수공원으로 발을 옮겼다. 문득, 마른 가지에 갓 피어난 여린 복숭아 꽃이 눈에 들어왔다. 꽃이 서 너 송이 달린 작은 가지를 하나 꺾어서 집으로 향했다.

오는 길에 우연히, 얼마 전 밤중에 물 길으러 갔던 우물가에서 만난 처녀의 집을 발견하게 되었다. 빨래를 하고 있는 그녀를 보고 집으로 돌아와선 한 장의 편지를 썼다.

1954.3.11.(목) 추움

연대 면접 및 신체검사

오늘은 인물고사(면접) 및 신체검사를 하는 날이다.

7시 30분경에 집을 나서서 한 시간 만에 학교에 도착하였다. 학생들 몇이 나와 있었다.

정각 9시에 종이 울리고 예정대로 수험번호 1번부터 인물고사가 시작되었다. 얼마 후 나는 8번이라는 수험표를 가지고 학장실로 들어갔다. 특별한 건 묻지 않았다. "성도냐?(기도교 신자냐?)", "고교 때의 성적은?", "부형의 직업은?" 등 아주 간단하였다.

점심 시간에는 주영락 군을 따라 그의 집에 가서 점심을 잘 먹었다. 오후에는 신체검사를 했는데, 특별한 건 없었기에 이른 시간에 집에 올 수 있었다.

합격자 발표는 3월 20일이라고 한다.

1954.3.12.(금) 추움

나무를 쪼개다

얼음이 꽝꽝 얼었다. 바람이 몹시도 분다. 부엌 아궁이에선 찬바람이 숭숭 나와 불이 붙을 기미가 전혀 없어서 풍로에 불을 모았다.

조반 후에 대신동 나무 간에서 나무 150가지를 사서 지고 왔더니 기운이 쫙 빠진다.

방바닥은 궁둥이가 시릴 정도이고, 마음은 공연히 가라 앉는다. 요즘 들어 이유 없이 부글부글 화가 나고 가슴이 답답하다. 형님 또한 괜히 짜증을 내시는 게 버릇처럼 되었다.

등을 내걸어놓고 밤 9시 반까지 아까 가져다 놓은 나무를 모두 잘게 쪼개 가지런히 정리해 놓았다. 기운도 빠지고, 손바닥에는 콩알 마냥 조롱조롱 물집이 잡혔다.

장부의 굳은 심장이 되려면 모든 불만을 인내해야겠지.

1954.3.13.(토) 추움

나 혼자

찬 기운이 일어나는 방 안에 나 혼자 오똑하다. 오늘도 방 한 구석에서 책을 쥐고 떨고 있다.

요즘은 놀지도 일하지도 않은 채 하루하루 해만 넘기고 있다. 오늘도 해는 벌써 서산마루에 걸쳐있다.

달 밝은 저녁이다. 저 달을 기쁘게 바라보는 사람도 있겠지만, 나는 별스런 느낌이 들지 않는다. 다만 향수에 젖은 내 마음을 더욱 외롭게 만들 뿐이다. 밖에서는 가늘고 굵은 음성들이 저 달빛에 섞여 어디론지 들 흘러간다.

어느덧 잠잠해졌다.

1954.3.14.(일) 온난

부산대 수험표 받는 날

부산대학 수험표를 받는 날이다.

조반 후 책상 위를 쳐다만 보고 있다가 일찌감치 윤중연 군을 만나서 놀다가 시간이 되면 갈 양으로 밖으로 나왔다.

생물노트를 들고 윤군 집에 갔더니, 2층 윤군의 방에는 동무 몇이 이미 와 있었다.

오후 1시 경 부산대학 교정에는 많은 수험생들이 모여들었다. 거기서 밀양의 옛 벗들도 몇 명 만났다. 1918번이라는 접수번호를 가지고 수험표 교부장을 찾았다.

나는 진(眞)관 제2교부장에서 985번이라는 수험번호를 받았다. 전 교정에 깔리어 오물거리는 수험생 무리들을 한번 둘러보았다. 또록또록한 얼굴은 별로 눈에 뜨이지 않고, 모두들 고만고만해 보였다.[9]

1954.3.15.(월) 온난

부산대 시험 첫째날

8시20분 문을 잠그고 수험장으로 향했다.

9 일기 군데 군데서로 알 수 있듯 사람이 많이 모이는 장소에 가면 늘 무리들을 둘러보는 버릇이 있으셨단 걸 알 수 있다. 이런 점을 미루어 여기서도 아버지의 기개를 엿 볼 수 있을 듯하다.

여기저기 책을 들여다보는 수험생들이다. 나는 2층 제 8호실로 들어갔다. 내 자리는 오른쪽에서 셋째 줄, 뒤에서 두 번째였다. 자리에 노트를 두고 교실을 한 바퀴 둘러보았다. 아래층을 내려다보니 들어오지 않고 우물쭈물 하고 있는 여학생들도 있었다.

9시 10분 준비 종이 울고, 30분에는 두 명의 감독관이 시험지를 쥐고 들어왔다. 10시부터 90분간 첫 시간 사회생활과 시험이 시작되었다. 별로 곤란한 문제는 없었다. 반 이상은 맞을 것 같았다. 다음 국어 문제는 쉽게 나온 셈이다. 생각해 보니, 〈오우가〉 작자 윤선도의 시대가 인조~효종까지인데 선조로 잘못써서 아마도 틀린 것 같다. 그것 외에는 별로 잘 못 쓴 것이 없지 싶다.

점심 시간에는 사양을 하지 못해 창규 군에게 자장면을 얻어먹었다. 다음은 영어 시험, 별로 어려운 것이 없었다.

여학생 중 아침에 제일 먼저 입장한 사람은 내 옆줄 파마머리를 한 반장이었다. 우리는 그를 아침부터 반장으로 정했기 때문에 그냥 반장이 되었다. 대단한 미인이었다. 시험 도중 무심코 고개를 들었는데, 그가 무엇을 써놓고 앞을 바라보다 고개를 약간 돌렸다. 한쪽 뺨 밖에 보이지 않았지만 얼굴이 묘하게 매력 있어 보였다.

1954.3.16.(화) 온난

부산대 시험 둘째 날

오늘은 시험 둘째 날이다. 첫 시간은 수학, 다음은 선택 과목이다. 나는 본래 수학에는 취미가 없기도 하지만 시험이라 해서 특별이 공부를 더하지도 않았다. 문제는 공부를 하지 않은 나에게도 의외로 쉬운 편이었다. 총 여섯 문제 중 한 두 문제는 맞을 자신이 있다. 미분, 적분 일반 대수도 다소 알기는 하지만, 거의 십이 년 동안 배워 온 수학을 백지로 낸다는 건 말이 되지 않는다. 선택 과목으로는 과학을 택했다. 여섯 문제 중 세 문제만 풀면 된다. 생물 두 문제와 물리 한 문제를 택하였는데, 그리 잘 쓴 편은 아니어도 보통은 될 것이다.

오후 1시 반 필기시험이 모두 끝났다. 와글와글한 무리 중에 나도 함께 끼어 나왔다. 너 댓 명의 동무들과 중연 군의 방으로 가서 점심을 먹었다.

얼마 후, 우린 시험을 마친 홀가분한 마음에 산보를 하기로 하고, 대신동 수원지[10]를 향해 걸었다. 부산의 먼지 속에 그래도 이런 곳이 있어 다행이라 생각하며 우리 넷은 기다리는 이도 없는 산꼭대기 중턱까지 이야기를 주고받으며 걸었다. 어둑하게 우거진 나무에는 새소리 하나 없이 적적하였다. 대부분 스기목이고 중간 중간 말씬 벗은 나무도 몇 끼어 있었다. 내려올 때는 동아대학 쪽으로 내려왔다. 어느 집 뜰 안에는 활짝 핀 매화가 보기 좋았다. 꽃이 저리 활짝 피어 있는 걸 보니 확연한 봄이다.

볕도 달리 보인다.

10 '구덕 수원지'라고도 불리웠고, 국내에서 가장 오래된 현대적 상수도 시설이었다. 1981년 구덕터널 공사로 현재는 그 흔적이 사라졌다.

1954.3.17.(수) 온난

아쉬운 마음

졸이던 마음을 다 떨쳐버린 오늘 내 심정은 이상히도 경쾌하지가 않다. 엊저녁부터 읽던 책을 다시 쥐었으나 읽어지지가 않는다.

시험이 다 끝나고 나니 이상하게 아쉽다. 갑자기 아무 할 일이 없어져서 재미 또한 잃은 것 같은 느낌이다.

하는 수 없이 펼쳐져있던 소설책 거죽을 하얗게 입혔다. 새 기분을 돋우어 읽던 다음을 계속 해서 읽는다. 《찔레꽃》[11]이다.

1954.3.18.(목) 온난

부산대 면접

부산대학 인물고사(면접) 날이다. 일찌감치 목적지에 당도하여 동무들과 이야기하고 놀았다. 9시 30분경 수험생들은 모두 운동장에 모여 오늘 일에 대해 설명을 들었다.

10시20분경 제 1고사장에서 신체검사가 시작되었다. 다음은 구술시험장으로 들어갔다. 시험관 앞에서 긴장한 태도로 질문을 기다렸다.

"출신고가 어디지요?"

"부고입니다."

"좋습니다."

---

11 김말봉의 장편소설로 1939년 인문사, 1948년 합동사서점에서 단행본으로 간행.

이것으로 끝이었다!

정오도 되기 전에 오늘 일을 다 마치었다. 목(睦) 군과 함께 엊그제 우리와 같이 시험을 친 그 반장 여학생을 찾아 다녔다. 오늘 아침 틀림없이 나왔다는데, 아무리 찾아도 보이지 않았다.

한참 후, 우리 학교 급우들을 만나 나무 밑에서 놀다 돌아왔다.

1954.3.19.(금) 맑음

자본주의 사회에서 '돈'이란?

《찔레꽃》을 다 읽었다. 정순이라는 가난한 처녀와 조만호 사이에서 일어나는 일들이 그 내용이다. 읽는 도중에도 느낀 것이지만, 가난한 사람은 언제나 돈 많고 권력 있는 사람들에게 학대와 질시를 당한다. 그러나 아무리 돈과 권력으로 사람들을 구속한다 하여도 결국은 '의(義)'가 이기며 바른 길을 걷는 이에게 패배하기 마련이다.

그렇지만, 조만호의 말처럼 자본주의 사회에서 '돈'을 무시하기는 어렵다. 어제 부산대 교정에도 금띠 두른 사람들이 탄 자동차가 여러 대 보였다.

1954.3.20.(토) 맑음

연대 합격자 발표장에서

오전에는 신발을 수선하러 갔다. 정오가 약간 넘어 집에 돌아오니 형수님이 내려 오셨다. 열쇠가 없어 문 앞에서 서성이고 계시기에 얼른 열쇠를 꺼내 문을 열었다.

찬밥을 한 술 뜨고, 오후 3시경 연대 합격자 발표를 보러 슬슬 걸어갔다. 가는 도중 발표를 보고 돌아오는 사람들을 만났다. 벌써 발표를 했나 두근거리는 가슴을 진정시키며 발표 장소로 갔다. 그런데 사회과학과 8번은 발표 게시판에 없었다. '이제 영영 남의 학교가 되고 말았다. 오히려 잘되었다. 시원하다.' 생각하고 가만히 합격자 번호들을 살펴보았다.

우리학교 급우들 중에서 교인들은 다 합격을 했고, 교인이 아닌 사람들은 단 한 명도 붙지 않았다. 다시 한 번 훑어보아도 확실히 그랬다. 원서 접수 때부터 '교인이면 반드시 목사의 확인서를 요함.'이라 되어 있었고, 구술 시험 때에도 제일 먼저 "교인이냐?"고 물어보더니……. 이같이 교인을 우대하는 '조선 크리스챤 유니버시티'라면 나는 그리 안타깝지도 않다.

얼마 전 대학 입시를 앞두고 있을 때만 해도 서울이냐, 부산이냐? 만약 서울로 갈 양이면 서울대학이 아니면 그냥 부산에 남는것이 더 낫다고 단념하고 있었는데, 난데없이 연대 소급 과정 대학이 생겼다고 해서 느닷없이 여기다 원서를 낸 것이 아닌가? 원서를 낼 때부터 지금까지 사연도 참 많았다. 그동안 여러 차례 한 시간을 넘게 걸어서 왔다갔다 하며 욕 본 것이 좀 원통하기도 하다.

1954.3.21.(일) 온난

시험에 낙방한 나는?

어제그제는 사나운 삭풍이 불기도 했는데, 오늘은 볕살이 도탑다. 건너편 성당에서는 떵! 떵! 종소리가 울리고, 성경책을 옆에 낀 신사숙녀들 오전거리를 한바탕 지나간다.

가만히 놀고만 있으려니 여간 무료한 게 아니다. 이제 나는 작은방을 수리해서 책들을 옮기고 새롭게 공부를 시작해야지 다짐하고 의자부터 고치기 시작하였다.

잠시 일을 쉬다 무심히 앞바다를 쳐다보고 있는데, 아침 일이 머리를 스친다. 아침에 하동 아주머니 댁에서 제삿밥을 먹었는데, 연대 입시 얘기가 나왔다. 거기에 낙방한 나는 새로이 불쾌한 기분이 들었다.

그러나 한편엔 돈 많은 사람들만이 들어가는 학교로 전통이 굳어있고, 입학이 되어도 제복을 입지 않으면 등교하지 못하게끔 위신을 찾는 학교라고 시험에 떨어진 자만이 찾을 수 있는 모든 구실을 들어, 어찌 생각하면 잘 되었다 위로를 삼았다.

1954.3.22.(월) 온난

방 수리 하며 마음을 다지다

계획대로 오늘은 방을 좀 수리하고, 문도 보기 좋게 도배를 할 생각으로 아침밥을 먹은 후 곧바로 일을 시작하였다.

'입시에서 통과한 사람도 있었는데, 난 왜 통과하지 못했나 하는 비관

따윈 버리자.'

"다리 밑에서 거적을 덮고 자더라도 부끄러이 여기지 말고, 끝까지 인내해서 나갈 용기를 가진 사람이야말로 학문을 닦아 성공할 수 있다."는 이상찬 선생님의 말씀을 새겨듣고, 우선 공부할 수 있는 환경부터 만들자.

오후 4시경 하던 일도 대충 끝이 나고, 비좁은 큰방에서 이제 내 방이 된 작은 방으로 책을 옮겼다. 벽 하나를 사이에 두고 아이들의 재잘거리는 소리가 정겹다.

우선 책상에만 앉아보아도 정이 다르다. 이제 이곳은 내 안식처, 불쾌했던 모든 일들은 다 잊고 이곳에서 책을 읽으며 앞날을 약속해야지.

1954.3.23.(화) 온난

간절한 일본어 공부

이전부터 생각해오던 것인데, 일본어 공부가 간절하다. 참고서 하나를 보려고 해도 원서 아니면 일본어이지 않은가? 일본어 책이 원서 못지않다는 것을 우리는 잘 안다.

우리나라의 지금 형편이 대부분이 원서를 일본어로 번역한 것을 다시 우리말로 번역한 것들이라 그 본의(本意)가 여간 복잡한 것이 아니다. 원서를 마음대로 볼 때까지 나는 우선 일본어 책을 마음대로 읽을 수 있는 실력을 길러야겠다.

초등학교 사학년까지는 일본어를 배웠지만, 고등학교에 들어오면서부터 갑자기 일본어 공부에 대한 자극을 다시 받았다. 여태껏 공부를 해야지 생각만 했었는데 잘 실행되지는 않았다. 이제 다른 사람들이 놀고 있는 한가한 때를 이용해 한 번 공부 해볼까 한다.

아침에 보통 때와는 달리 빨리 일어나 세수를 하고 책방을 찾아갔다. 옆에 토가 달린 일본 서책을 내어놓고 읽어본다. 혀가 굳어 발음도 잘 되지 않고, 평소 쓰던 쉬운 말마저 잊은 게 허다하였다. 한 시간 반 동안 읽었는데도 겨우 20페이지를 넘기지 못했다.

한편 수치스럽고 자존심이 상하기도 하지만, 불행한 우리 처지를 누가 안타깝게 여기리오. 학문은 학문일 따름이지 구속받고 구차하게 생각할 것이 무엇이리? 우리들이 사회를 이끌어 갈 앞날에는 우리 후배들에게 보다 좋은 환경을 제공하여 공부에 불편이 없도록 해주어야 하지 않을까.

1954.3.24.(수) 온난

암향[12]

빰을 살그머니 간질이고 달아나는 바람은 훈훈한 기운을 실어오고
먼 바다 위 돛단배도 아롱아롱 희미하게 물들었다.
살랑살랑 웃고 서있는 성근 매화가지.
암향이 또 다시 피어나누나.

---

12 몇 자의 붓 희롱을 먼 후일 다시 보게 되었을 때 지나간 과거가 마치 어제처럼 다가와 새로운 暗香(암향)이 피어오르겠지. 1953.11.21. 일기 〈暗香암향〉 전문
아버지께서는 다시 '암향'이라는 주제로 시를 지으셨다. 추운 겨울을 지나 새롭게 맞이하는 봄, 대학입시 불합격이라는 시련 속에서도 매화꽃의 은은한 향기를 당신의 분신이라 여기며 마음을 다지셨나 보다.

1954.3.25.(목) 온난

처음 교회에 가다

서부교회 교인 한 사람의 안내를 받고, 오늘 저녁 7시 형수님과 함께 처음으로 집회에 참석하였다.

'토기쟁이가 흙을 주물러 어떤 그릇을 만들지 모르듯 여호와가 우리를 어떻게 만들지 모르는 일이니 그냥 모든 걸 믿고 맡기면 된다.'라는 게 늙은 목사의 설교 요점이었다.

목사의 설교를 듣는 것은 대단히 흥미가 있었지만, 기도를 하라는 말이나 기도 도중 눈물을 흘리며 바닥을 두드리는 멀쩡한 계집애들의 모습은 듣기도 싫고 보기도 싫었다.

1954.3.26.(금) 온난

저녁에도 교회로

새벽 다섯 시 종소리가 울리는 동시에 웅크리고 누운 몸이 발딱 일어나졌다. 준비를 해서 오늘 아침에도 교회로 나갈까 하다가 그만 책상머리에 앉아 책을 읽었다.

오전 10시에 열리는 집회에 갔다. 목사의 설교를 듣는 것이 내 목적이니까 설교만 듣고 돌아 왔다. 주제는 '회개하다'였다.

집에 돌아와서 도민증 검열을 마치었다. 심심해서 저녁에도 성경을 끼고 교회로 나가 설교를 들었다. 우리의 어깨에 얹힌 죄의 보따리, 십자가 앞에서 순결한 보혈로 씻는 길만이 우리가 안락하게 살아갈 수 있는 비결이라고…

1954.3.27.(토) 흐림

부산대 합격증을 받다!

농촌에서는 보리밭에 내릴 비를 기다려 하늘을 우러러 보는 차인데, 하늘은 무심치 않아 비가 내릴 듯 잔뜩 흐려있다.

아침을 먹자마자 합격자 발표를 보기위해 먼저 대신동 윤군의 방으로 찾아가 그와 함께 부산대로 갔다. 윤군이 먼저 합격자 명단에서 경제학과 (수험번호)985번을 발견하고는 내게 손을 내밀어 악수를 청했다.

옆 커다란 별지에 '합격자는 28일 오후 3시 본 교정에서 합격증을 교부하며, 지시 사항이 있음'이라고 쓰여 있었다. 초조한 안색들을 하며 들어오는 수험생들을 뒤로하고 집으로 돌아왔다.

우리 부고(釜高) 출신들은 모두들 기쁜 얼굴로 서로 손을 내밀어 악수를 청하고 있는데, 한 가지 섭섭한 일은 우리의 반장이 아마 낙오가 된 모양이었다. 아무리 찾아보아도 보이질 않아 좀 실망스럽기도 하였다.

1954.3.28.(일) 비

대학 입학금 걱정

기다리던 비가 온다. 봄비는 바실바실 알맞게도 내린다. 마음이 여유롭다.

벚나무 가지는 볼통하니 봉오리가 생겼고, 대신동 수원지에는 이름 모를 풍만한 백화가 만발해 봄빛을 물들이고, 작은 새들은 제 멋에 겨워 지저귄다.

성경을 끼고 교회로 올라갔다. 십자가 앞에는 몇몇 아이들만이 손장난을 하고 있었다. 하는 수 없이 나도 교인들처럼 십자가 앞에 잠시 엎드려 있다가 성경을 몇 장 읽었다. 재잘거리는 아이들만 한 둘 모여들 뿐 어른들은 오질 않았다.

얼마 후 아이들의 예배가 끝나고 출석을 부르고 하는 걸 보니 아마 주일학교인 모양이었다. 내가 밖으로 나왔을 때는 어른들도 몇 보였다.

집으로 와서 한참 있다 오후 한시 반 쯤 학교(부산대)로 갔다. 오늘은 정식으로 합격통지서를 받고, 여러 가지 주의 사항을 들었다. 합격증을 손에 쥐고 보니 새로운 기쁨이 있었다. 한 달 전까지만 해도 서울로 가나 부산으로 가나 하다가, 부산이라고 하면 왠지 모를 코웃음이 나곤 하였다. 그런데 막상 부산으로 작정하고 나서 7:1의 높은 경쟁률을 뚫고 오늘 최종적으로 합격증을 받고 보니, 또 다시 교만한 생각이 떠오른다.

이제 합격은 되었지만 또 다시 내 앞에 가로 놓인 건 입학금 문제이다. 무난히 넘어 갈 수 있을지. 지금 시가로 환산해 나락(벼) 열 섬이 한꺼번에 들어가야 하니 보통 일이 아니다.

저녁 때가 되었다. 합격증을 형님 앞에 내놓은 나는 아무 말도 하지 못했다. 저녁(밥)을 먹고 책상머리에 앉아 학교에서 내어준 봉투를 무심히 들여다보며, 나의 다음 말을 기다리고 있을 형님을 생각해 본다.

철없는 놈이면 이 말 저 말 생각 없이 함부로 하겠지만, 그만한 것을 장만 하려면 얼마나 힘이 드는지 잘 아는 나로서는, 나락 열 섬 값을 불쑥 내놓으라는 말을 하려니 여간 미안한 마음이 드는 게 아니다. 저녁상을 물린 방 안에 침묵이 계속되었다. 기색을 살피며 조심히 말을 꺼냈다.

다음 달 3일까지 절차를 마감하지 못하면 나의 대학생활은 없는 것이다.

1954.3.29.(월) 온난

천환을 가지고 서점으로

비온 뒤의 맑게 갠 날씨가 깨끗해서 좋다. 어제 저녁에 입학금 문제를 어렵사리 얘기해 놓고 나니 마음이 한결 가벼워졌다. 책상 앞에서 이리저리 궁리를 하던 나는 바쁜 볼일이나 있는 양 외투를 손질해서 입고는 밖으로 나갔다.

주머니 속에는 새파란 백 환짜리가 여남은 장 들어 있었다. 이 돈으로 무얼 하나 견주고만 있었는데, 대학입시라는 큰 고개 앞에서 까마득히 잊고 있던 터였다. 사실 대학 시험보다는 대학을 어디로(서울, 부산) 가느냐가 나를 무척이나 힘들게 만들었었다.

오늘은 이 천환을 가지고 서점으로 향했다. 얼마 전까지만 해도 카메라를 갖고 싶은 욕심에 돈을 모으고 있던 참이었다. 그런데 '내게 무슨 카메라가 필요한가, 부자들이나 부리는 허영이지.' 란 생각이 들었다. 그 보다는 한 권의 책이 내겐 훨씬 현실적이리라. 이것저것 많은 책들을 구경하였다. 그 무엇보다 제일 탐나는 것이 질질이 재어 놓은 저 책들이다.

돌아올 때 《문장강화》 등 너덧 권의 책을 사들고 왔다. 뭔가 모를 기뿜이 우러나와 주체할 수 없었다. 집에 돌아와 사랑스런 책들을 뒤적였다. 즐거운 시간이다. 그런데 제 아무리 사랑하는 것이라도 돈 아니면 얻을 수 없으니, 모든 것이 다 금전의 희롱이구나 생각하니 씁쓸하기도 하였다.

내가 몇 권의 책으로 인해 좋아라 하는 이 순간에도 시계 바늘은 쉴 새 없이 앞으로 걸어만 간다.

1954.3.30.(화) 흐림

이를 잡다

어제 사온 《노오벨전》을 읽었다. 내 구미에 딱 맞아 재미있었다. 《문장 강화》도 뒤적여 보면서 얼른 읽어보고 싶은 충동을 느꼈다.

간밤에는 몹시도 추웠다. 세찬 바람이 뜰 옆 삐죽한 포플러 가지를 스칠 때면, 내가 누운 방바닥 판자 틈으로 찬바람이 새어들어 몸뚱아리를 싸늘히 식혔다. 아직은 담요 한 장, 요 한 채로는 부족한 날씨다. 하지만 하는 수 없다. 봄 추위도 얼마 남지 않았을 것이니 참고 견디자.

오전 시간은 그럭저럭 다 가고 싸늘한 요 위에서 곤하게 낮잠을 한 숨 잤다. 시부적거리는 동안에 구름 속에 들었던 해도 져서 저녁이 되었는데, 거리는 불빛 하나 없이 컴컴하다. 정전인가보다.

저녁을 먹고 가만히 앉았으니, 등에서 '이(蝨)'란 놈이 사물사물 기어다니고 이따금 물기도 하며 귀찮게 하였다. 옷을 벗어 녀석들을 잡기 시작했다. 아래 내의, 위 내의 번갈아 가며 여러 마리를 잡았다.

그러던 중 오락가락하던 전깃불이 환하게 들어왔다. 눈이 번쩍 뜨이며 '이'란 놈이 훨씬 더 잘 보였다. 그렇게나 물어뜯고 귀찮게 하더니 한 마리씩 발견 할 때마다 어찌나 반가운지 잡아내어 방바닥 종이 위에다 놓고 손톱으로 찍어 누르면 묘하게도 시원스런 느낌이 든다.

박지호 묘비명

예순 걸음 내딛다
문득 뒤돌아보니
내 고향 당두는
먼 듯 가까운 듯
당산나무같이 말이 없다.

나와 아내의
복사꽃 젊음이 아프게 묻힌
새 들, 앞 들 번듯이 누워있고
이제는 옛 사람으로 돌아가
양지 바른 기슭에서
두런두런 자식들 얘기 나누실
아버지, 어머니, 형님이 계신 곳

뒤를 돌아보기보다
앞만 보기를 고집하던 젊은 날
내 살을 깎듯 빈산을 쪼아대고
피땀을 모아 들에다 묻고,
물박산은 늘 내려다보고 있었지만
말이 없었다.

예순 걸음 내딛다

내 품안 살피니
폭풍 속 같던 젊은 날은 이제 아니지만
잘 자란 곡식마냥 고개 수그린
자식이라는
봄 싹 인양 갓 핀, 손주 녀석이라는
작은 봉우리 여럿이
두 팔 가득 안겨 있구나!

앞만 보고 내디딘
… 서른, 마흔, 예순 걸음
정직하게 살아서
이제 난 부자다.
더 이상 울지 않아도 될
아내에게
이젠 얘기하련다.
우리 젊은 날은
살찐 복숭아밭이었다고.

還甲 생신날 보경이의 詩로 묘비에 새기다

고향·어머니와 집안을 그리워하며 꿈을 키우던 청년시절 우리 아버지

나는 선친께서 아무 것도 하지 않은 채 시간을 낭비하는 걸 한 번도 본 적이 없다. 손닿는 곳엔 항상 책을 두셨고, 하다못해 신문이나 TV를 볼 때도 늘 메모를 하셨다. 덕분에, 돌아가시는 날까지 나이가 들면 기억력이 감퇴 된다는 말을 이해 못 하겠다 하셨다.

책이 귀하던 시절 가난한 형편에 차비와 밥값을 아껴서 사 모았던 책들은 절대 버릴 수 없었던 아버지 평생의 보물이었고, 자식들이 함부로 정리할 수 없었던 아버지의 유물이었다. 그 속엔 아버지가 평생 써오신 일기장도 수십 권 들어 있었다. 예전 글 좀 하셨던 어른들은 문집(文集)을 내는 것이 당연한 일이었기에, 아버지의 일기를 책으로 엮고 싶다는 생각은 줄곧 가졌었다. 한자가 많이 섞여 있어 쉬이 읽기조차 버거웠는데, 마침 동생이 보기 쉽게 정리를 해서 이처럼 책을 만들 수 있었다.

고향을 잊지 못하고, 늘 어머니와 집안을 걱정하고, 경제적인 어려움 속에서도 꿈을 잃지 않았던 한 청년의 일상이 되살아났다. 그 시절 그곳에서 청년 박지호에게 꿈을 줬던 여러 선생님들, 같이 해줬던 친구들, 우물가 처자들 모든 분들께 진심으로 감사드린다. 풍요로운 오늘의 우리는 모두 옛 어른들의 수고로움 덕분임을 잊지 말아야 할 것이다. 또한 글 정리하고 편집하느라 애쓴 동생에게도 고마운 마음 전한다.

첫째, 큰딸 박강미

2017년 8월 25일

고매한 선비이신 아버지의 모습이 생생하게 기록

1년 그 이상의 시간 동안 누이는 아버지께서 요즈음과는 다른 맞춤법, 흘림이 있는 글씨, 한자가 섞여있는 문장 등으로 1950년대 초반에 쓰신 일기를 새롭게 정리하여 옮겨 적었다. 나는 누이가 필사한 아버지의 유품 중 '고교시절 일기 편'인 《암향》을 컴퓨터로 워드 작업하는 것을 옆에서 도왔다.

아버지의 일기를 읽다가 왈칵 눈물을 쏟은 게 한두 번이 아니다. 비단 내 아버지의 글이라서가 아니라, 암울한 시기에 그 시대의 젊은이가 품었을 꿈과 이상 그리고 경제적인 이유로 인해 고뇌하는 모습들에서 나는 아픔을 느꼈다. 항상 조심하고, 근검하여 고매한 선비 같았던 아버지의 모습이 떠올랐기 때문이다. 또한 그 분이 가진 감수성의 자락도 발견하였다.

소박하게 엮어 가족끼리 나눠가질 요량으로 시작한 일이 큰 일로 변했다. 꿈에도 보고 싶은 우리 아버지……. 일기 글의 작업 내내 가슴 한켠 먹먹함을 떨칠 수 없었다.

셋째, 큰아들 박하균

2016년 12월 6일 저녁에

아버지의 청춘시절 속으로!
아버지를 알아가는 여행

십년이란 세월이 한 사람을 이해하는데 충분한 시간일까? 물론 철없던 시절을 보태면 더 많은 시간이겠지만, 막내로 태어난 내가 아버지와 같이한 시간이 꼭 이만큼 되는 것 같다. 짧다면 짧고, 길다면 긴 이 시간을 나는 허비했다. 아버지와 많은 교감을 갖지 못한 것이다. 태생이랄까? 아니면 38년이라는 세대차이였을까? 나는 아버지와 많은 대화를 나눈 기억이 없다. 아마 내가 타지에 자리 잡지 않고 한국에 살았더라면, 조금은 더 많은 시간을 보내며 아버지와 세상사는 이야기도 하고 그랬을 것 같아 많은 아쉬움이 남는다.

집을 산 후로 나는 뜰에 나가 할 일이 많이 생겼다. 잔디도 깎고, 화단에 잡초도 뽑는 것이 땀을 흘리며 하는 노동인 셈인데, 하루 종일 실내에서 일하며 운동을 그리 좋아하지 않는 나에게 그 일들은 바깥에서 할 수 있는 유일한 소일거리다. 이럴 때면 어김없이 예전에 해양공사 앞 빈터에다 텃밭을 가꾸시던 아버지를 생각하게 된다. 그때 가끔씩 나도 삽을 들고 도와 드리긴 했지만, 텃밭으로 자전거를 몰고 가시는 아버지를 모른 척 한 적이 더 많았다. 그러던 내가 흙을 만지고 풀을 뽑고 나무를 가꾸는 것에 재미를 느낀 건 우연한 일일까?

주변에서 부모를 꼭 빼 닮는 자식들을 볼 때가 있다. 흔히 외형은 유전자로, 습성이나 말투 등은 같이 살며 보고 배우는 것으로 이해한다. 하지만 최신 과학의 발달은 자녀가 외모뿐만 아니라, 행동, 취향, 성격 등의 내성 적인 것도 몸속의 DNA를 통해 유전된다는 것을 밝히고 있다. 그렇다면 내가 생각하고 행동하고 좋아하는 것들은 부모님께 물려받은 필연적인 것들 일 것이다. 그러고 보면, 아버지를 이해할 단서가 내 속에도 숨어 있는 셈이다.

오늘은 아버지가 돌아가신 지 4년 4개월 7일 또는 1,590일이 되는 날이다. 나는 아버지의 마지막 모습을 뵙지 못했다. 그 아쉬움은 그리움으로 변하고, 그럴 때면 새록새록 떠오르는 아버지에 대한 기억들……. 당두 살 적 어느 여름날 밤에 우리는 정당골산에 있는 원두막에 가서 온 가족이 수박을 맛있게 먹었던 기억이 난다. 아마 돌아오는 길이었을 것이다. 갑자기 온 비에 강의 물이 불어나, 아직 어렸던 나는 아버지 등에 업혀 앞내를 건넜다. 그 넓은 아버지의 등이 그립다. 눈이 수북이 쌓인 자산동 골목길을 따라 크게 미소를 지으며 출근하시던 아버지의 모습이 그립다. 기분 좋을 만큼 취하신 아버지와 비 오는 저녁 회원동 시장 길을 손을 잡고 걸은 적이 있었다. 아버지의 따뜻한 손이 그립다.

정원 손질을 하며 재미를 느낄 즈음, 그 그리움을 조금이나마 이길 선물을 아버지 당신께서 주고 가셨단 생각이 든다. 그것은 아버지의 꿈 많던 젊은 청춘으로 가 볼 수 있는, 아버지를 이해 할 수 있는 또 하나의 단서이기도 할 것이다. 나는 이제 내가 알지 못했던 아버지를 알아가는 여행을 시작해 보려 한다.

"아버지! 옛 이야기 좀 들려 주이소."

막내, 둘째아들 박하중

2017년 8월 22일 늦은 밤 미국 플로리다에서

暗香

일기 원본

暗香

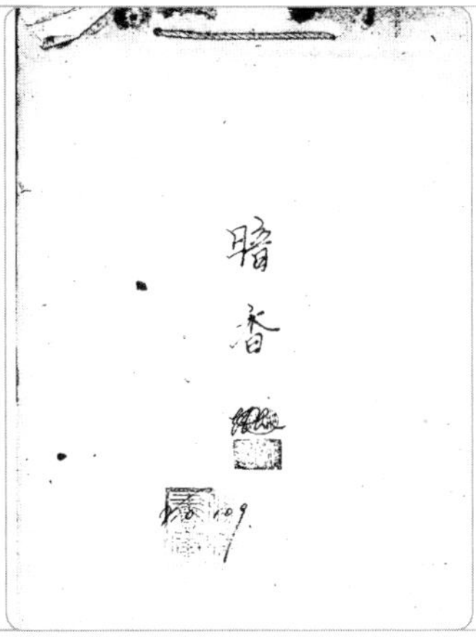
暗香
109

暗香 第一号

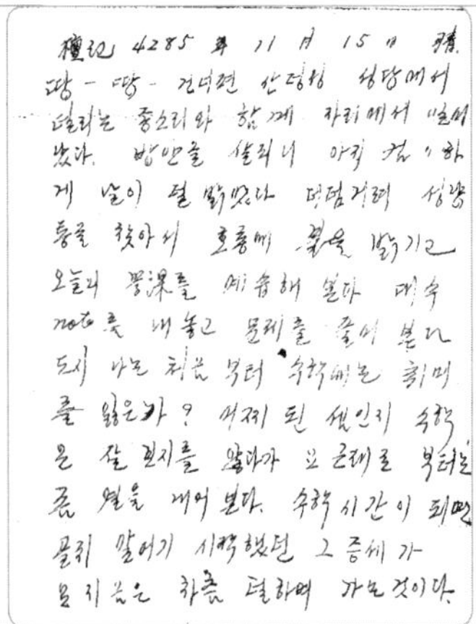
檀紀 4285年 11月 15日 晴.
땡-땡- 건너편 산등성 성당에서
들리는 종소리와 함께 자리에서 일어
났다. 방안을 살피니 아직 컴컴하
게 날이 덜 밝았다 더듬거려 성냥
통을 찾아서 호롱에 불을 밝히고
오늘의 學課를 예습해 본다 대수
책을 내놓고 문제를 풀어 본다
도시 나는 처음부터 수학에는 흥미
를 잃은가? 어찌 된 셈인지 수학
은 잘 되지를 않다가 요 근래로 부터는
좀 열을 내어 본다. 수학시간이 되면
골치 앓기 시작했던 그 증세가
요지음은 차츰 덜하여 가는 것이다.

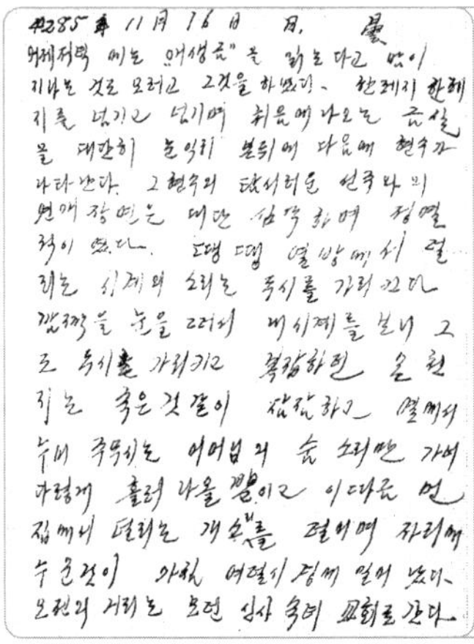
4285年 11月 16日 月. 曇
어제저녁에는 "애생긴"을 읽는다고 밤이
지나는 것도 모르고 그것을 하였다. 한페지 한페
지를 넘기고 넘기며 처음에 나오는 순실
을 대단히 눈익히 본뒤에 다음에 현수가
나타난다. 그 현수의 탐스러운 선구나의
연애장면은 대단 심각하여 정열
적이었다. 땡땡 옆방에서 들
리는 시계의 소리는 두시를 가리키고
깜짝 놀 눈을 떠서 벽시계를 보니 그
도 두시를 가리키고 [illegible]하던 온천
지는 죽은 것같이 잠잠하고 옆에서
누워 주무시는 어머님의 숨소리만 가벼
가렇게 흘러나올 뿐이고 이따금 먼
집에서 들리는 개소리를 들으며 자리에
누운 것이 아침 여덟시경에 일어났다.
오전의 거리는 [illegible] 교회로 간다.

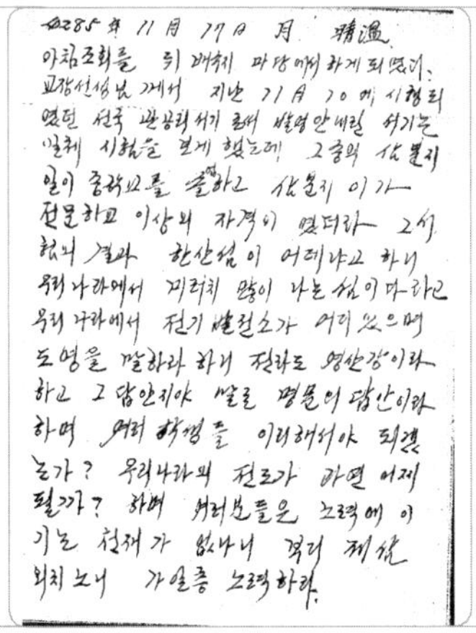
4285年 11月 17日 月 晴溫
아침조회를 뒤 배추 마당에서 하게 되었다.
교장선생님께서 지난 11月 10日에 시행되
었던 전국 [illegible] 시기는
일체 시험을 보게 했는데 그중의 [illegible]
일이 중학교를 졸업하고 [illegible] 이가
전문하고 이상의 자격이 있더라 그시
험의 결과 한산섬이 어데냐고 하니
우리나라에서 고려자기 많이 나는 섬이라고
우리나라에서 전기발전소가 어디 있으며
도명을 말하라 하니 전라도 영산강이라
하고 그 다음엔지아 쌀로 명물이 담산이라
하며 여러 학생들 이러해서야 되겠
는가? 우리나라의 전도가 과연 어찌
될까? 하며 여러분들은 노력에 이
기는 천재가 없나니 꾸준 [illegible]
[illegible] 가일층 노력하라.

4285年 11月 18日 火 寒

지난밤부터 휘몰아치는 찬바람은 창앞에 서있는 포푸라 가지를 몹시 울리고 낙엽을 흩뿌린다 가시기 좋다 아침에 창을 열고 내려다 보이는 거리를 보니 한사람 한사람 움추리고 [illegible] 외투에 싸고 빼대억 거름 걸고들 있다. 이제는 겨울이 가까이 왔나 보다. 火·校內 미분 시험을 보았다 이외에도 문제는 어려웁고 아는가 모르는가 어리둥절하며 한참을 생각하다가 ~~[illegible]~~ 측문제를 제기 풀고 앉았다가 뒤에서 밀려오는 떠안기는 떠들리고 웃었는 나를 재촉하며 앞으로 밀려갔다.

일시적이나마 멍에를 벗은 것같구나.

4285年 11月 19日 水 晴

제일교시에 ?機化學 대로 朴忠洪 선생의 결혼 수업이 있었다. 詩 한편을 감상하고 비평하고 난후 말씀이 대체로 지금 고등학교 학생은 국어의 기초지식이 모자란다고 말씀하였다. 그리고 우리 나라 사람은 六·二·五 동란을 당한후로는 더욱더 감정이 어른같이 얼어 붙었다고 하였다. ……

제삼교시에는 음악실에서 신체검사가 있었다 지난해 신체검사를 보니 그때와는 좀 달리 신체가 건강해 졌다 하고 생각된다. 검사하는 의사는 의과대학 교수 선생님들이였다. 특히 운동장도 불충분하고 환경이 또는 교외가 좋지 못한 이 교장에서 뛰어보았자 가 일층 제 각기 신체 건강에 유의하라고 주의 계셨다.

4285年 11月 20日 木 晴

오늘 生物시간에는 哺乳類의 ?? 나 ??에 대하여 배웠다. 대단 복잡하고 일찍 못어온 이야기 들이 약간 있었다. 洪? 이 이 사람 정신 차려. 하는 힘찬 소리에 선생을 주목하고 있던 우리들이 모두 정신이 더 잘 차려졌다. 요사이 날씨가 쌀쌀 "하고 해서 다른 사람들은 일반적으로 생기가 왕성한 모양인데 왜 하세는 자부는 사람 같이 그모양이야 하고 말할때 여러 학생들은 이구이나 한꺼이 모두들 우허— 하고 떠들어 댔다. 그것은 이유가 있는가? 생각된다. 선생은 따라서 웃으며 그무슨 신비한 일이 있는가 보구나 하였다.

4285年 11月 21日 金 晴

지난번에 신체검사에 대해서 통계낸 결과 작년 보다도 훨씬 우리학교 학생들은 체질의 건강이 저하되었으며 생[illegible]일 정도는 폐결핵균을 가지고 있는 모양이라고 담임선생께서 아침 조례시간에 말씀하시였다 더구나 우리 학교에서는 운동장도 없고 하니 좀 특히 신체단련에 有意하라는 것이였다. 게시판에는 일학년 학생수명이 校則違反(극장출입)에 停學處分을 당하였다. 여태까지 우리 ?高는 校外指導部에 주의를 당한 일이 없는데 不幸히 이번 수명이 지적 당했는가? 생각 된다.

4285年 11月 22日 土 ?

下校時에 鐵道局에 ?? 氏를 만나려 갔으나 非番이라 해서 만나지 못하고 오는 길에 平凡社. 世界書林 등으로 가서 英?? 참고서를 사려했으나 얻지 못하고 돌아왔다. 집에 와서 조금 있으니 서역이 놀러 왔어 하종 아주머니와 같이 이야기들을 하고 한참 노니 조선이 이제 자정으로 부터 놀아 보시였다. 저녁을 자시며 이야기 한다.

이제 내가 중산중 ?? 한테 갔다 오는 길인데 그들은 어제 전부 이리로 이사하고 집에서는 은평 교실댁 에서 나락 장리를 받을 것이 있는데 ?山 ?遠이를 시켜 받아오라 신산하게들 하고 있다고 하시며 어머님께 문의 한다. 그것은 예전에 지금부터 約 25年前에 일인데 나락 엿말을 얻어 왔다가 후해에 논두[illegible] 마지기를 代身하였다고 하는데 요사이 세월이 뒤숭숭 하기로서니 사람을 놀려 보고 말을 하여도 분수가 있지 우리들이 알지 못하는 옛 일을 지금 새삼스러히 이용하자는 것이 대단 안타까운 일. — 물론 저이들이 그렇게 한다 해서 놀라지 않겠지만. — 이런소리를 곁에서 듣고 있으니 무었인지 불덩이가 가슴을 찌르고오는 듯이 고추먹으로!

환장을 하여도 헤사가 아니리 … ——
아 이제는 광두로 사람이 없어여 허울뿐
이로구나! 안타가운 내 땅이 여
한 시절은 지났나 보다 야—이
우둔한 당신아 꿈에 빠지고 너 정신
을 바로 가지여 온당하게 살고
죽고 할 것이 아닌가 고연히 남
을 노략질 하며 집에 아무도
없다고 해서 그렇게 엉뚱한
짓을 하며 헛 소리를 지려 것
이 있겠는가? 명철한 理性
으로 고요히 생각하여 스스로
깨달아라. 나는 그대를 저주
하지 않는. 명철한 理性[에] 있기
…

4285年 11月 23日 日. 曇
아침 여섯시 경에 아침식사를 거치고 어머
님 (…)이 집에 올라 가시는데 (…)까지
가서 Bus를 태워 보내시었다
추석에 내려오신 후로 집에서는 제일
섭섭하게 여기며 어머니를 찾는 이는
正波 일것이다. 그날 학교에 갔다가
돌아와서는 어머니는 어데를 가시셨까?
하다가 (…) 한테나 물어서 부산에가시
었다 하는 말을 들어 섰대 그런 어머
니는 언제 온되? 하고 묻고는 지금
이라도 곧 어머니가 돌아 오시었으면
좋겠다 하고 말하였을 正波!
오늘 점심때 까지만 되면 집에
까지 도착 될것이니 오늘은 열심히
이든 해서 집에서 놀다가—
얼마나 생각(…) 할까?

추석 이후 지금 까지 어머님을 모시다가
오늘 아침 충주로 해서 어머니를 태운
Bus가 길리를 (…)하게 내며 달리는
것을 보내 한편은 여기서 계시는
보다는 집에 가시어서 (…)한 방에
편히 계시는 것이 편할 것이라 생각
되며 또 한편은 섭섭하며 마음
이 편치를 못하였다. 그런데 저번
에 내려 오실때는 交通이 便利를
못해서 自動車로 오시며 멀미를
하시어서 大端 욕을 보시었는데 오
늘도 또 自動車로 해서 遠路
에 얼마나 욕을 보시겠는가?
아모쪼록 무사히 도착하시야 될것인되.

아무것도 하는 것없이 (…) 머리에.
부터 앉아 (…)를 든다고
시부적 거리고 있는 동안 해는 갈로
지나 간다 (…)를 보니 세시다
하마 어머님은 무사히 (…)에
到着 하시었는지? 途中에 멀미로서
얼마나 욕을 보시는지?
오늘 저녁 부터는 (…)에 하던 食(…)
가 되었다. 잠을 하는 동안 몇번이
고 작년 約 八個月 間의 자치 생
활이 새롭게 생각나며 어머님이
계시어서 얼마나 편하게 工夫하며
학교에 다닐수가 있었는가? 가—
느껴 진다.

4285年 11月 24日 月. 小雨
아침에 자리에서 꿈을 꾸고 있는 동안에
어디서 부르는 소리가 들리고 해서
잠을 깨고 일어나 보니 (…)이 부르시
는 소리였다. 나는 이제 꿀 아침
늦게 까지 잔 적이 없었다. 밥을
할라고 쌀을 가지고 부엌으로
나가니 난데 없는 비가 내리며
대단 시거롭며 기분이 좋지를 못하였다
마침 밥을 빨리 빨리 한다고 하는것이
여덟시 까지 끓적거리고 있었다.
학교에 가서 걸상에 가만히 앉아 있노
라니까 살살 춥기 시작한다—
이제 창문도 내니야 이다 로 로써
우리 대신에 해 놓았다—
비는 (…)히 내리어 下校時에

로 가빠를 뒤집어 쓰고 철벅
철벅 …
집에 도착하던 길로 그냥 의복을
벗어 놓고 저녁을 하기 시작 하였다
해는 왼 그리 빨리도 넘어 갈꼬?
밤은 아직 간 로 되지 않았는데
어둡기를 (…)하며 야단이야
그래도 비는 늘 오다 마다 하며
바람이 가끔 확확 불니 (…)
붙어 있는 낙엽들을 만자 떨친다…
저녁을 마치니 또 여덟시다
아침에도 식사를 끝내고 나니 여덟시
러니, 쌀을 끼려 놓고 방으로
왔다 몸은 무엇이고 한기가
든다 하지고 이불을 쓰고 자리에.

4285年 11月 25日 火 晴
오늘 數學시간에 ??을 試驗 본다 해서 모두들 열심히 아침부터 공부하고 있다
第一校時 미술시간이다
이 시간에는 시험은 치지 않고 문제를 풀었다. 英語 時間에는 自習을 하였다. 實科時間에는 ?前번 위 壇에 올라가서 圖案을 그린 것이 있다 그것을 각각 하나하나 따라 나갔다. 大部分의 공부들은 大端 잘 그린 것 같은 모여 有意했고 칭찬도 있었다. 한참 보다가 나가가 한장을 그렸고
先生任이 說明이 자상 하시었다
그래서 쳐다 보니 이외에도

그것은 나의 그런 그림이 였다
한참 동안 설명감이 되었다
下校時에는 뒤 排球場에서 來日 行事 則 美 次期大統領으로 當選된 "아" 元帥의 訪韓에 환영式이 있을 것에 위해서 설명을 들었다. 韓國의 動亂의 擴大縮小 等의 ?? 等도 이번 "아" 元帥의 政策에 左右될 것이라는 것을 제라고 있는 韓國民으로서는 누구나 다 이번 訪韓에 大端 관심을 많이 가지고 있다. 이런 것들을 보고 있는 우리는 美國의 大統領이 世界의 首領이 아닌가 하고 의심하지 못할 事實이 아닌가?

4285年 11月 26日 水 曇晴
우리들은 오늘 아홉시 반까지 忠武路 廣場에 集合完了하게 되어 있다. 어제 학교에서 받은 美國旗를 만들어서 下宿 敎室에서 아침을 먹고 廣場으로 가서 자리를 잡고 학교를 보았으나 제일 일찍이 集合했으며 式은 秩序整列하게 마쳤다. 오늘은 서울特別市 學校들로 中心으로 高等學校 이상은 모두 이 廣場에 모였던 것이다
식이 끝난후 市街行列을 하게 될때 中央學徒護國團에서 出發順을 定해 [illegible] 데도 不拘하고 서로 앞에 나갈라고

질서를 문란하게 하는 各 學校 들의 눈꼴신 행동을 참아 볼 수 없었다. 그렇하는 中에서도 順序로 出發하는데 그 行中에는 慶南工業高等學校 이것들이 더욱 더 혼란을 이르키고 하였다. 그것은 順序되로 出發하지 못하고 남이 앞에 나가며 큰소리 야단을 치고 불순한 언행을 쓰며 一種의 [illegible]行團體와 같은 行動을 取하였던 것이다. 그것을 본 우리 金高로서는 도저히 참을 수 없었다. 그러나 그렇다고 해서 그것을 그 道序에서는 어찌하지 못하며 더구나 行列途中에, 우리는 어디까지나 法治國家에서는 法대로 지키야 된다고

그들에게 좋은 말을 다하였다 그러한데도 이 者들은 行列하고 있는 자런 학교의 旗手를 치고 야단을 했었다. 그것은 바로 우리 이학년에 있는 나의 친구인 김봉극 군이 그 역을 맡했던 것이다. 선세된 行列은 끝내고 우리들은 운영 육지원 청원에서 해산 하기로 되었다. 그기서 우리 高等학교 2학년 생 전부 모여서 오늘 慶南工高가 가한 그 행패에 대해서는 全校으로 在學생 기열부에서 책임지고 그의 對策에 강구할 것을 의논했다.
해산 하고난 時間은 3시 半.
오늘은 學徒護國團 主催로 개최된 궐기大會; 내일은 軍民 궐기로 되어 또 參席키로 되었다.

4285年 11月 27日 木 曇雨
오늘도 各社會團体들과 같이 市內 여러 학교는 式에 參席하였다.
市街行列時에는 제일 선두에 경찰악대들이 서고 그다음에는 우리 학교가 ??順으로 서고 그 앞이 ?? 商業高等학교 그다음 慶南高校 等의 順으로 出發하였다. 도청앞, 사범학교, 경찰학교 앞, 美公報處로 해서 다시 아래로 내려가서 P.X. 거리로 市廳 앞으로 해서 鐵道局 앞에서 行列을 끝마쳤다.
오늘 저녁에는 초롱불 행열이 있다는 것을 안되 집으로 돌아 왔다.

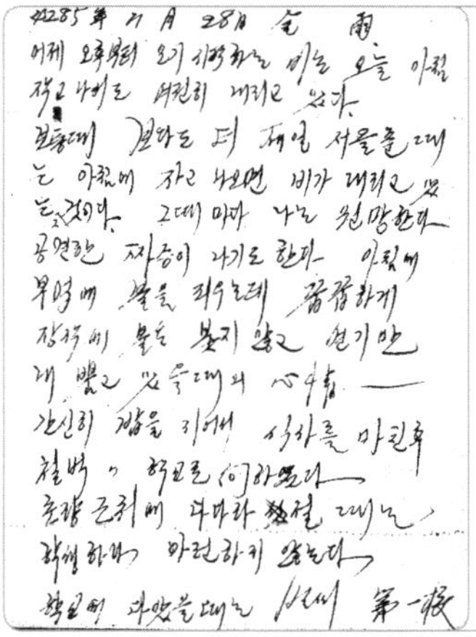
4285年 11月 28日 金 雨
어제 오후부터 오기 시작하는 비는 오늘 아침
잠고 나서도 여전히 내리고 있다.
보통때 같아도 더 제일 서울을 때
는 아침에 자고 나오면 비가 내리고 있
는 것이다. 그때 마다 나는 실망한다.
공연한 짜증이 나기도 한다. 아침에
부엌에 불을 피우는데 쓸쓸하게
장작에 불은 붙지 않고 연기만
내뿜고 있을때의 心情 —
간신히 밥을 지어서 식사를 마친 후
첫번 학교로 向하였다.
출장 근처에 다다라 불쎈 때에는
학생하기 마련하지 않는다.
학교에 와 있을 때는 벌써 第一校

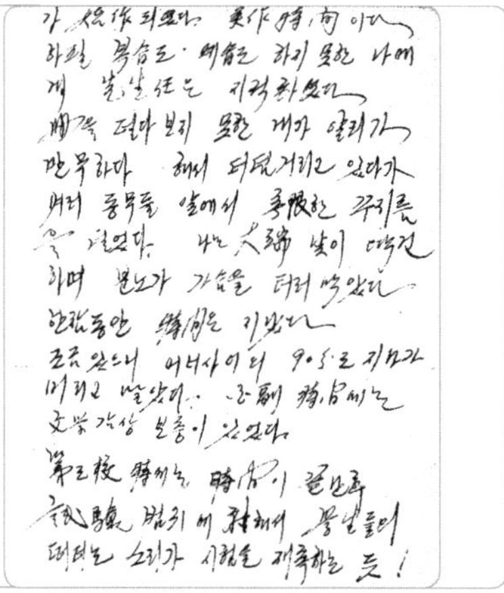
가 始作되었다. 美作 時間이다.
하필 복습도·예습도 하지 못한 나에
게 英文法은 지각하였다.
배가 더 보지 못한 내가 알리가
만무하다. 해서 더듬거리고 있다가
여러 동무들 앞에서 무안한 꾸지람을
들었다. 나는 大端 낯이 대견
하며 분노가 가슴을 터뜨려 놓았다.
한참 동안 時間은 지났다.
조금 있으니 어디서 이리 9.5.로 지나가
버리고 말았다. 그리고 第二時에는
文學 감상 보충이 있었다.
第三校時에는 時間이 끝난후
試驗 범위에 대해서 뭉텅이들이
떠드는 소리가 시험을 재촉하는 듯!

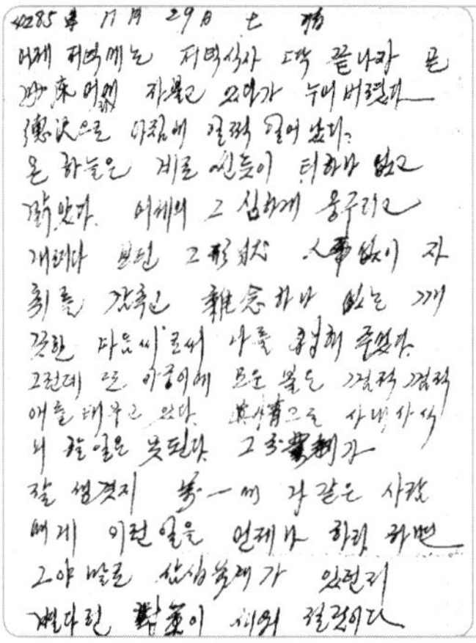
4285年 11月 29日 土 晴
어제 저녁에는 저녁식사 때 끝나자 곧
그 床에 앉아 자불고 있다가 누워 버렸다.
그 결과로 아침에 일찍 일어 났다.
온 하늘은 개고 별들이 티하나 없고
깨끗했다. 어제의 그 심하게 흐리고
개이다 보던 그 形狀 人事없이 자
취를 감추고 雜念하나 없는 깨
끗한 마음씨로서 나를 반겨 주었다.
그런데 또 아침에 모든 몸은 깨끗 깨끗
애를 태우고 있다. 出精으로 사내 사식
의 칼일은 못된다. 그 가
잘 생겼지 第一에 나 같은 사람
에게 이런 일은 언제나 하라 하면
그야 말로 산신불제가 있더니
깨달린 對策이 새의 결론이다.

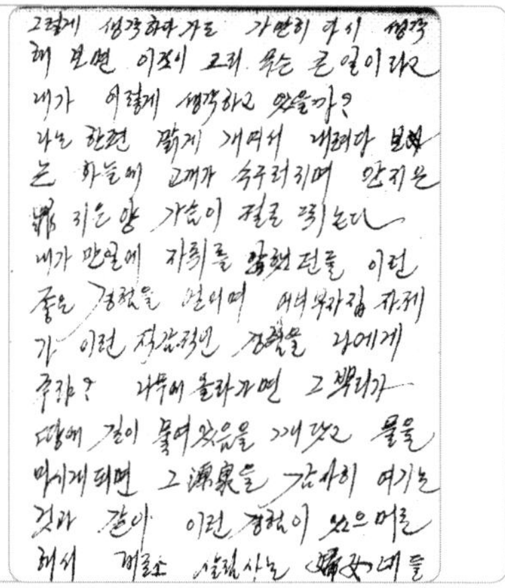
그렇게 생각하다가도 가만히 다시 생각
해 보면 이것이 그리 우습은 큰일이라고
내가 이렇게 생각하고 있을까?
나는 한편 밝게 개어서 내려다 보이
는 하늘에 고개가 숙으러지며 안지은
罪 지은 양 가슴이 저절로 떨리는다.
내가 만일에 자취를 않했던들 이런
좋은 경험을 얻으며 어머니자를 자체
가 이런 정감적인 경험을 나에게
주랴? 나무에 올라가면 그 뿌리가
땅에 깊이 묻혀있음을 깨닫고 물을
마시게 되면 그 源泉을 감사히 여기는
것과 같이 이런 경험이 있으므로
해서 비로소 살림사는 婦女네들

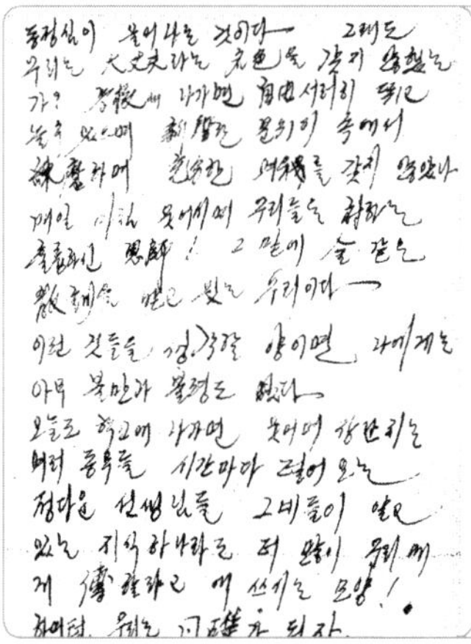
동정심이 솟아나는 것이다 — 그래도
우리는 大丈夫라는 名色을 갖지 않았는
가? 學校에 나가면 自由서러히 뛰고
놀수 있으며 新鮮한 공기의 속에서
硏究하며 完全한 知識를 갖지 않았나
매일 아침 웃어서며 우리들을 대하는
훌륭하신 恩師! 그 말에 술 같은
敎訓을 받고 있는 우리이다 —
이런 것들을 생각할 양이면 나에게는
아무 불만과 불평도 없다.
오늘도 학교에 나가면 웃어며 장난치는
여러 동무들 시간마다 들어오는
정다운 선생님들 그네들이 알고
있는 지식 하나라도 더 많이 우리에
게 傳達하고 애 쓰시는 모양!
하여튼 우리는 가 되자.

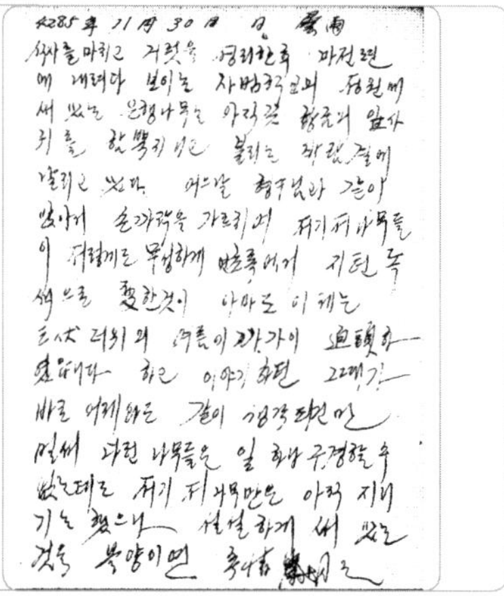
4285年 11月 30日 日 曇雨
식사를 마치고 거처를 정리한 후 마전편
에 내려다 보이는 사범학교의 정원에
서 있는 은행나무는 아직껏 황금의 잎사
귀를 한 빽빽히 달고 불리는 절에
달리고 있다. 어느날 형님과 같이
앉아서 손가락을 가르키며 저기 저 나무들
이 저렇게도 무성하게 빽빽이 지던 녹
색으로 變한것이 아마도 이제는
또 서너 여름이 가까이 迫頭하
였었다 하던 이야기 하던 그때가
바로 어제와도 같이 생각되는데
벌써 저런 나무들은 일 구경할 수
없는데도 저기 저 나무만은 아직 지니
기는 했으나 선선하게 서 있는
것을 볼양이면

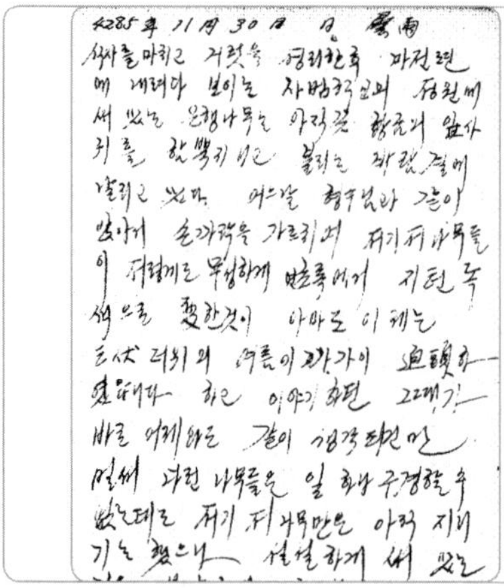

4285年 11月 30日 日 曇雨
식사를 마치고 거릇을 정리한 후 마전편
에 내려다 보이는 자범국교의 정원에
서 있는 은행나무는 아직껏 황금의 잎사
귀를 [illegible] 붙이고 [illegible] 줄에
달리고 있다. 어느날 [illegible] 같이
앉아서 손가락을 가르키며 저기 저 나무들
이 저렇게도 무성하게 [illegible] 지금 녹
색으로 變한것이 아마도 이 해는
[illegible] 더위의 여름이 지나가니 [illegible]
[illegible] 하는 이야기 하던 그때가
바로 어제와도 같이 생각되련만
벌써 다른 나무들은 잎 하나 구경할 수
없는데도 저기 저 나무만은 아직 지니
기는 했으나 [illegible]하게 서 있고

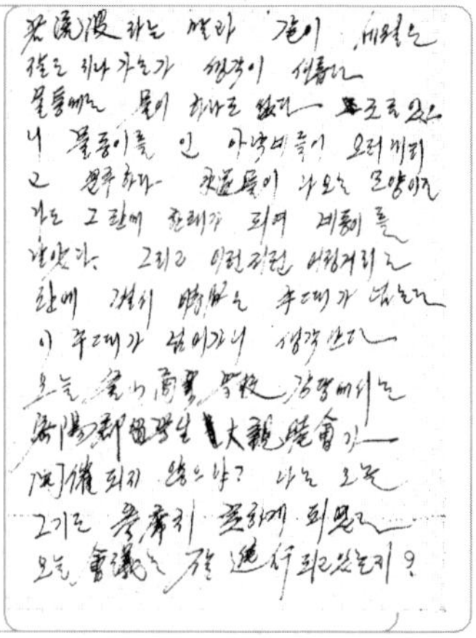

[illegible] 하는 [illegible] 같이 세월은
[illegible] 지나 가는가 생각이 새롭다
물통에는 물이 하나도 없다 [illegible]
니 물동이를 인 아낙네들이 오리 [illegible]
고 [illegible]하다 水道물이 나오는 모양이지
마는 그 안에 [illegible] 되어 [illegible]
[illegible]. 그리고 이런 저런 [illegible]
한에 [illegible] [illegible] 넘는다
이 [illegible] 넘어가니 생각한다
오늘 [illegible] 商業學校 강당에서는
[illegible]郡 留學生 大親睦會가
開催되지 않느냐? 나는 오늘
그기로 [illegible] 되었다
오늘 會議는 잘 進行되고 있는지?

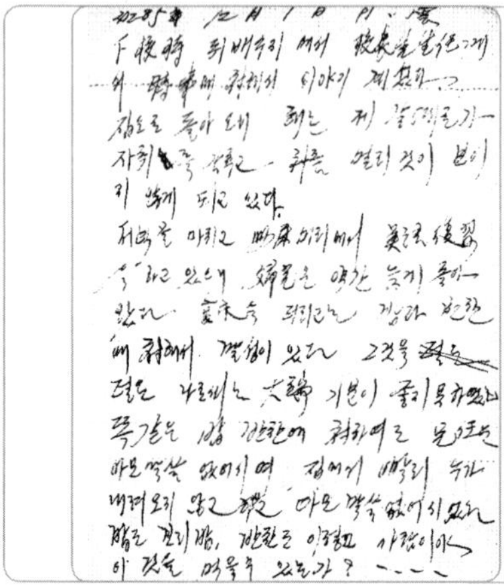

4285年 12月 1日 月 曇
下校時 뒤 배추밭에서 校長先生께
서 [illegible] 이야기 [illegible]
집으로 돌아오게 되는 [illegible]
자취[illegible] [illegible] 열린 것이 보이
지 않게 되고 있다.
저녁을 마치고 [illegible] 英文法 復習
을 하고 있으니 婦人은 약간 늦게 돌아
왔다. [illegible]
에 [illegible] 있다 그것을 [illegible]
[illegible] 기분이 좋지 못하였다
[illegible]
아무 맛 없어지며 집에서 빨리 누가
내려오지 않고 [illegible] 아무 맛 없어지었다
[illegible]
이 것을 먹을 수 있는가? ---

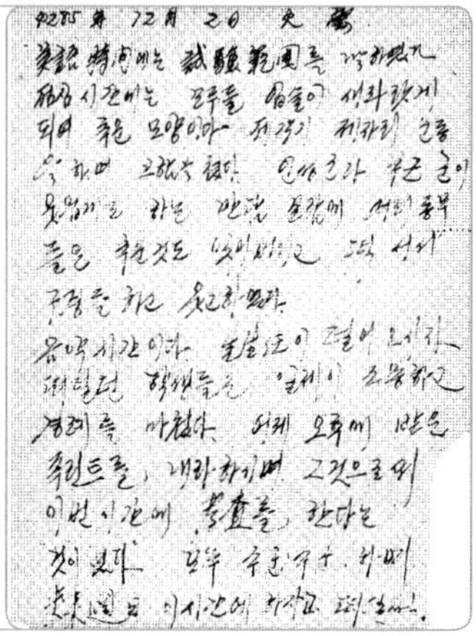

4285年 12月 2日 火 曇
[illegible] 試驗範圍를 가르쳐 주었고
[illegible] 시간에는 [illegible]
되어 죽은 모양이다 [illegible]
[illegible]
[illegible]
[illegible]
[illegible]
음악 시간이다. 先生이 들어 오시자
[illegible] 학생들은 일제히 [illegible]
경례를 마쳤다. 어제 오후에 받은
프린트를 내라 하시며 그것으로 이
이번 시간에 考査를 한다는
것이었다. [illegible]
[illegible] 시간에 [illegible]

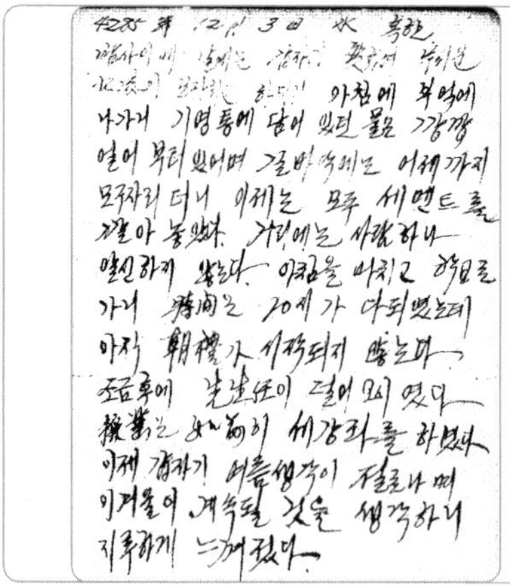

4285年 12月 3日 水 혹한
[illegible]
[illegible] 아침에 부엌에
나가서 기명통에 담아 있던 물은 꽁꽁
얼어 붙어 있으며 길바닥에는 어제까지
모자라더니 이제는 모두 세멘트를
깔아 놓았다. 거리에는 사람 하나
얼신하지 않는다. 아침을 마치고 학교로
가니 時間은 20分가 다 되었는데
아직 朝禮가 시작되지 않는다.
조금 후에 先生任이 들어 오시었다
授業은 如前히 세강좌를 하였다
이제 [illegible] 생각이 [illegible]
이 겨울이 계속될 것을 생각하니
지루하게 느껴졌다.

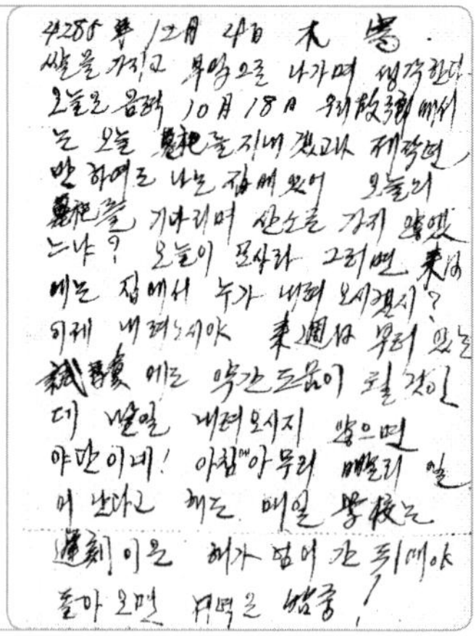

4285年 12月 4日 木 曇
쌀을 가지고 부엌으로 나가며 생각한다
오늘은 음력 10月 18日 우리 [illegible]에서
는 오늘 墓祀를 지내겠고나 제작년
만 하여도 나는 집에 있어 오늘의
墓祀를 기다리며 산소를 가지 않았
느냐? 오늘이 [illegible] 그러면 來日
에는 집에서 누가 내려 오시겠지?
이제 내려오시야 來週에 [illegible] 있는
試驗에도 약간 도움이 될 것인
데 만일 내려오시지 않으면
야단이네! 아침에 아무리 빨리 일
어난다고 해도 매일 學校는
遲刻이요 해가 넘어 간 뒤에야
돌아오면 저녁은 [illegible]!

4285年 12月 5日 金 寒

오늘아침에는 다른 날 보다 훨씬 빨리 학교로 向했다 校門에 [illegible] 기울부터 校舍이 [illegible] 있으며 수십명의 학생이 [illegible] 있다.
오늘도 遲刻이로 [illegible] 하고 [illegible] 같이 써 [illegible] 一校時 시작鍾이 울며 까많은 [illegible] 모두 학생들 [illegible] 생기고 있다 [illegible] 校長의 訓話가 있었다 그리고 敎室에 들어가 授業을 받었다.
점심 시간에는 [illegible] 양지 쪽에서 둘러 모여 어제 배운 [illegible] 이야기 가 [illegible] 나중에는 [illegible] 모두들 [illegible] 제 각기 [illegible] 말이 한다.

4285年 12月 6日 土 溫

學校를 마치고 집으로 돌아 오니 옆방에 있는 朴氏가 오늘은 날씨도 따뜻하고 바람도 잠잠하고 해서 그렇지 만일 어제 마래와 같이 그렇한 날씨를 만났으면 어찌 되었겠는가? 하여던 不幸中 多幸이라고 지꺼리고 있다. 부었이 어떻게 되어서 그런 말을 하우? 아니 오늘 아침을 마치고 한 서너 시간 되어서 어디서 불이야! 불! 소리에 [illegible] 하기 에 돌아 나와 건너 편 山쪽을 쳐다 보았다 그러나 불빛은 보이지 않았다 그래 도로 房으로 들어 갈라니가 자기집 뒤에서 거문 연기가 막 솟는 것이 였다 그것은 바로 자기집 뒤에서 일어난 [illegible]이라고,

4285年 12月 7日 日 溫

집에서 누가 내려오실까 기다리고 있던 次 [illegible] 아저씨가 내려 오시어 [illegible] 大[illegible] 되었다
午後에 [illegible]이 찾아 와서 이런저런 이야기 하고 [illegible] 그를 보낸후 水道 물을 한번 길러 왔다 [illegible] 來日 부터 [illegible] 試驗에 낙오자가 되지 않기 為하여 다른 동무들과 步調를 같이 하기 為하여 [illegible] 工夫를 했어 [illegible] 단어 하나 하나를 외우는 동안 해는 제 갈길을 재발리 가고 말았다 저녁에는 [illegible] 아래 아주머니 宅에 놀러 가시었다 [illegible] 길게 기리가다가 [illegible] 호롱불은 힘없이 타고있다

4285年 12月 8日 月 溫

오늘 부터 앞으로 1週日 間을 試驗 기간이다 아침 9時 40分에 [illegible]를 마치고 10時부터 試驗이 첫시간을 맞이 하였다. [illegible] 문제들은 그다지 어려운 편은 아니 였으나 [illegible] 물리와 地理는 아주 [illegible] 때 [illegible] 문제들은 모두 어려웠다. 平소 [illegible]에는 [illegible] 와도 [illegible] 모든 학생들 긴장된 태도로 교실안은 시간이 끝날때 까지 마치 죽은것 같이 고요하고 이따금 [illegible] 기침소리 만이 이 침묵을 깨터리고 교실을 울릴 뿐이다.

4285年 12月 9日 火 雪雨雪

날씨는 대단 흐리어 앞으로 바라 보이는 東쪽 바다는 안개속에 사라지고 오로지 까문 갈매기만이 [illegible] 돌며 치고 北風은 여전히 불고 있다 學校에 가서 조금 있으니 눈비 섞겨서 우리들의 가고사 천막을 두달기여 일번 窓위의 처마 끝에서는 온 구술이 떨어 진다 [illegible]으로 올 거리에 줄는 有名한 釜山의 길바닥은 벌써 行[illegible]을 부리고 열을 달리는 高級 自動車들은 걷고 있는 우리들을 여지 없이 [illegible] 튕기여 온간서런 고동을 울리고 지나 간다 電車를 타고 오는 길에 車窓으로 밖을 내다보니

어느듯 내리는 비는 거치고 하얀 눈이 날리고 있다 질벅한 길바닥에 내리는 족족 녹히고 하며 사람들이 [illegible] 다니는 길 바닥에는 약간 쌓이기도 한다 우리 釜山에서 눈이 제일 많이 온때는 우리들이 국민학교 다닐때 언젠가 한번 8 cm 되도록 온것이 내가 만난 中 제일 많이 온 것 같구요, 아니 작년에도 8 cm 가까이 왔을걸, 아니 여기도 한 40 cm 쯤 와서 우리들의 장갑이 젖도록에 한번 와 보았으면 하고 한 동무가 호기심에서 일어나는 한마디의 말을 하였다.

그렇게 오면 우리의 시험기간에
어떻게 해! 결국은 눈이 많이 오고
날씨가 춥고 하면 우리의 시험에
큰 장해만 되지 않는가? 자는 눈이
지금이라도 걷히고 날씨가 따뜻하면
좋겠다 — 하고 한 동무가 나무랐다
우리들이 이렇게 지껄이고 있는 동안
車는 우리들의 目的地에 정거하였다
예 너희들 工夫 많이 해와! 오—
그렇게 하게. 하며 헤어져서 집으로
걸어왔다. 오는 길에는 벌써
눈이 한 10 cm는 쌓였다
거리에는 사람하나 — 얼씬하지 않고
따라 나는 車 들만 눈을 이고 떨렸다

잠을 깬 나는 시계를 보니 네시다—
國語를 工夫했다. 英語를 工夫
했다. 문이 환하게 날은 완전히
밝아서 문을 열고 기동하니 처마에는
물방울이 뚝뚝 떨어지고 있는데 뜰에
쌓인 눈의 부피를 재어 보니 34 cm
어제 우리가 下校時에 電車中에서
이야기 한 한 동무의 말과 같이 되었다
부엌에는 火木이 없다. 눈에 저런 나무
는 있다. 불을 살리고 나무간으로
갔다. 모든 사람은 털모자를 쓰고
장화를 신고 삽을 가지고 길을 치운
다고 분주하다. 풍노에 불을 피워
솥을 얹어 놓고 나도 삽을 가지고
골목 길의 눈을 치고 손을 불고
흠! 여기에도 이렇게 많이 왔는데
북으로 올라가 지금 戰場에서 싸우고
있는 勇士들이 있는 그 북쪽 땅은
어떻게 할것인고 쌓이고 쌓이고 또 쌓이
어 얼어 붙은 그 위에서 生命의
아까운 줄을 잊어 버리고 맛출하는
오늘도 싸우고 있지 않으냐!
여기는 눈이 왔건 무엇이 왔건 간에
지금 내가 이 자리 자리를 걸고 있는것
도 다 그네들의 積功이 아니냐?
그네들은 그기서 그렇게 싸우고 있는
代身 우리들은 여기서 오로지 기초가
되기 爲해 一刻이라도 더 공부에
忠實하여 그네들을 報答해야
되지 않겠나? 이렇게 생각한다.

저녁밥 걱정이 해서 얻었다 방은 차다
한 두어 시간쯤 지내고 있으니 姉兄는
職場으로 부터 돌아오시었다. 한시간
쯤씩 지내서도 아직 兄任은 돌아오시지 않았
다. 밤은 점점 깊어 가는데 눈은 如前
내리고 있는데 — 뚜벅! 한시를 알리는
時計 소리는 고요한 정막을 깨치기까지
데리고 나의 귀에 울린다— 의자에
서 물러나와 밖에 나와 본다—
온天地는 그렇게나 희고 깨끗한
떡 가루를 어디서 저렇게나 선물
을 받었는가? 밝은 길은에
때로는 한—하게 빛이며 등더는
새벽 파도같이 밝다. 처마끝의 전선
에 늘어 부터 꽉 쌓이고 어떠오—
할 것 같아 없는데 새어나오는 등불만 깜박!

하였다. 옷을 껴 입고 軍靴를 신고 해서
學校로 나갔다 — 어제 눈은 녹기도
하지만 사람들이 밟고 해서 얼어서
굳어졌다. 길은 大端 값 비싸게
되었다. 가방을 걸고 긴 신을 신고
스카—트를 입은 여학생 하나가
빠나나 기름칠에 스케—트를 탄다.
내만 우섭기도 하고. 여보시요 그기서
스켙 大會가 있소! 허허!
이 근마 같이 가면서 히롱도 하였다
이 스켙잉 한 學生 미안해서
곧 일어나며 걸음을 걸친다.
草梁近處에 가니 눈이 이 大新
洞 쪽 보다는 훨씬 작게 온 感이
들며 길바닥에는 그다지 없다—

4285年 12月 11日 木 寒
오늘부터는 우리들의 試驗도 한시간이 줄어
두시간씩이 되었다. 科目은 한 과목 더 줄어졌
었는데 집에서 復習할 時間도 如前 한
셈이 된다. 오늘 代數 時間에는
金모得 先生이 감시로 들어 오시었다
나는 제일 앞에 앉아 있기 때문에
언제 옆에 오시는 先生任은 나의 答案
紙를 잘 관찰한다. 집에서는
애타 내는 工夫를 한다고 했는데
이 시간에는 이외에도 나에게는
어려운 저우한 문제를 풀고 앉아
있으니 先生도 工夫를 안했구나!
응! 하였다. 그 소리에 大端 未安
하여 고개를 걸 정황이 나지를
않더라 —

오늘의 시험 有機化學 試驗은
잘보았다. 眞前 가지는 有機化學 時間
에 崔先生이 들어오시어 강의해도
잘 못써 놓고 Keton 基니 무어니 무어니
해서는 하나도 기억에 남지 않고
잘 이해하지 못했는데 시험기를 봄
[illegible] 工夫한 結果 大略 outline은
잡았는데 그렇게 되었다. 아직 멀었다
outline이고 무어고 간에 된다 努力하여
實力을 養成해야 겠구나! ——
下校時 집에 돌아오니 [illegible]을 한다
자- 시험은 이러하여 잘되었건 못되
었건 거의 다 지나가며 來 11日 넘기
면 試驗의 地獄을 벗지 않는가?
이런 공상을 하고 [illegible] 어디에 [illegible] 있은
니 [illegible]을 두터이며 걸어오다 [illegible] 누님이어

집에서 누가 내려오시었었나?
아니.. 아직 내려오시지 않했습니다
아이고! 어제는 [illegible] 않오다니. 그럼 밥을
어떻게 해어! 하며 안타가운 表情을
지었다. 나는 오늘 집으로 아마도 누가 내려
올것이라고 생각했는데 내일이 내
생일날이지 않어! 나는 그때 해어나
어떻게 하는가? 하고 내려왔는데!
부엌으로 나아가서 대략 정리하고
세자로 가서 였다. 나는 내일이
생일인 줄이야 이제 곧 알게되었다
왜냐하면 只에는 試驗 바람에
아! 내일은 大端 기기쁜 날이
이로구나! 내가 19歲째의 내일
에는 세상에 처음으로 태어났고.
또 시험의 지옥을 탈출하는날!

4285年 12月 13日 土 [illegible]
날씨는 깨끗하게 구름 한점 찾아볼수 없이
맑게 개이고 마치 봄날 같이 따뜻하다.
登校時에는 田見과 같이 가며
西洋文化史에 對하여 이야기 하였다.
文化史時間에 문제는 우리들이 登校
時에 이야기한 그 Rome帝國의
盛衰의 概觀에 對하여 나왔던
것이다. 그리고 Rome法, platone의 理
想國 等等 그것들은 自信이 대략
붙었어며 제일 끝시간을 自信滿滿하게
보내였다. 그러나 지난 一週日間의
試驗은 自顧컨데 과연 科目들
도 그다지 잘 친 편은 없이 했으나
대략 그中 白紙가 두장쯤 된다.
그러므로 나는 과연 시험의 한을 [illegible]

해서가 아니라 眞實로 良心에 가책을
받을 만한 일은 絶對로 한 일은 없다
級友中의 少數 極少數의 사람은
一時的인 慾望에 걸려 不正을 한일은
있다. 그러나 나로서는 모르며는 모르는대로
알면은 아는대로 제일 첫시간의 [illegible]
朝禮時에 担任 先生의 말씀과 같이
公正[illegible]하게 [illegible] 지냈음이 온다.
11時30分에 이러한 脫獄한 우리
學生은 모두들 기쁨 끝으로 歡喜
를 나왔다. 來週日부터는 예와
같이 授業이 계속되며 來24日
에 終業式을 擧行할 것이라는 명
확한 通報를 들었다.

4285年 12月 14日 日 [illegible]
어제 저녁 나갈때 나무간에 가서 가격을 물어보니
한쪽에 1700원이라고 하였다. 한 열일 전
보다 約 3倍는 올랐다. 그래서 17000
어치의 木材이 겨우 10쪽이 됐다. 오늘은
부엌 아궁이에 鍊炭 피우는 장치를 가진
하고 결정하였다. 오전은 [illegible]를 좀 정리
해 놓고 午后에 누님한테서 돈을 얻어
가지고 市場으로 가서 연탄로의 값을
물어보니 一個 2000 원이라고 돈을 헤
어보니 약간 모자랐다. 그래서
사지 못하고 집으로 와서 누님께 이
야기 하고 이것은 훗날로 미루기로
하고 그만두었다. 그리고 한참 동
안 을 이야기하고 놀고 있는 가운데에
해는 우리들의 이야기를 中止 시키고
저녁 하라는 通知를 한다.

4285年 12月 15日 月 [illegible]
學校는 前과 같이 9.30分에 始作
되며 授業이 있었다. 첫시간에 [illegible]
前보다 더 나빠진 스-피트로 [illegible]
物理時間에는 지난 시험 문제를 검토,
[illegible] 時間에는 동양 [illegible] 先生이
대로 들어와서 보심. 우리들은 이야기
시간으로 하라고 떠들고 있다 결국
自習시간으로 했다.
집에 돌아와서 저녁에 崔先生과
또 姉兄과 같이 음악이 時事 문제
에 對해서 한참 討論하였다.
來日은 집으로 올라가서 事實이 어찌
되는지를 좀 알고 오라고 崔先生께서
말씀 계시었다.

4285年 12月 16日 火 曜

아침에 하고 나니 이상하도 [illegible] 決定하지 못하고 해서 그만 오늘 [illegible] 出發할 것을 中止하고 가방을 열고 學校로 向하였다. 세광하를 마치고 學校로부터 오는 길에 三省堂, 書文堂, 現代書林 等으로 가서 冊들을 구경하고 冊 한 卷을 사 왔다.

집에 도착하니 뜻 밖에도 섭현이와 형수님이 와 계시지 않는가?

아 ― 오늘 갈라고 했더니, 갔으면 길이 어긋날 번 했군 하고 웃고 말았다.

저녁에는 모두 앉아 저녁을 먹는데 食口가 거이 여나믄 되였다. 이만하면 우리 집의 食口들도 한 테굴이 되겠다. 하고 모두 웃어 버렸다.

4285年 12月 17日 水 曜

오늘 아침에는 지각을 하였다. 오늘은 交通整理로 길이 막혀 完全한 수업은 하지 못하게 되었다.

조광近處의 가까운 學生들은 아침 6시 부터 동원되여 게 일요이 까지 하고 돌아 왔다. 그 다음도 될거리에 있는 學生들의 차례로 모두 나갔다.

英語時間에는 金宗[illegible] 先生任의 創作한 小說 "[illegible]"이란 것을 듣고 비판하고 음미하였다.

第參校時에는 [illegible]時間이었다.

이외에도 非常소집의 急한 鐘이 울렸다. 그래서 모두들 밖으로 뛰어 나가니 꿈과 같은 야단이다.

校舍의 近處에는 온 [illegible]가

내리덮고 있다가 우리의 敎室 옆에 있는 敎室 할 것 없이. 또 [illegible]에는 冊床이 들리어 나오고 온갖 서류가 날려 나오고 야단 법석인데 學生들은 서로 나갈라고 밀고 차고 길은 꽉 막히고 신발을 모두 다 버렸다.

그것은 뒤 [illegible]에 다 그 배수지를 쫓고 있는 [illegible]가 터져서 갑작이 물벼이 났던 것이다.

이렇게 不意의 變을 당한 우리들은 갑작이 어찌하지 못하고 당황하지 않으면 안되였다. 일부 學生들 人事를 아래동을 버려 놓고 죽선 힘으로 獻身하는데 어떤 先生任들은 自己의 가방. 冊 등의 물건만 챙겨들고,

4285年 12月 18日 木 曜

物理時間에 學課担任으로 徐[illegible] 先生任이 였다.

"나는 오늘 여러 분들에게 듣기 좋은 소리를 좀 하겠읍니다." 하고 어제 우리 學校 全校生은 放課後에 文敎部 이 천리 5七의 영화를 관람하려 갔을 것읍니다. 그래서 오늘 어너 學校에 들어 가서 어제 그 영화의 事實이 [illegible]으로 어너 時代의 일인지를 물어 보았다고. 그래하니 어너 [illegible] 있는 學生이 일어서서 그것은 Rome의 中世紀 시대의 일어난 事實이라고, 그 學生은 어제 劇場에 올 때 學校의 學課를 빼먹고 [illegible]를

것이라고 그게 그런 對答. 나는 어제 초록 빛추인 服色을 한 그런 學生들은 이 우리 釜山商業學校에 올 수 없다고 하고 빨리 이 校門을 물러 났으면 하는 [illegible], 단지 어제 느낀 바 소감 그것 뿐이라고 말씀 하였다.

만일 여러 분들이 法律을 硏究 할려 하거던 法學을 熱心히 工夫 할 것이요 理工科의 系統을 나갈 人은 있으면 반드시 社會生活科 工夫를 허수히 여기지 말도록 하며 모든 學課에 基礎를 잡지 못한 사람들은 이번 冬期休業을 이용하여 될수 있는 限 우월감을 버리고 열심히 [illegible] 하도록. 이번 時間의 學課는 이것.

4285年 12月 19日 金 曜

[illegible]時間에 우리들은 지난번 考査한 結果를 發表하였다. 張[illegible] [illegible]를 배웠는데 그 中에서 동감 없이 [illegible] 이니 하는 문구가 나타 났다.

여기에 對해서 그것이 實在 存在하는 것인지를 질문한 결과 先生任은 이렇게 答하였다.

19世紀에 科學萬能時代를 지난 오늘날에는 새로이 [illegible]에 迷信이라고만 붙이고 왔던 그런 問題에 새로이 着眼하여 追究하는데 至今 美國과 英國 같은 데서는 순전히 귀신 만을 硏究하는 心靈學이라는 것이 學問이 있어서 그것이 연구하는 對象이 되여 있다고 말씀하시고 그기에는 여러가지 재미 있는 [illegible]들이 많다고 ‐ ‐ ‐

4285年 12月 20日 土 寒

오늘은 종일 방안에서 있다가 밖으로 나오니 이외에
도 大端 따뜻하다. 조반후 집을 나서 조금
걸어 보니 옷을 하나 더 입지 않은 것이
後悔되었다. 第二校時
부터는 이상하게도 배가 아프기
始作하였다. 그래도 note 필기에
精神을 팔고 있는 그 겨를에 休息鐘
이 울렸다. 점심시간에는 여러동무들의
興味 있는 이야기에 腹痛을 잊은 듯해
제 3校時에는 더 견디기 어려울 정
도 말았다.

우리들은 授業을 단축하고 [illegible] 본실
([illegible])에 空軍士官學校 第一期生
安 [illegible] 中尉의 空軍士官學校에 관한
그리고 空軍에 관한 講演을 들었다.

4285年 12月 21日 日 温

다른 어제 午后 下校하여 집에 到着后
부터 腹痛에 못 이겨 마루에 쓰러
진 것이 눈 떠 보니 몹시 하얗게 밝은
이런 아침이 였다.

朝飯食事를 마치고 형수님과 같이
가장 [illegible] 갔다. [illegible]市場
근처에서 배추를 물어 보니 한 포기 3500
그래서 조금 내려 가니 조금 있으니 한
조그만한 손구루마에 배추를 한거 싣고
오는 할아버지를 뵈었다. 그 할아버지
에게 값을 물어 보니 亦是
아까와 別 차점이 없었다.
그길로 忠武路 青果組合에 까지
이르렀다. 그기서는 한 포기 2500.
約 50포기를 되었다. 밥으로 배추기

4285年 12月 22日 月 温

우리나라는 世界 어너 나라 보다도 그 風俗이
獨特한 것이다. 오늘에는 그 무슨 意味
인지는 모르되 반드시 冬至라 하며
팥죽을 쑤어 먹는 습관이 있다.
우리들이 오늘날 본 冬至라는 年中
해가 제일 짧은 날이요 또한 밤이
가장 긴 날이라고 밖에 생각되지 않는데
하필 팥죽을 쑤어게 된 由來는 어디서
부터 시작하였으며 무엇을 상징은 [illegible]
學校로 向하는 길에는 죽거리를
들고 이집 저집 분주하게 나르고
있다. 우리는 오늘 아침에 下宿
[illegible]으로 부터 가져온 팥죽을
먹었다.

4285年 12月 23日 火 温

第一校時 數學時間에는 試驗紙를
가져 와서 幾何問題들을 써 놓고 考査
를 한다는 것이었다.
우리들은 約 10여 하는 길을 다해서
풀고 있는데 어느듯 時間이 되어 붓을
놓으라는 警告文句이 나리였다.
先生任은 얼른간 답지를 마구어.
그 문제들은 이번 冬期休暇 中의 宿題
로 미룬다고 하였다. 이때껏 모든
學生들 긴장된 態度가 갑자기
소란한 場內로 變하였다.
우리들은 이해의 제일 마지막 수업의
날이온 오늘의 제일 끝 시간은 興味
있는 音樂으로 피아노의 소리가 팡이
고운 음률로서 끝맺었다.

...에 卒業을 앞둔 우리들은 大講의 [illegible]
[illegible] 學校의 [illegible]場에서
다시금 만났다.
朝禮時 担任先生任으로 부터, 이 學期
의 終業式은 하기 直前의 [illegible]
잠간 指示가 계시였다. 우리들은 指示
대로 마련된 時間 內에 일제히 움직이
고 반면 試驗學生 記入의 檢印을 받은
終業式 場에서 여러가지 훈시를
받았다. 우리 [illegible]로서는 언제나
2學年 여러분 들을 제일 미워하여
[illegible]生을 가장 많이 낼 작정이고
學校의 方針은 언제나 [illegible]一貫
하다고 하였다. 부터 [illegible]任者 에게 [illegible]
도록 [illegible] 무궁한 [illegible]에 마겼다.

4285年 12月 25日 木 寒

오늘 우리들은 [illegible]商業學校 講堂에서 [illegible]
等學校 親睦會를 열었다.
우리 鄉土를 같이 등지고 같이 떠나 나갈
鄉友들이 한자리에 모여 웃음과 [illegible]
를 나누게 된것이 오늘 우리들의 모임에 둘도
없는 最大의 榮光이 였다. 오늘 아침 여기를
올때 그때 우리가 무엇인지는 알수 없으나
크다란 기쁨들이 가슴을 끌고 마음 [illegible]
를 차지 하였던것이다. 우리들이 講堂에서
會則通過 및 역원선출 이나 하고 있는 동안
에 벌서 別室에서 女子部에서 다과의
準備에 [illegible] 하여 우리들이 강당을 나
올적에는 茶飯의 준비가 다 되어 있었다.
다과를 마친 우리들은 [illegible]로 재미
있게 시합이 있었는데 우리 武安 鄉友들은

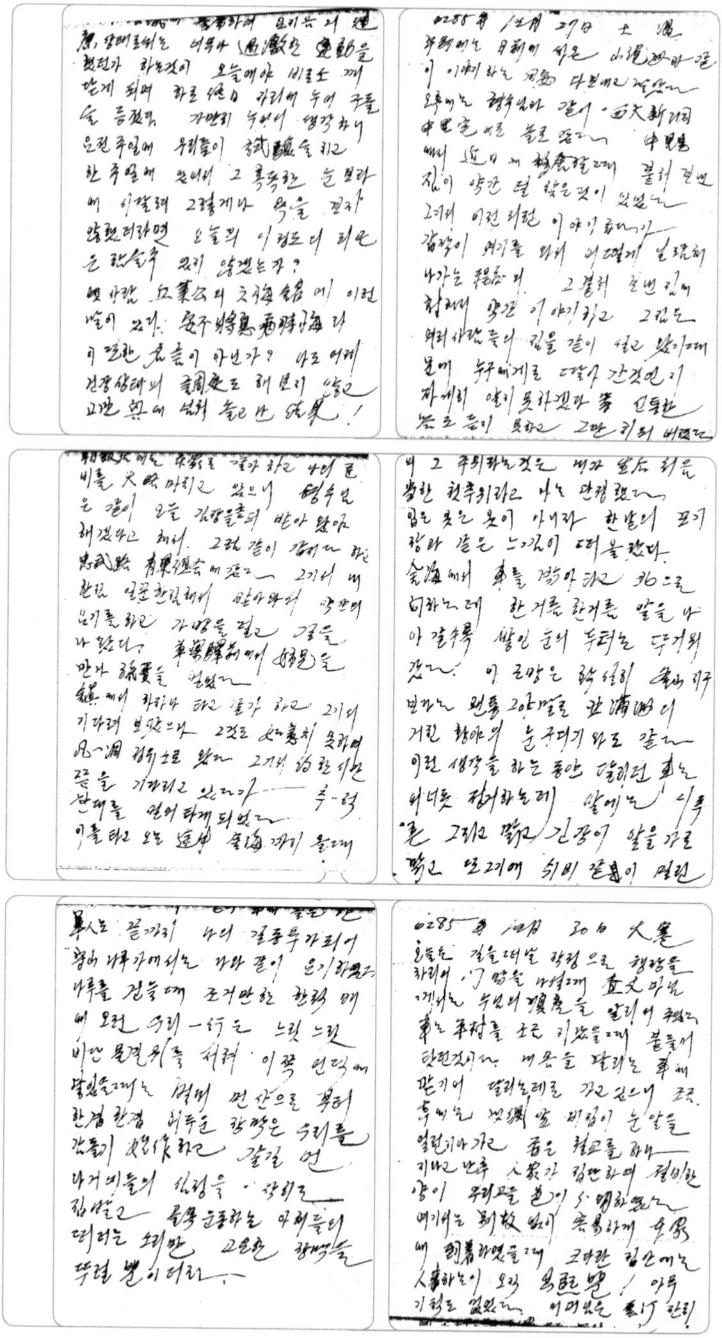

이 封港은 날을 즐겁게 맞이하던
오늘은 金속관을 걸어오는 그 순간
부터 이상하게도 이마에는 찬 냉기가
확 나리고 [illegible]은 이외에도 술술하며
一回 생각하며 바로 모려는 이상한 感情
이었다. 近一世紀 '[illegible]'에 되는
[illegible]하게 한 이 [illegible]의 [illegible]가 맺으놓은
結果가 바로 여기까지 도달하여을
까? 본래 사람의 [illegible]에는 먹을것이
[illegible]하게 [illegible]게되면 그집이 自然
떠뻣해 보이올며 그 [illegible]의 현상이
個人 한집이 아니라 ── 全体 [illegible]
[illegible]이 하올여. 저역에는 [illegible]누나 [illegible]
왔다 ── 그래 가만 동안의 이
야기 하고 놀았다 ──

4285年 12月 31日 [illegible]
집안 大小家들 大[illegible] 回家한後 집
으로 왔다 ── 消息通에 依하여 듣는
바와 같이 [illegible]의 [illegible]動은 大[illegible]했
었다. 죽은 즉 [illegible]人이 된이 [illegible]한
이들. 이상하므로 [illegible]한 [illegible]動들 ──
[illegible] 연련의 올해 임진년은 [illegible]
같이 [illegible]을 짊고 들던 [illegible]
모질게 [illegible]들은 이때 까지 [illegible]史
[illegible] 되는 [illegible]하게한 그 [illegible]
[illegible]이 소으름 끼치었고 [illegible]
[illegible]한 이해는 [illegible] [illegible]亂 속에
서 [illegible]하게 되었다.
大[illegible]的으로 볼때는 곧 전란
[illegible]的으로 볼때는 꼬꼬마다 ──

[illegible]와 같아야 이해 임진년으로 되돌려
봅니다 ── [illegible] 한해를 回想하건대
[illegible]에 몸을 두고 있는 우리들 모두
[illegible]에 [illegible]하여 한[illegible]을
나아갔다 ── 그거에는 [illegible] 그 기쁨
이 있었는가 하면 약간의 슬픈 날도
있었다 ── 즉 [illegible]이지만 [illegible]中의 [illegible]
한 [illegible]들 ──
두고 우는 한해의 [illegible]月는 누가 [illegible]
거 재촉했는지? [illegible] 몇시간 이면
이해라는 [illegible]地에 [illegible]하였고 또
[illegible]들을 보고 [illegible]하면 後에 나아가
앞으로 ── 人生의 [illegible]을 [illegible]하게 되
는 人生의 ?를 풀고 해결할때
가 언제 어느 시간인고?

4286年 1月 1日 木 晴[illegible]
謹賀新年의 [illegible]福과 더불어 이해의
[illegible]한해의 [illegible]을 [illegible]히
가졌었는가를 다시 回想하며
보다 더 善良한 한國의 [illegible]徒[illegible]는
[illegible]하기 위해서 다시금 [illegible]準備
를 가다듬어 [illegible] ── [illegible]를
내딛는 이 날이다 ── 지난해의
모든 [illegible]을 이해는 [illegible]하
지 않기로 나는 굳게 [illegible]한다 ──
오늘의 [illegible] [illegible] 집에서 그저
[illegible]들과 같이 놀며 [illegible]에는
[illegible] 찾아갔다 ── 그리고
[illegible]에서 [illegible] 모여 [illegible]

그때 와는 漸次的으로 나아가며
앞을. 건너편에 [illegible] 보이는 [illegible]을
모두 [illegible] 그리고 [illegible]하게
[illegible] 속에서 [illegible] 그러나
앞으로의 [illegible] 않는 장래에 [illegible]의 白
花를 되찾을 그리고 [illegible] 그 [illegible]
[illegible]으로 [illegible] [illegible]
거리고 있는 것을 볼때 [illegible]의
[illegible] [illegible]을 [illegible] 해주고
그리고 [illegible] [illegible]으로
해주고 ── 속에서 [illegible]
[illegible] 이불 속에 [illegible]
[illegible] 이 [illegible] 빨리 꿈
깨어 일어나라 ──

4286年 1月 2日 [illegible]
오[illegible]에 [illegible] 집으로 놀러가서 여러가
지 이야기 하고 놀았다 ── 门을 나올때
눈에 [illegible] 나타나는 것 [illegible] 아지매
가 [illegible] 나무를 [illegible] 있는 것이였다
다른 사람들은 [illegible]에서 이제끝 이야기
하고 놀고 있는 [illegible]에 아지매는
[illegible] 나무를 [illegible] 있었던 것이다.
그렇다 ── 그 가여다란 허리에 [illegible]
앞을 걸어올리고 머리카락은 [illegible]을
[illegible] 몇일이나 된것 같은 [illegible]을 주는
이[illegible]으니 이렇게 하고 계실까?
한편의 모든 살림사리에 [illegible]
[illegible] 모든 것들이 눈앞을 [illegible]
머리속을 한갓 새한 물결같이 지나
가고 앞으로 보이는 [illegible]

[illegible]
줄 치고 공을 차며 뒤 갓재山 으로 올라 가며 부르는 노래 소리가 들려 온다. 그 풍경은 閑暇하다. 집옆에 우뚝 [illegible] 길을 걸어 새로이 인 김을 담은 [illegible] 쌓여 있고 옥수수 [illegible] 쌓인 큰가 [illegible] 天然 그대로 묶고 색은 검회색 [illegible]을 하며 웅크리고 있다. 골목 밖에는 道[illegible] [illegible]의 촬영대가 와서 촬영한다고 아이들이 이리 우루루 저리 우루루 따라 다니고 있다. 이리하니 이집 저집의 개들이 큰 일 꺼리나 만난듯이 짖을 내어 짖고 있다.

4286年 1月 4日 日 雨雪

저녁에서는 비가 내린다 마치 봄비처럼 내리고 있다. 땅은 어느듯이 질척하게 変하였다. 먼 [illegible]山에는 저번에 내린 눈이 녹지 않고 허옇게 덮혔던 것이 이제는 거이다 없어져 간다. 때는 하마 [illegible]은 넘은것 같다. 하느님은 [illegible]가 [illegible]하다. 하얀 白雪을 휘날리고 온누리에는 다시금 白色의 仙境으로 化하고 말았다. [illegible]을 여니 아직 눈은 내리고 있다. 질척한 마당에는 사람들이 드나드는 가장자리으로 다소 녹아 지기는 했다. 개가 돌아다닌 곳은 마치 雪中梅가 피어 떠러진 것과 같이 아름답다. 골목속인 [illegible] 재장들은 비가 올때는 헌적도 없더니 이 눈이 내리는가 하면 [illegible]

[illegible]
한 해빛이 마치 봄날을 연상하였다. 햇살이 먼저 닿은 곳은 벌써 흰 빛을 감추고 天然色으로 돌아가고 있다. [illegible] 누나 집에서 하루해를 거이다 보내다 싶이 하고 夜間에 整理해 놓은 單語集을 復習하였다. 基礎부터 착실히 해볼 작정이다. 저녁에는 [illegible] 영문법을 한참 들여다 보고 있었다. 불은 깜박 깜박 하고 쉬— 하며 [illegible] 떨리고 있다. 나는 낮과 같이 밝은 電燈불 보다는 깜박거리는 호롱불이 더 정답고 [illegible] 더욱이 [illegible] 떠러며 雜音한 都會보다는 閑寂한 山村이 언제나 마음 편다.

4286年 1月 5日 火 寒

朝飯을 마친후 [illegible]에서 있는 동안 어머니께서는 [illegible]에서 장작을 내라고 한다는 것을 걱정삼아 이야기 하셨다. 집에는 [illegible] 장작이라고는 한 쪽도 없는데 [illegible] 半 [illegible] 넘는다는 나무를 [illegible] 어디서 · — 나는 큰댁으로 가서 지게를 얻어 와서 [illegible] 산으로 지게를 걸머지고 한짐 비어 짊어지고 왔다. 오후에는 [illegible] 더불어 두짐을 비어다 놓으니 [illegible]까지 산에 가본일이 드물었는데 그렇기 때문에 다리는 약간 뭉클하고 몸은 고단하였으나 [illegible]에서 내라는 나무걱정은 이제 문제도 되지 않고 열번 [illegible] 것쯤은 [illegible] 하게 되리라 그리고.

[illegible]
해서 [illegible]에 집으로 돌아갔다. 그기에는 [illegible] 밖에 군화가 一足 놓여 있었다. 그것을 보니 틀림 없는 [illegible]가 와서 왔구나 생각하고 살금 살금 [illegible] 앞으로 가까이 가서 한번 크게 놀래게 해 주리라 작정했다. 가만히 [illegible] 앞에서 엿서리고 있는 사이에 [illegible] 벌써 내가 누구인지를 먼저 알고 나의 [illegible]이 不足하다는 것을 嘲笑하였다. [illegible] 이번의 [illegible] 너무도 신통하게 부리지 못하였다. 방에서 한참 앉아 있는 동안 [illegible] 그다지 통쾌하지도 못하는 自己 동무의 失恋 이야기 等에 시간을 허송하였다.

4286年 1月 8日 木 寒

오늘은 큰댁에 가서 놀았다. 큰댁 형수님의 [illegible] 지내나가는 살림살이의 [illegible] 대략의 이야기 등 재미있게 들었다. 오후에 [illegible]와 같이 골목 밖으로 나가다가 [illegible] 叔. [illegible] 등을 만나 [illegible]宅으로 가서 놀았고 저녁에는 [illegible]에서 이 [illegible] 들과 같이 화토를 치고 놀았는데 大[illegible]의 편. 남자와 여자로 저절로 나누어 졌다. [illegible] 이기지 못하여 [illegible]를 맞게 되었다. 나는 그中에서도 第一 화토를 모르는 한 사람으로 한번씩 맞게 되면 왼통 다섯 여섯은 보통이였다. 다른 사람들은 불과 [illegible]

[illegible]
아씨는 서방님이 부모 명령 거역하면
산들 不孝 아니겠오? 남의 자식되고
奉祭祀를 못하게 되면 그는 不孝
아니겠오?

夢龍 아니다 내 걱정은 말아라.

春香 서방님 나도 마음을 작정 하였오.
제 걱정 마시고 빨리 한양 모시고 올라가소

夢龍 그 무슨 말이오냐?

春香 서방님 서울 올라가시거던 내 걱정
마시고 뜻을 크게 하시와 工夫나 착실
하시어서 大科及第하시고 立身揚名 하옵
거던 그때 아버님께 여쭈어서 날
데려 가게 하야 주소. 그때까지 나는
이곳에서 기다리오리다.
나도 옛글을 배웠거늘 어찌 한갓
私情만 생각하고

大義를 저버릴 줄 모르리잇가?

夢龍 (가만히 춘향을 어루만지며) 오냐 네 말대
로 내 힘써 工夫하야 大科及第한 연
후에 아버님께 여쭈어 너를 데려
가마 울지 마라 울지 마라.

春香 (느끼며) 그러나 가면 멀어지고 멀어지면
잊어질 것을 / [illegible] 상 본대로
[illegible] 홀로 어찌 사리?

夢龍 (袖裏에서 거울을 내어 춘향에게 주며)
자 春香아 내가 [illegible]을 잊지 않
겠다는 [illegible]으로 이 面鏡
을 주고 가마. 丈夫의 [illegible] 뜻이 면
경과 같을진댄 내 뜻도 이 면경과
같이 變할리 없으리니 이것을 품에
지니어 날 본듯이 받어라.

春香 (거울을 받고 손에 끼었던 指環을
[illegible]

房子 어떤 놈 팔자 좋아
일대 영화 부귀하고
이 놈 팔자 어이하야
길품 팔러 나왔느냐
[illegible] 팔자이냐
春香 신세 가이없다
[illegible]하도다 [illegible]하도다
신관사또 [illegible]하도다
열녀 春香 몰라보고
[illegible] 잘려 한을
[illegible] 같이 굳은 節行
그 뉘라서 [illegible]리오?

春香 別後消息이 于今三載에 끊쳐가
[illegible]하여 [illegible] 三千里에 靑鳥가 끊어지고
北海萬里에 鴻雁이 없으매 北天
을 바라보니 望眼이 [illegible]이오

鄕山이 遙隔하니 心臟이 寸裂이라
梨花에 두견울고 梧桐에 밤비 올제
적막히 홀로 앉아 想思一念이
地老天荒하도 此恨은 難盡이라
[illegible] 胡蝶夢은 千里에 오락가락
[illegible]이오. [illegible]이라
嗚咽哀歎으로 [illegible]을 보내
더니 新官 사또 赴任后에
수청 들라 하옵기에 [illegible] 하
옵다가 참혹한 刑罰을 當하여
모진 목숨이 끊기는 아니하였으나
杖下之魂이 未久에 될터이오니
바라옵건데 書房任은 길이 萬鍾祿
을 누리시와 千秋萬歲 後生에나
다시 만나 이별없이 살아 지이다.

생하시고 건너방 삼층장에 의복 몇 벌
꿀라 내어 서방님 상하 의복 여러벌 마르시고
갓, 망건 좋게 하되 머리에 맞게 잘
맞추시고 마님. [illegible]
[illegible] 내어 놓고 옥색
바탕 [illegible] 한 거리 마추시고
[illegible] 마을 [illegible]에게 돈 이천냥
맡겼으니 그 돈 속히 찾아다가 집안에
[illegible]하고 [illegible] 사랑치
않게 [illegible]하시고 어머님은 [illegible]
내가 [illegible] 어머님 께서
[illegible] 불평하게 하시오면 [illegible]에
오신 郎君 그 마음 편하오리까?
낭군을 [illegible] 만일 괄세하신
다면 不孝 [illegible] 말이오니

自決하야 죽을 때에 [illegible] 하여
하옵소서.

天長地久
海枯石爛
天地神明
[illegible]

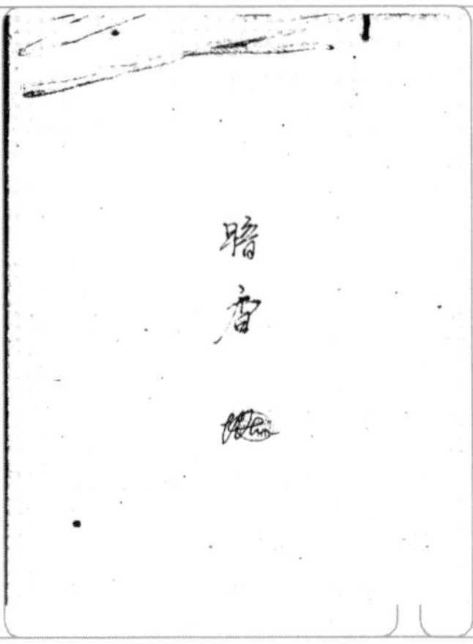

暗香

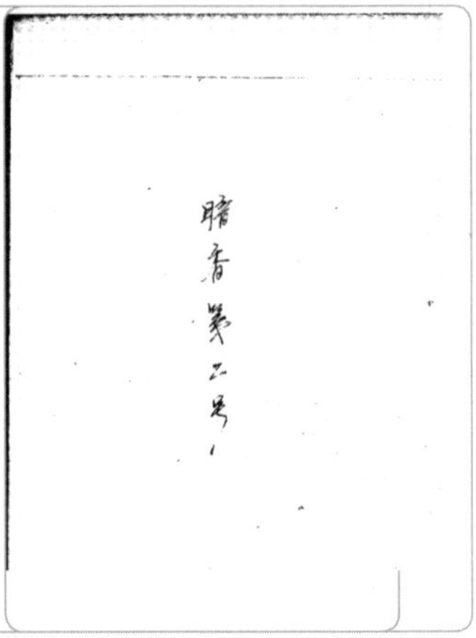

暗香 第二号

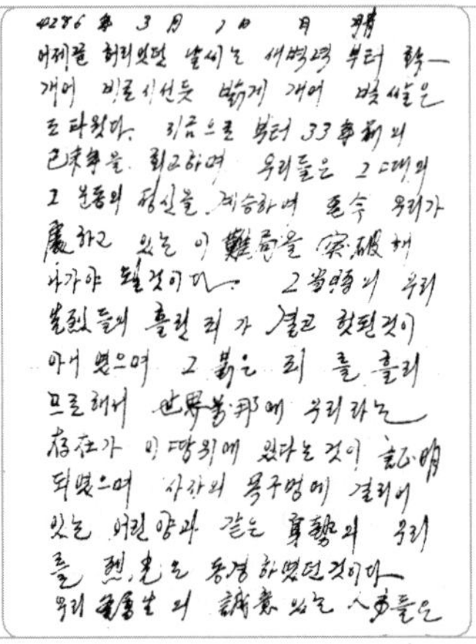

4286年 3月 1日 月 晴

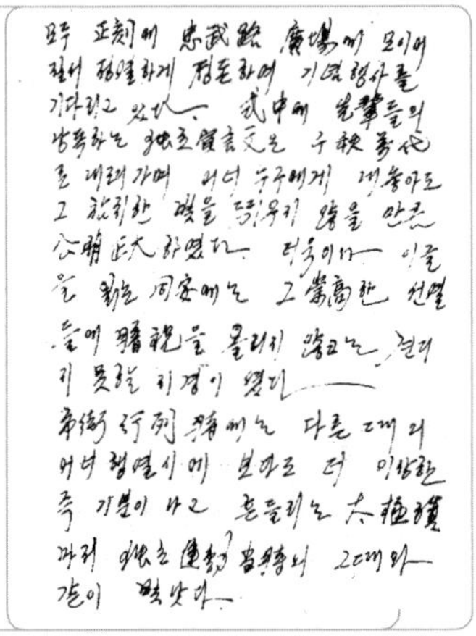

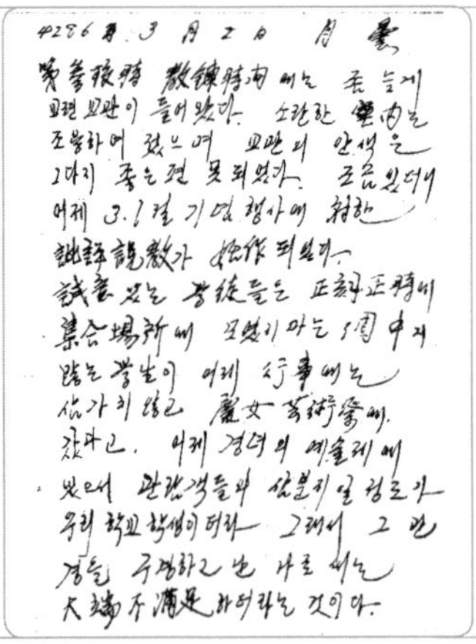

4286年 3月 2日 月 曇

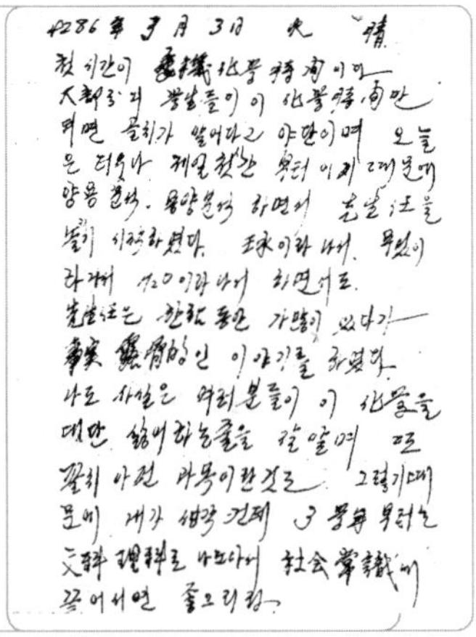

4286年 3月 3日 火 晴

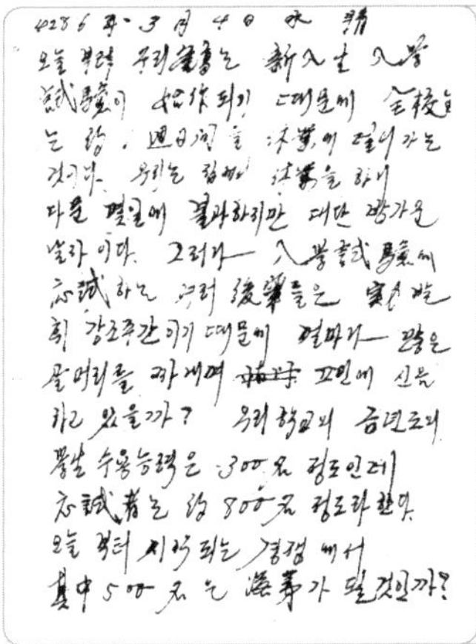
4286年 3月 4日 水 晴
오늘부터 우리 학교는 新入生 入學
試驗이 始作되기 때문에 全校는
논다. 四日間을 休業에 들어가는
것이다. 우리는 집에서 休業을 하니
다른 별일에 불과하지만 대단 관심을
쏟아야 한다. 그러나 入學試驗에
應試하는 우리 後輩들은 實로 대단
히 긴장된 기간이기 때문에 얼마나 골
머리를 까게며 [struck] 고민에 신음
하고 있을까? 우리 학교의 금년도의
학생 수용능력은 300名 정도인데
應試者는 約 800名 정도라 한다.
오늘부터 시작되는 경쟁에서
其中 500名은 落第가 될 것인가?

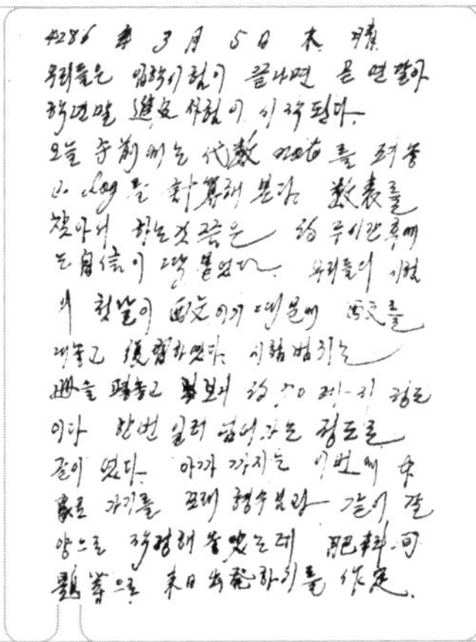
4286年 3月 5日 木 晴
우리들은 입학시험이 끝나면 곧 현 학기
학년말 進級 시험이 시작된다.
오늘 午前에는 代數 [illegible]를 공부
하고 log를 計算해 보았다. 數表를
찾아서 하는 것 같은 約 두시간 후에
는 自信이 생겼었다. 우리들의 시험
의 첫날이 國文이기 때문에 國文을
내놓고 復習하였다. 시험범위는
[illegible]을 펴놓고 보니 約 70 페이지 정도
이다. 한번 일러 넘어가는 정도로
끝이 났다. 아까까지는 이번에 本
家로 가기를 꼬리 형수님과 같이 결
정으로 작정해 놓았는데 肥料의
關係로 來日 出發하기를 作定.

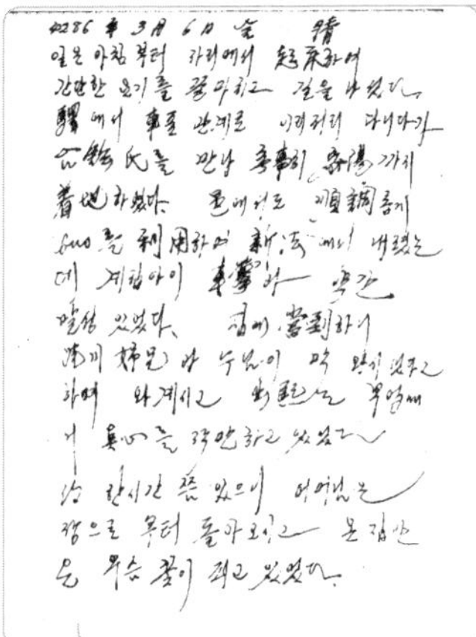
4286年 3月 6日 金 晴
오늘은 아침부터 자리에서 起床하여
간단한 요기를 끝마치고 길을 나섰다.
驛에서 車를 반 시간 이리저리 다니다가
[illegible]氏를 만나 [illegible] 까지
着地하였다. [illegible]에서도 [illegible] 좋게
600원을 利用하여 新[illegible]에서 내렸는
데 계집아이 [illegible] 약간
발생 있었다. 집에 到着하니
[illegible]께 姉兄과 누님이 막 와 있었고
하여 와 계시고 [illegible] 부엌에
서 [illegible]을 장만하고 있었고
約 한시간 쯤 있으니 어머님은
장으로부터 돌아오시고 온 집안
은 무슨 꽃이 피고 있었다.

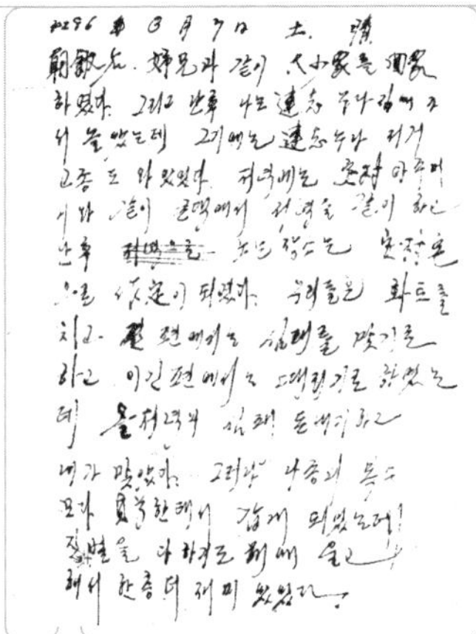
4286年 3月 7日 土 晴
朝飯 后 姉兄과 같이 大小家를 [illegible]
하였다. 그리고 午后 나는 [illegible] 두나 집에 가
서 놀았는데 그때는 [illegible] 두나 저 거
고종도 와 있었다. 저녁에는 [illegible] 아주머
니와 같이 큰댁에서 저녁을 같이 하고
午后 [struck] 노는 장소는 [illegible]
으로 作定이 되었다. 우리들은 화투를
치고 진 편에서는 [illegible]를 맞기로
하고 이긴 편에서는 때린기로 하였는
데 [illegible] 실제 [illegible]
내가 맞았다. 그러나 나중의 [illegible]
모자 [illegible]에서 갚게 되었노라!
작별을 다 하고도 [illegible]
해서 한층 더 재미 있었다.

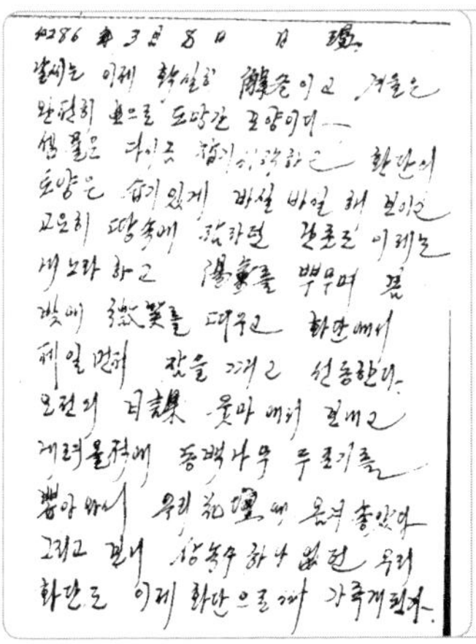
4286年 3月 8日 日 晴
날씨는 이제 확실히 解冬이고 겨울은
완전히 北으로 도망간 모양이다.
[illegible] 화단의
모양은 [illegible] 바실바실 해 보이고
고요히 땅속에 [illegible] 간혹 이제는
내노라 하고 [illegible]를 뿜으며 [illegible]
[illegible]을 대우고 화단에서
제일 먼저 잎을 깨고 선동한다.
오전의 日課 [illegible]에서 벗어나고
[illegible]에 동백나무 두 포기를
뽑아 와서 우리 花壇에 옮겨 놓았다.
그리고 [illegible] 하나 없던 우리
화단도 이제 화단으로서 가족이 되었다.

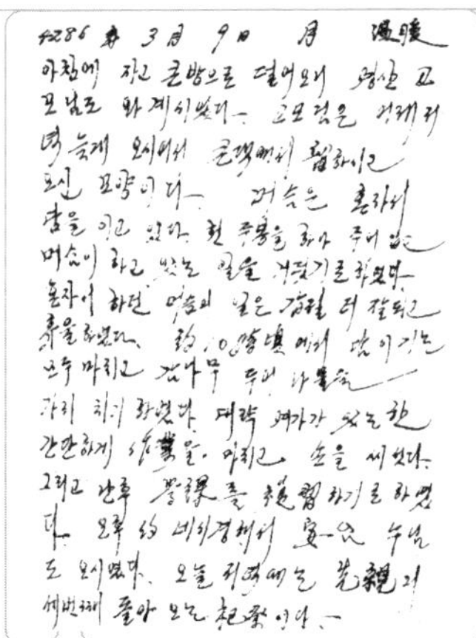
4286年 3月 9日 月 溫暖
아침에 자고 큰방으로 들어오니 형님 고
모님도 와 계시었다. 고모님은 어제 저
녁 늦게 오시어서 큰댁에서 주무시고
오신 모양이다. 머슴은 혼자서
똥을 지고 있다. 헌 [illegible] 같이
머슴이 하고 있는 일을 거들기로 하였다.
혼자서 하던 머슴의 일은 훨씬 더 잘되고
즐거워졌다. 約 10時頃에서 일이 거의
끝마치고 감나무 두 그루 나뭇가지를
가지 치기로 하였다. 대략 [illegible] 있는 한
간단하게 作業을 마치고 손을 씻었다.
그리고 난후 學課를 復習하기로 하였
다. 오후 4시경해서 [illegible] 누님
도 오시었다. 오늘 저녁에는 先親의
세 번째 돌아오는 祀祭이다.

4286年 3月 10日 火 温暖
앞을 보면 밭에는 언제 부터 겨울 메는
농부들이 호미를 쥐고 밭골을 기고 있다.
동네의 사람들은 모두 보리밭 肥料의
問題를 해결하지 못하여 걱정이 泰山 이나
있는 듯을 대하여도 되지않는 것이 올해
農村의 실情이다. 이런것들을
관찰할양이면 지금 우리나라의 全般
에 걸친 社會 情勢를 [illegible]하고 그다
한 逆境에 處하고 살다는 것 如實히
증명 되고 있는 事實이 아닌가?
農村 農民들의 生命은 實로 이 비료문제
에 左右된다고 해도 過言이 아닐것이다.
이 빼아린 農夫들의 쥐고 있는 호미 자루
를 뒤에 두고 엔진의 고무 바퀴들은
쉴새 없이 땅을 돌고 있다.

4286年 3月 11日 水 雨雲
어제까지의 愉快하게 뛰놀고 있던
우리들을 試驗의 鐘이 울고 난후
갑자기 ~~[illegible]~~ 극도의 긴장 상태로
바꾸게 했다. 제일 처음의 時間 一代數.
나는 考査答案紙를 1장아 위의 문제를
해 [illegible] 前에 [illegible] 속에 열발 해우고 내서
한 번의 의문을 풀지못하여 고개를
기웃둥거리고 있다가 벌써 몇개나
만자 쓸까 하고 視線을 아래로 돌리
니 보는 그 맘에는 위에 [illegible] 속에 남을
해당한 말들이 모두 있었다.
그래서 한번의 의문도 문제도 해결되었다.
다음 西文도 그다지 잘쓴 편은 못되어도
70點은 [illegible]하다고 생각하며
化學 時間에는 아드 기세는 했으나
남은 시간들이 지루하게 되었다.

4286年 3月 12日 木 晴
하루를 걱는 우리들은 그것 만큼의 어깨가
가벼워 진 感이 확실하다.
오늘도 우리들은 긴장한 네시간을 보내게
되었는데 첫째 英語 時間에는
答案紙를 보니 손 종이 넘어가지 않았다.
辭典을 뒤지어서 낯선 單語를 골라
내어 말을 연결해 보니 많은 술 되지 않으
나 人의 [illegible] 회답 철학 에서 나온
것이 分배하였다. 始 半 答을
맞우고 있는 同安 어느새 붓을 놓아라는
命令의 鐘이 울렸다. 모든 학생들
時間 연장을 요구했으나 그것은 아무
효과를 거두지 못하였다. 하늘은 代數
時間이 있는데 3개 問題를 구경하니
이것쯤이야 했는데 이번 끝에
가서 약간 어려웠다.

4286年 3月 13日 金 晴
아침 조례시에 반장 선생님으로 부터 끝까지
인내하며 좋은 結果를 내도록 그리고 모사이
결석하는 생들이 극소수이나마 없도록 특별
히 부탁하시었다. 英作 時間 에는 [illegible]의
試驗 한 그 곳을 하기 때문에 復習 정도
로 하였는데 [illegible]에도 英作하고 같이
[illegible]에서도 나왔는가 하는 생각이 나지 않
았다. 그다음은 만일 선생의 학점——
방법인 모양이다—
[illegible] 한 편은 곧 工夫도 하지 않았다
그러니 나의 工夫 한것에 비해서는
보다 쉬운 조건이 아닌가 생각 되었다.
우리 보람도 제일 수통을 알는것은
이 試驗 [illegible]이다—. 졸업에는
사실 [illegible] 져 놓고, 工夫 하고 싶을
때 그때와 같이 벌리는) 人생
일 었다—

4286年 3月 14日 土 曇
학교의 심부름으로 어제 오후 출전차로, 三浪
津에 와서 오늘 아침 일찍 [illegible]으로
나와서 車表를 샀다. 어제 학교에서
부탁한 것이 50매 되는 것대 한사람
앞에 셋씩 가져오라는 것이 갑자기
생각나서 역 밖으로 가서 종류가
가지를 드리어 왔다— 우리들이 처음
홈을 거쳐 섰을때는 벌써 시간은
열두시 가까이 되었으며 [illegible]江
쪽으로 부터 거문 연기를 내뿜는 긴
열차가 숨이 가쁜듯이 달려 왔다.
密陽에 도착했을때는 상당히 오래
되어 지각이 아닌가 하고 달려 본것
이 多幸히 지각은 아니 였다—
[illegible] 來[illegible] 적극적 환영.

4286年 3月 15日 日 晴
우리들은 조반후 한참 앉아 놀다가— 지난
12日 날 저녁의 도난 당한 이야기가 나와— 한참
이 수수께끼 가 되었다. 나는 어제까지 저녁
이 우리집이라는 名稱을 붙이게 된 곳에
盜難 이란것은 이름조차 들은적이 없은
는데 어제아래 저녁의 일 당장 나에
게도 영향이 파급되어 왔다. 그것은
숨은일을 시험도중인데도 불고하고
왔거리 여행을 하게된것 그런것은 대단
불리하였으며 낮에는 이미 동굴에 [illegible] 나는
것이 보통인데 汽車 [illegible] 으로 부터
풀오는 [illegible] 추위에 못견딜 정도
였다. 그리고도 지금이론 풀 雨天
일것 같으면 갑바를 입었기 때
문에 노다지 맞을 지경이 아닌가?

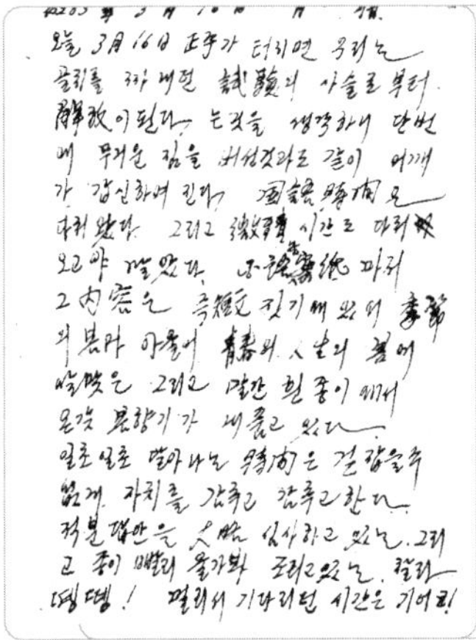

4285年 3月 16日 月 晴

오늘 3月 16日 正午가 터지면 우리는
골치를 썩혀 오던 試驗의 사슬로 부터
解放이 된다는 것을 생각하니 단번
에 무거운 짐을 벗은것과도 같이 어깨
가 가볍게 느껴진다. 國語時間으로
마쳐졌다. 그리고 數學 시간도 마쳐
보고야 말았다. 不 ... 따라
그 內容은 ... 짓기에 앞서 春節
의 봄과 아울러 靑春의 人生의 봄에
쌓였던 그리고 많은 흰 종이 위에
온갖 봄향기가 새롭고 있다.
일초 일초 ... 時間은 걸잡을 수
없게 자취를 감추고 감추고 한다.
학생들은 ... 심각하고 있는. 그리
고 종이 빨리 울리기를 고대하고 있는. 칼라
땡땡! 떨리며 기다리던 시간은 기어코!

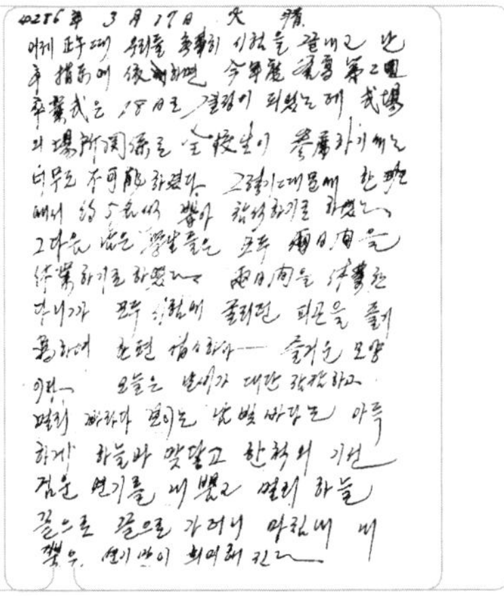

4286年 3月 17日 火 晴

어제 正午에 우리들 무사히 시험을 끝내고 난
후 指示에 依하면 今年度 第二回
卒業式은 18日로 결정이 되었는데 式場
의 場所關係로 全校生이 參席하기에는
너무도 不可能하였다. 그렇기 때문에 한 班
에서 約 5名씩 뽑아 참석하기로 하였다.
그 다음 남은 學生들은 모두 兩日間을
休業하기로 하였다. 兩日間을 休養한
다니까 모두 시험에 굴리던 피곤을 풀기
위하여 ... 즐거운 모양
이다. 오늘은 날씨가 대단 청명하고
멀리 ... 보이는 ... 바다는 아득
하게 하늘과 맞닿고 한척의 기선
검은 연기를 내뿜고 멀리 하늘
끝으로 끝으로 가더니 마침내 내
뿜은 연기만이 희미해 진다.

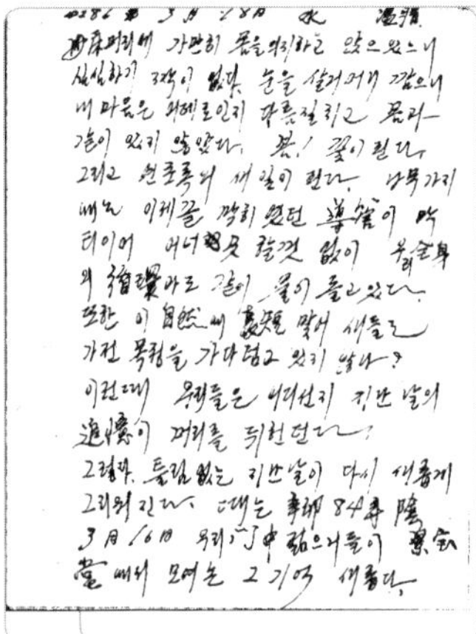

4286年 3月 18日 水 晴

床머리에 가만히 몸을 의지하고 앉으 있으니
심심하기 짝이 없다. 눈을 살며시 감으니
내 마음은 ... 몸과
같이 있지 않았다. 봄! 꽃이 핀다.
그리고 싱그로운 새 잎이 핀다. 나뭇가지
에는 이제껏 맺혀 있던 ... 이 막
터이어 ... 할것 없이 우리 全身
의 循環과도 같이 물이 올르고 있다.
또한 이 自然에 ... 맞어 새들도
가진 목청을 가다듬고 있지 않나?
이런때 우리들은 어디선지 지난 날의
追憶이 머리를 스친다!
그렇다. 틀림없는 지난날이 다시 새롭게
그리워 진다. 때는 辛卯 84年 陰
3月 16日 우리 ... 中 ... 들이 ...
堂에서 모여 논 그 기억 새롭다.

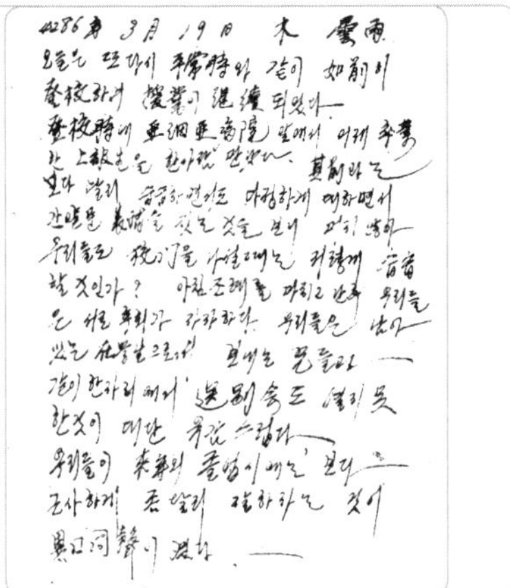

4286年 3月 19日 木 曇雨

오늘은 또 다시 平常時와 같이 如前히
登校하여 授業이 繼續 되었다.
登校時에 ... 에서 어제 卒業
한 上級生을 한 ... 만났다. 其前과는
보다 ... 대하면서
간단한 表情을 짓는 것을 보니 ...
우리들도 校門을 나설때는 저렇게 ...
할 것인가? 아침 조례를 마치고 난 후 우리들
은 서로 후회가 ... 우리들은 남아
있는 在學生으로서 보내는 ...
같이 한자리에서 送別會도 열지 못
한것이 대단 유감스럽다.
우리들이 來年의 졸업식에는 보다
... 하게 ... 하는 것이
異口同聲이 ...

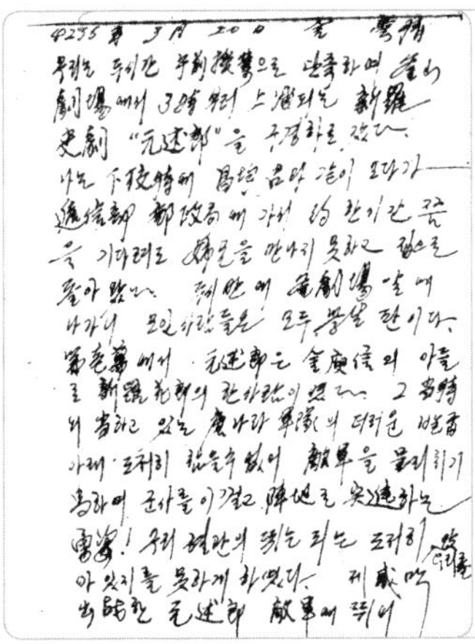

4285年 3月 20日 金 曇晴

우리는 두시간 午前授業으로 단축하여 ... 에
劇場에서 3일부터 上演되는 新羅
史劇 "元述郞"을 구경하로 갔다.
나는 下校時에 ... 같이 오다가
遞信部 ... 에 가서 約 한시간 쯤
을 기다려도 ... 을 만나지 못하고 혼자로
돌아왔다. 저녁에 ... 劇場 앞에
나가니 모인 사람들은 모두 ... 한이다.
第 ... 에서 元述郞은 金庾信의 아들
로 新羅 花郞의 한 사람이었다. 그 當時
에 當하고 있는 唐나라 軍隊의 더러운 ...
아래 조치히 참을수 없어 敵軍을 물리치기
위하여 군사를 이끌고 陣地로 突進하는
勇姿! 우리 젊은이의 ... 조치히 ...
아 있지를 못하게 하였다. 제 ... 막
出陣한 元述郞 敵軍에 뛰어

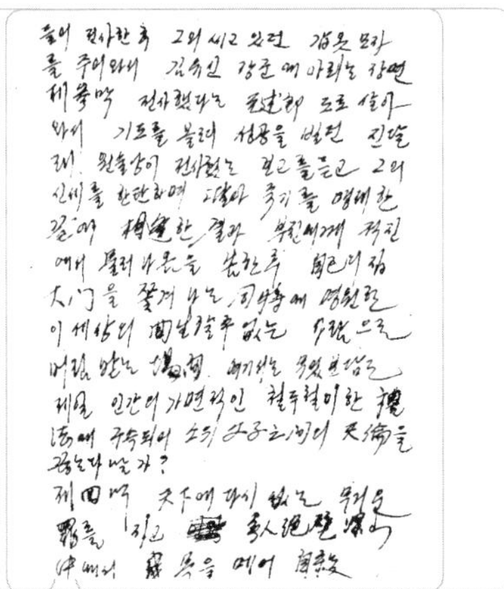

들어 전사한 후 그의 쓰고 있던 갑옷 모자
를 주어와서 김유신 장군께 아뢰는 장면
제4막 전사했다는 元述郞 도로 살아
와서 기도를 올리며 성공을 빌던 진달
래 ... 전사했는 ... 그의
신세를 한탄하며 ... 죽기를 맹세한
끝에 ... 결과 부친에게 ...
에서 물러나온 ...
大門을 쫓겨 나는 ...
이 세상의 ... 할수 없는 ... 으로
버림 받는 ...
제일 인간의 가면적인 ... 한 ...
法에 구속되어 소위 父子之間의 天倫을
끊는다 말인가?
제四막 天下에 다시 없는 무거운
罪를 지고 ... 絶壁 ...
中에서 목숨을 베어 自殺

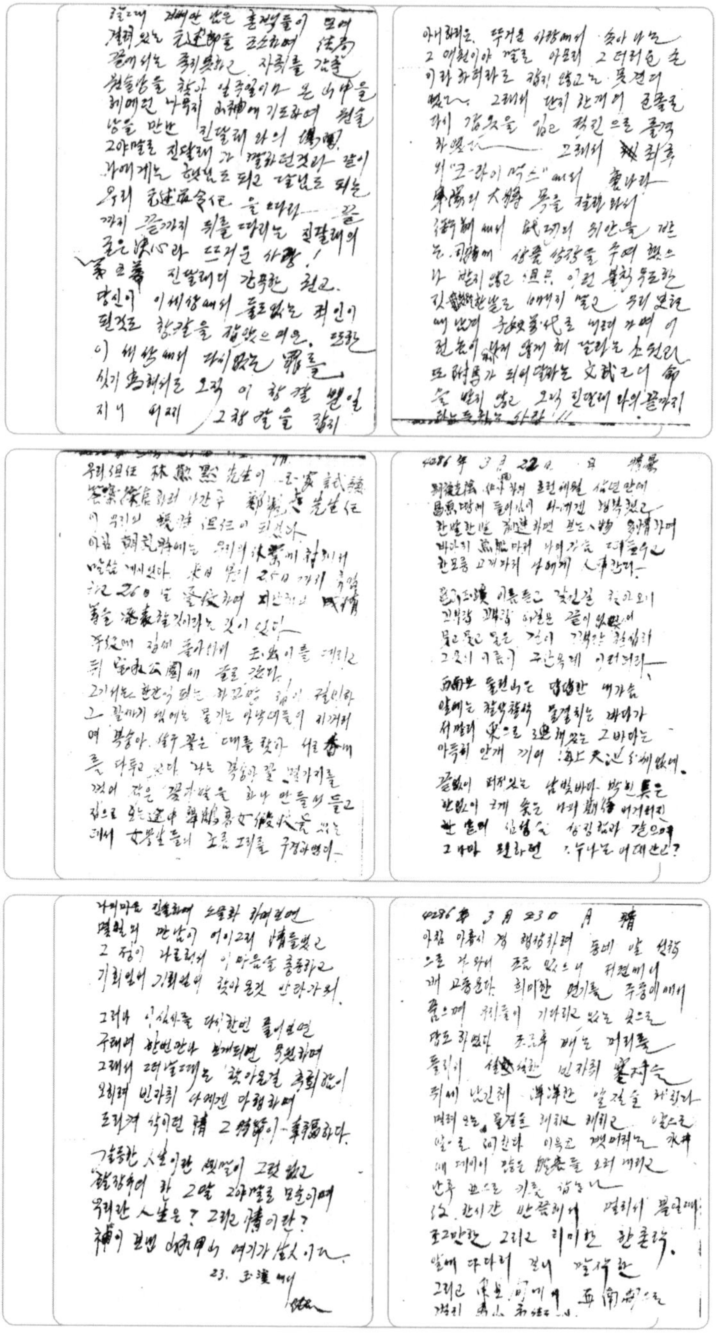
3월 [illegible] 처녀만 같은 흰 처녀들이 모여
걸려 있는 [illegible]을 [illegible]하여 [illegible]
곁에서는 [illegible]하고 자취를 감춘
[illegible] 찾아 [illegible] 온 山中을
헤매던 나무지 山神께 기도하여 [illegible]
낭을 만난 진달래 와의 [illegible]
그야말로 진달래 가 [illegible] 같이
나에게는 햇님도 되고 달님도 되는
우리 [illegible] 을 따라 —— 끝
까지 끝까지 뒤를 따르는 진달래의
굳은 決心과 뜨거운 사랑!
[illegible] 진달래더 간곡한 친교.
당신이 이세상에서 둘도없는 죄인이
된것도 [illegible]을 잡았으리오. 또한
이 세상에서 다시없는 罪를
씻기 위해서도 오직 이 [illegible]
지니 [illegible] 그 [illegible]을 갈리

아니하리오. 뜨거운 사랑에서 솟아 나는
그 애원이야 [illegible] 아무리 그 더러운 손
이라 하더라도 [illegible] 못견디
었고. 그래서 [illegible] 곤줄로
다시 [illegible]을 입고 [illegible]으로 출격
하였다 —— 그래서 최후
의 "크-라이 막스"에서 [illegible]
[illegible]의 大[illegible] 목을 [illegible]하여
[illegible]에서 [illegible]의 [illegible]을 [illegible]
는 [illegible]에 [illegible]을 주어 했으
나 [illegible] 이런 [illegible]한
[illegible]한날로 [illegible] 우리 [illegible]
에 [illegible] [illegible]代로 내려 가며 이
[illegible] 말라는 소원
또 [illegible]가 되어 [illegible] 文武 [illegible] 命
을 [illegible] 오직 진달래 와의 끝까지
하는 [illegible] 사랑!!

우리 担任 林[illegible] 先生이 [illegible]
[illegible]하러 나간후 [illegible] 先生任
이 우리의 [illegible] 担任이 되셨다.
아침 [illegible]에는 우리의 [illegible]에 [illegible]
말씀 계시었다. 來日 부터 25日 까지 [illegible]
하고 26日 날 登校하여 [illegible] 民[illegible]
等을 [illegible]할것이라는 것이 었다.
[illegible]에 같이 돌아서서 玉[illegible]이를 데리고
뒤 [illegible]公園에 놀로 갔다.
그기서는 [illegible]
그 [illegible]
여 [illegible] 꽃은 [illegible]
를 [illegible]
[illegible] 만들어 들고
집으로 오는 途中 [illegible] 女[illegible]
에서 女學生들의 [illegible] 구경하였다.

4286年 3月 22日 日 [illegible]
[illegible]
[illegible]
한발한발 [illegible]하면 [illegible]
바다의 [illegible] 나아 가는 [illegible]
한모퉁 고개 마루 [illegible] 사진이다.
[illegible] 이름 모르는 갈밭길 [illegible]
꼬부랑 꼬부랑 [illegible]
[illegible]
그곳이 [illegible]
[illegible] 가슴
앞에는 철썩철썩 물결치는 파도가
서쪽의 [illegible] 그 바다는
아득히 안개 끼어 海上[illegible]없어.
끝없이 펼쳐있는 [illegible] 바다
[illegible] 흰 [illegible]
[illegible] 같으며
그 바다 [illegible] 어떠한고?

나의마음 [illegible]하여 [illegible] 하여보면
[illegible] 만남이 어이그리 情들었고
그 정이 [illegible] 이 마음을 [illegible]하고
기회없어 기회없어 찾아 온것 [illegible]
그러나 [illegible] 다시한번 들어보면
구태여 한번만나 보게되면 [illegible]하며
그래서 그네날때를 찾아온걸 후회없이
오히려 [illegible] 나에겐 [illegible]하며
[illegible] 情 그 [illegible]이 幸福하다.
[illegible] 人生이란 [illegible] 그렇 [illegible]
[illegible] 그야말로 모순이매
우리란 人生은? 그리고 情이란?
神이 [illegible] 여기가 [illegible]이다.
23. 玉溪에서
[illegible]

4286年 3月 23日 月 晴
아침 아홉시 경 행장하여 동네 [illegible]
으로 [illegible] 있으니 [illegible]
배 [illegible] 희미한 연기를 [illegible]
품으며 [illegible] 기다리고 있는 곳으로
[illegible] 조금후 배는 머리를
돌리어 [illegible] 빈자리 [illegible]
뒤에 [illegible] 洋洋한 [illegible]
[illegible] 물결을 [illegible] 헤치고 [illegible]
[illegible] 이윽고 [illegible] 水[illegible]
에 [illegible]
[illegible] 있도다
[illegible] 한시간 반쯤해서 멀리서 [illegible]
조그마한 그리고 [illegible] 한촌락.
앞에 다다러 [illegible] 말쑥한
그리고 [illegible]에게 [illegible]으로
가서 [illegible]

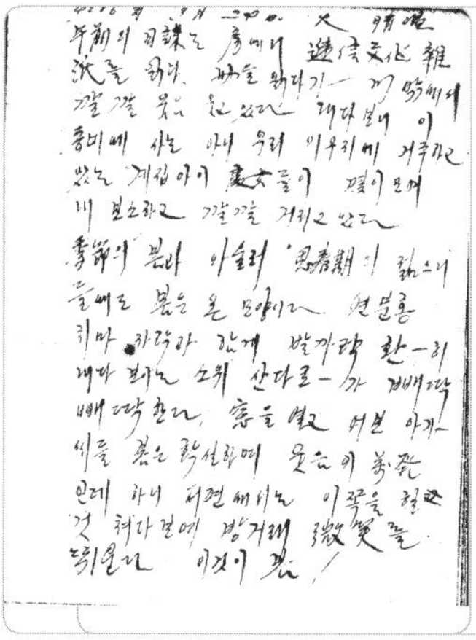

6286年 9月 25日 火 晴

[illegible]期의 日課로 房에서 遞信文化 雜誌를 읽다. [illegible]을 읽다가 — 끼 밖에서 깔깔 웃는 소리 있다. 내다보니 이 동네에 사는 아니 우리 이웃에 거주하고 있는 계집아이 處女들이 몇이 모여 내 보소하고 깔깔 거리고 있다.

季節이 봄이라 이슬러 '思春期'가 왔으니 출에도 봄은 온 모양이다. 연분홍 치마 자락이 한께 발가락 환—히 내다 뵈는 소위 산다로—가 빼딱 빼딱 한다. 窓을 열고 어본 아가씨들 봄은 확실하며 웃음이 [illegible] 인데 하니 저편에서는 이쪽을 힐끗 쳐다보며 방거래 微笑를 날리운다 이것이 봄!

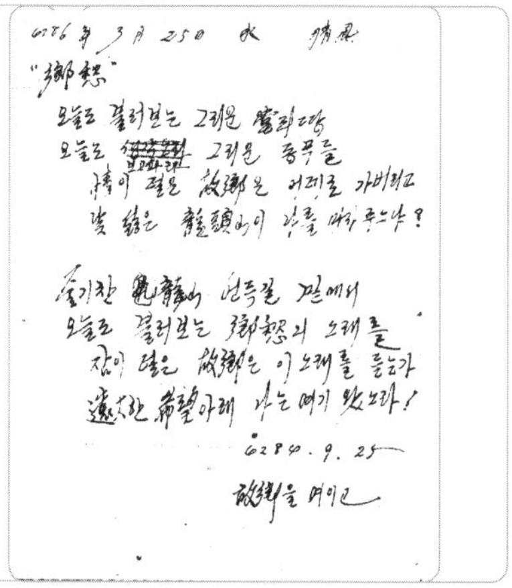

6286年 3月 25日 水 晴

"鄕愁"

오늘도 불러보는 그리운 [illegible]
오늘도 ~~[illegible]~~ 그리운 동무들
情이 젖은 故鄕은 어디로 가버리고
낯 설은 [illegible]이 나를 [illegible]

줄기찬 [illegible] 언덕길 끝에서
오늘도 불러보는 鄕愁의 노래를
잠이 젖은 故鄕은 이 노래를 듣는가
遠大한 希望아래 나는 여기 왔노라!

6280.9.25

故鄕을 떠나고

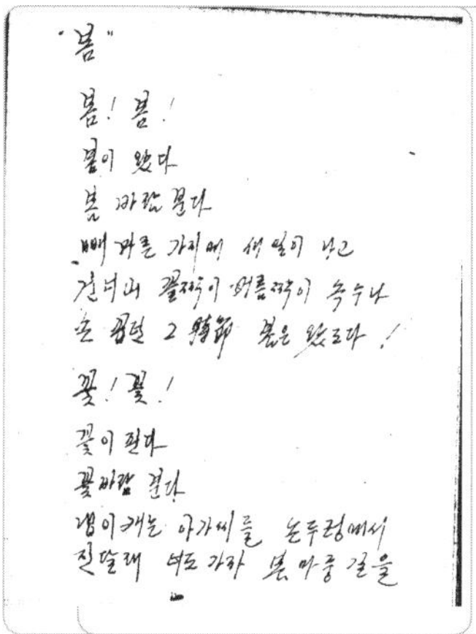

"봄"

봄! 봄!
봄이 왔다
봄 바람 분다
빼 마른 가지에 새 잎이 나고
건너山 [illegible]이 [illegible]이 속수나
온 천지 그 時節 봄은 왔도다!

꽃! 꽃!
꽃이 핀다
꽃바람 분다
냉이캐는 아가씨를 논두렁에서
진달래 너도 가자 봄마중 길을

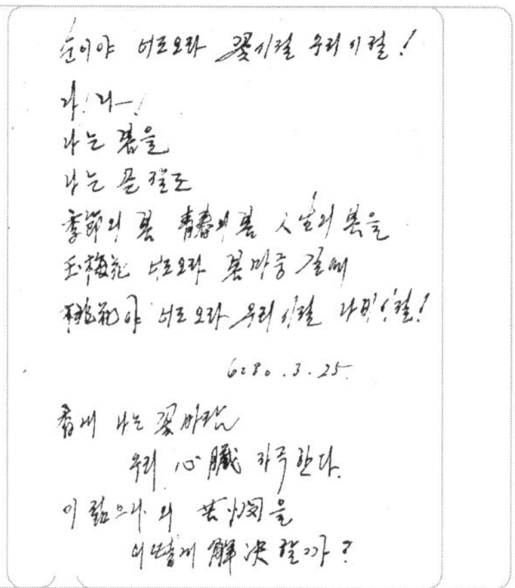

순이야 너도 오라 꽃시절 우리 시절!

나! 나—!
나는 봄을
나는 봄 철도
季節의 봄 靑春의 봄 人生의 봄을
玉梅花 너도 오라 봄마중 길에
桃花야 너도 오라 우리 시절 나의 시절!

6280.3.25

春에 나는 꽃바람
우리 心臟 자극한다.
이 젊으나 의 苦悶을
어떻게 解決할까?

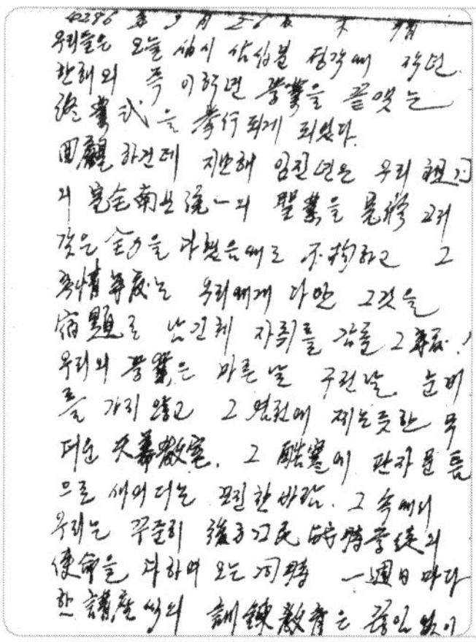

6286年 3月 25日 木 晴

우리들은 오늘 새시 삼십분 정각에 작년 한해의 즉 이학년 學業을 끝맺는 終業式을 擧行하게 되었다.

回顧하건데 지난해 일진년은 우리 祖國의 完全南北統一의 聖業을 完遂코저 갖은 全力을 다했음에도 不拘하고 그 事情年度는 우리에게 다만 그것을 宿題로 남긴채 자취를 감출 그 年度! 우리의 學業은 마른날 궂은날 눈비를 가리지 않고 그 열전에 찌는듯한 무더운 大講堂. 그 酷寒에 판자문 틈으로 새어드는 모진 바람. 그 속에서 우리는 꾸준히 強力한 民族學徒의 使命을 다하며 오는 [illegible] 一週日마다 한 講座씩의 訓鍊敎育은 쉼없이

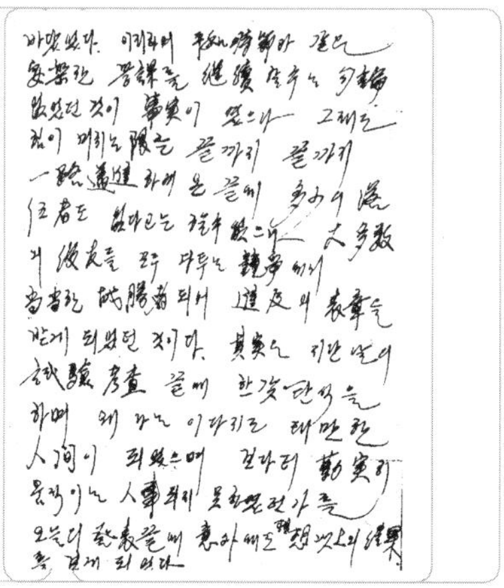

바랬었다. 이리하여 學期 時節마다 같은 安樂한 學課를 繼續하는 [illegible] 없었던 것이 事實이었으나 그래도 힘이 미치는 限은 끝까지 끝까지 一路邁進하여 온 끝에 多分의 落伍者를 내다르는 [illegible] 大多數의 學友들 모두 다투는 競爭에서 當當한 勝者가 되어 進度의 表彰을 받게 되었던 것이다. 其實은 지난날의 試驗考査 끝에 한갓 단속을 하여 왜 [illegible] 이다지도 태만한 人間이 되었으며 결다리 勤實히 움직이는 人事적이 못하였던가를 오늘의 發表끝에 [illegible]하에도 理想 以上의 結果를 보게 되었다.

○기 4285年度 ○山高等學校 第二學年 C組
의 學級担任 林○默 先生任은
몸채하시마 무엇이 먼저 착하고 그리고 무엇
이 먼저 악하고 그리고 向學熱에
불타는 우리들은 한해라는 歲月 길에는
그리고 [illegible] 이한 해를
단념 하시었니 얼마나 많은 그리고 또
얼마 善良한 우리들을 指導하시기에
漫漫 하시었을까? 先生任은
先天的으로 타고나신 才質과 그 얼
마나 젊으시면서도 老熟한 그리고
또 將來의 希望가 당하의 세대를
이어 받을 젊은이들을 [illegible] 키울
때 自己의 個人을 희생하는 정이 있
던가? 先生任의 教訓은 언제나
多情溫情이며 [illegible] 訓示였었다.

4286年 3月 27日 金 曇

어제 학교 게시판에 發表한 바에 依하면
今年度 우리학교 졸업생의 약 80%는 上級
學校 大學에 入學한 것이라 하였다. 금번도
우리 나라의 대학 입학율로 말하면
경기고등학교를 除外한 首位에 놓인
셈이다. 그리고 또 來年度의 졸업
지금 3학년에 進級한 우리들이 부단
이한 [illegible] 없이 進學할 것이다
학교측에서도 여면은 대단 기쁘나
한편에는 대단 걱정이 많다.
進級한 우리들의 覺悟로
이제 부터는 加一層 飛躍
前進하여야 할 것이라는 것이
再五 認識된다.

4286年 3月 28日 土 曇

다른 사람들로 多論 [illegible] 것도 [illegible]겠거니와
나는 무엇이던지 한번 決定하면 그것을
해결하지 못하고는 견디지 못하는 그러한
감정이 濃厚한 셈이다. 그렇기 때문에
[illegible] 간에 나에게는 決定이란
두 글자가 대단 어려운 것이라고 나는 믿는다.
오늘도 本家로 가서 몇일 놀다가 오기를
이미 우리들이 休業하기 前부터 決定
해 놓았기에 [illegible] 兄任는 가실
것을 만류하나 기어코 가지 않고는
견디기 어려웁다. 그렇기에 쇠 10일 동안
[illegible] 불과 몇일이
되지 않건만 또다시 오늘도 그리 [illegible]
는 고동 汽笛이 [illegible] 앉았던
것이다.

4286年 3月 29日 日 小雨

朝飯食事를 끝내고 있으니 이제껏
울려지고 있던 하늘은 무엇이 그리도
슬펐는지 가느다란 눈물을 적신다.
하늘은 슬프나 花壇의 꽃 꽃은
몹시도 좋은 모양이다. 가느다란 실바람
에 허리를 살랑거리며 너를 웃는 듯
고 있다. 감사가 빛이 난다.
또 하늘이 실로 못되어 울기를
계속한다.

하늘아 울지마오 너도 울어라
메마른 우리는 살 지게 하고
묻지 못한 우리 얼굴 때를 씻누나
하늘은 슬프나 우리는 기쁘다.

아마도 모든 꽃과 草木은 이런 노래를
우리들이 해방시킨가 와도 같이 부르지 않을까?

4286年 3月 30日 月 曇

午前에는 連○ 누나 집에서 놀다가
나는 中學校 일이 학년의 學生들에게
벚나무(櫻)가 [illegible] 된다는
理論을 배웠었다. 이 집의 안 앞뜰
에는 늙은 古木과 아울러 나이 젊은
벚나무들이 줄을 지어 섰었다.
벚꽃은 지난날 우리의 악마 倭놈들
의 國花이며 해방 以後 우리들
은 모조리 베어 쳐 버린 기억이 난다.
그러나 지금 와서 다시 생각해 보거나
그 꽃이 우리들의 원수이며 꽃 그것이 우리
들을 못살게 하고 피를 빨아 먹은
것은 아닌 것이 아닌가? 그 벚꽃이란
건 계절을 찾아 우리 사람들의
마음을 좋게 하며 그의 향기를 퍼지게 하였다.

4286年 3月 31日 火 晴

어제 저녁에는 [illegible] 집에서 동네의 젊
은이들이 다 모이다 싶이 모여 [illegible] 너머 시간
놀았다. 그러니 [illegible] 만큼 우리 group
[illegible] 라 가 대단 좋으나
그것도 한갈 가니 진정이 줄고 없다
자미가 아닌가 하고 화투 놀기를
작정했으나 그것도 多人數이 들어서
如意치 못하여 우리집 큰 방에서
화투 놀기 이상의 재미 있게 밤을 보냈다.
오늘 오후에는 갈 곳 다닐까 생각하니가
그만 보리밭 구경을 나갔다
들에서 오는 길에 [illegible] 누나를
만나서 [illegible]에서 조금 놀았다
저녁에는 連○누나 놀로 와서 이제
저녁의 小[illegible] 하여 놀기 잘 놀았다.

4286年 4月 1日 水 晴曇

즐거운 삼월달도 이제 흐린 세월이 되어 버리고 이제 화신의 사월달로 즐거운 새달을 맞이하게 되었다. 오늘부터가 第参學年의 課業이 始作되는 意義 깊은 날이다.

朝飯을 늦게 마친 후 어머님은 [illegible] 入學 關係로 武昌國民學校에 가시고 반후 나는 出張을 집에 맡긴 채 집을 나왔다.

[illegible]에 까지 나오는데 途中에서 "bus"를 한대 만났으나 그것을 利用하지 못하고는 걷기를 作定하여 驛까지 당도하니 時間은 아직 五分간 못되었다. 조금 기다리니 마침 디젤 엔진이 한대 내려와서 별안간 승차하였다. 이것을 탄 後 한시간 후에는 目的地까지 쉽사리 올 수 있었다. 오늘의 旅行 比較的 順調로웠다—.

4286年 4月 2日 木 晴

登校하는 途中에서 吉壽君을 만나 어제의 課業 大略 물어 보았는데 別 다른 것은 없었고 學級 편성을 하였단 것이다.

學校에 조금 있으니 어제 登校하지 못한 동무들도 약간 있어 벗들이 생겼는데 그런 반면 林先生任을 기다려도 오시지 않고 해서 [illegible] 다른 데 넘어가서 調査한 결과 參學年 學級은 李宇民 先生任의 하신 class 이었다. 되었을 때는 기분이 그런가 다르고 한 학년이 면서 낯이 잘 익은 사람들이 많이 있으나 學級分團은 대단 좋다고 생각 들었고 아까 担任 先生任으로부터 始業式이 있을 때 여러 가지로 우리들에게 最高學年으로써의 가치와 후학이로 이에 [illegible] 경계해야 할 [illegible] 많이 들었고—

4286年 4月 3日 金 晴曇

우리들이 이 學校의 校門을 걸어 넘기가 바로 어제와도 같이 생각되건만 벌서 在校의 最高級이 되었단 말인가? 實際 나 自身이 가만히 생각해 보아도 이 3년간을 안 다닐 그때나 무슨 특별하게 아니면 特異하게 나아진 무엇이 있는지? 그저 자라 사람들이 어디정도 달리 보아 줄까도 싶지 않다.

우리는 英雄心에 넘쳐 되기도 않는 꿈을 꾸는 한 부로 하지 말고 내 自身이 이 世上에서 가장 微弱하다는 存在를 다시 깨달아 걷잡을 수 없는 아까운 얼굴 열각을 허수히 보내지 말기를 맹서하자.

4286年 4月 4日 土 晴溫

아침 바람 솔솔 부러 시원한 청신미를 한층 더 돋우며 이 아침 春風이 지나가는가 하면 어느사이 벌서 登校하고 있는 우리들의 등골에 구슬을 흘게 하며 손수건으로 땀인 얼을 씻고 나니 筋肉이 쭉 늘어지며 멀리 五六島 넘어는 앞바다를 보면 금시에 생기가 솟음을 한다. 귀여운 [illegible] 마치 미랑을 가라 뒤로 남기고 앞을 나아가는 느린 황소의 거름과도 같다. [illegible] 소의 [illegible]와도 같이 저 丘 [illegible] 숲풀에서 거센 호흡을 한다—

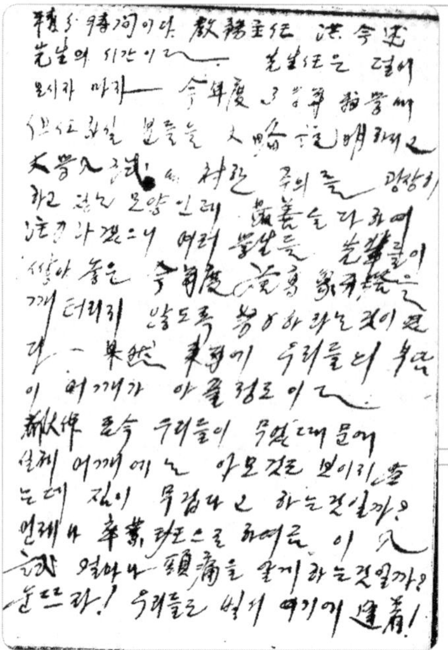
平素의 9時間이다. 敎務主任 洪今述
先生의 시간이다— 先生任은 들어
오시자 마자— 今年度 3學年 卒業에
[illegible] 분들을 大略 說明하시고
大學入試에 對한 주의를 광장히
하고 있는 모양인데 最善을 다하여
[illegible] 여러 學生들 先輩들이
쌓아 놓은 今年度 [illegible]을
깨 더러지 않도록 [illegible]하라는 것이었
다. 一果然 來年에 우리들의 [illegible]
이 어깨가 아플 정도이다—
[illegible] 오직 우리들이 무엇 때문에
실제 어깨에는 아모것도 보이지 않
는데 짐이 무겁다고 하는 것일까?
언제나 卒業 [illegible]으로 하여금 이 入
試 얼마나 頭痛을 쓸게 하는 것일까?
눈뜨라! 우리들도 벌서 여기에 達着!

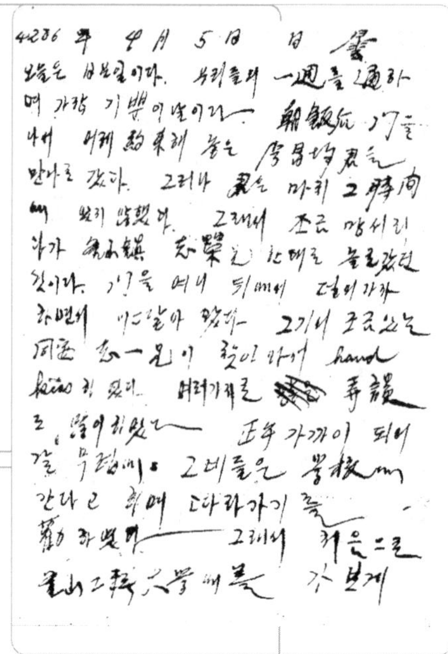
4286年 4月 5日 日 曇
오늘은 日曜日이다. 우리들의 一週를 通하
여 가장 기쁜 날이다— 朝飯을 [illegible]
나서 어제 約束해 놓은 [illegible] 君을
만나로 갔다. 그러나 君은 마치 그 時間
에 있지 않했다. 그래서 조금 망서리
다가 [illegible] [illegible]한 데로 놀로 갔던
것이다. [illegible] 여니 되어서 들어가자
하면서 [illegible] 그러니 놀고 있는
同志 [illegible] 한 분이 찾아와서 hand
kiss 하였다. 여러가지로 [illegible] [illegible]
로 [illegible]하였다— 正午 가까이 되어
갈 무렵에 그네들은 學校에
간다고 하며 따라가기를
勸하였다— 그래서 처음으로
釜山工科大學에 [illegible] 가 보게

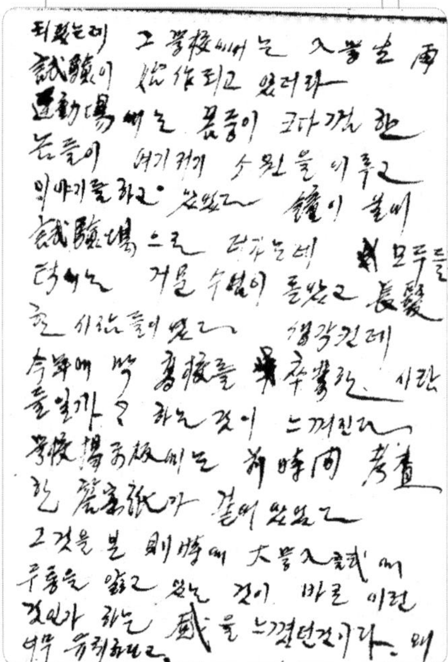
되었는데 그 學校에서는 入學生 兩
試驗이 施作되고 있더라—
運動場에는 [illegible] 크다 가는 한
분들이 여기저기 [illegible]을 이루고
이야기를 하고 있었다— 鐘이 울려
試驗場으로 들어가는데 모두들
뒤에는 [illegible] 몰았고 長髮
한 사람들이 있다— 생각컨데
今年에 [illegible] 高校를 卒業한 사람
들일까? 하는 것이 느껴진다—
學校 揭示板에는 前時間 考査
한 答案紙가 걸여 있었다—
그것을 본 [illegible]時에 大學入試에
[illegible]을 앓고 있는 것이 바로 이런
것인가 하는 感을 느꼈던 것이다. 왜
너무 유쾌하다고,

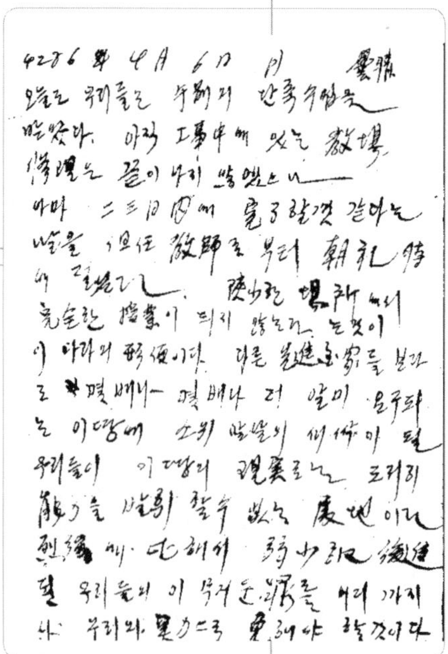
4286年 4月 6日 月 曇晴
오늘도 우리들은 午前의 단축수업을
받았다. 아직 工事中에 있는 敎場
修理는 끝이 나지 않았으니—
아마 二三日 內에 完了할 것 같아는
날을 담任 敎師로부터 朝礼時
에 들었다— 狹小한 場所에서
完全한 授業이 되지 않는다는 것이
이 나라의 形便이다. 다른 先進國家들 보다
도 몇 배나— 몇 배나 더 [illegible]
는 이 땅에 [illegible] 발달의 [illegible]이 될
우리들이 이 땅의 現實로는 도저히
能力을 발휘 할 수 없는 處地이다
[illegible]에 [illegible] 해서 [illegible]하고 [illegible]
될 우리들의 이 무거운 [illegible]를 어디까지
나 우리의 實力으로 [illegible]해야 할 것이다

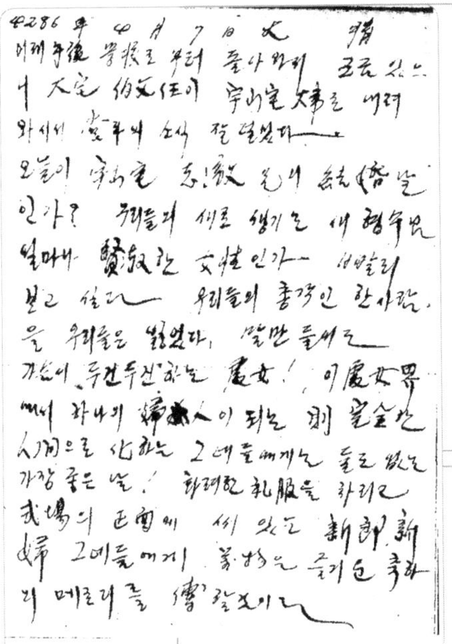

4286年 4月 7日 火 晴

어제 午後 學校로 부터 돌아와서 보고 있으니 大宅 伯父任이 宇山宅 大事로 내려와서서 家中의 소식 잘 들었다.

오늘이 宇山宅 忠毅 兄의 結婚날인가? 우리들의 새로 생기는 새 형수님 얼마나 賢淑한 女性인가 빨리 보고 싶다. 우리들의 총각인 한사람을 우리들은 잃었다. 말만 들어도 가슴이 두근두근하는 處女! 이 處女界에서 하나의 婦人이 되는 則 完全한 人間으로 化하는 그네들에게는 둘도 없는 가장 좋은 날! 화려한 禮服을 하고 式場의 正面에 서 있는 新郎新婦 그네들에게 꽃다운 즐거운 축하의 메로디를 傳할 것이다.

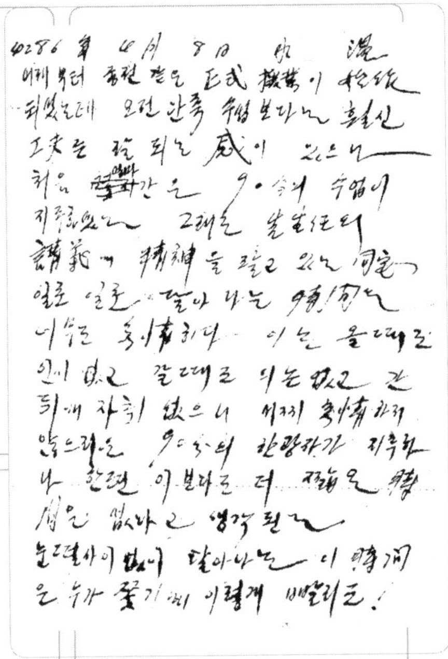

4286年 4月 8日 水 晴

어제부터 충현 같은 正式 授業이 始作되었는데 오전 한 수업보다는 훨씬 工夫는 잘 되는 感이 있으나 처음 한시간은 90分의 수업이 지루했으나 그래도 先生任의 講義에 精神을 팔고 있는 동안 일초 일초 달아나는 時間은 너무도 속히 흐르다. 이는 올때도 인사 없고 갈때도 인사 없고 간 뒤에 자취 없으니 어찌 속히 하지 않으리오. 90分의 한강의가 지속하나 한편 이보다도 더 짧은 時間은 없다고 생각된다. 눈깜짝할 사이 없이 달아나는 이 時間은 누가 쫓기에 이렇게 빨리도!

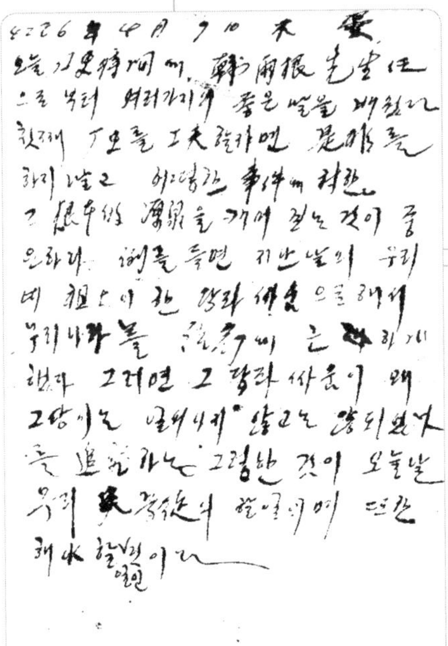

4286年 4月 9日 木 曇

오늘 [illegible]時間에 韓雨根 先生任으로부터 여러가지의 좋은 말씀을 배웠다. 한개 [illegible]를 工夫할라면 是非를 하지 말고 어떠한 事件에 대한 그 根本的 源泉을 캐어 보는 것이 좋은 하다. 例를 들면 지난날의 우리네 祖上이 한 당파 싸움으로 해서 우리나라를 [illegible]에 [illegible]하게 했다. 그러면 그 당파 싸움이 왜 그당시는 일어나게 됐고는 [illegible]되었냐를 追求하는 그러한 것이 오늘날 우리 [illegible]學徒의 할 일이며 또한 解決할 일이다.

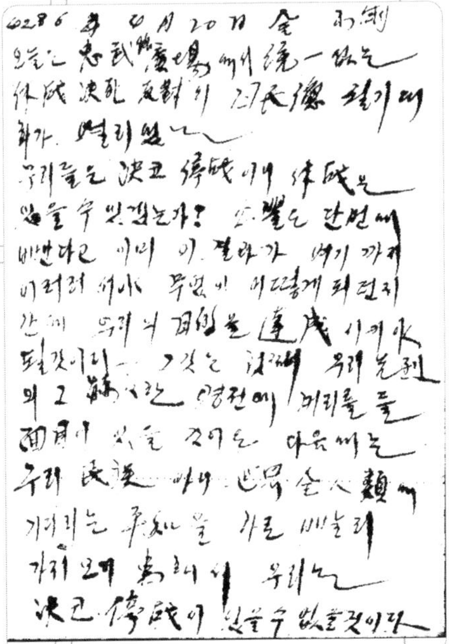

4286年 4月 20日 金 [illegible]

오늘은 忠武[illegible]場에서 統一 없는 休戰 決死 反對의 [illegible]民衆 대회가 열리었다. 우리들은 決코 停戰이나 休戰을 [illegible]할 수 있겠는가? 이 땅도 단번에 빼앗다고 이미 이 절반가 여기까지 이르러 [illegible] 무엇이 어떻게 되었지 간에 우리의 目的을 達成시켜야 될것이다. 그것은 지금에 우리 先烈의 고 [illegible]한 영전에 머리를 숙일 面目이 있을 것이고 다음에는 우리 民族 아니 世界 全人類에 가리키는 平和를 하루 빨리 가지도록 하기 위하여 우리는 決코 停戰이 있을 수 없을 것이다.

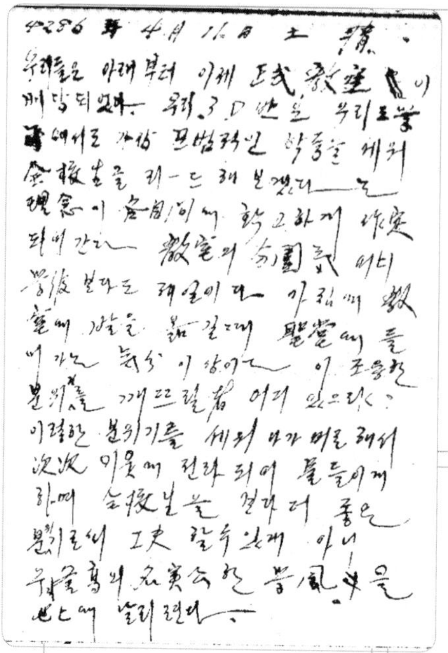
4286年 4月 11日 土 晴.
우리들은 아래부터 이제 正式 敎室이 배당되었다. 우리 3.D반은 우리 工業高에서도 가장 모범적인 학급을 세워 全校生을 리-드 해 보겠다는 理念이 各自에 확고하게 作定되어 간다. 敎室의 雰圍氣 어디 學校보다도 제일이다. 아침에 敎室에 가방을 놓을 때 聖堂에 들어가는 氣分이 상이다. 이 조용한 분위기를 깨뜨릴 者 어디 있으랴? 이러한 분위기를 세워 나가 때로 해서 次次 이웃에 전파되어 물들이게 하며 全校生을 결과 더 좋은 분위기로서 工夫 할수 있게 아니 우리들의 名實公한 學風을 世上에 날리련다.

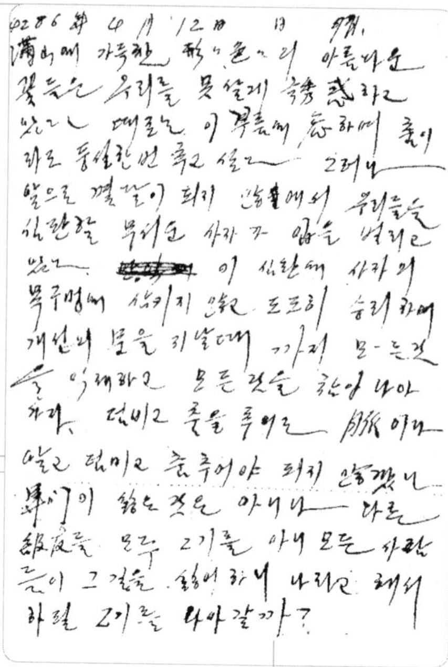
4286年 4月 12日 日 晴.
滿山에 가득한 [illegible]의 아름다운 꽃들은 우리를 못살게 誘惑하고 있는 때로는 이 꽃들에 應하여 [illegible] 라도 동산한번 하고 싶다. 그러나 앞으로 몇달이 되지 않음에서 우리들을 심판할 무서운 사자가 입을 벌리고 있는 [illegible] 이 심판에 사자의 목구멍에 삼키지 않고 도로히 승리하여 개선의 북을 치날때 까지 모든 것을 억제하고 모든 것을 참어 나아가자. 덤비고 [illegible] 아니 덤비고 춤추어야 되지 않겠나. [illegible] 이 옳은 것은 아니나 다른 [illegible] 모두 그기를 아니 모든 사람들이 그것을 싫어 하니 나라고 해서 하필 그기를 나아갈까?

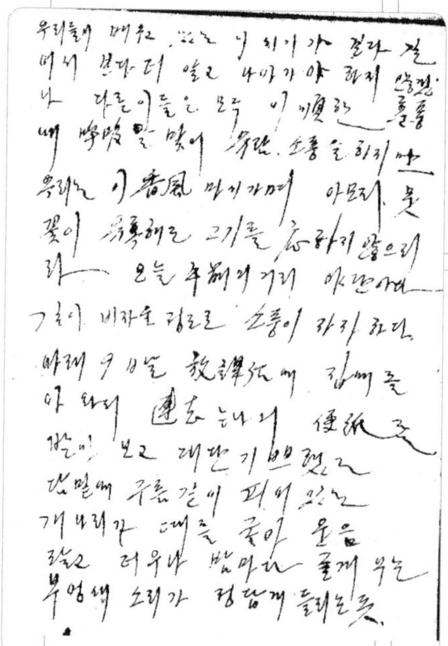
우리들이 배우고 있는 이 시기가 결단 질에서 보다 더 앞으로 나아가야 하지 않겠나. 다른이들은 모두 이 [illegible]에 呼吸을 맞이 우리는 소풍을 하지만 우리는 이 香風 마시기에 아모리 좋은 꽃이 誘惑해도 그기를 應하지 않으리라. 오늘 午前의 거리 야단에 그치 비자추 당으로 소풍이 라기 하다. 어제 9日날 放課後에 집에를 와서 遠東 누나의 便紙를 받어 보고 대단기 쁘했고 담밑에 구름같이 피어 있는 개나리가 때를 좋아 웃음 짓고 더우나 밤마다 줄게 우는 부엉새 소리가 청담게 들리는듯.

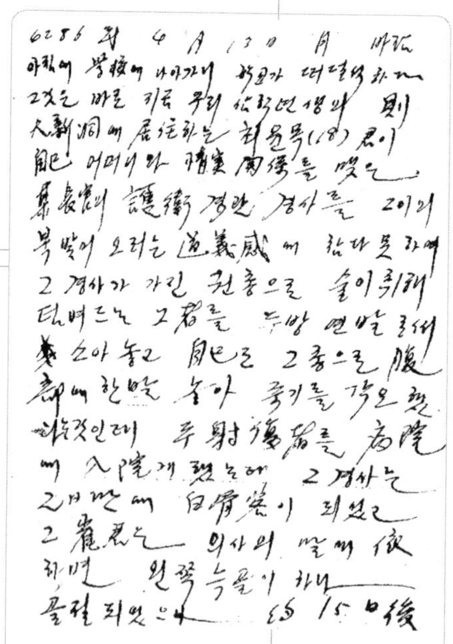
4286年 4月 13日 月 晴.
아침에 學校에 나아가니 學교가 떠들썩 하게 그것은 바로 지금 우리 [illegible]생과 [illegible] 大新洞에 居住하는 최용목(18)君이 自己 어머니와 情實關係를 맺은 [illegible]의 護衛 경찰 경사를 그이의 불밭이 오르는 道義感에 참다 못하여 그 경사가 가진 권총으로 술이 취해 덤벼드는 그 者를 두방 연발로서 쏘아 놓고 自己도 그 총으로 腹部에 한발 쏘아 죽기를 각오했던 것인데 [illegible]를 病院에 入院케 했는데 그 경사는 그 바람에 白骨[illegible]이 되었고 그 崔君은 의사의 말에 依하면 왼쪽 늑골이 하나 골절되었으나 [illegible] 15日後

때는 몰라도 될것 같으며 生命에는
아모 關係가 없겠다고 한다.
이 社會의 허우대리가는 東方禮儀之
國에 있으나 兄이야 말로 이것을
開발시키는 警鐘을 쳤다고 우리들
은 본다. 法律家가 보는 見地
에서 當然히 殺人罪에 해당
되지만 일면 道德的 見地에
서 볼때 이번 이 얼마나
찬양할 바 인가?
이것이 오사이 世上에 有一無二한
罪惡 꺼리가 되어 있는 모양이다
그 事故가 發生한 날자는 4월
지난 주일 木요일 저녁인 모양인가?
여하던 사내답은 行動을
취했다.

4281年 4月 16日 火 曇.
오늘부터가 벌써 음력도 삼월이란다
강남 갔던 제비도 옛집을 찾아 올때
가 가까워 온단다. 그리고 또 온 微
物들도 이제 활동할때를 準備하
였나 보다. 춥지도 덥지도 않는이
좋은때를 벗은 우리들도 꽃구경보다
는 --의 풀구경이 더 알맞는가
한다. 오늘도 우리들은 겐들
없는 새 망짜를 마치고 집으로
오니 거이 해도 제 갈길을 재
촉하고 소풍갔던 아낙네들도
갈이 바쁜 듯이 아니 아장
아장 집으로 돌아오고 있다.

4280年 4月 15日 水 晴.
버드둣 활짝 곰개 핀 아니 그것 보다도
구름 같이 피어 있던 벚꽃들도 한
잎 두잎 가을 바람 낙엽 처름 떨
리고 있다. 조금 센 바람에는
화르르 하르르 소리가 마치 나는가 싶다.
그리고 세대한 본이는 鍾路學校
庭園에 곳 앞에 은행나무는
黃綠色의 새잎이 옷을 입히고 있다.
저녁에 新築 머리에서 [illegible] 를 整理
한다고 조금 앉아 있으니 갑작이 사이렌
의 고동이 트진다. 오늘이 벌서 십오
일인가 防空 연습의 고동이다. 約 3分
後에는 일제히 밝게 켰었던 등불들
은 깜깜하게 칠야로 전환했다.
pen을 잡은채 꼭 앉아 있으니 約 30
分 後에 다시 고동이 운다. 一時에

불빛은 저녁하늘의 별보다도 더 많이
총총하게 달려박인다. 일곱 열로 지터
가는 밤 풍기는 캄캄해 간다. 이목교
검둥다리 위의 가게 보는 장사들의
켜 놓은 불빛이 사라져 갔다.
이때금 달리는 자동차들의 엔진
소리만 들리는데 저 멀리서 불이
신불하는 少年들의 외치는 소리만
귀를 따갑게 같다. 그들은 통행금지
시간이 절박했음으로 갈길이 바쁜
모양이다. 이러하는 동안에도
밤은 如前히 지나간다. 한참
후에는 신불하는 소년들의 소리조
차 찾을수 없이 고요한 한밤이
되었다. 이때 窓門을 열고
밖을 바라 보니 아무런 가슴 조금
시원해 진다.

4286年 4月 16日 木 曇

일은 아침에 일어나서 건전체조를
해 봤다. 조금후에는 주덕산 頂上
에 햇빛이 비친다. 그것을 보고 洗
手를하고 房에 들어가서 英文法 몇 페
이지 보았다. 우리들이 朝飯을 마치고
거리에 나섰을 때 쯤 길거리에는 유달
리 화려한 여자들이 옷없을 이고 조금씩
들고 어디론지 들 가고 있었다.
學校에서 第二校時 요행 시간에
歷史敎에서 "도로리" 라는 것이 나와서
先生任께서 설명이 있을 때 쯤
아 오늘이 삼짇날 이라는 것을 깨
다랐으며 오늘 아침 화려한 婦人들
이 설치는 모양을 알았다. 산과
바닷가에 혹은 公園에 혹은
절에로 가는 것이라는 것을, 退校
시에도 그들은 歸還 주위의 同伴이더라.

4286年 4月 17日 金 晴

오늘 第二校時에는 敎練時間이 었는데
今年度 부터는 종전과 좀 달리 軍事訓練
이 實施될 모양이 었다. 約 4日前
에 國防部로 부터 새로운 敎練敎官이
올리와 있었다. 우리들이 죄불지에
처음 배우지 않은 운동장에 갔을 때 벌써
일학년 학생들은 新敎官에게 기합을
받고 있었다. 敎鍊을 마치고 學校로
向해 오다 途中에서 이 광덕로에 자기를
넘어 갔다가 조금 새에 20여 살된 쌍이
죽인 한 사람이 나를 찾고 있다는 것이었다
그래서 물어 보니 가정교사 李鍾祥
이가 찾아와 있었다. 그는 지번에
부산한 아저씨 상회가 開發해서 지금
入院 하는데 여러가지 手續을 밟아
로 왔다고 말하였다.

4286年 4月 18日 土 曇

新學期의 구입할 敎科書案을 作成하여
오늘 아침에 先生님께 말씀드렸
었다. 그래서 오늘 아침에 敎科書代
를 청구했으나 얻지 못하고 學校로
갔다. 第參校時 英文時에 새로
赴任한 李相讚 先生任으로 부터
수업을 받게 되었다. 先生任은 오래동안
女子學校에서 수업을 했기 때문에
그런지는 알 수 없으나 그 性格이
이상하게도 말솜씨까지가 女子들의
솜씨이 나는 것 같았다. 오른 面에 있어서
대단 부드러운 便인데 더욱이
英語 發音에 녹아 빠질 판이다.
머리 까지나 감동성 많은 詩人
의 소질이 충분하다. 제일 첫 인사의
말이 "敎育은 人格이 아니다." 라는 것
을 말했다.

4286年 4月 19日 日 晴

오늘은 하루 終日 기숙사에도 나가지 않고 房에
들어 있었다. 室長任은 거처리로 가 보았
말로 갔었다고 한다. 상수이 오기만 하는
오후 고용소리가 나가서라 ... 물고 있
지 않는가. 점심 때에 있는 밥을
주니 ... 먹지도 않고
있었다. 하김에 한 번 걸려 주었더
니 그것은 나중에는 ... 그리
상쾌하지는 못하였다. 저녁 때가
되었다. 어둡기 시작했다.
電燈은 밝게 켜져 있는
부엌에서 저녁을 해 먹을까
하고 준비를 하고 있는데
이웃집 계집아이 男女들 뛰어 와서

에 돌아가 보았던 여인 외롭고 쓸쓸하고
그리고 또 고생한다구! 이런 말을
[illegible] 하지 않했는가? 그러면 當身에
[illegible] 그 [illegible] 속에서 3일 [illegible] 밥을
[illegible] 좋아요? 한 [illegible] 나오며 너무 창
피 못한 말을 [illegible] 우리 [illegible] 오늘 [illegible]
에 [illegible] 당신들의 [illegible] 좋아
양반 당신의 [illegible] 밥을 [illegible]
먹고 가겠다는 것이였다
하 [illegible] 밥을 같이 먹는다
는 것은 대단 좋은 일인데 [illegible]
以後 우리 가랑을 [illegible]
[illegible] 가 [illegible] 다쳤었다 그래서
서울의 [illegible] 아니 [illegible]
[illegible] 의 [illegible] 을 나타 [illegible]
날인가?

4286年 4月 20日 月 [illegible]
今日이 開學 [illegible] 부터 [illegible]
되며 그 아래의 [illegible] 을 [illegible] 하여 [illegible] 劇
場에서 [illegible] 演되는 [illegible] 의 [illegible]
文 [illegible] 을 관람하기로 되었는데
[illegible] 라고 했다
[illegible] 를 [illegible] 아니 [illegible] 이 있었다
오늘의 영화 관람은 [illegible] 그래서 까
닭도 [illegible] 약간
내려다 보이는 [illegible] 團 [illegible] 거을
[illegible] 一 [illegible] 구경했다.
내려다 보이는 [illegible] 거리에는 봄날이
한껏 [illegible] 않는다 [illegible] 어디 구경
自己學校로 다 가 버리고, 나는 홀로
[illegible] 한 시간 쯤을
있다가 돌아와서 學校로 登校했었
[illegible]

영화에 對해서 개평이 자자하다 그래
서 관람하지 못한 [illegible] 에게도 [illegible] 의
[illegible] 을 주었다. 오늘 미명에 나는
[illegible]
[illegible]
이 참 [illegible] 세계를 떠났다
는 [illegible]
그리고 또 [illegible] 날에는 [illegible] 自宅
에서 [illegible] 으로 돌아간 [illegible] 선생님의
이야기 等을 들었다 어떤 이들의
이야기를 들으면 훌륭하고 [illegible] 하고 [illegible]
[illegible] 를 섞어가는 이 나라의 [illegible] 을
[illegible] 그것이 [illegible] 선생의 一生
을 [illegible] 없는 명예의 손상이라고
말하는 이도 없지 않았다. 최후의 유언이
[illegible] 없는 나라를 그대로 보고 죽음이
나에겐 幸福하다고 말하였다

4286年 4月 21日 火 晴
요사이 날씨가 너무 가물어서 [illegible]
대단 걱정하고 비가 오기를 기다리고 있는 모
양이다. 있는 돈 없는 돈 [illegible]
肥料가 [illegible] 하였으나 [illegible]
도 거름을 먹고 한참 자랐기가 하고
있는 이 판에 비가 너무 오지 않기 때
문에 [illegible] 한 것들은 모두 빼빼
꼬이며 타고 있다 한다. 이것은
범간한 일이 아니다. 今年과 같은
農村의 [illegible] 景은 없었다 하는데
오직 기다리고 바라고 있는 것은 [illegible]
[illegible] 인데 이것마저 [illegible]
게 된다면 과연 어떻게 할
것인가 걱정 아니 할 수 없다
[illegible]

4286年 4月 22日 水 晴

오늘은 學徒護國團創立第四週年記念日이다. 우리들은 언제나 集合하는 忠武路 광장에 갔다. 그기서 약 두시간 쯤을 기다리고 있으니 비로소 式이 擧行되는데 조금 있으니 순서히 서 있지를 못하겠더라. 그래서 몸이 (?) 鍾雨君이 뒤로 나가는 틈을 타서 나도 退場하기로 하였다. 그래가지고는 이리저리 書店으로 돌아 다니면서 책 구경을 하였다. 約 오후 한시 반쯤 되니 이제 市街行列이 始作되는 모양이다. 約 한시간 동안은 쭉 있다가 大學生들의 行列이 있었다. 그다음은 各 高等學校가 달아 달아 오고 했다.

4286年 4月 23日 木 晴

學校에서 수강하기 끝나고 点心 시간이 되었다. 우리들은 배추지 창문앞에서 모여 있었다. 조금 있으니 李相讚 선생이 얘기를 오시었다. 그래서 우리들은 여러가지로 이야기하고 女子學校와 男子學校와의 틀리는 点을 이야기해 달라하는 말에 선생은 男子學校는 제쳐놓고 女子學校를 말하자면 授業 같은 데 있어서는 敎授하면 하는 그대로 대단 잘하며 마치 어린 羊과 같다고 그런데 다시 進取性이 없다는 等 여러가지의 얻은 点이 많았다.

4286年 4月 24日 金 晴

오늘이야 말로 우리들에 있어서 가장 슬픈 날인 同時에 가장 의의 깊은 날이라고 생각한다. 故 李始榮 선생의 장례식이 東萊에서 하오 정각 한시에 거행되는 것이였다. 朝禮時 担任 先生으로 부터 여러가지의 이야기가 있었는것과 같이 그이는 그야말로 全民族과 國家를 爲해서 自己 一生을 바쳤다고 생각된다. 어디까지나 君子의 道理로 흔히 떠돌고 있는 政界의 더러운 모리라는 것들은 絶對 存在할수 없었던 거이였다. 우리나라에서 누구니 누구니 하여도 나는 솔직이 이이보다 숭배할 이는 없어라고 말한다.

4286年 4月 25日 土 晴

때마침 綠陰이 짙어가고 만개한 꽃잎들도 잎을 닫어가는 늦은 봄 우리들은 이날을 擇하여 곰곰한 天幕敎室을 떠나 하루의 즐거운 소풍길로 走하였던 것이다.

소풍이라는 말만 들어도 뜻깊은 즐거운 날! 때가 옴이나—

不備한 환경속에서 遠足할때도 遠足하여가는 우리의 身体에게는 다시 없는 날이며 그리고 정다운 여러 선생님을 한자리에 모시고 또 여러 동무들과 같이 愉快한 消日을 하는 오늘 自体부터가 얼마 즐거운 일인가?

4286年 4月 26日 日 曇

자리에 눕을 새결이나 기운이 좋고
오늘은 내가 가지고 있는 회대의 自由의
날이며 회대의 [illegible]의 [illegible]가 있는
날이기에 廢用한 몸뚱이를 그 곳에
던져 놓고 中國의 古代小說 [illegible]
을 읽기로 했다. 그 오늘도
[illegible] 우시之 後에는 [illegible] 페이지가
없어져 버리고 말았다. 한참 동안
이리 뒹굴 저리 뒹굴 하고 있다가
古時調集을 덜어내어 몇을 보았다.
그것도 처음 몇 首이지 나중에는
그리 興味도 붙지 아니하였다.
이리 뒹굴 또 저리 뒹굴 하는 사이에
긴 봄날이 하루도 제 갈 길을 가고
만 것인가?

4286年 4月 27日 月 晴曇

오늘은 첫 시간부터 敎鍊이 始作된다. 學校
창고 앞에는 새로 만든 시 소총들이 가득 하였는데
이것은 其前에 木銃보다는 아주 딴판이며
實시 소총과 똑 같은 물건이며 形式도
꼭 같다. 이를 둘러 메고 나니 其實 軍
隊 갔어 나에 [illegible]에는 軍隊의 마음이
부럭부럭 그려 오른다. 한 과정을 마치고
나니 全身에는 땀 덩어리며 몸이
녹 [illegible]이다. 學校의 水道場에는
물조차 나오지 않는다. 下宿 있는
住宅에서 물과 손을 씻었다.
敎室에 들어 오니 일번 [illegible] 기운이
나는 듯도 하다. 그러나 敎
鍊 받만 해도 옥은 [illegible]인지
머리가 실제 헌털이 긴다.

4286年 4月 28日 火 晴曇

나의 꿈을 [illegible] 아시겠습니까?

햇볕의 [illegible] 받고 하늘의 푸른 가슴 [illegible]
아스라한 산 너머 그 나라에 [illegible] 안고 가시겠습니까?
어머니가 만일 구름이 된다면…

제라 한 번 하늘의 고요한 은하수를 헤이며
별나라를 속속들이 구경시켜 주실 수가 있읍니까?
어머니가 만일 초승달이 된다면…

제가 만일 산새가 되어 보금자리에 찾아 온다면
어머니는 별이 되어 달도 없는 밤에
그 푸른 눈동자로 나의 꿈을 엿보시겠읍니까?
이런 詩를 [illegible] 보고 [illegible] 것인지는
갑자기 생각이 나지 않으나 어디 언지 나의
感情을 [illegible] 목소와 나의 [illegible]을 울리게
하여 [illegible]의 심정을 [illegible]
대한 [illegible] 맛이 감돌아 온다.

4286年 4月 29日 水 曇 雨

흐리고 있는 [illegible]은 아주 [illegible] 호평하여 이
[illegible]
그런데 왜 비는 내리지를 않을까?
[illegible]
[illegible]
[illegible] 自然의 [illegible]인
가 한다. [illegible] 農村의 村民들
은 [illegible]
이때 [illegible]
[illegible]
[illegible]
學校에서는 [illegible]
[illegible]
[illegible] 그 봄도 이제는 [illegible] 가고
있으며 [illegible]
것이니 [illegible]

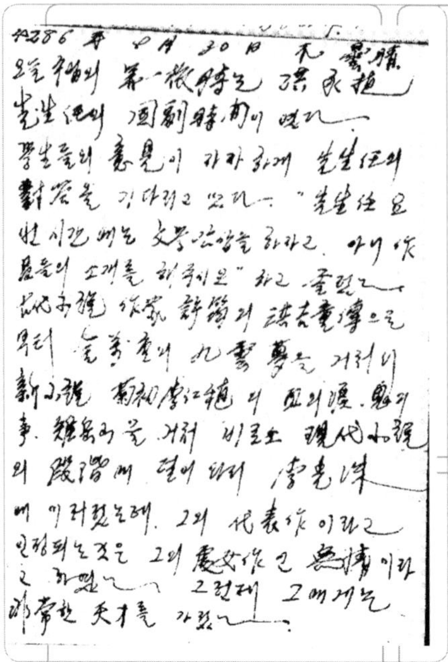

4286年 8月 30日 木. 雲晴
오늘 午後의 第一教時는 張永植
先生任의 国語時間이 였다.
學生들의 意見이 자자하게 先生任의
對答을 기다리고 있다 — "先生任 오
늘 시간에는 文學강의를 하시고, 아니 作
品들의 소개를 해주시오" 하고 졸랐다.
古代小說 作家 許筠의 洪吉童傳으로
부터 金萬重의 九雲夢을 거쳐서
新小說 菊初 李仁稙의 血의淚. 鬼의
聲. 雉岳山을 거쳐 비로소 現代小說
의 階段에 들어 와서 李光洙
에 이르렀는데. 그의 代表作이라고
인정되는 것은 그의 處女作인 無情이라
고 하였다. 그런데 그때에는
非常한 天才를 가졌다.

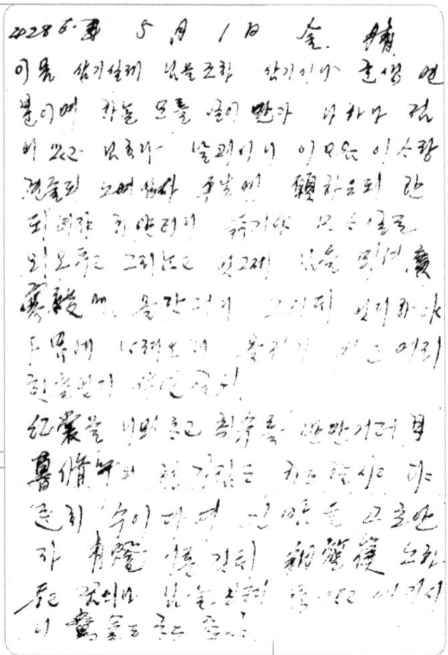

4286年 5月 1日 金. 晴

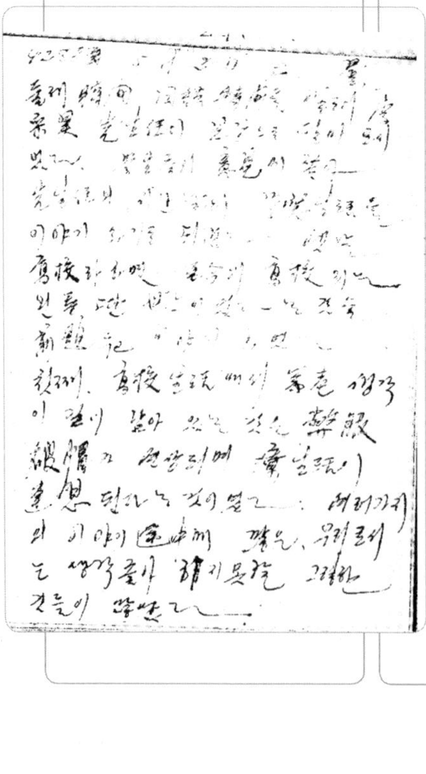

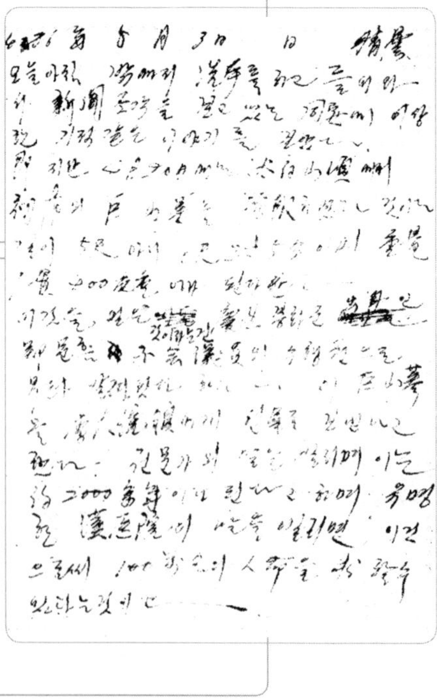

4286年 5月 3日 日 晴曇

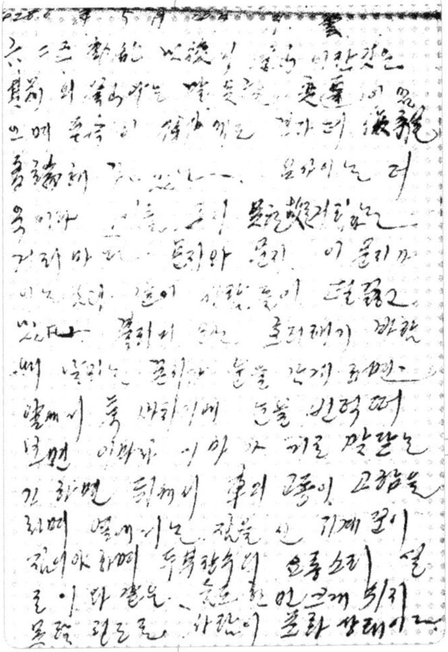

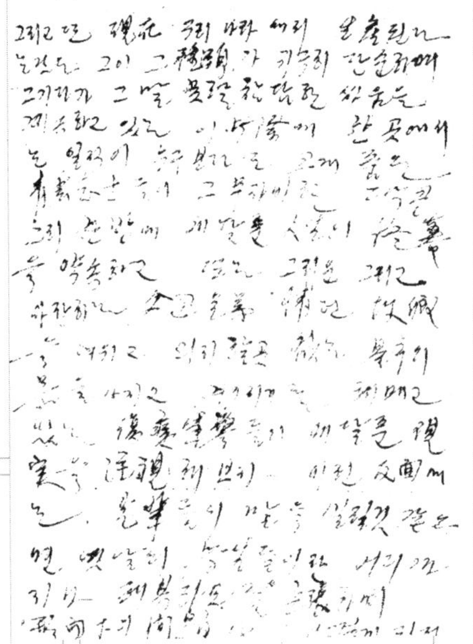

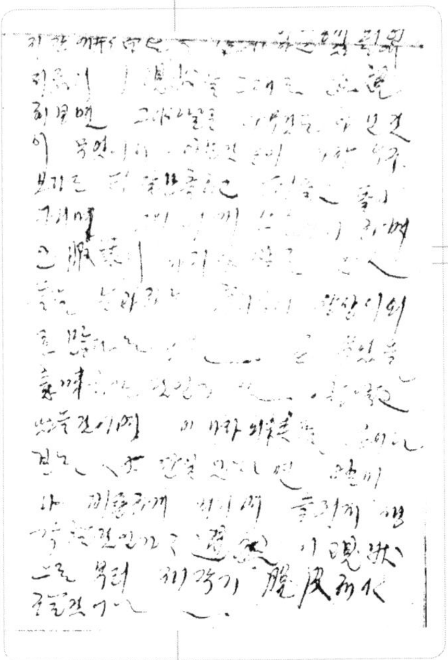

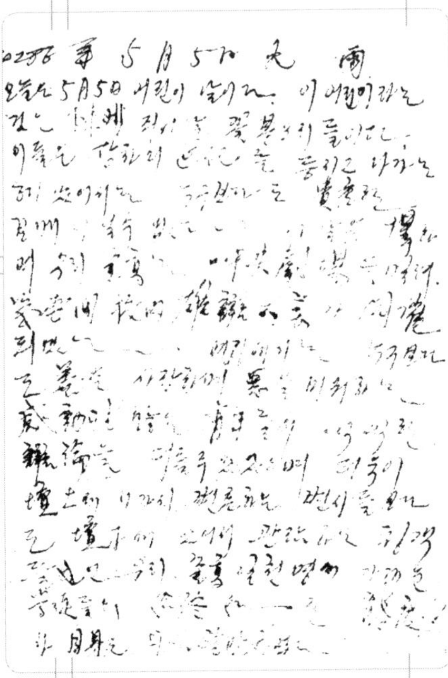

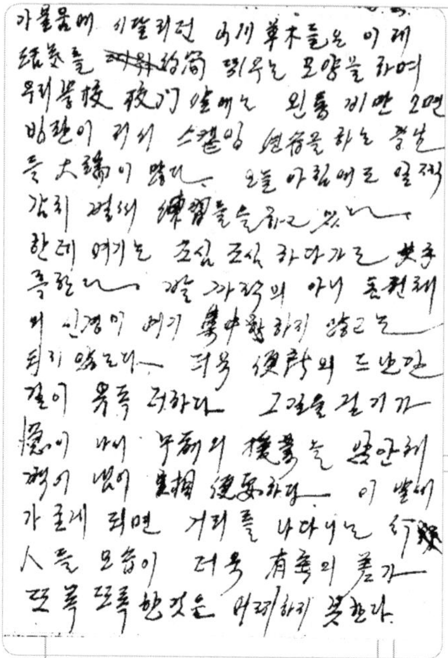

가물음에 시달리던 여기 草木들은 이제
結실를 ~~[illegible]~~ [illegible] 맺으는 모양을 하여
우리學校 校門앞에는 왼통 개만 오면
방향이 커서 스켈잉 연습을 하는 학생
들 大端이 많다. 오늘 아침에도 일찍
갔더니 벌써 練習들을 하고 있다.
한데 여기는 조심 조심 하다가도 [illegible]
[illegible]한다. 말 [illegible] 아니 [illegible]
서 신경이 여기 集中하지 않고는
되지 않는다. 더욱 便所의 드나드는
길이 몹쓸 더하다. 그길을 걸기가
[illegible]이 나의 [illegible] [illegible]는 불안해
[illegible] [illegible] [illegible] [illegible]하다. 이 밤에
가 오게 되면 거리를 나다니는 行
人들 모습이 더욱 有[illegible]의 [illegible]가
또복 또록한 것은 [illegible]하지 못한다.

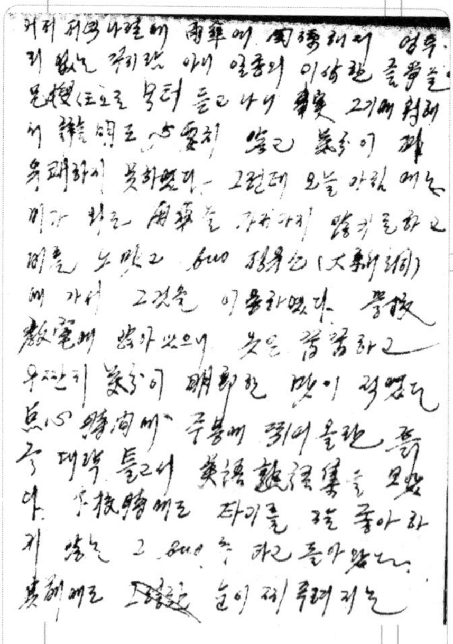

어제 저녁나절에 [illegible]에 [illegible]해서 영우
의 [illegible] [illegible] 아니 얼굴의 이상한 [illegible]
[illegible]으로 부터 듣고 나니 [illegible] 그게 [illegible]
서 [illegible] 않고 [illegible]이 [illegible]
[illegible]하지 못하였다. 그런데 오늘 아침에는
비가 와도 雨傘을 가지가지 않기로 하고
[illegible] 노 [illegible] 600 [illegible] (大[illegible])
에 가서 그것을 이용하였다. 學校
教室에 앉아 있으니 옷은 [illegible]하고
우[illegible] [illegible]이 明[illegible]한 맛이 적었다.
点心時間에 [illegible]에 [illegible]
[illegible] [illegible] 들고서 英語[illegible]集을 보았
다. [illegible]에도 [illegible] 좋아하
지 않는 그 600[illegible] 하고 돌아왔다.
[illegible]에도 ~~[illegible]~~ 눈이 [illegible] [illegible]

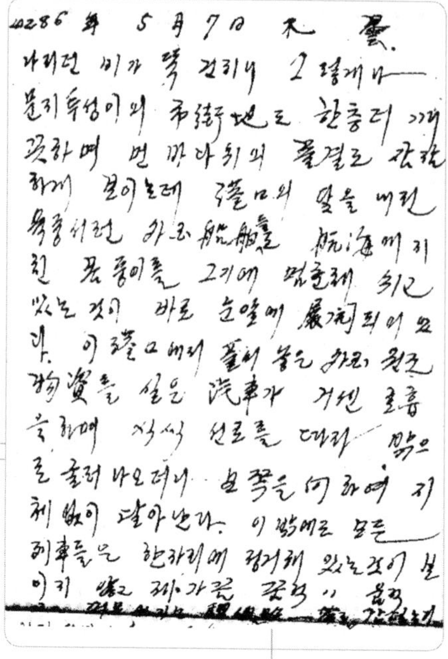

4286年 5月 7日 木 曇.

나리던 비가 뚝 걷히니 그렇게나
[illegible]의 市街地도 한층더 깨
끗하며 먼 [illegible]의 [illegible] [illegible]
하게 보이는데 [illegible]의 앞을 떠난
[illegible] [illegible] 航船을 航海에 지
친 [illegible] 그게에 [illegible] 쉬고
있는 것이 바로 눈앞에 展開되어 있
다. 이 [illegible]에서 [illegible] [illegible] [illegible]
[illegible]資를 실은 汽車가 거센 [illegible]
을 하며 [illegible] 선로를 따라 [illegible]
로 올러 나오더니 [illegible]쪽을 向하여 지
체 없이 달아난다. 이 밖에도 모든
列車들은 한자리에 정거해 있는것이 보
이지 않고 [illegible] [illegible] [illegible]

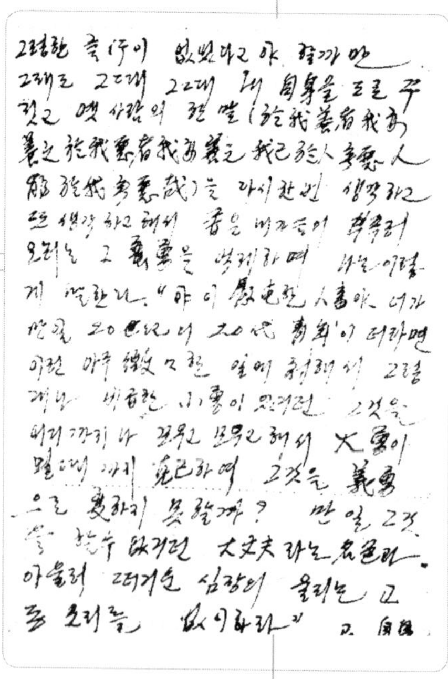

그렇한 [illegible]이 없었다고 [illegible]
그래도 그때 그때 [illegible] 自身을 도로 [illegible]
[illegible] 옛 사람의 한 말 (於我善者我亦
善之 於我惡者我亦善之 我已於人無惡 人
[illegible]於我無惡哉)을 다시 한번 생각하고
또 생각하고 해서 좁은 내 가슴이 [illegible]
오르는 그 [illegible]을 억제하며 나는 이렇
게 말한다. "야 이 [illegible]한 人間아. 너가
만일 20世紀의 20代 青年이 되라면
이런 아주 [illegible] 일에 [illegible] 그렇
게나 [illegible] 小事이 있거던 그것은
[illegible] [illegible] [illegible] 大事이
될때 까지 [illegible]하며 그것을 [illegible]
으로 [illegible]하지 못할까? 만일 그것
을 [illegible] 없거던 大丈夫라는 名色과
아울러 [illegible] 심장의 울리는 [illegible]
[illegible] 소리를 없이하라" [illegible]

計劃로 계속 되고 만일 내가 그런것
들에 反對를 하면 당장에 우리의
平和스럽던 家庭은 不和스럽게 될 형편이며
그밖의 사람들과 [illegible]가 상할 것[illegible]
이런 것들을 나는 多分히 생각하고
있다. 그렇게 되면 [illegible] 古人의
敎訓을 생각하지 않을수 없다.
兄弟不[illegible]이면 [illegible] 이란 것을
나는 생각한다. 결단 모든 것을
[illegible]하지 않는 것을
옛 사람은 [illegible]에 [illegible] 工夫에
達하지 않는 것이 없다더니마는 現代
人, 아니 나는 벌써 不勞而得으로
하는 工夫가 십년이 넘지 않는가?
이것도 하나의 大事가 아닌가 생각한다.

4286年 5月 9日 土 曇晴
이토요일은 매주일 맞아 있는 것인데도 불고하고
이날만되면 이상하게도 마음의 安便을 얻
어며 어떠한 무거운 짐이라고 있는 것을
단번에 벗은것 같은 氣分은 나만이 향
한 자리는 소외일까? 그렇지 않으면
모든 사람들이 모두 同感이지? 不[illegible]하
고 나래가 곧시에 돋칠것 같은 것이 心身
이 훨씬 열려 된다. 우리들은 放課后
에 뜻있는 敎友들 다소 남아서 우리들
에 앞처를 大學入試로 앞시 이고
實力도 養成할 兼 每 放課后 1시
한시간 을 우리 學生自治로 工夫할까
하는 것을 意論하였다. 그것은
별 탈없이 잘 進行되었는데
具體內容는 英語, 數學, 敎養.

[illegible] 每 시간 으로하고 敎養 及 意見討
論은 한시간으로 했다. 水曜日
만은 正式授業이 네 강좌 이기 때문
에 [illegible]의 餘暇가 없다.
우리는 이제 大學에 다 [illegible]의 資格을
가추지 않는가? 이제는 다른 사람
의 말에 잘 依하지는 [illegible] 시킨
다고 말을 듣고 앞시킨다고 말 듣지
않을 우리도 아니다. 오늘날 [illegible]
[illegible] 新敎官
의 指示에 依하여 외 九年이 흘렀
고 [illegible] 大尉의 [illegible]에
모든 학생들의 取하는 態度! 敎官
이 [illegible] 目的이 있음에도 불구하고
그는 [illegible] 했다.

4286年 5月 20日 日 晴.
아침 일쯕 일어나 운동을 나가니 아직
모든 사람들 자리에서 일어나지 아니하고
[illegible] 다리 위의 길바닥이 캄캄하며
그 틈을 타서 장사하러 오가는 사람들은
끌고 가는 손구루마 소리만 요란하게
길바닥을 울리고 이따금 지프
차들만 바쁜듯이 [illegible] 달리고 있다.
저 건너 산마루에서 울려나오는 [illegible]
[illegible] 鐘소리는 [illegible]에도 오늘이
日曜日이라는 듯이 땡! 땡! 울
리어 늦잠 자는 사람들의 귀맛을
울리고 있다. 부옇게 흐린 空氣속으
로 저쪽 道廳앞 정원에 널어선
나무들은 어제보다 더 새
[illegible]

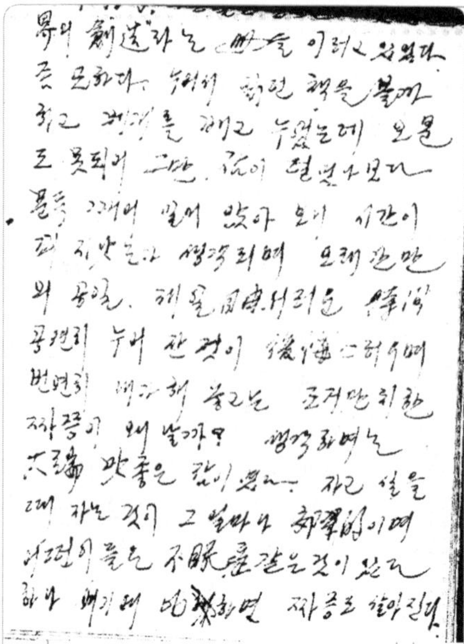
[illegible] 前途라는 [illegible]을 이러고 있었다.
좀 모자다. 누워서 읽던 책을 불끄
고 베개를 베고 누웠는데 오늘
도 못되어 그만 잠이 들었나보다
문득 깨어 일어 앉아 보니 시간이
꽤 지났는가 생각되며 오래간만
의 공상. [illegible]
공연히 누워 한 것이 後悔스러우며
번연히 깨가지 못하는 조그만치한
자꾸 왜 날까? 생각하여는
[illegible] 맛좋은 잠이 왔다. 자고 싶을
때 자는 것이 그 얼마나 幸福이며
[illegible] 不眠症 같은 것이 있다
하나 깨기 [illegible]하면 자주도 잠이 깬다.

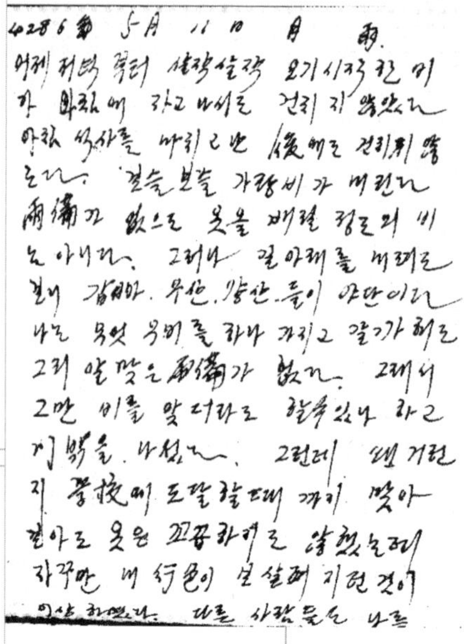
4286年 5月 11日 月 雨.
어제 저녁 부터 살작살작 오기시작 한 비
가 오후에 와도 나서도 걷히지 않았다
아침 식사를 마치고난 後에도 걷히지 않
는다. 길을 보니 가랑비가 내린다
雨備가 없으로 옷을 배릴 정도의 비
는 아니다. 그러나 길아래를 내려다
보니 갑자기 우산, 양산 들이 야단이다
나는 무엇 우비를 하나 가지고 갈가 하도
그의 알맞은 雨備가 없다. 그래서
그만 비를 맞더라도 할수있나 하고
집밖을 나섰다. 그런데 왠 거런
지 學校에 도달할때 까지 맞아
보아도 옷은 [illegible]하지도 않았는데
자꾸만 내 行色이 보살펴 지던 것이
이상 하였다. 다른 사람들은 나를

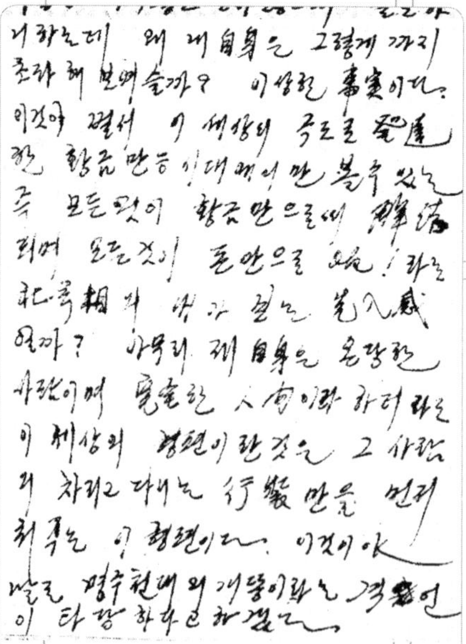
니하는데 왜 내自身은 그렇게 까지
초라해 보였을까? 이상한 事實이다.
이것이 결서 이 세상의 극도로 發達
한 황금 만능 시대에서만 볼수 있는
즉 모든것이 황금만으로써 解決
되며 모든것이 돈만으로 오는! 라는
社會相의 생각 같은 先入感
일까? 아무리 제自身은 온당한
사람이며 完全한 人間이라 하더라도
이 세상의 형편이란 것은 그 사람
의 차리고 다니는 行裝 만을 먼저
취하는 이 형편이다. 이것이 야
말로 [illegible]의 개탄이라는 격언
이 타당 하다고 하겠다.

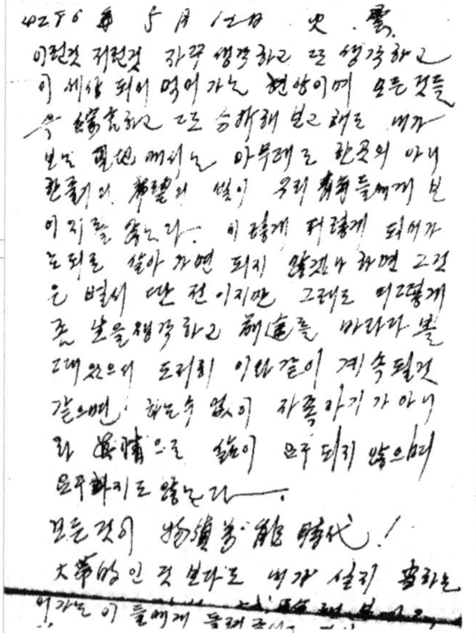
4286年 5月 12日 火. 曇.
이런것 저런것 자꾸 생각하고 또 생각하고
이 세상 되어 먹어가는 현상이며 모든것들
을 綜合하고 또 分析해 보고 해도 내가
보는 見地에서는 아무래도 한곳의 아니
한줄기의 希望의 빛이 우리 靑年들에게 보
이지를 않는다. 이렇게 저렇게 되어가
는대로 살아 가면 되지 않겠나 하면 그건
은 벌써 다한 천이지만 그래도 어떻게
좀 앞을생각하고 前途를 바라다 볼
때였으니 도리히 이와같이 계속될것
같으면 하는수 없이 자꾸아기가 아니
라 感情으로 삶이 [illegible]되지 않으며
[illegible]하지도 않는다.
모든것이 物質萬能 時代!
大韓的인 것 보다도 내가 살지 못하는
이가는 이들에게 들려주[illegible]

갖같은 한날의 悲劇이다. 그러나 이것의 裏面을 分析해 보자. 옛날에는 요사이와 같은 큰 学校를 짓고 이와 같이 대대적인 축제는 없다 할지라도 그래도 [illegible] 날에 [illegible]하면 그것만 말하면 [illegible]이 어떻게 되며 [illegible]이 어떻게 된다고들 하는 말들을 많이 들어 봤다. 個中에는 特殊한 例 아닌 [illegible] 하나 学校에를 나갈 때나 [illegible] 때나 ○○한 것은 ○○이다 우리 같이 그 經濟的 実力이 弱하고 微小한 存在는 이 [illegible]를 생각만 해도 어디인지 가슴이 저리한 기분이 [illegible]. 한날의 [illegible]을 [illegible]하는데도 몹시 [illegible]한 것은 ○○이다

이들 [illegible]는 [illegible]이 [illegible] 그 얼마만한 苦悩와 煩悩를 있을 줄을 [illegible] 当面한 [illegible] 아마 [illegible]을 것이다. 이런 것 저런 것 [illegible]의 [illegible] 人[illegible]이나마 [illegible] 人間이 [illegible]을 할 수 없어 [illegible] 하는 [illegible]이 [illegible]을 모두지 [illegible] 나오지를 아니하며 [illegible] 또 [illegible] 말 [illegible] 할 수 없이 [illegible] 모두 [illegible] 하지 않는 [illegible] 못할 지경이다. 더욱이나 [illegible] 이 [illegible] 얼마나 기막힐 [illegible]일까? 나는 누구를 원망하지도 않는다 그리고 [illegible] 다시 [illegible] [illegible] 하는 말까지도 하게 [illegible] 이런 것이다. 이른 것들이 [illegible] 되며 이른 것들이 人[illegible]

[illegible] 대답하지 [illegible] 것이다. 내 学友의 한 사람은 매일 [illegible] 만나 언제나 이 세상을 [illegible]하여 厭世하는 것을 보는데 그 친구는 내 [illegible] [redacted] [illegible] 그런 생각이다. 언제나 [illegible] 하는 것을 들을 [illegible]이면 요사이 國際新報에 自殺者가 [illegible] 실렸다고 하면서 [illegible] 그 이와 나는 [illegible]이 [illegible] 같은 [illegible]이 있는데 서로 通하는 [illegible] 않다. [illegible] 날을 [illegible] 乾燥하기 [illegible]이 없으며 내가 이 땅 위에 산다는 그 자체 부터가 부스럼 [illegible] 없다.

4271年 5月 13日 水 晴[illegible]

사람이 살고 있다. 세간 [illegible] 하며 [illegible] [illegible] 하다. 삶이란 것은 도대체 무엇일까? 우리 집은 아니 내가 있는 집은 [illegible] 산중턱에 위치해 있기 때문에 比較的 좋은 [illegible]이기에 [illegible]. 또 오늘도 [illegible] 보이는 거리를 [illegible]이면 마치 개미 [illegible] [illegible]들이 [illegible]하는 이상스런 [illegible] 모물거리고 있다. 이 모물거리고 있는 이 속에서 살고 있는 한 개 [illegible] 나 자신을 생각해 보니 그야말로 [illegible]으로나 [illegible] 보다 [illegible] 누구가 있어 우리들을 관찰한다면 이 인간은 어디서부터 어디까지 [illegible] 계속되는지도 모르되 하여간 [illegible] 시간 中에 일순간에 나타났다 사라지는 하로살이 [illegible]

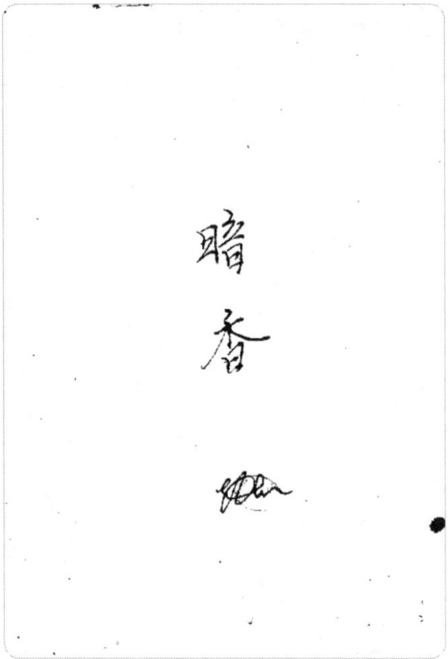

暗香

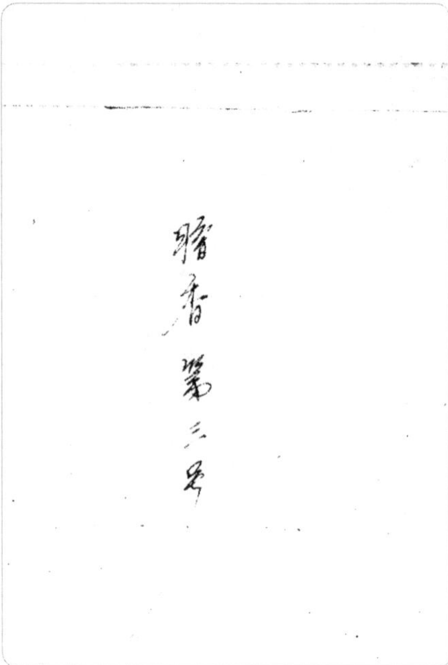

暗香 第三号

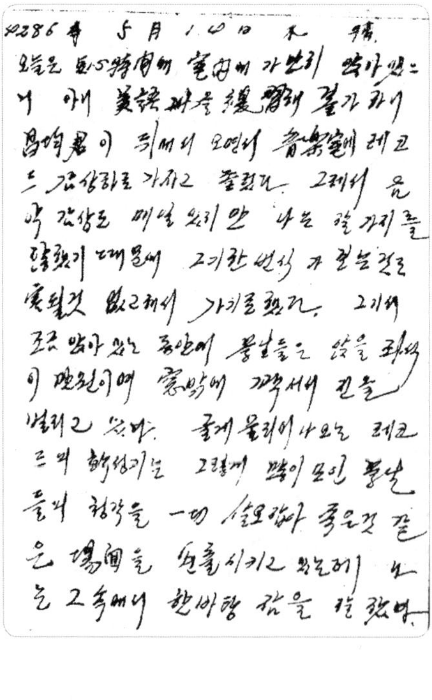

4286年 5月 14日 木 晴.

오늘은 第5時間에 室内에 가만히 앉아 있는데 아까 英語 과목을 複習해 볼까 하니 呂昫君이 뒤에서 오면서 音楽室에 레코드 감상하러 가자고 졸랐다. 그래서 음악 감상도 매일 있지 않고 나는 한 가지를 한정했기 때문에 그러한 방식과 같은 것도 實될 것 없고해서 가기로 했다. 그래서 조금 앉아 있는 동안에 學生들은 앉을 자리가 만원이어서 窓밖에 가득 서서 귀를 열리고 있다. 좋게 울리어 나오는 레코드의 音성기는 그렇게 많이 모인 學生들의 청각을 一切 사로잡아 죽은 것 같은 場面을 연출시키고 있는데 나는 그 속에서 한가한 감을 가졌다.

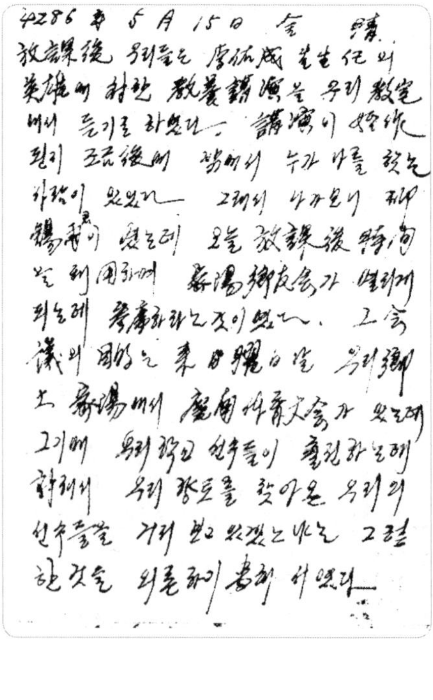

4286年 5月 15日 金 晴.

放課後 우리들은 李[illegible] 先生任의 英雄에 對한 教養講演을 우리 教室에서 듣기로 하였다. 講演이 始作된지 조금 後에 밖에서 누가 나를 찾는 사람이 있었다. 그래서 나가보니 [illegible]君이 왔는데 오늘 放課後 時間 [illegible] 鄉友会가 열리게 되는데 參席하라는 것이었다. 그 會議의 目的은 來日 [illegible] 우리 鄉土 [illegible]에서 [illegible] 体育大会가 있는데 그때에 우리 학교 선수들이 출전하는데 對해서 우리 향토를 찾아온 우리의 선수들을 거저 보고 있겠느냐는 그런 한 것을 의논하기 위해서 였다.

4286年 5月 16日 土. 晴

오늘 우리 化學 연들은 下級學年을 모다
더 善良히 指導하기 爲하여 일부로
단층수업을 하고 校內 風氣確立 大
會를 열었다. 放課后 오늘 이 학
년들은 한 사람도 빠짐 없이 九峯山
高地 廣場에 集合하라는 命達과
아울러 일제히 行動에 옮겨 가고 있었
다. 우리들은 그 뒤를 이어 高地로
向하였다. 조금 올라 가다가 길옆에
조금 심어 놓은 보리밭을 구경했다.
보리는 때를 좇아 벌써 다 피어 서서
이삭은 물이 약간씩 젖은것 같이 불룩 부
풀이더라. 나는 지난 春期放學 때
집으로 부터 떠날때 그 땅에 가득찬
보리를 보고 나서 오늘 지금이 처음

보는 광경인데. 생각하면 어제 아래와
같은건만 어느사이에 그 땅에 붙었던
땅 보리가 이렇게 큼 변해 졌노고?
우리는 每日 같이 學校에서는 敎室,
집에서는 房안에. 이렇게 있다가 오래
간 만에 뒤산 高地에로 올라 와 본것이
다. 지금 우리는 아니 나는 학생들의
풍기를 확립시키로 하는 會中인데도
불구하고 그 풍기에 關한 關心은 조
금도 없고, 이 한길을 걷기 때문에
풍물에서는 땅이 흙빛이 저러 있어
이를 짤라서 죽기 爲해 불어 오는 南
쪽 바다 바람과 아울러 고개를
한들고 있는 보리 이삭을 볼때 꼭
한 물결 저 고향의 보리이랑들이 눈물 하게 한다.

내가 난 곳은 내가 이제 꿈이나 하라는 곳
도 이 보리 이랑들이 줄줄이 쌓이고
쌓인 閑寂한 시골 논두렁!
나는 어디 까지나 이 시골 논두렁과 그리
고 지금쯤이면 이랑마다 피어 날으
는 麥花 이것을 사랑하며 동경한다.
우리의 祖上들이 이 땅위에 定着할 그때
부터 이 이랑을 짓고 뒤지고 그렇게 해서
오늘날과 같은 肥沃한 沃土를 만들
었던것이다. 代代로 물려 받아 이 땅
을 경작한 한 農家의 아들 나는
農村, 시골, 보리밭, 하는 말만 해도
벌써 그기에는 어디선지 소리가 안
오다 끊 하고 그리고 포근한 누구의 가슴속
에 파묻히는 듯한 氣分이 사뭇 나를
휩싸한다. 그러한 故로 나는 언제나
村家 붙은 곳은 다 사랑한다.

4286年 5月 17日 日 fine.

오늘은 일요일. 마음이 쭉 준하며 약간 남은
2개 整理에 정신을 팔고 있는 얼마 되
지도 않았는데 이러구 저러구 고만 해를 잃어
버렸다. 저녁을 마친後 바람을 쐬우기 爲
해서 門外를 나와 이따금 부는 바람이 결
의 보족과 가지를 운동을 시키는양 아주 허전
한 메로디를 연출시킨다. 약간 시간
이 지났나 보다. 그래도 그렇게 어둡지
를 않고 희미히 고요하기만 하더니 室中
에는 오늘이 열일이 란데 쓸쓸 같은
반달이 차츰 불어 나가고 있느고?
옛날 黃眞伊는 저 달을 읊어서되.
誰斷崑崙玉 裁成織女梳
牽牛一去後 愁擲碧空虛
그라고 보니 그리워 하기 하던 ―

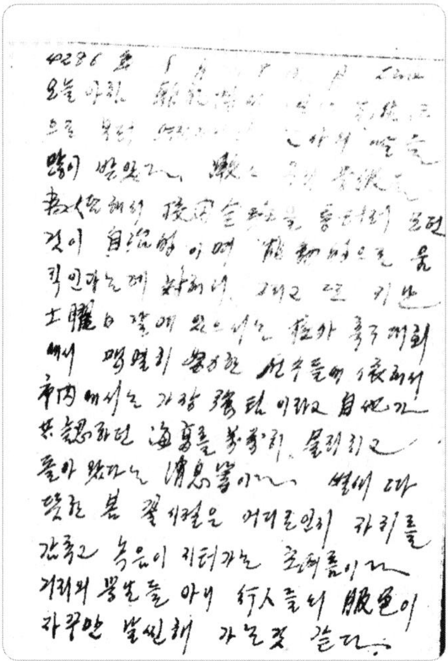

4286年 5月 18日 [illegible]
오늘 아침 [illegible]
으로 [illegible] 하여 [illegible]
많이 받았다. [illegible]
[illegible] 接戰 [illegible]
것이 自然하며 [illegible]
[illegible] 그리고 또 지난
土曜日 날에 있으셨던 [illegible] 축구 대회에서 맹렬히 활약한 선수들에 依하여
市內에서는 가장 强팀이라고 自他가
共認하던 海高를 [illegible] 물리치고
돌아 왔다는 消息이다. 벌써 다
닭은 봄 꽃시절은 어디론인지 자리를
감추고 녹음이 짙어가는 초여름이다.
거리의 풍경을 아니 行人들의 服色이
차츰 [illegible] 가는 것 같다.

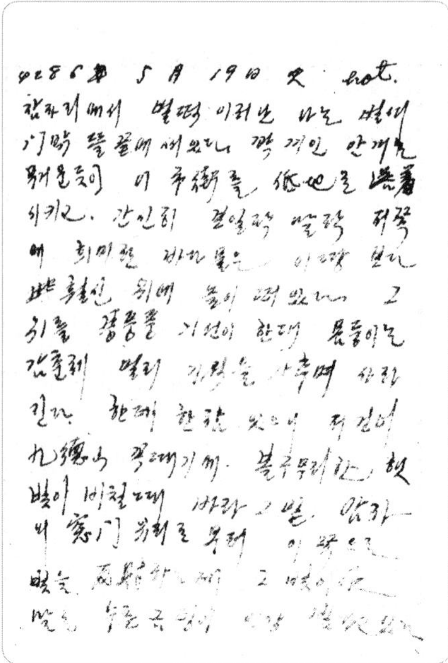

4286年 5月 19日 火 hot.
잠자리에서 벌떡 일어난 나는 벌써
[illegible] 안개
[illegible] 이 [illegible]
시키고. [illegible]
에 [illegible]
[illegible] 그
[illegible]
[illegible]
[illegible]
[illegible]
[illegible]
[illegible]
[illegible]
[illegible]

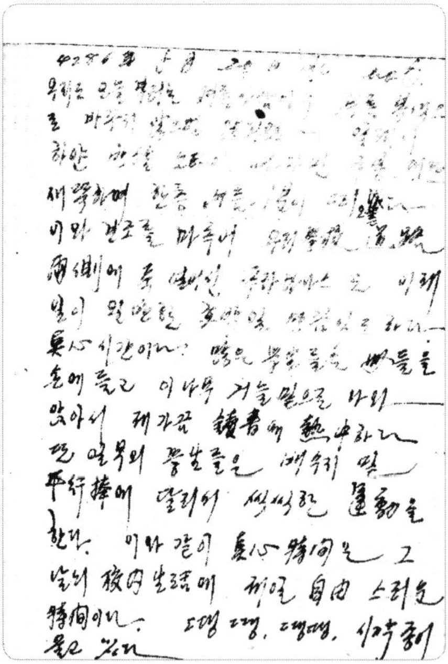

4286年 5月 20日 [illegible]
[illegible]
[illegible]
[illegible]
[illegible]
[illegible]
[illegible]
[illegible]
[illegible] 시간이다. [illegible]
[illegible]
[illegible]
앉아서 제가끔 讀書에 熱中하다
[illegible]
平行棒에 달려서 씩씩한 運動을
한다. 이와 같이 [illegible] 時間은 그
날의 校內生活에 제일 自由스러운
時間이다. [illegible]
[illegible]

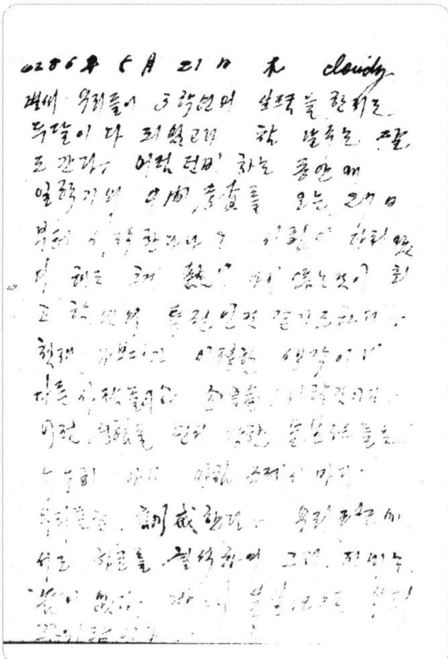

4286年 5月 21日 木 cloudy
벌써 우리들이 3학년의 생활을 한지도
두달이 다 되었는데 [illegible]
[illegible]
[illegible] 오는 27日
[illegible]
[illegible]
[illegible]
[illegible]
[illegible]
[illegible]
[illegible]
[illegible]
[illegible]
[illegible]
[illegible]

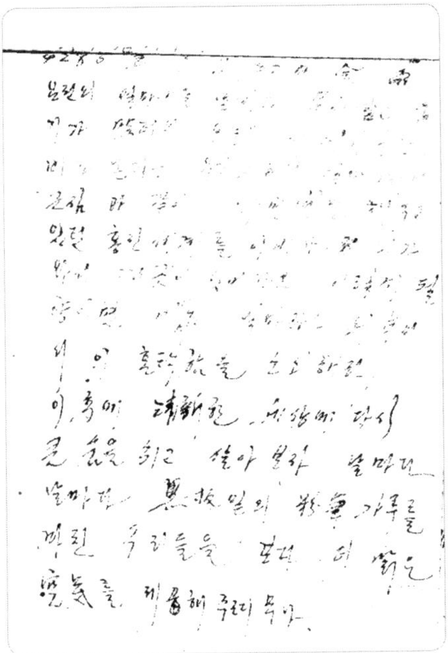

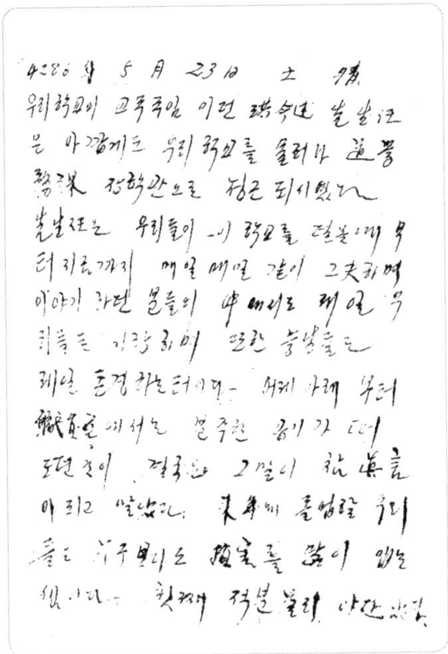

4286年 5月 23日 土 晴

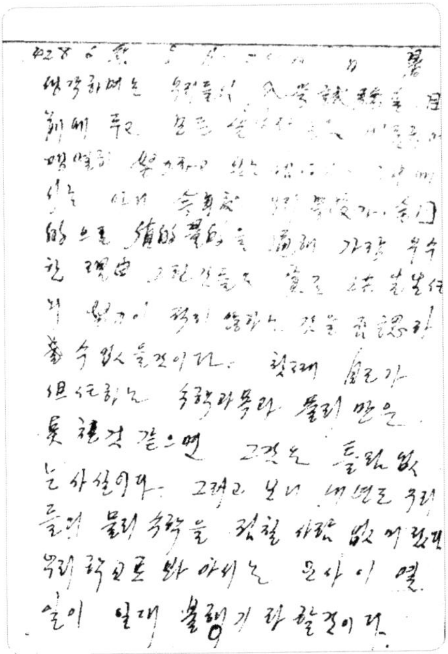

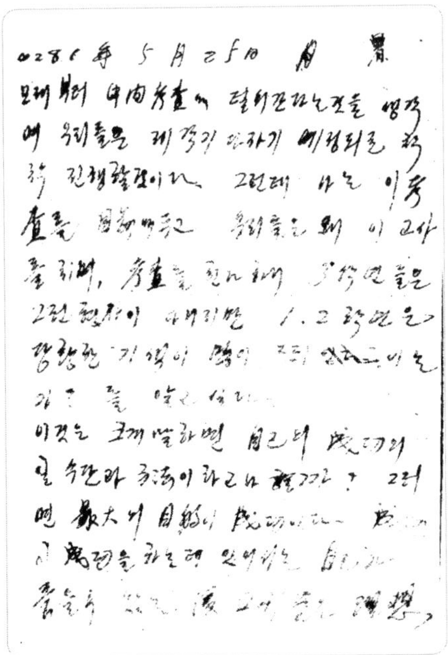

4286年 5月 25日 月 曇

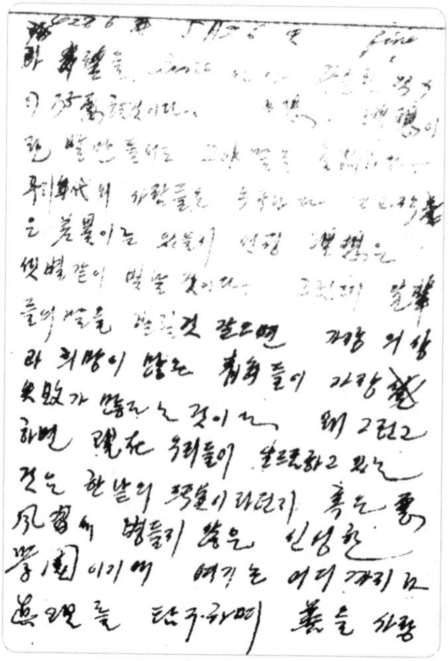

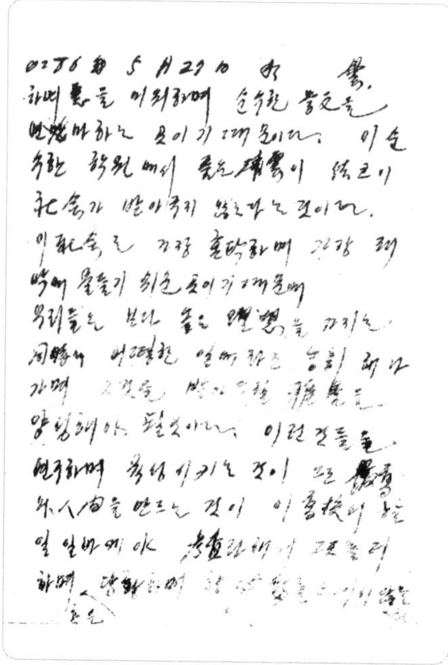

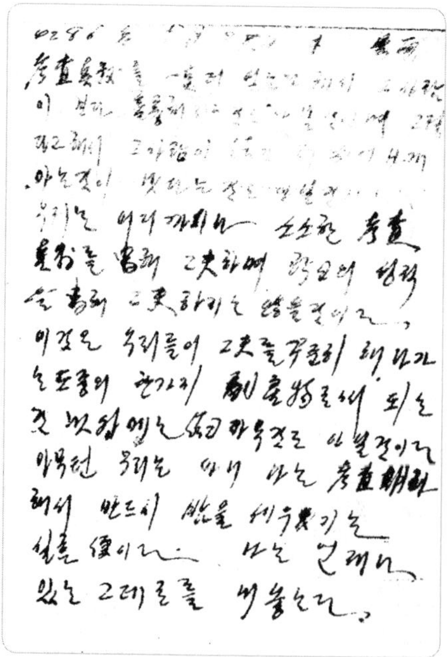

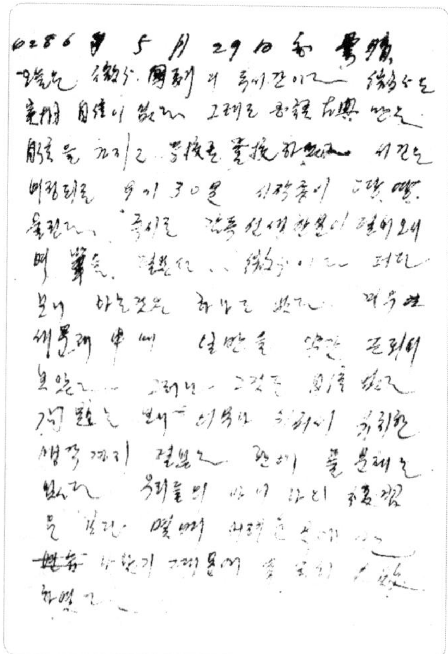

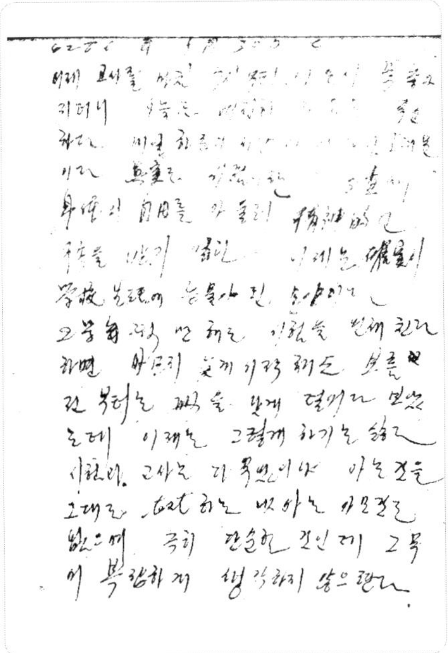

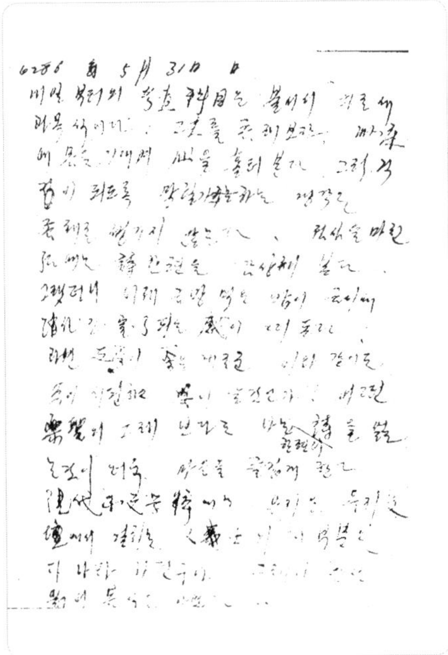

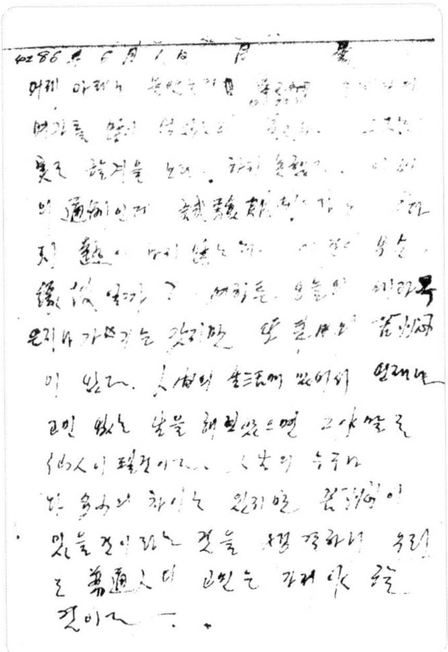

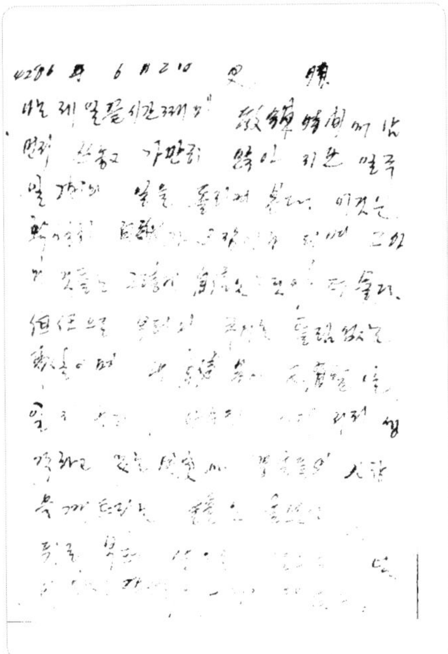

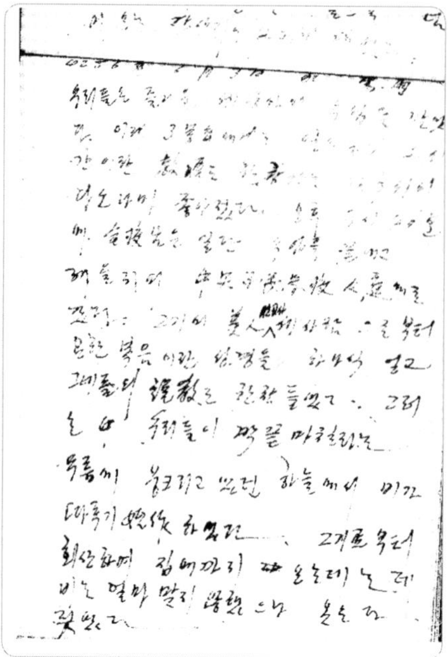

[illegible]
우리들은 [illegible]
[illegible]
[illegible] 說教 [illegible]
[illegible]
[illegible]
[illegible]
[illegible]
운한 복음이란 설명을 하나씩 하고
그제놀 더 說教로 한참 들었다. 그러
운 후 우리들이 막 끝마치려는
무렵에 붐키고 있던 하늘에서 비가
때마침 [illegible] 하였다. 그래도 우리
회산하여 집에까지 오는데는
비는 얼마 맞지 않았으나 오는 다.
못했다.

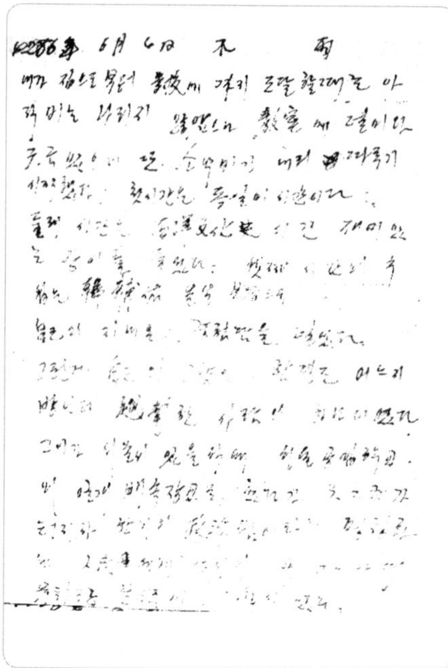

4286年 6月 4日 木 雨
내가 집으로 부터 學校에 가서 조말할때는 아
직 비는 나리지 않았으나 敎室에 들어갈
무렵 [illegible] 소낙비가 내려 [illegible]
시작했다. 첫시간은 [illegible]
[illegible] 西洋文化史 시간 [illegible]
[illegible]
[illegible]
[illegible]

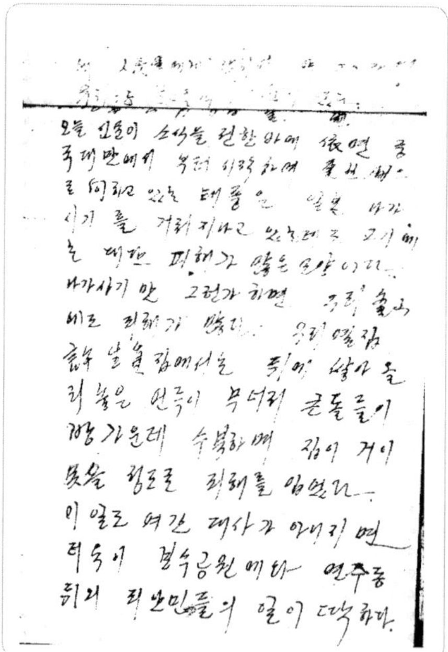

[illegible]
오늘 신문이 소식을 전한 바에 依면 중
국대만에서 부터 시작하여 [illegible] 으
로 향하고 있는 태풍은 일본 나가
사기를 거쳐 지나고 있는데 그
곳 대단 피해가 많은 모양이다.
나가사기 만 그런가 하면 우리 [illegible]
에도 피해가 많다. 우리 옆집
[illegible] 집에서는 [illegible] 살아 올
리 놓은 연극이 무너져 [illegible] 들이
가운데 수북하며 집이 거의
못쓸 정도로 피해를 입었다.
이 일로 여간 대사가 아니지면
더욱이 [illegible] 원에 [illegible]
위의 피난민들의 일이 딱하다.

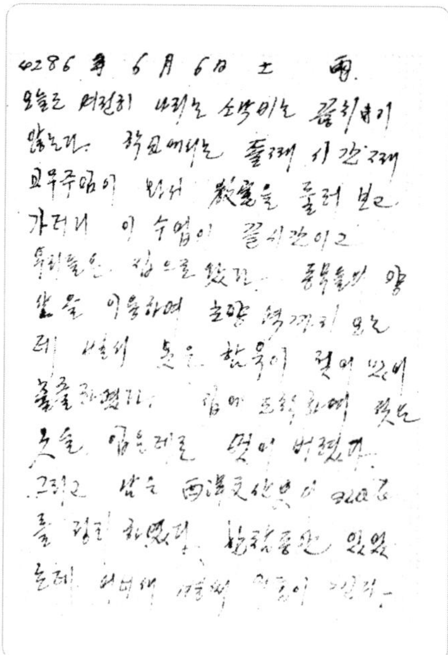

4286年 6月 6日 土 雨.
오늘도 여전히 나리는 소낙비는 끊치지
않는다. 학교에서는 둘째 시간 째
교무주임이 와서 敎室을 둘러 보고
가더니 이 수업이 끝시간이고
우리들은 집으로 왔다. 동무들과 양
산을 이용하여 [illegible] 오는
데 [illegible] 옷은 함뿍이 젖어 있어
[illegible] 하였다. 집에 도착하여 젖은
옷을 마른데로 벗어 버렸다.
그리고 낮은 西洋文化史의 [illegible]
을 정리하였다. [illegible] 있었
는데 [illegible]

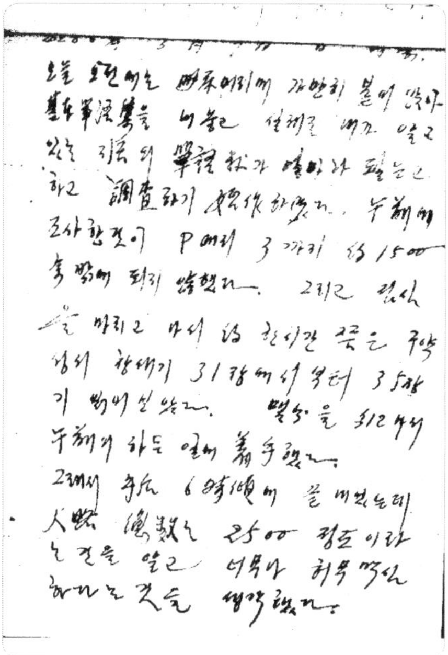

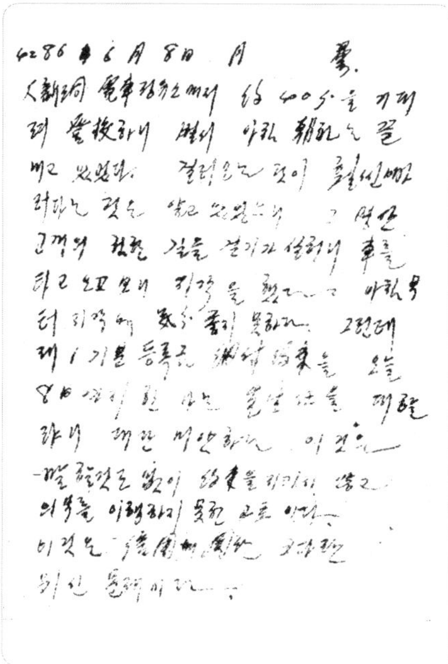

4286年 6月 8日 月 曇.

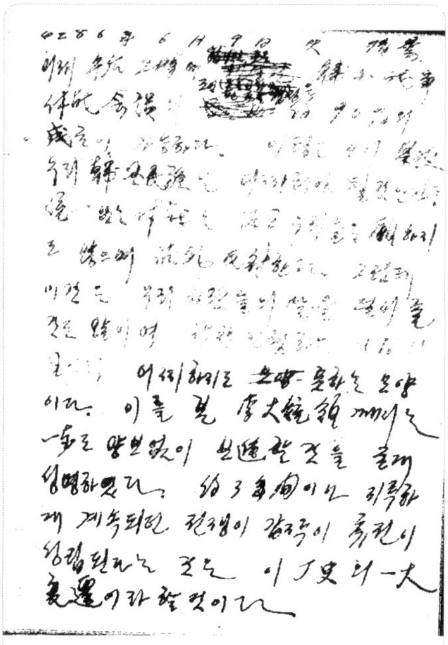

4286年 6月 9日 火

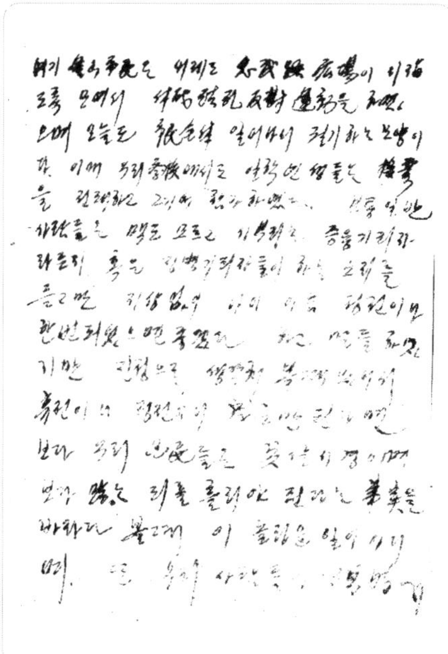

[illegible]되고 있는 生活속는 [illegible] 一層 [illegible]를 加할 것이다. 그것은 철저히 [illegible]의 원조물자 때문이다. [illegible] 사람으로서 [illegible] 물건을 [illegible] 나라가 몸에 지니지 않는 이유. 그 상중에 그 [illegible] 될 [illegible] 現在 우리들의 [illegible] 生活을 계속하는 것도 이런 [illegible] 같은 [illegible]을 [illegible] 아는 말 [illegible] 잘 살아온 것도 이러한 外國의 원조물자 덕분이다. 지금 이 원조물자가 떨어지고 現今의 [illegible] 狀態인데 만일 그것이 杜絶된다면 그야말로 더 곤란할 것이다.

이 정권의 확실한 결과는 아직 미달인데도 불구하고 [illegible] 이 결과가 장차 어찌 될 것이라는 것을 예상한 사람인지는 알 수 없으나 이 모임 婦人들의 앞이 어떤 일인지는 알 수 없으나 [illegible] 많이 [illegible] 것이다. 그렇다 結局 우리들이 살아 있는 동안에는 하루라도 먹지 않으면 살 수 없다는 것을 생각할 때에 이번 [illegible] 이 [illegible] 실제를 [illegible] 人間生活의 根本問題는 [illegible]. 이것이 틀림없이 [illegible]을 [illegible]는 것을 생각할 때 [illegible] 事實이 [illegible] —

[illegible] 6月 10日 水 [illegible]

어제의 白晝 學生의 데모는 어느 누구가 이처럼 하였을 것일까? 아니다 이 젊은 學生들의 불러오는 마음 어디 [illegible]한 것인가? 이 데모의 도중에는 [illegible]의 [illegible] 더욱 [illegible] 回想하였다. 이 [illegible] 결사 반대의 [illegible] 外國人으로 하여금 그렇게도 보기가 [illegible]던 것일까? 아깝게도 工大學生의 두 사람은 美軍家族의 [illegible]에 맞아 없어진 것이다. 어제 구월날도 서울서 또 그러한 불상사가 일어났는데 과연 통탄하지 않을 수 없는 現實이다. 우리는 너무나 비참한 환경속에서 늘 잊어 있기 때문에 그것이 예사 일로도 생각되지 않는 世界 사람들은 우리 現狀을 알기 위해 주의할 것이다.

[illegible] 6月 11日 木 雲

한편 생각하면 우리들의 文化財. 아니 또 國家가 이 건물을 [illegible] 얼마나 피해를 입었는지 통탄할 지경이다. 오늘은 學校에서 [illegible] 시간에 신문을 읽고 있는 同窓에게서 [illegible] "피폐되어 가는 [illegible]"란 제목이 눈을 가렸다. 읽어보니 그것은 두말할 나위 없이 이것은 [illegible]의 [illegible] 事業가 없는데 그러한 [illegible] 事와 더욱이나 戰事들이 [illegible] 世間이 [illegible] 中 [illegible] 생기어 대단한 것인데 [illegible] 文教部 [illegible] 이들 實情을 調査하여 [illegible] 發表했다. 이 현상에는 新羅 27代 善德여왕에 세운 [illegible] 1305年의 [illegible]

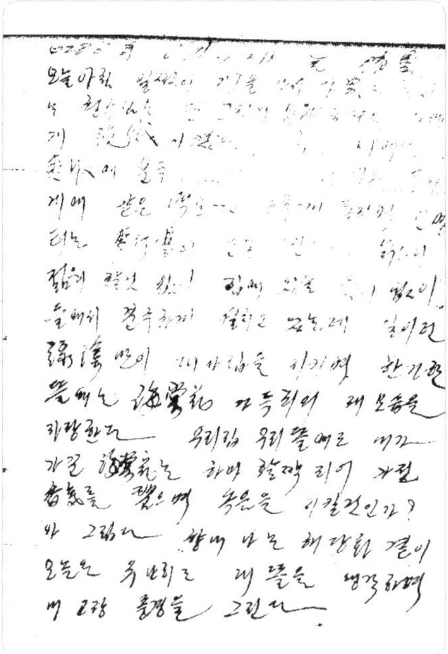

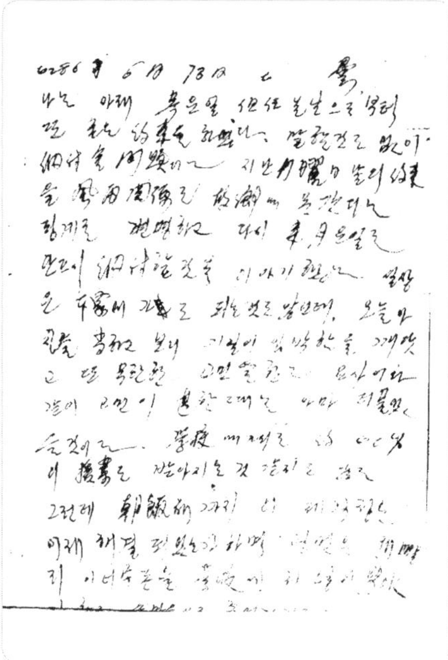

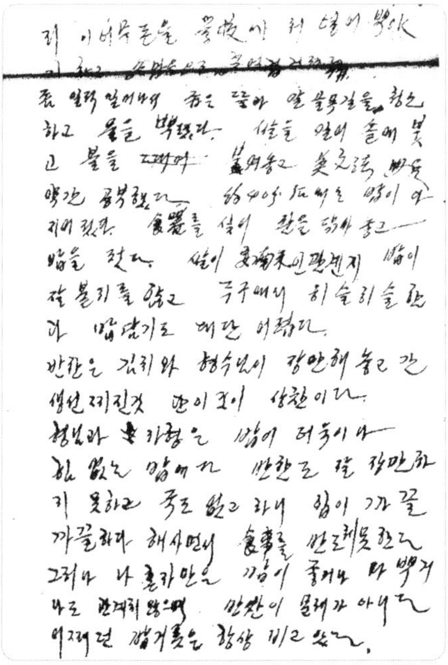

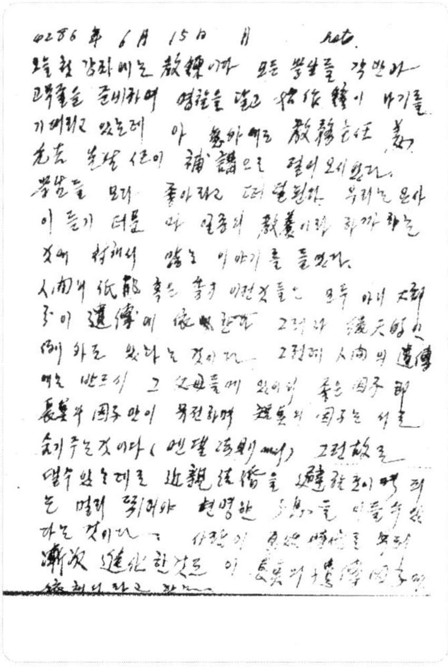

4286年 6月 16日 土 [illegible]

— 반대 휴전의 [illegible] —

오늘도 어제도 [illegible] 속에!
거리마다 외치는
피에 젖은 고함소리!
統一이 아니면 죽음을 달라
統一이 아니면 죽음을 달라
뼈 속에서 울어 나온 이 함성...
이 나라 [illegible] 모두의 [illegible]
이것이 [illegible]의 [illegible]이 아닌가!

오늘도 어제도 데모 행진은
거리마다 외치어
시가를 울린다!
싸우고 싶은 우리에게 무기를 달라—
싸우고 싶은 우리에게 무기를 달라—
이것이 무슨 罪이길래 銃劍을 겨누는
죽기 싫은 당신들은 물러 나오라—
우리는 邁進한다 北進統一로!

오늘도 어제도 계속되는 데모 행진은
天地를 울리고도
여유가 있겠다——!
낮은 이 팔도 다리도 안과 바친다—
밤은 이 눈도 팔과 바친다—
아무리 하여도 남은 젊은 최후 총로
우리를 보아도 죽어 보아도
최후 일각까지 北進이 제일이다!

4286年 6月 17日 水 雨

9시 경에 [illegible]
어제 校長으로 [illegible]
[illegible]
[illegible]
[illegible]
하고 집에 왔었다. [illegible]
[illegible]
그 광대 같은 [illegible] 앞세우고
데모 행진을 하여 북진! 통일!
북진 통일 이 소리만 끝치지 않았다
더욱이 女學生들에 [illegible]
없이 불타 올랐었다. 열렬한 [illegible]
[illegible]
하얀 적삼들이 [illegible] 됐었다.

나는 이것을 보고 있다가 문득 마음속으로
부족한 충동을 또 느꼈다. 그리고 우리
의 생각이 오늘 정신을 [illegible]
도록 있으니 [illegible] 행렬이 가나
간다: 오후 [illegible] 까지 데모 [illegible]
하였 [illegible]
비는 종일 오는 [illegible]
[illegible]
[illegible]
[illegible]
[illegible]
市場에 [illegible]
[illegible]
[illegible]

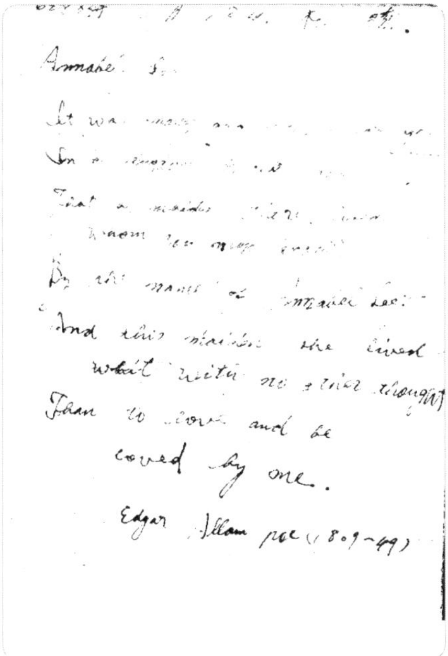

Annabel Lee

And this maiden she lived
with no other thought
Than to love and be
loved by one.

Edgar Allan Poe (1809~49)

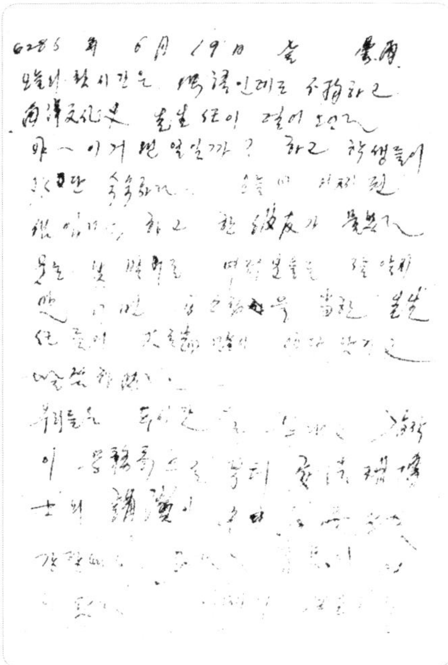

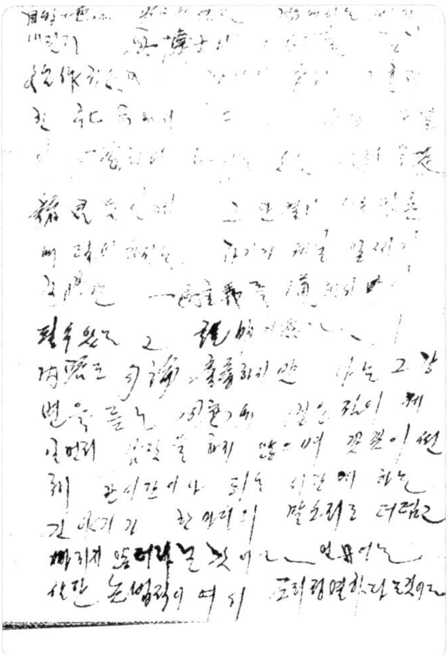

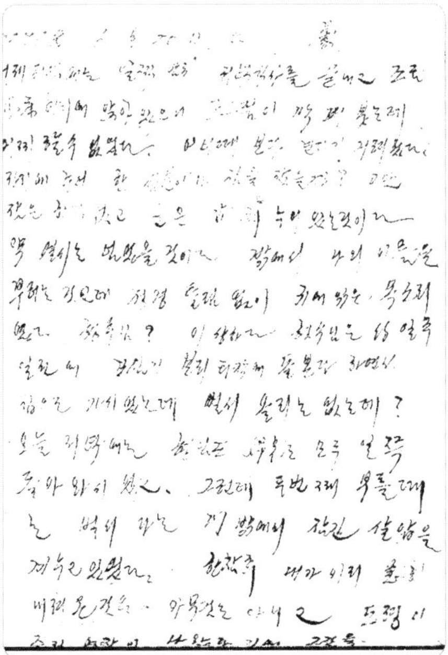

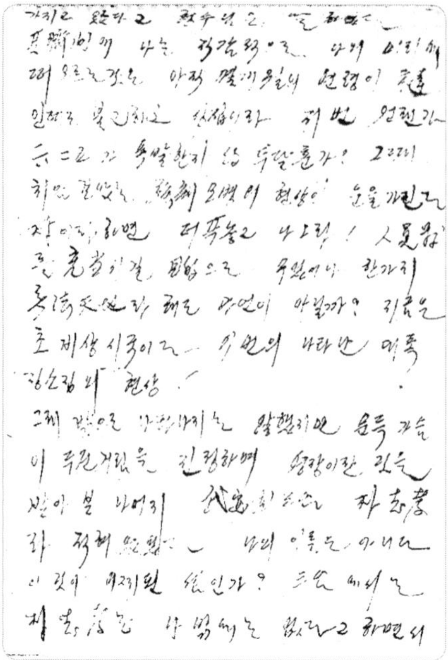

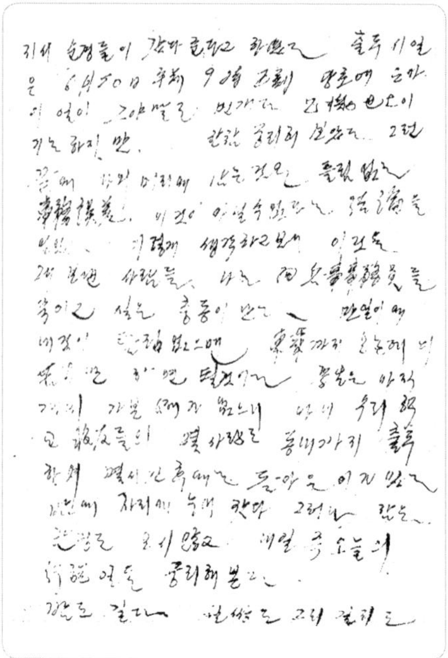

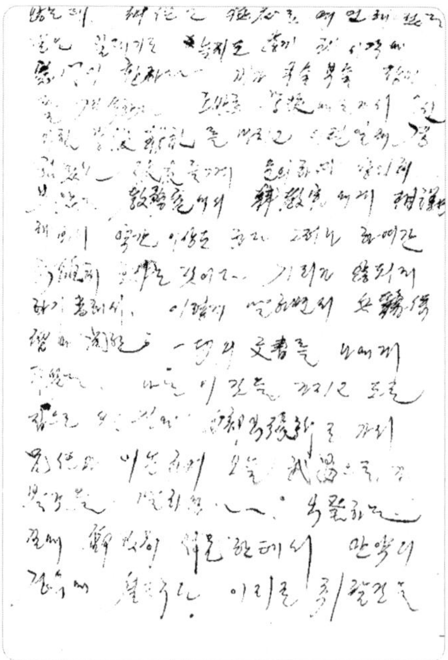

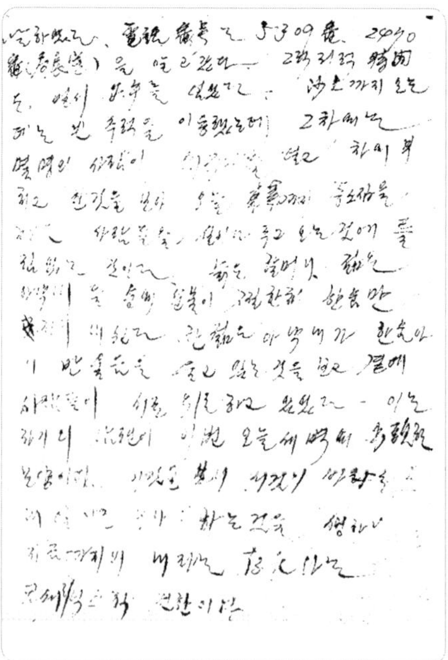

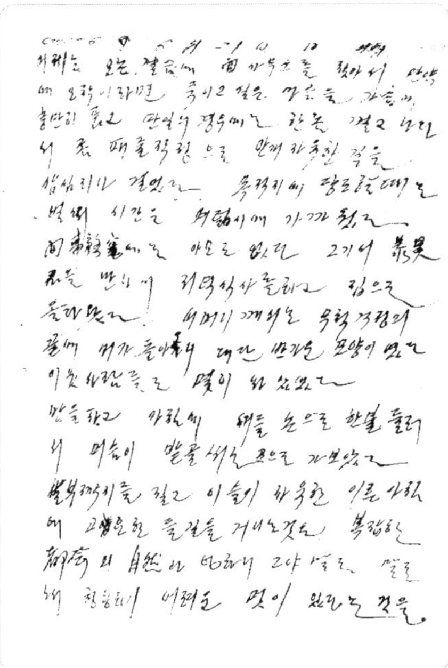

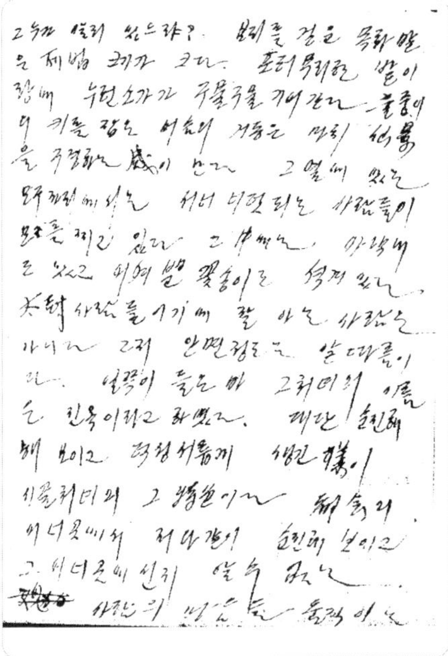

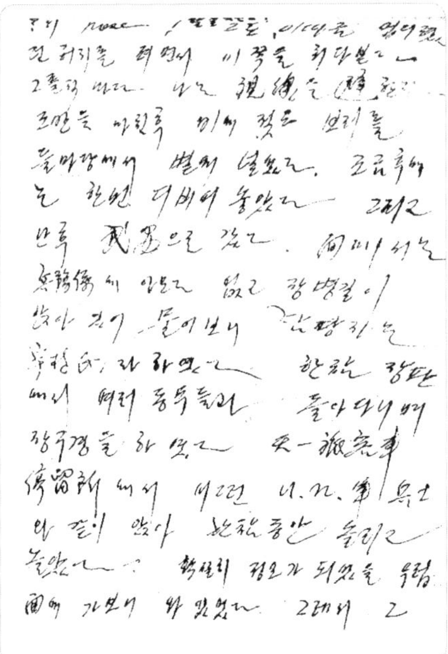

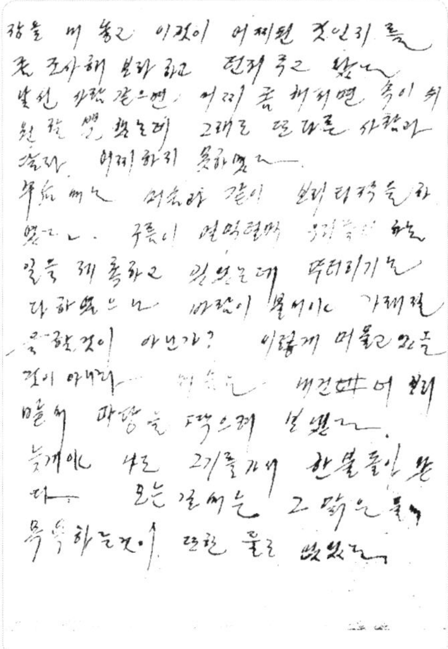

...년 5月 22日 月. 晴雨.
오늘은 볼일도 다 보았고 학생도 결석이고 해서
빨리 갈까 생각하였는데 오늘 내건너 돌미강
에서 타작을 한다 하는데 할아 보고는
갈수 없었다. 그래서 아침에 일찍 새를
손을 놀려서 여름과 같이 보리를 비기
시작하였다. 아침을 마치고도 한 참 동안
계니 기어다 늦으러 갔다. 이만큼
해놓고 두더러 보기로 하자 한번에
수마 당을 겨우 떨어졌다. 그래 비
가 부슬부슬 오지 않는가? 하는수 없이
떨어진 보리를 그냥이 담아 집으로 왔다.
비는 장대로 내린다. 옷을 갈아
입고 마실을 나갔다. 連春 누나 집
으로 갔다. 생각은 어제로 돌아간다.
내가 어제 武安에서 돌아와 즉시로 이리
로 가 방문하였다. 방에서는

모두 점심을 먹고 있고 村 아저씨는 사랑방
에서 부엌일을 하고 있고 누나는 부엌에서
일을 보고 있었다. 아저씨께 人事한후
방 5分이나 지나도 누나는 나오지를
않았다. 그래서 즉접 부엌에로 가서 그간에
고생하시지요 人事했을때는 벌써
누나의 눈에서는 눈물이 결정하여 달려
와 나를 붙잡을 양거 했던것이다.
그래서 점심을 먹은 다음 이집 정원
을 둘러보니 누숙 일들은 무성해 있으
나 꽃들이 눈에 띄이지 않는다.
그래서 누나 모사이는 그 많은 꽃들은
다 어디다 어찌하였오? 하고 물었더
니 정원에 가 보라고 말하였다.
그 변득에는 줄칼레 꽃이 씨를 갖게
눈을 황홀하게 만든다.

나는 그속에 미스러이 두어 손을 움켜어
감아 본다. 이틀적에 누나는 부엌에서
잘하게 이름을 하며 나에게로 와서 웃
하게 하였다. 나는 이 꽃들의 그리고
나의 마음을 가장 잘 이해하고 걱정해
주는 그리고 누구보다도 사랑해주
는 누나와 같이 이 꽃동산 들
에서 기백년이라도 놀고 싶다.
나의 이존재라는 것은 이 수많은 지구상
의 人類에 比하면 있으나 없으나
毫와 同一한 存在이지만 그래도
人間이 人間으로 對해주는 사람들
中의 누구에게도 못지 않은 한사람인
連春 누나! 다른 못 사람들이 다
나가고 떨어진다 하는 그 아픈것도
마는 영향에 그렇게 [illegible]

걱정하며 애태워주는 그 心情이 다르지는
않을수 없다. 그 얼마나 걱정하던 누이
가 나를 보았을때 그때의 첫 表情
이란 건 어디에도 比할길 없었다.
나는 이 連春 누나가 언제 어디서 부터
잘 보아 왔느지는 모르지만 自然히
생겨온 情이란 것은 과연 어느
從姉妹들에게 보다도 두텁다는
것은 누구에게도 말할수 있다.
人間이 주고 받는 情이란 것은 참 묘한
것 모양이다. 오늘도 조용히 [illegible]
에 다른 모든 隔하였고 이리로 빨리
놓아 집이 이상하다. 비는 점
점 더 많이 온다.

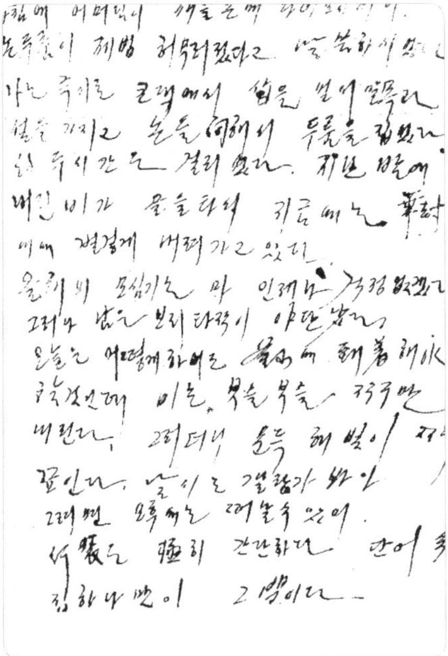

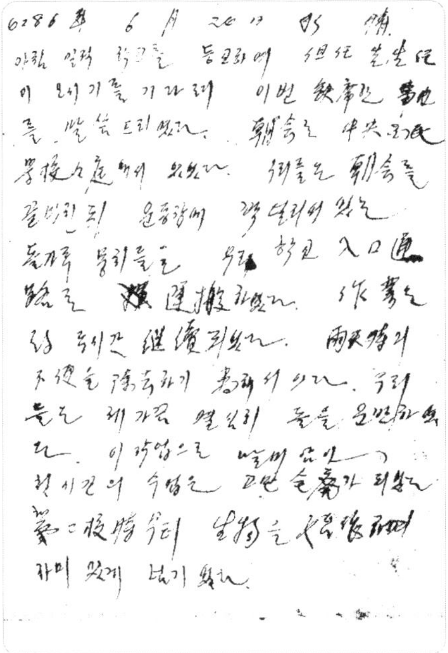

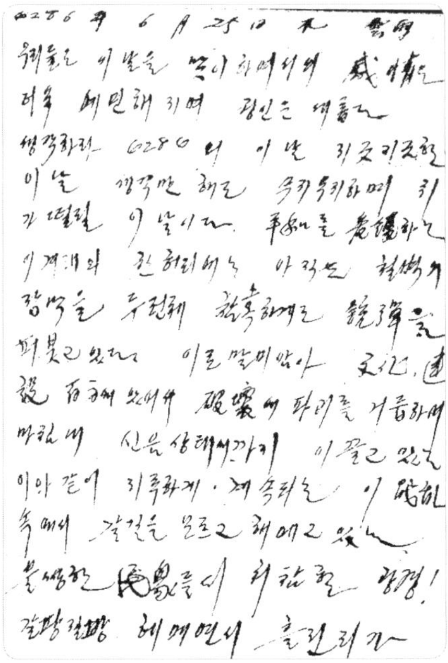

0286年 6月 25日 木 曇雨

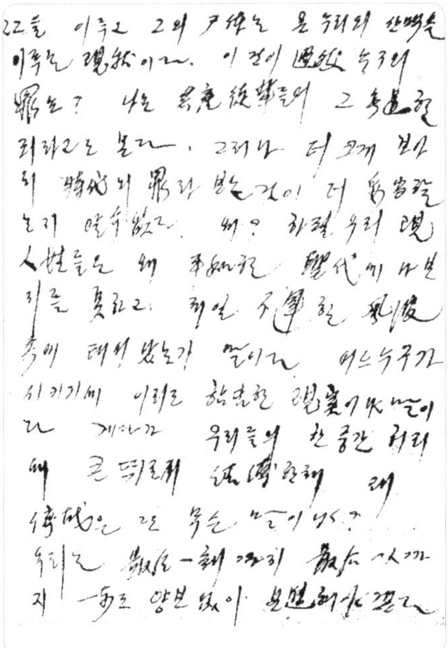

이것이 우리 先烈들에 對한 조금만치의
誠意이 아니겠는가? 日本 學徒兵之
每日 같이 대오헌열에 殉節을 할
라는 것이 그 所願인 모양이다.
우리들은 더더 눈을 부릅뜨고
時代精神의 날개를 强力히 發揚해
야 할 것이다. 말로 하는 이렇지만
其實際가 어디 그렇한가 보라.
忠孝洞 네거리의 光景을 보라
이것이 戰爭하는 나라의 百姓의 취할
할 일인가?
우리는 언제 이 지긋지긋한 이 싸움을
몇번째나 종하게 되는 것인가?
제 각기 覺醒해야 하겠다

4286年 6月 26日 金 雨

五月雨

어디에 燦爛한 花林을
狼藉하게 무찌르고 온 비는 또
나의 窓 앞에 종일을 붙어 서서
미련히 뒤를 무엇을 졸르기만 한다.

溪山

溪溪 산골에는 산울림 없이
바위에 앉아
나 같이 어디 가고
혼자 살리라.

— 柳致環 —

요사이 장마는 왜 이리 질질 끄는
게 계속되노? 불순한 日氣에
불게 불어 좋지 못한 氣候이
더욱 弱化하는 感이 있다.
더위 보다는 나을까도 생각하지
만 眞實 당당하는 햇볕이
보고 싶다. 부엌에 있는 火木
이 習習하니 때러 불이 잘 살
지는 않는다. 좋지 못한
연기만을 뿜을 뿐이다.

4286年 6月 28日 日 雲

身上申告를 오늘 할까 생각한다. 우리
富平洞이 이런 期間을 지내 지났다
하나? 그러나 洞會로 가 보았다
많은 사람들이 뒤 이어 接受한다
그 틈에 끼인 한사람의 나도 順番
이 되었나 보다 洞會에서는 뒤일
없이 잘 종라한 셈이다 그런데
것을 가지고 富平洞 一二街 洞會로
가지고 가라는? 班長 里長의 말을
뜻실라고 동회에서 세번 왕복한
다리에 쭐이 좋다. 걸맞之
한 길바닥으로 富平洞으로
向했다

[illegible] 아마 [illegible] 해왕성 바깥의
혹성을 크게 내어 60億에 처음 발
로 되해왔 아울러 700億年이 넘
지는 수치가 [illegible] 60億이
되는 [illegible] 혹성을 [illegible] 크게 하
고 있다는 것이 [illegible]하고 있다
어떤 天文學者들은 研究한 결과 [illegible]
계속되는 [illegible]은 아마 飛行 [illegible]
들의 [illegible]이 아닌가 하고 [illegible]하고
있다 하며. 世間에 돌고 있는 奇說
은 [illegible] 구리볼케 天文
[illegible]에서 한 학자가 [illegible]한 결과
는 오는 8月14日 午後 3時에
[illegible] 地球가 [illegible]을 한다고?

4286年 6月 30日 火 晴.
한 떨기 野生花

數百年 묵은 風雨
[illegible]의 主人公 나는
외로이 피어난 한 떨기 야생화 였다
등진 [illegible] 좋은 [illegible] 곱디고운 [illegible]
우뚝히 솟아난 表忠碑閣
松竹의 보금자리
이 몸이 나를 기른
고향이 였더라
오가는 나그네의 옷자락 마다
지닌 향기를 널리 뿌리며
무궁한 희망을
하로 잡으며

푸른 잎이 衰할때 까지
이는 언제나
變함 없는
한 떨기
野生花.

밤여 새여 憧憬하는 내 고향 [illegible]
을 떠난지도 벌써 삼년이란
歲月이 흐르고 있다 學校
살이 삼년 만에 눈물 납니다

4286年 7月 1日 水
오늘이 벌써 칠월초하루인가? 날수는 참 간다
이제 무더운 녹음들이 바야흐로 무성할 칠월.
칠월이 왔다. 이제 우리들은 약 서너 週
日만 있으면 또 夏期放學이 될 것이고.
이 放學이 닥쳐 오면 우리들은 共同合宿
을 하며 시원한 海邊의 適當한
場所를 골라 水泳도 하며 아침 저녁
나절의 시원한 時間에는 講習을 받
도록 하자는 것이 決定이 되어 갔다
그러나 막상 여기에 따라 다니는 것은
避치 못할 經濟的 難關이다
우리 class에서는 希望者가
約半數 程度, 가망이 있을까
疑問符이다

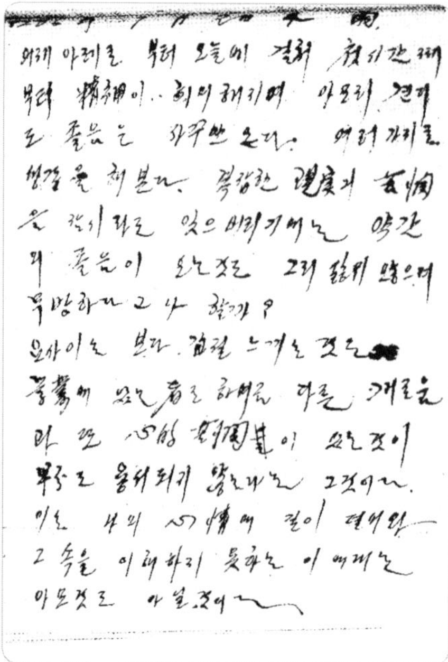

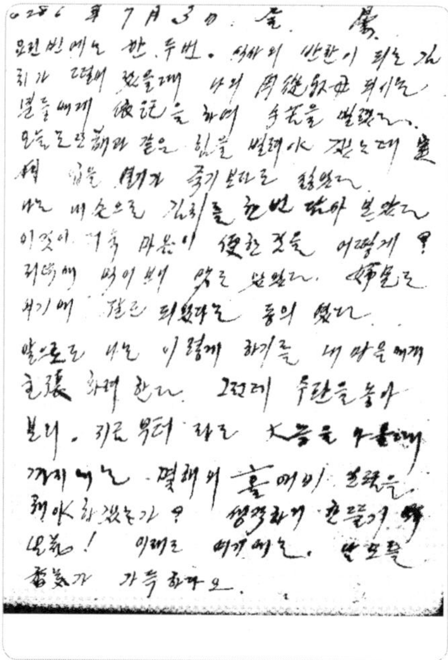

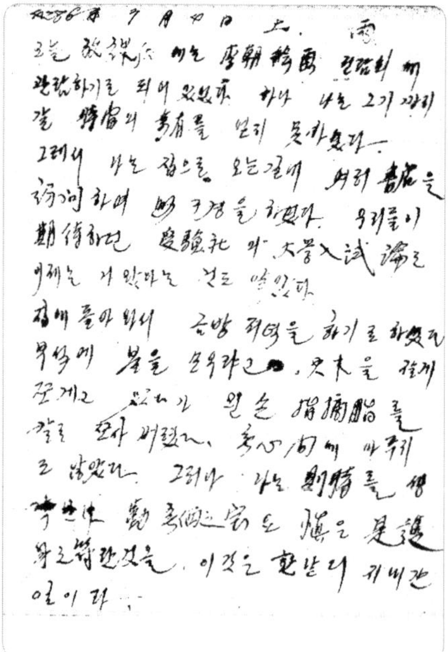

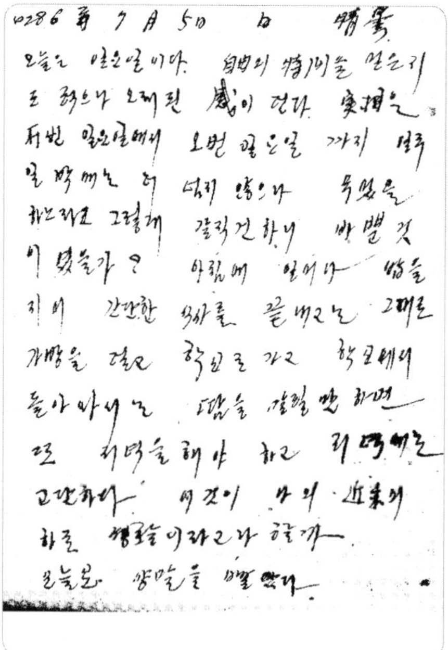

連日 繼續되는 霖雨와 리물이 ○○岸 地方을 颱風이 휘날고 있으니 오늘은 이 釜山 地方까지 그 영향이 미치나 보다. 소낙비를 섞어가며 불어대는 暴風은 대단 사납게 분다. 바람소리와 아울러 두들기는 비방울의 휘파람 소리는 마치 우리들을 놀리는 것 같기도 하다. 이 뿌리는 비방울 사이로 저쪽 南쪽 바다의 海上을 내다보니 마치 구름처럼 같은 물결이 항파해 더 언듯 희끗 같긴다. 그 한쪽으로 돛단 帆船들이 시비와 같이 밀리어 꼼짝도 하지 않는 채 떠 날려 있다. 날만 새면 끌고 다니던 그 고달픈 목숨이 ○편하게도 쉬고 있는 것이다.

4286年 7月 7日 火 風雲

어제보다는 조금 덜하나 오늘도 相當히 바람결은 세다. 험악한 날씨가 왜 그리 무렵는지? 바람은 그냥 불고 하늘에 덥다. 아침에 學校에 登校하여 배우지 모는 상에 한참 동안 쉬 없이 등골의 땀을 말리며 敎室로 들어 갔다. 三學年의 class 中 제일로 떠드는 敎室과 우리 교실이 아랑 시원하고 空氣도 맑다. 生物을 担任하신 李英昊 先生任은 언제나 나쁘하지 않은 우리 敎室이 제일이라고. 그러니 工夫하는데 있어서도 제일이 명실공이어야 한다고 말씀하신다.

우리들은 오늘 아침 中央 ○○學校 ○庭에서 朝會를 하였다. 그런데 嚴律校長으로부터 學生들의 集合狀態가 대단 不忠實하다고 하는 꾸지람을 들었다. 約 10分동안 듣기 싫은 訓戒를 받았다. 흐린 날씨라 내리는 비는 쉴새 없이 우리들 조회를 끝내자 나무 터져에 얼마 긴장이 됐다. 제일 ○○ 때는 天幕의 空氣 등으로 우리 마음에 工夫를 잘하지 못하였으나 敎授하는 말이고 밖으로 바다 깊게 들 한치 가운 날씨 같았다. 그러나 양 거리는 않았다.

4286年 7月 9日 木 曇晴

점심시간이 됐다. 밀양 향우회 준비 위원회의 시기로 부터 來 12日 날 ○에 東中學校 강당에서 회가 개최된 말을 들었다. 우리들은 이번이 第二回이다. 4285年 12月 25日 날에 우리 在釜高等學校 密陽郡 學生 親睦會라는 것이 탄생하여 오늘에 이르고 있는 것이다. 이번에는 男女들이 각각 자기소로 나와 활약하고 있다고? 대단 장한 일이다.

[illegible]
빛을 보여준다. 이때 까치는 목이라
해 있고 장마통에 구름 장막 밑에 시원
하게 工夫했던 것이다. 이 천막은
도대체 어찌 된 셈인지 빛만 보
게 되면 물이 가 마치 빛에 내기
가 힘든다, 몇시간 묵더 좋을는
[illegible] 일일까? 나는 아직 學校를
다니는 中에서 [illegible] 學生 生活에서 라결서
결락을 없었는데 요런 [illegible]
이 되고 나서는 목이 [illegible] 농땡이
가 된 셈이다. 이 길이 人生의
[illegible] 길이라 아닐까
두려워하는 바 정신을 차려도
어찌 할수 없다.

4286年 7月 11日 土 [illegible]
나는 요시이 감각이라 할까? 또 무어라
할까? [illegible] 거자가 삶이란 것만
[illegible]이다. 이제서 [illegible] 북녀는
이 길로 다니기를 하고 있다. 운동
회 산으로해서 구불산 허리길을 밟
아 [illegible] 열으로 내려 오는
것이다. 거리로 말하면 약간
가깝기로 하겠지? 그러나 시경보다
로 나의 性質이 大衆的이라기 보
다는 孤獨을 좋아 하는 便이 가까
울 정도 일것이다. 이렇한 목소리
[illegible] 없기 [illegible] 때문에 고요한
장소가 보다 마음에 [illegible] 드는 것이다.

[illegible] 되다 그러나 [illegible]
에 達했을때의 氣分이다. 그기에 눈만
되는 모든 것은 實로 이 [illegible]
있는 俗世에서 超脫한 感이
드는 것이다. 東으로 連해 있는
끝 없는 水平面은 이 조감한 [illegible]
을 불러서 그 끝없는 가로 사라지는
듯이 나의 마음을 [illegible] 한다.
그 위를 흰 물새들이 제 마음대로
[illegible] 있게 自由 시러히 날고 있다.
[illegible] 또는 이 하잘것 없는 世間世
온을 떠나 저 물새 같은 몸이 되어
[illegible] 無限大의 海洋天을
날고 싶다.

4286年 7月 12日 日 [illegible]
여덟시 반에 朝飯食事는 끝났다. 싸고
를 하나 찾아 [illegible] 약간후에는 이 [illegible]
이설하는 이 몸은 벌써 [illegible]
산 비탈 길을 오르고 있었다. 여中
學校로 가는 길이다. [illegible] 校舍 앞
거리에서 金[illegible] 君을 만나 握手하
였다. [illegible]에서는 준비위원회 출
들은 단 한손 밖에 보이지 않았다.
時間이 넘어 감에 따라 會場整理
도 다 되었다. 나는 [illegible] 라 같이
오늘 회의에 있어서 [illegible] 하기
않으면 안되었다. 몇의 몇의 한
group 씩 入場시키고 [illegible]
하였다. 약 몇시간후에는 [illegible]
[illegible]

[illegible]

學生數는 117名 其中 大學生이
40名이 있고 其外 [illegible]
學生가 5名이 있다. 우리들이
[illegible]에서 열고 있는 이 동안에 會場
에서는 會則 通過를 하고 있었고
우리들이 場內에 들어갔을 때
는 任員選擧에 着手하고 있었다.
여기에 있어서는 나는 우리 後友인
朴鉉璇君을 会長으로 [illegible]
一高, 東高, 商高 등에서 學校에서
人物들이 나왔다. 그러나 [illegible]
우리들은 회원 순을 가지고 회장으로
시키고자 했었다.

副會長은 金商高 朴大甚君은 [illegible]
女子部에서는 [illegible]의 朴[illegible]이 되어
始終如一한 態度로 密陽郡 在京
專門學校 留學生 親睦会의 会議事
은 [illegible]를 맺고 다음은 간단한
代用食事를 하고 오락시간으로 Time
전환하였다. 約 한시간 반 동안을
지냈을 때 [illegible] 있었다.

○ 이번 제 이회 鄕友親睦会를 맞이한
간단한 나의 感想!

이번 회의는 [illegible] 密山高等學校 三學年
後友 몇명이 모여서 우리들의 [illegible]
으로 [illegible]하고 [illegible] 協議해 온
[illegible] 手段的으로 [illegible] 개시하기는
6月 [illegible]

작년 [illegible]에서 고향 우리들이 [illegible]
[illegible]를 받아 [illegible] 통합[illegible]
[illegible]이다. 그러나 올해의 회의는
그다지 [illegible] 이제 우리들의 [illegible]
를 받지 않고 우리 [illegible]
有能한 데 [illegible]
우리들의 [illegible]이었다. 그런 [illegible]
[illegible] 통합을 하며 人事 [illegible]
[illegible] 그기에 一言을 [illegible]
할 필요 없다. 회비는 우리의 [illegible]
으로 가능한 限 1人 100환 식 [illegible]
했다. 結果 200환의 돈이 [illegible]
다. 회비로서는 [illegible] 될 수 있는
정도로 [illegible] 할 수 있는 [illegible]

[illegible] 피하는 바이다. 회의 장소에 앉아
서는 그기에 [illegible] 사람이 많은 [illegible]
[illegible] 했는가? 하는 것이 의심할 여지 없다.
대다수의 동창들이 "農民의 자제 혹은 [illegible]
양반들의 자제"이다. 회비가 [illegible]해서
참석하지 못하였다는 증거가 오늘
[illegible]을 하면서 또 [illegible] 확실히 느꼈
다. 그러나 鄕友가 親睦을 [illegible]
한다는 [illegible] 의의에서 [illegible]
[illegible] 나의 목적한 [illegible] 가지라도
[illegible]들로 [illegible] 나은 사람
[illegible] 사람 [illegible]으로 [illegible]
쪽이 더 많은가? [illegible]
이러한 [illegible] 회의에 [illegible]
[illegible]

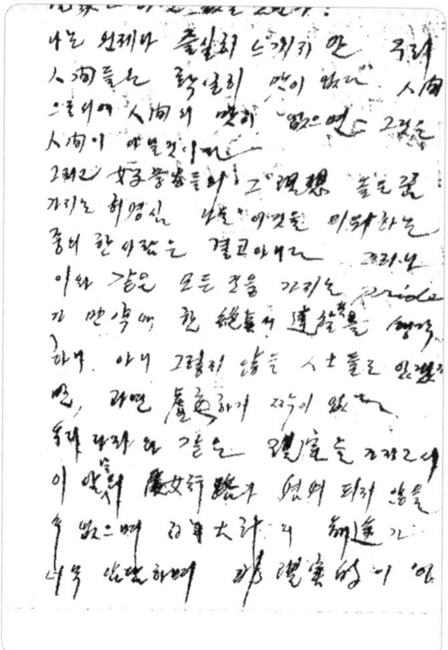
나는 언제나 [illegible] 느끼지만 우리
人間들은 확실히 멋이 없다. 人間
으로서의 人間의 멋이 없으면 그것은
人間이 아닐것이다.
그리고 女子學生들에게 그 理想 높은 꿈
가지고 [illegible] 나는 이것을 이해하는
충분한 사람은 결코 아니다. 그러나
이와 같은 모든 것을 가지는 pride
가 마음에 [illegible] 達성을 [illegible]
하나. 아니 그렇지 않은 人士들도 [illegible]
[illegible] 충분하게 [illegible]
[illegible] 같은 現實을 [illegible]
이 [illegible] 行路가 [illegible] 되지 않을
수 없으며 [illegible] 前途가
너무 [illegible] 現實的이 [illegible]
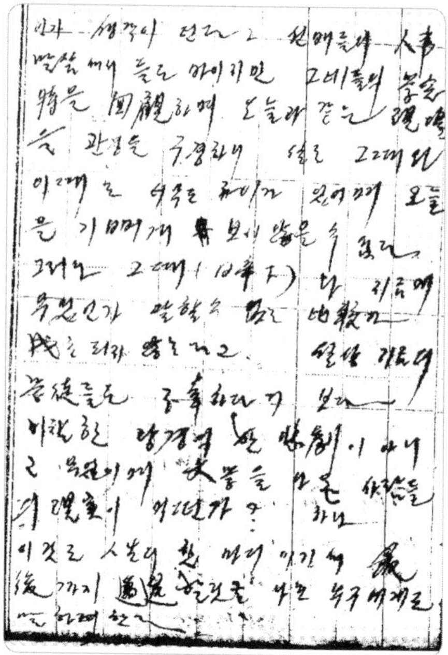
[illegible] 생각이 든다. 그 [illegible] 人事
[illegible] 하이지만 그네들의 學生
時를 回顧하며 오늘과 같은 現實
을 [illegible] 그때의
이때는 [illegible] 오늘
을 [illegible] 보지 않을 수 없다.
그러나 그때 (日帝下) 와 지금에
무엇인가 말할 수 없는 比較가
[illegible]
[illegible]
[illegible] 이
그 [illegible] 學生들을 [illegible]
現實이 어떠한가? 하니
이것도 人生의 한 마디 [illegible]
後까지 [illegible] 하겠구나
[illegible] 한다.
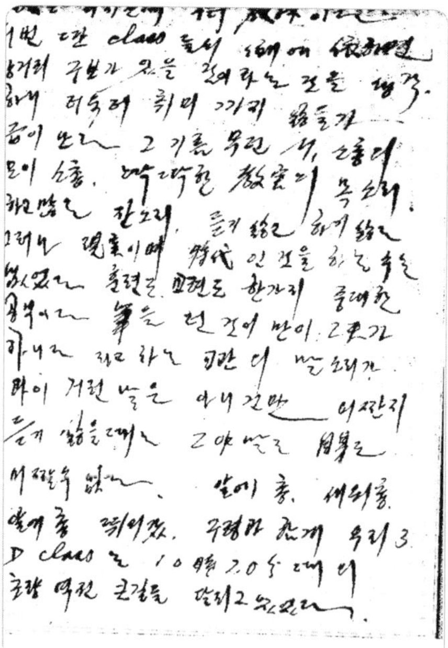
[illegible]
1번 대한 class [illegible]
[illegible] 구분가 있는 [illegible] 생각.
하며 [illegible]
[illegible] 그 [illegible]
[illegible] 敎室의 목소리.
[illegible] 한소리. 듣기 싫고 하기 싫고
그러나 現實이며 時代인 것을 하는 수는
없었다. [illegible] 한가지 [illegible]
[illegible] 많이. 그것가
하니다 [illegible]
[illegible] 이런 날은 아니건만 어쩐지
듣기 싫을때는 그야 말로 [illegible]
[illegible] 없다. 쌀이 [illegible]
[illegible] 우리 3
D class 는 10時 20分 때의
[illegible] 있었다.
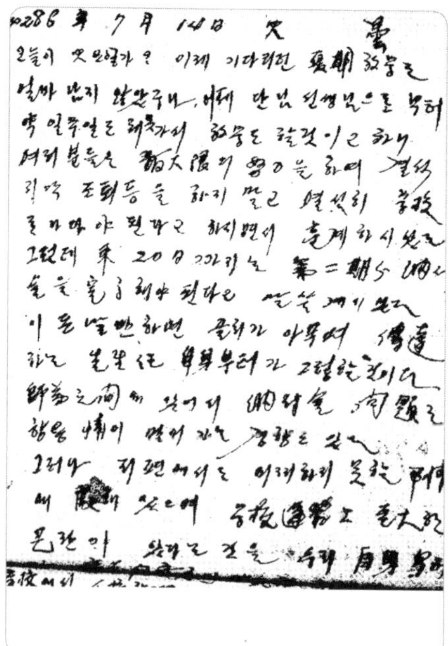
4286年 7月 14日 火 曇
오늘이 몇일인가? 이제 기다리던 夏期放學도
얼마 남지 않았구나. 어제 담임 선생님으로 부터
약 일주일 [illegible] 放學을 할것이라 하며
여러분들은 最大限의 [illegible] 하여 결석
지각 조퇴등을 하지 말고 열심히 學校
를 다녀야 된다고 하시면서 [illegible]
그런데 來 20日까지는 第二期分 [illegible]
을 完了해야 된다고 말씀 하시었다.
[illegible]
[illegible]
師弟之間에 [illegible] 問題로
[illegible]
그러나 [illegible]
[illegible] 學校 [illegible]
[illegible]
學校에서 [illegible]

...에서 下校할때는 [illegible]
[illegible] 앞에서 소위 머거리를 한마리 [illegible]
[illegible] 몸둥이로 [illegible] 에 올렸다
[illegible] 이나 비바람을 피하도하고 오목하게
[illegible] 곳에 자리잡은 우리 집은 지붕이
[illegible] 날라 가는 듯 실로 걱정도 되었다
[illegible] 앞에는 개가미를 둘이나 잡아 먹어
밤에 덮어 오는 비바람을 막지 하였다
작은 방 천정에서는 비가 새어 줄줄
[illegible] 내리고 한다. 우리 집에는 비만 오면
[illegible] 되는 것은 틀림 없지만 [illegible]
이 불게 되면 그야 말로 [illegible]
큰 야단은 그마 되풀것이고 [illegible]
도 벌써 [illegible] 되는 [illegible]

[illegible] 年 7月 16日 木 雨曇.
지난밤은 그 비오는 소리를 들으며 늦게까지
讀書하였다 [illegible] 더 [illegible] 하기에
는 상쾌히 기분이 좋다. 나는 [illegible]
[illegible] 같이 한자리에 [illegible] 아침이 되
늦을 때에 [illegible] 되었을까? [illegible]
은 거울로 [illegible] 실컷을 [illegible]
[illegible] 내려 퍼붓는 비 줄기는 마치 폭포
와도 같이 세차였다. [illegible]
[illegible] 보이는 [illegible] 말을 바라
보니 [illegible] 도랑이 [illegible]
[illegible] 있다. 그 [illegible] 사람들이
[illegible] 구경을 하고 있다 [illegible]
[illegible] 단 [illegible]
[illegible] 길을 [illegible]
[illegible]

[illegible] 없었던가?
한참후 생각하니 制憲節!
아니 우리 大韓民國이 이 세
처음으로 우리 나라라는 律制
를 가지게 된 날인가?
나는 오늘 아무것도 하는 것 없
이 무료하다 오던 [illegible]
시간이 거의 되었을 때 [illegible]
에서 兵籍手帖을 사흘
[illegible] 번이 왔다

4286年 7月 18日 土 曇
날씨는 매우 덥다 이것이 더 견디기 어렵
다 학교에서도 이제 [illegible] 까지
705 [illegible] 했다.
운영위원회에서는 海洋訓練을 運動
하고 있다 그러나 자칭 "금두꺼
비" 무다. 校長님께서는 [illegible]
許諾해 주지 않는다 오늘가서
더운 날은 반드시 두꺼비가.
힘 세지 못할 터인데 날씨가
장마라야 이 두꺼비가 엉금
엉금 나와서 기를 펼 것인데
왜 우리 [illegible] [illegible] 지날기
[illegible] 하는가? 항상 [illegible]

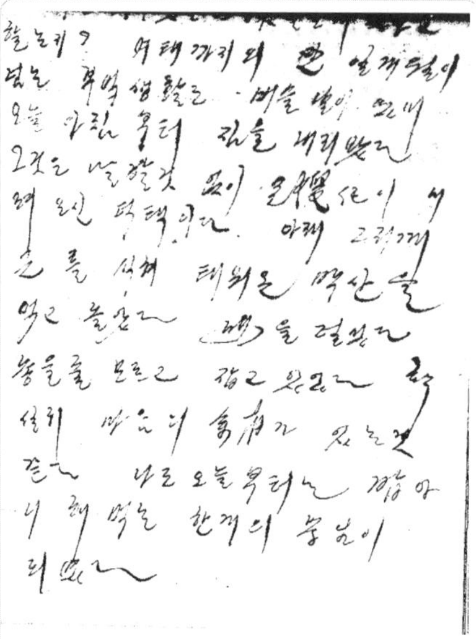

할는지? 여태까지의 [illegible] 열개월이
넘는 부락생활로 [illegible] 없어
오늘 아침부터 [illegible] 내리쳤다
그것은 [illegible]
[illegible] 아래 [illegible]
[illegible] 약산을
먹고 [illegible]
[illegible] 보고 [illegible]
[illegible] 있는 것
[illegible] 나도 오늘부터는 [illegible]
[illegible] 한개의 [illegible]
되었다

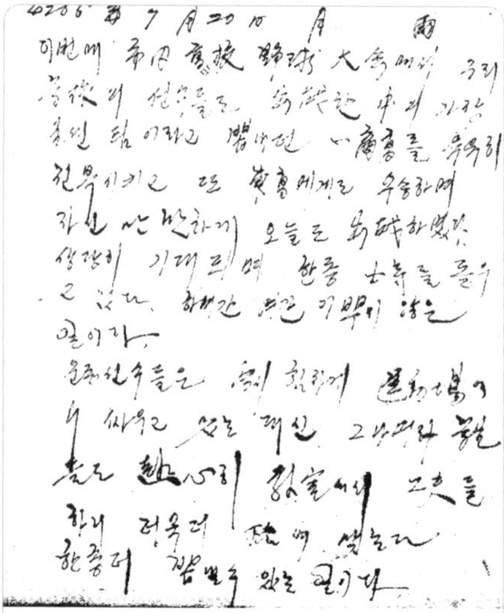

[illegible] 7月 20日 月 雨
이번에 市內 高校 [illegible] 大會에서 우리
學校의 선수들도 [illegible] 中의 가장
[illegible] 팀이라고 [illegible]
[illegible]
[illegible] 오늘도 [illegible]
[illegible] 한층 [illegible]
[illegible]
일이다.
[illegible]
[illegible]
[illegible]
[illegible]
한층더 [illegible] 있는 일이다.

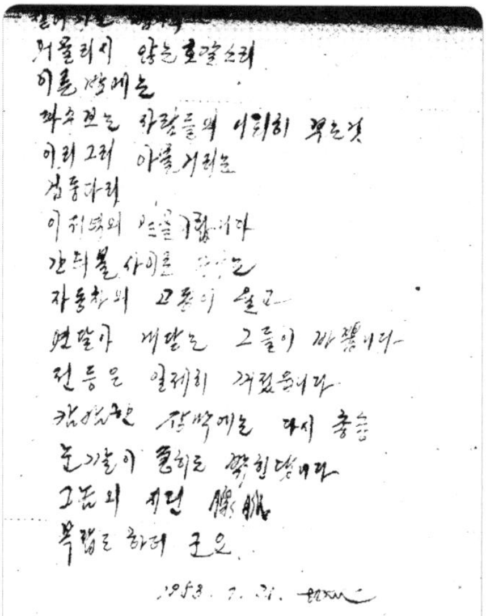

어울리지 않는 호각소리
이른 새벽에는
[illegible] 사람들의 [illegible]
이리 그리 아롱거리는
[illegible]
[illegible]
[illegible] 사이로 [illegible]
자동차의 고동이 울고
[illegible] 그들이 [illegible]
전등은 일제히 꺼졌읍니다
[illegible] 다시 [illegible]
[illegible]
그들의 [illegible]
부탁도 하며 [illegible]

1953. 7. 21. [illegible]

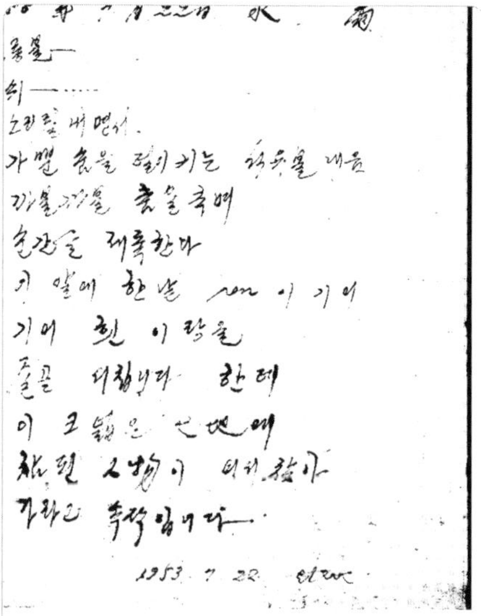

[illegible] 7月 22日 水 雨
[illegible]—
쉬—……
소리를 내면서.
가뿐 숨을 [illegible] 내음
[illegible] 춤을 추며
[illegible]
[illegible] 한 [illegible]
기어 [illegible]
[illegible] 한데
[illegible]
[illegible]
[illegible] 니다—.

1953. 7. 22. [illegible]

불이 꺼진 가슴이 마치 터지기도 하는 것 같은
오늘 저녁에는 유난히도 뭉게 뭉게 이는
구름이 하얗게만 한달을 덮고 또 덮어 지나간
이를때 하나 쪽 비쳐주는 그 빛으로 찬
하며 美人의 치마폭인양 주름잡혀 출렁
거린다. 한점의 고기배도 없는 이 無風
한 넓은 바다를 다만 한낱 깜박
거리는 작은 등대만이 지키고
있다. 등대 외로히 홀로 있는 등대
되는 날이면 갈매기 떼들이 (?)
한 번이라도 없이면 저 같이
한없는 큰 바다를 守護하는 ——
파수병! 비 나리는 날 눈 오는 밤
이라도 사철 너는 忠實하구나…—

4285年 7月 24日 土 晴

더위에 시달리는 우리들은 休息鐘이 울리기만
하면 너 나 할것 없이 우리 길대로 옥
어진 열길 "우라마니스" 그늘을 찾아
간다 그리에는 敎室 안 보다는 바람
도 잘 들어 오고 시원하기 짝이
없는 까닭이다. 위층을 벗고 난
방 복장으로 바라이에 自由로이
할수 있으니 이것만 하여도 女學
校의 生活 보다는 男子學校 가
좋다는 아니 確實히 낫다는 것이다
이렇게 天幕敎室의 저는듯한
環境도 이제 것는 벌써 오늘로써
끝을 내게 되었다 來日은 夏期休學式을

나간다. 4月 1日을 기하여
新學期가 始作된 것이 어제 와도
같이 생각 나건만 벌써 한 學期
를 거의 다 마치다니…—
하루 하루 지나 가면 갈수록 우리 에게는
무거운 짐이 자꾸만 더해지는 것이
아닌가? 이번 夏期休學에는 3學年
全體는 休學이 없다고 하면서
學校에서 講習會를 한다는 것이다
이것은 말할 나위도 없이 벌써 우리
들의 멀지 않는 장래가 짐이 무거우매
부담이 크다는 것을 意味하는
것이 틀림이 없다.

學校에서 약간의 강제성을 드리어 과해도
이번 여름 3학년을 위해서 進行된다는
것이 나에게는 무척 기쁘다. 약실
개월 前부터 여러 조용한 마당가를
擇해서 合宿을 하자는 것이 校監先生
님의 意見이 있었는데 결국 모든
것이 經濟的 条件이 나쁘되는
것이다. 이를 實行하지 못하고
學校에서 하게 한다는 것이 여간
그 効果가 크지 않을 것이라고 생각한
다. 여기에 있으면서 나는 어찌
할것인가? 불만 할 것인가?
아니면 그만 둘 것인가? 여기에

면 나를 위해서 工夫를 강해서도
이에 參加하여 얻어도 본전 이라는
結論이 나오는데 오늘 아침 先
生께서 登錄金을 없애 가면서
講堂에 對해서 약간 이야기 했으나
별다 되지 않는 돈 이라고 하셨
그것도 나에게는 많이 떨어지기를
참을 못했다. 그렇면 다시 다천
기億을 생각해 본다! 여기에서
한 달 동안을 꼭 앉아 책이나
보는 것이라 아니면 本家로 가서 家
事를 좀 도와주면서 適當한

시간을 擇해서 책이 보는 것과의 두 길
이 있다. 생각하는 都會의 한 구석.
이것 보다는 마음되로 自然 그대로를
할 것 解放할 수 있는 고요한 農村
을 訪問하며 讀書가 좋을 거리
는 田園의 風景을 吟味하는
것이 더 效果的이 아닐까도
一回 생각된다. 永遠히 올 수 없
는 어머님은 고요히 묻히는 것이
이 엄마로 보면 子息의 한 道理
이며 情이며 眞理이다? 나는
철을 채히 알지도 못할 적 中學校
[illegible]

[illegible]
나를 사랑하실 수 없는 우리 人間이
는 먼 나라의 客이 되시었다.
생각하면 생각할수록 나의 理想
에 잠긴 것도 이때의 薄命한
내 自身을 怨恨하는 處地가 아닌가?
한 번 밖에 남지 않은 어머님에게는
아버님께 못다한 全部의 사랑
을 다해 보겠다. 이것이 나의
크나큰 한 갈의 願함이 아니겠던
이 孝하는 [illegible]의 [illegible]이 나마
어머님 膝下에 모시고 살아런

28[illegible] 年 7月 25日 [illegible]. 晴.
中央高等學校 O 庭에서 우리들은 내 生活
의 操作되는 要領體等에 關해서
校長先生任 으로 부터 金 같은 敎
訓을 받았다.

"나는 생각하건데 放學이란 休學
이라 하는 것은 精神의 時期
라고 생각한다."

實로 適切한 말씀이다. 放學이라
하면 規則生活을 하지 않는 것이라
며 마음되로 放從해도 무방한
期間이라고 잘 하기를 생각는
데 여기서는 크나큰 잘못이며
또한 一大 覺醒이 있어야 할 것이다

NOTE BOOK
Made of paper
Specially prepare a in Te Yung
1953

Do your best and leave the rest to heaven's will.

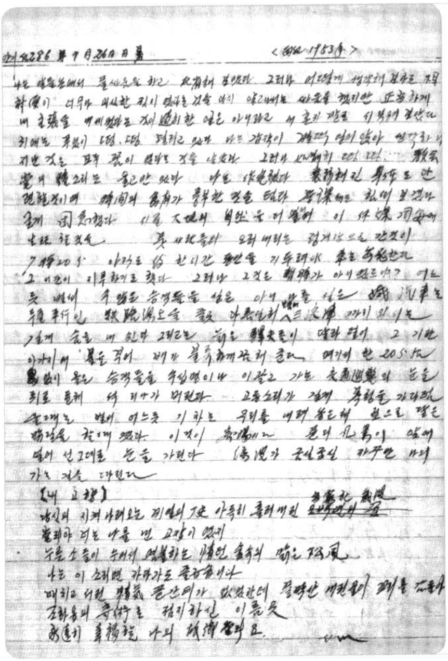
4286年 7月 26日 日曜
(西紀 1953年)

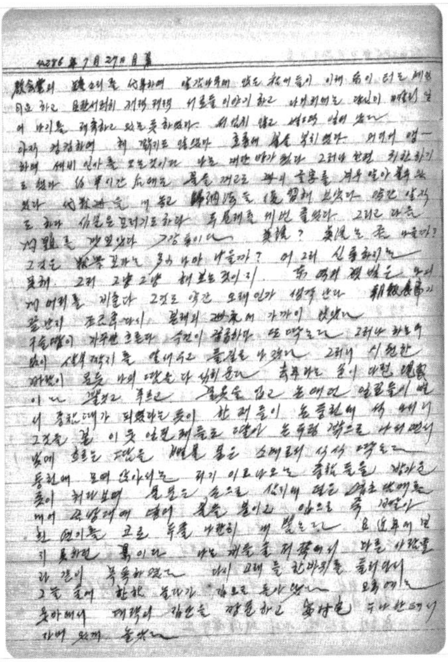
4286年 7月 27日 月曜

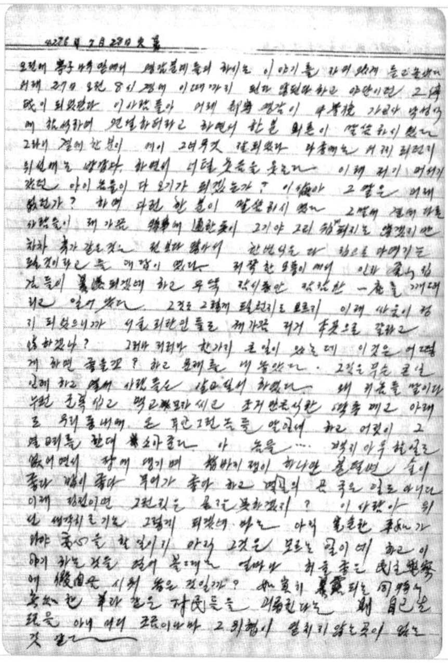
4286年 7月 28日 火曜

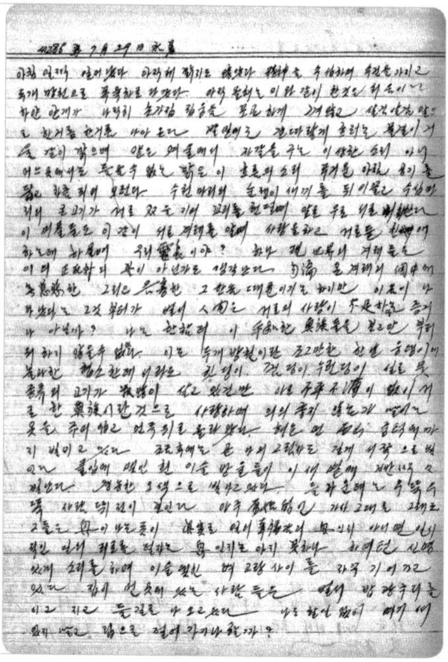
4286年 7月 29日 水曜

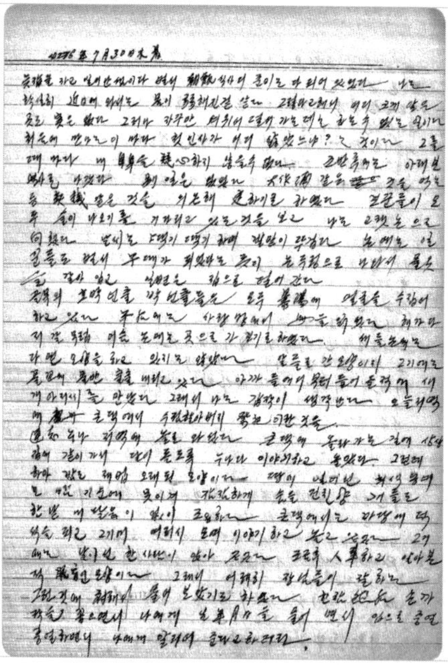
4286年 7月 30日 木曜

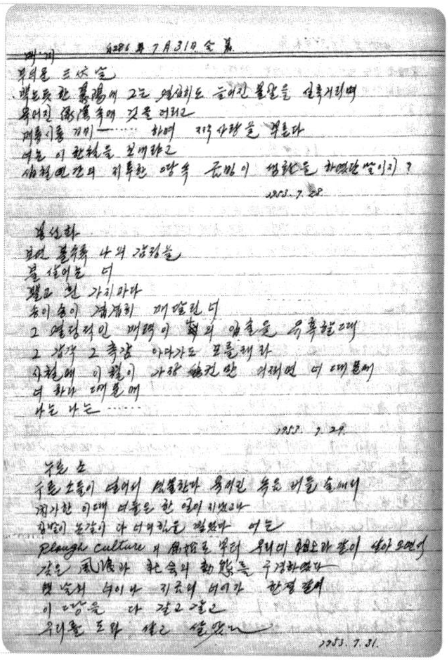
4286年 7月 31日 金曜

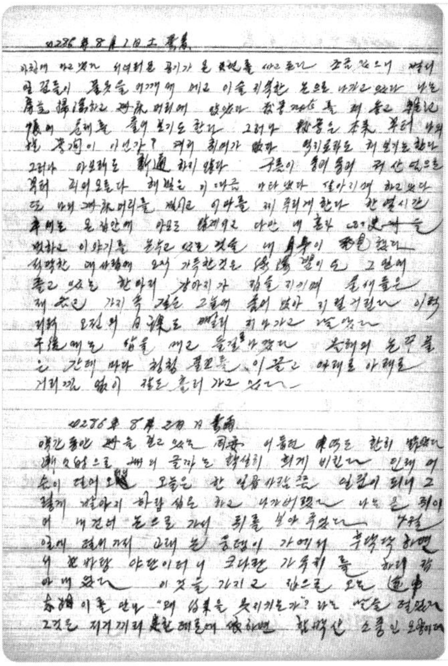
4286年 8月 1日 土

4286年 8月 2日 日

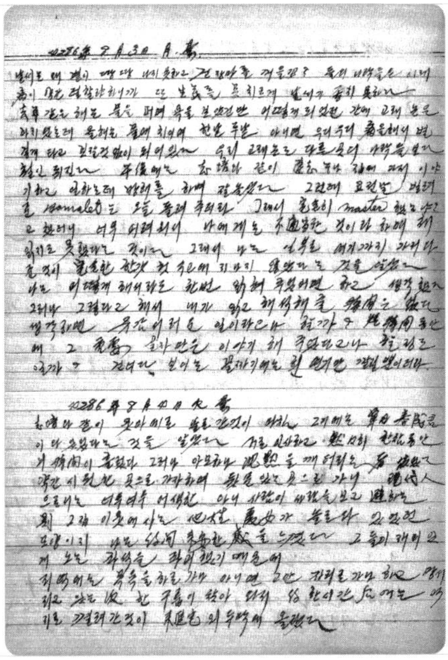
4286年 8月 3日 月

4286年 8月 4日 火

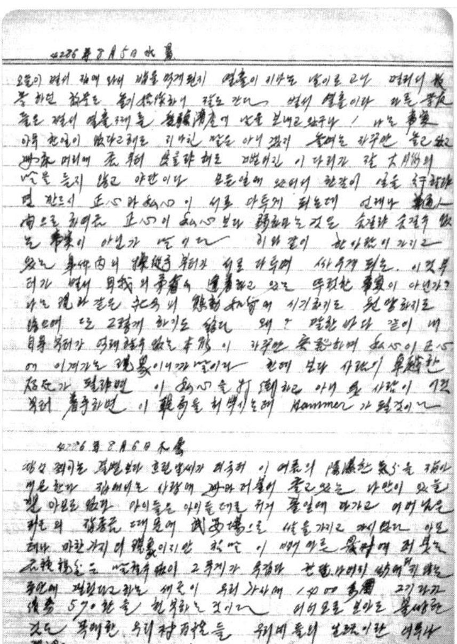
4286年 8月 5日 水

4286年 8月 6日 木

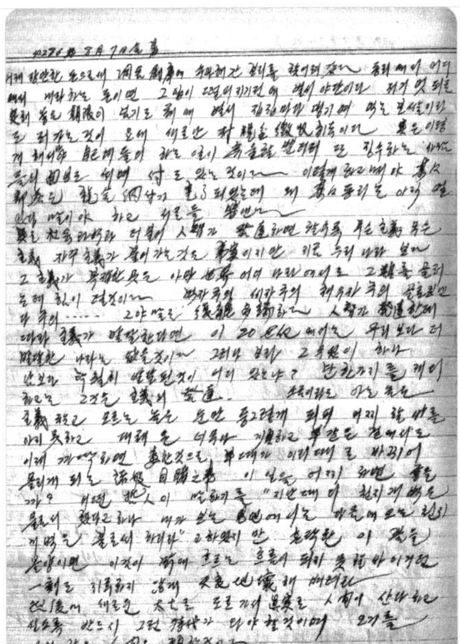
4286年 8月 7日 金

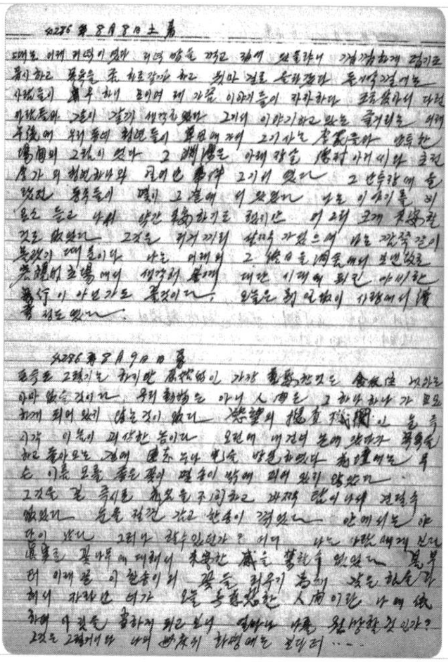
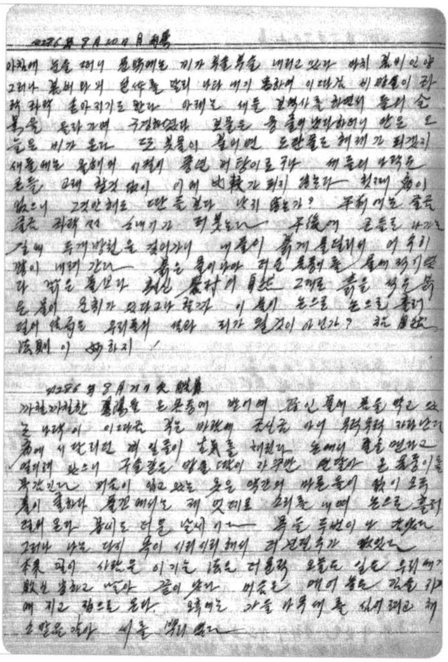
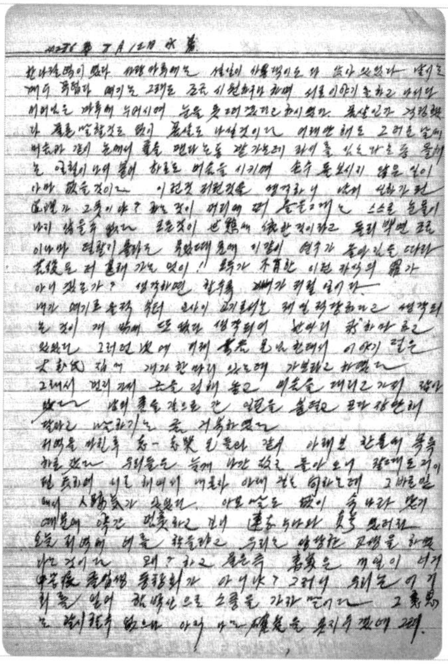
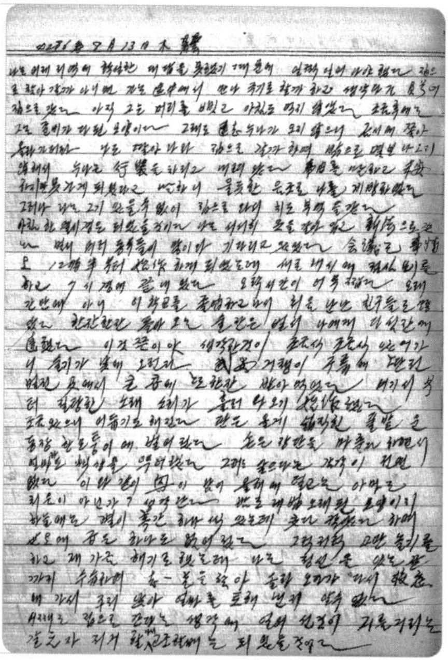

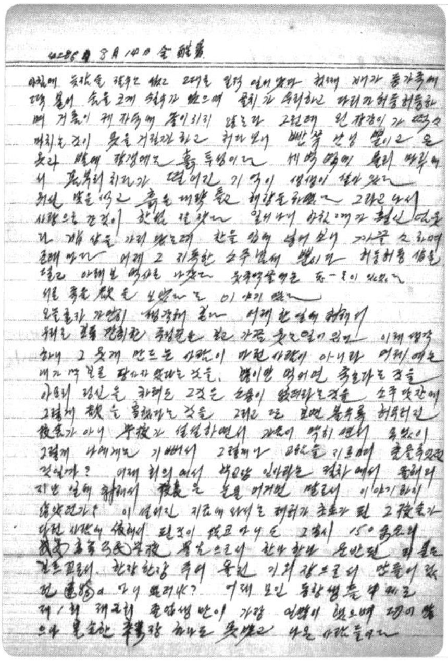

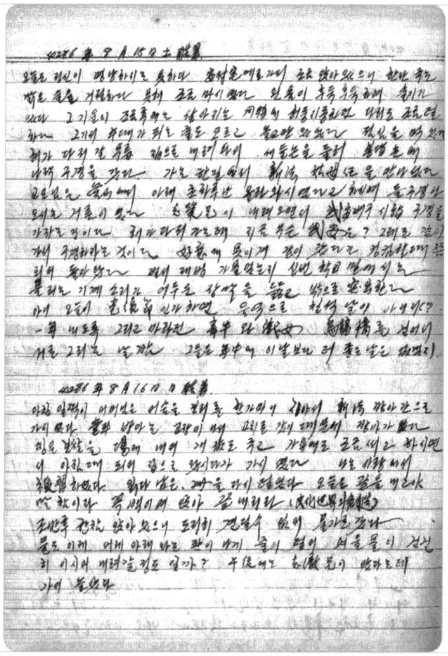

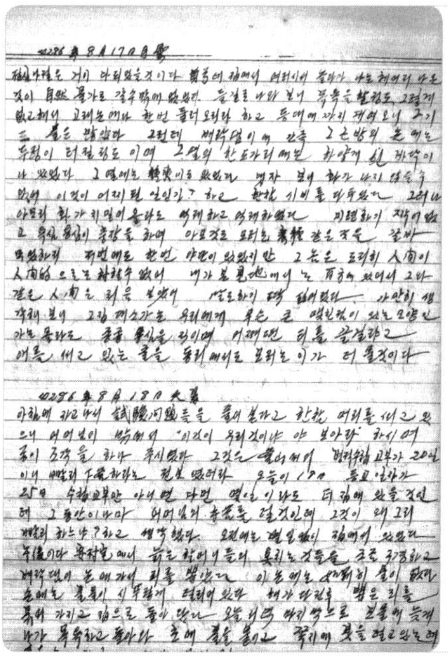

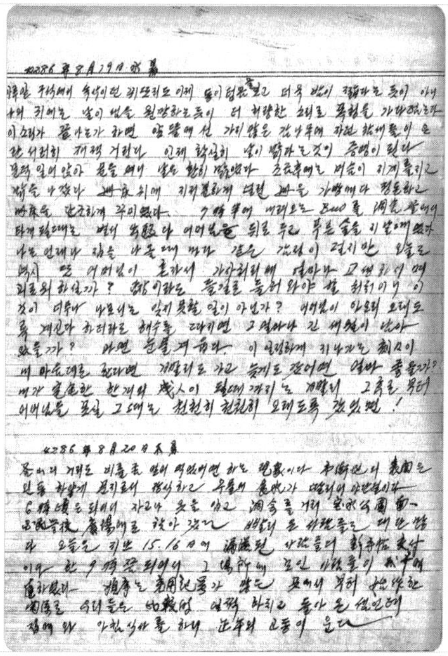

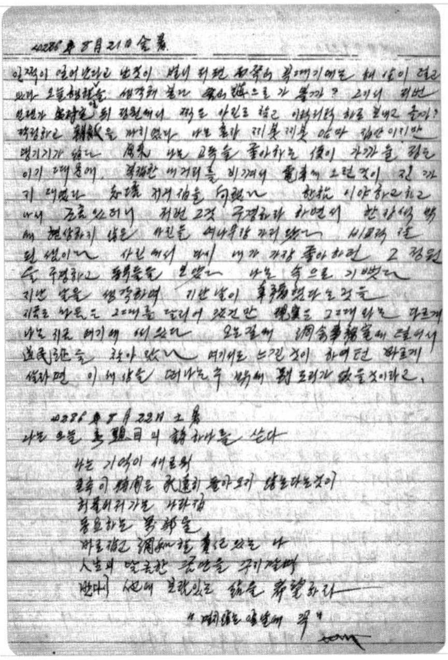
4286年 8月 21日 金 晴

4286年 8月 22日 土 晴

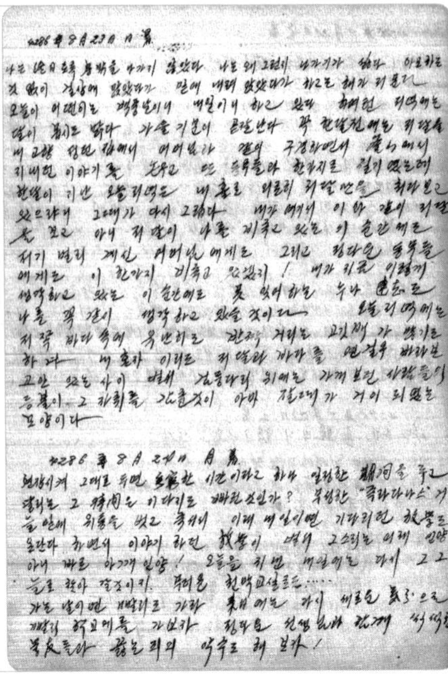
4286年 8月 23日 日 晴

4286年 8月 24日 月 晴

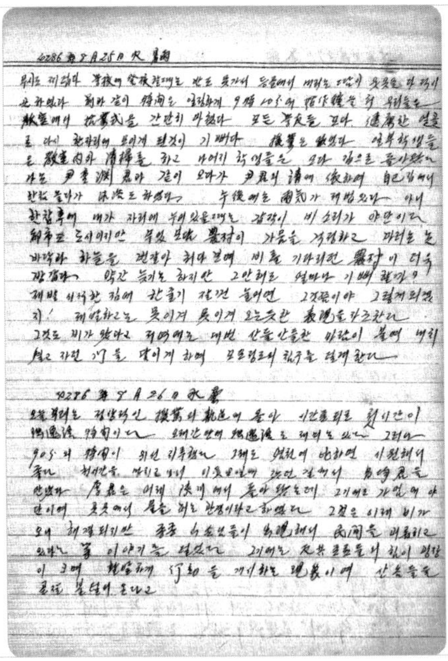
4286年 8月 25日 火 曇雨

4286年 8月 26日 水 晴

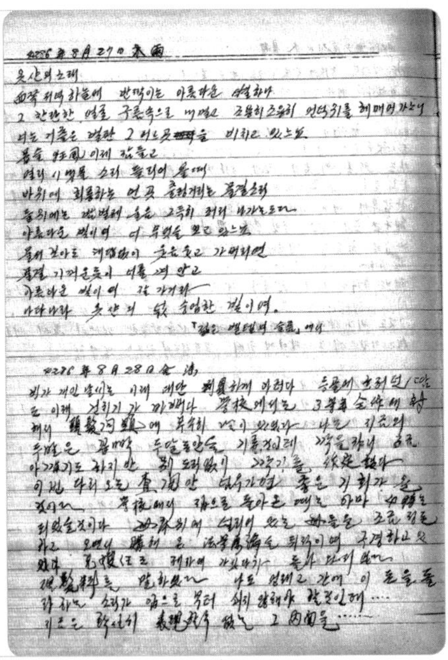
4286年 8月 27日 木 雨

4286年 8月 28日 金 晴

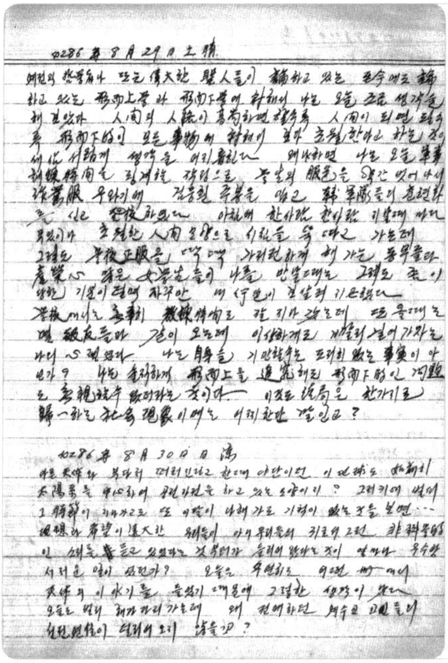
4286年 8月 29日 土 晴
4286年 8月 30日 日 晴

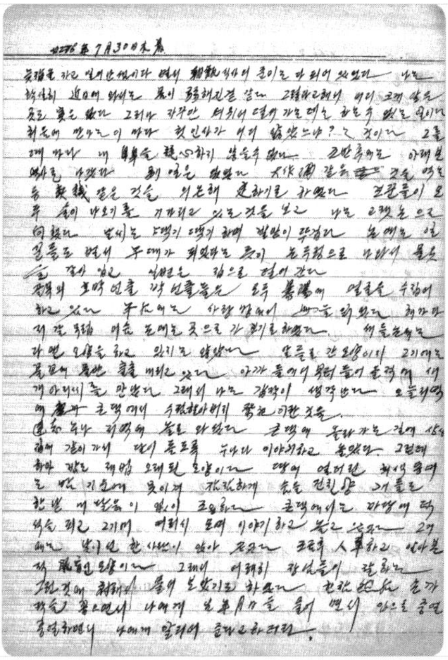
4286年 7月 30日 木 晴

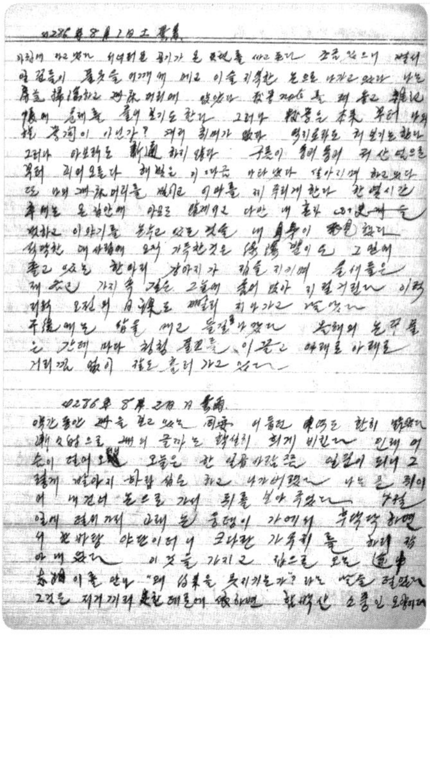
4286年 8月 1日 土 曇
4286年 8月 2日 日 曇雨

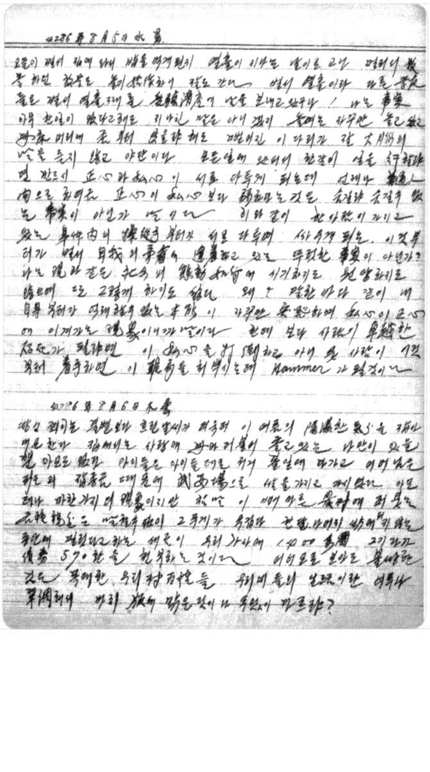
4286年 8月 5日 水 晴
4286年 8月 6日 木 晴

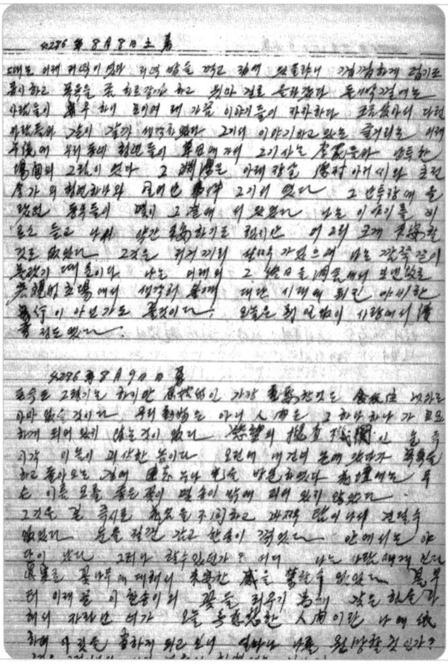

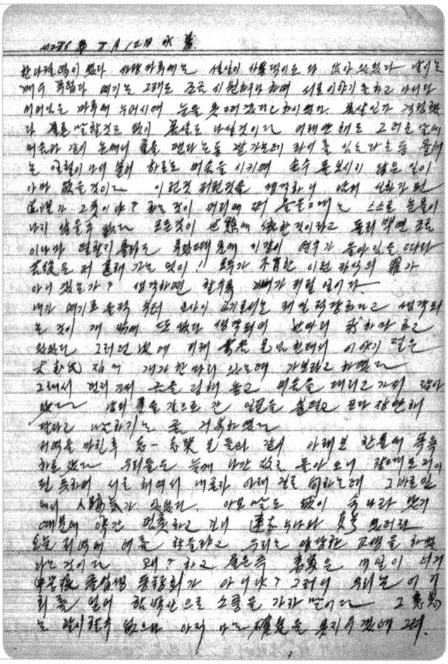

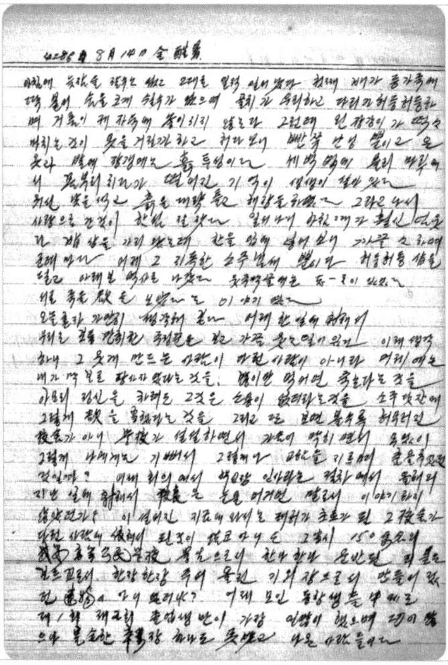

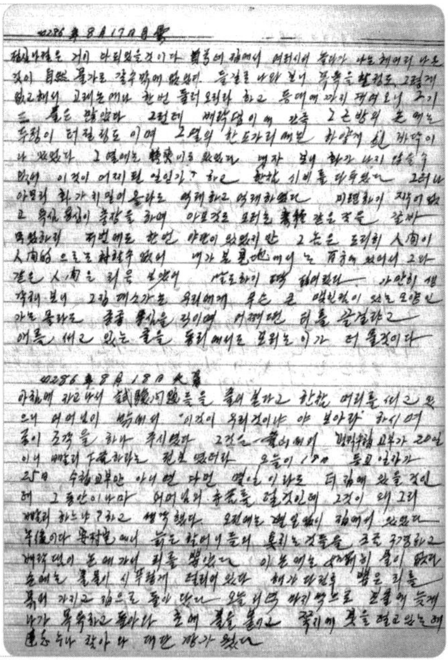

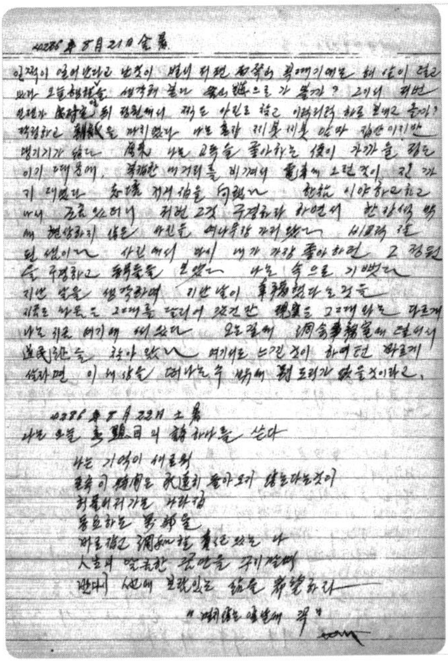

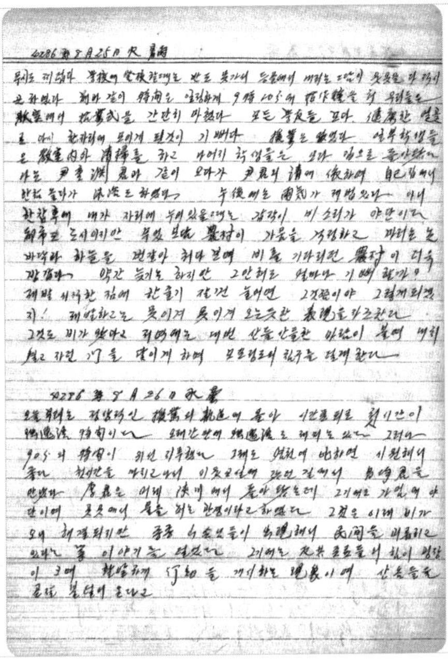

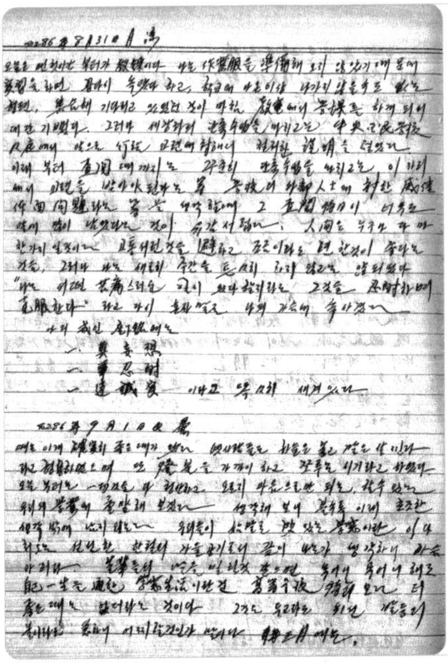

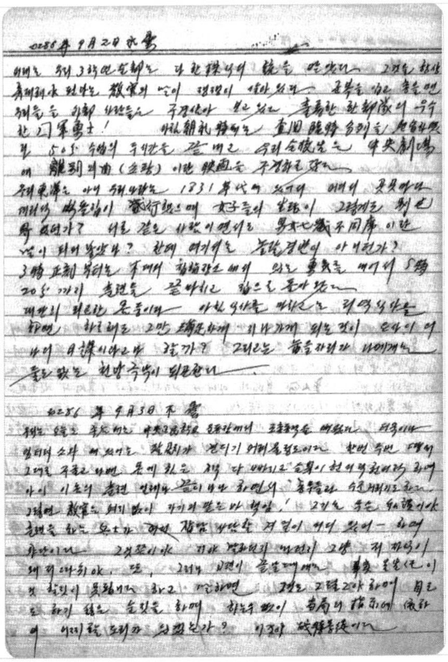

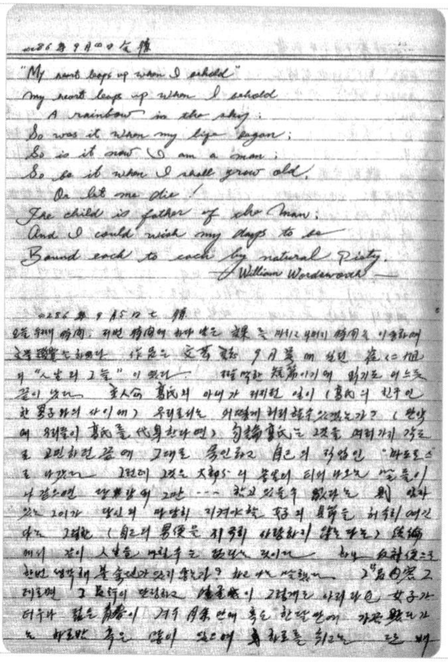
"My heart leaps up when I behold"
My heart leaps up when I behold
A rainbow in the sky:
So was it when my life began;
So is it now I am a man;
So be it when I shall grow old,
Or let me die!
The child is father of the man;
And I could wish my days to be
Bound each to each by natural piety.
— William Wordsworth

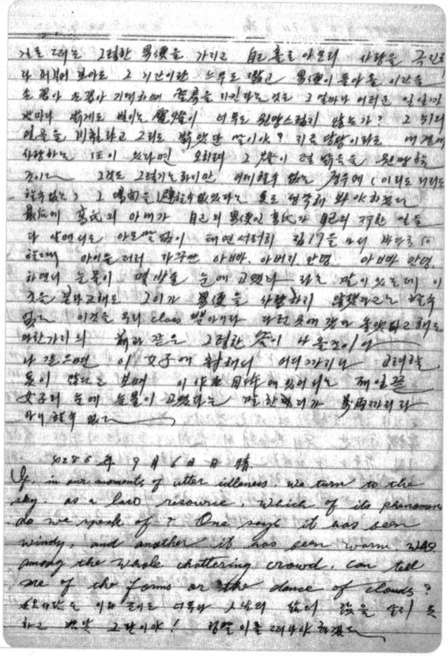
If, in our moments of utter idleness, we turn to the sky as a last resource, which of its phenomena do we speak of? One says it has been windy, and another it has been warm. Among the whole chattering crowd, can tell me of the forms or the dance of clouds?

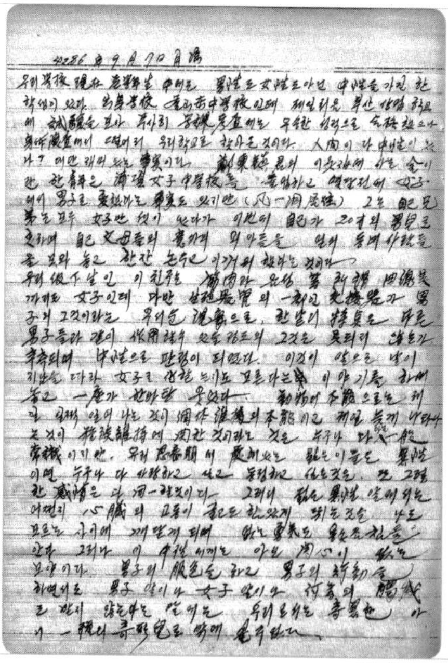

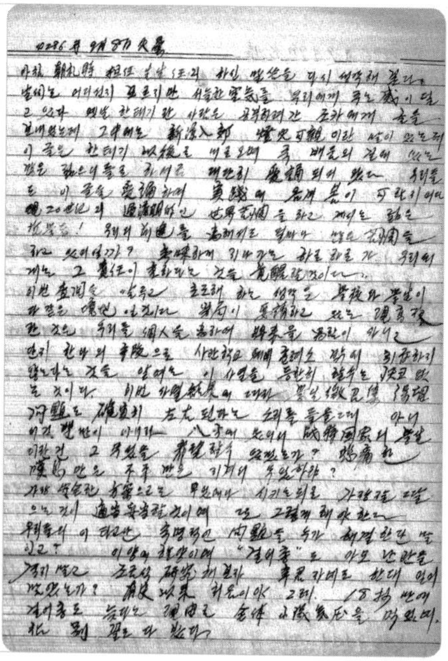

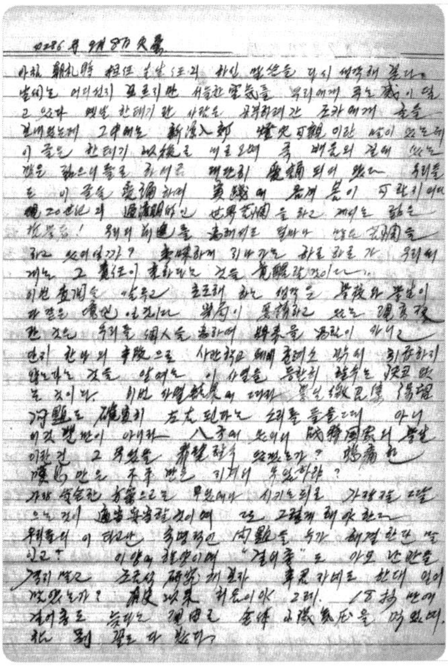
4286年 9月 8日 火曇

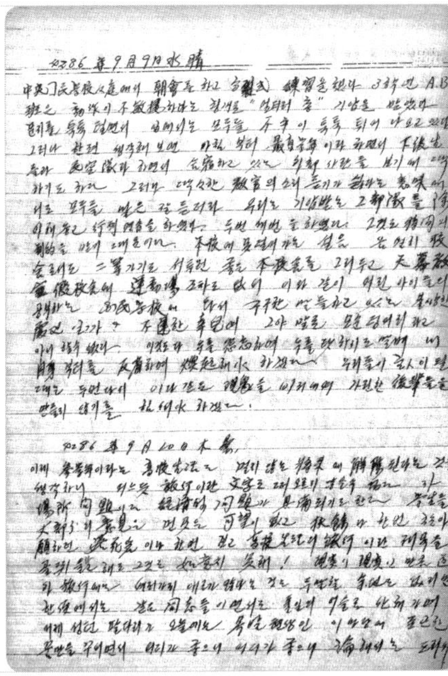
4286年 9月 9日 水晴

4286年 9月 10日 木曇

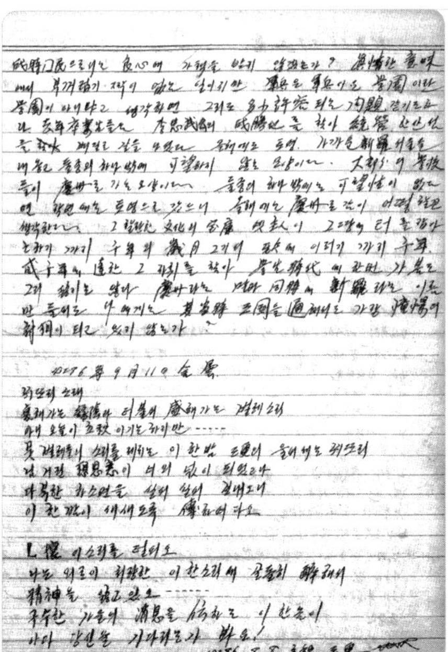
4286年 9月 11日 金曇

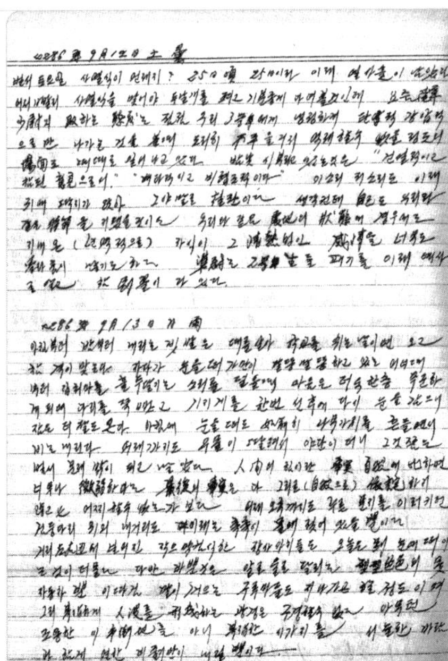
4286年 9月 12日 土曇

4286年 9月 13日 日

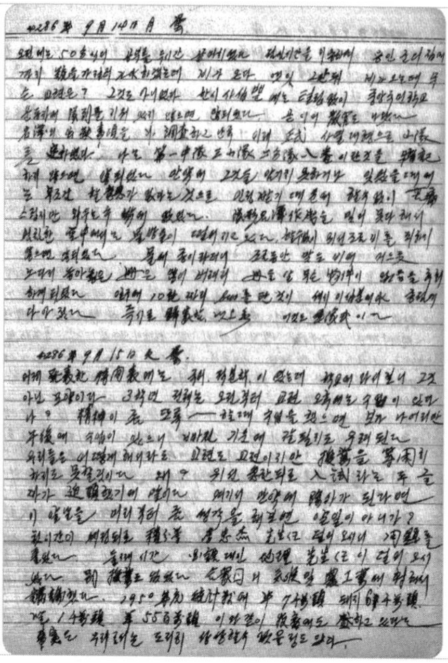
4286年 9月14日 月 晴

4286年 9月15日 火 晴

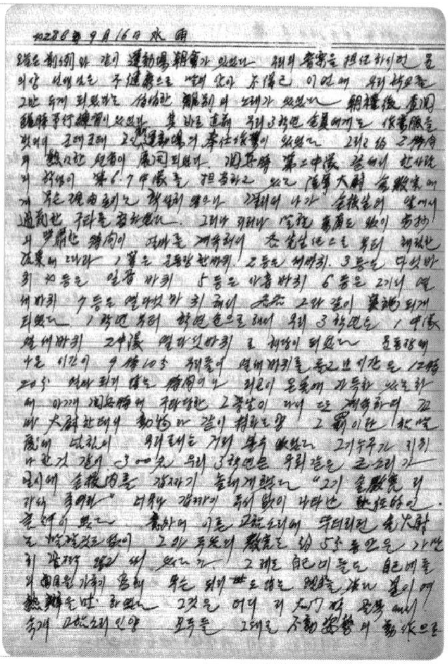
4286年 9月16日 水 雨

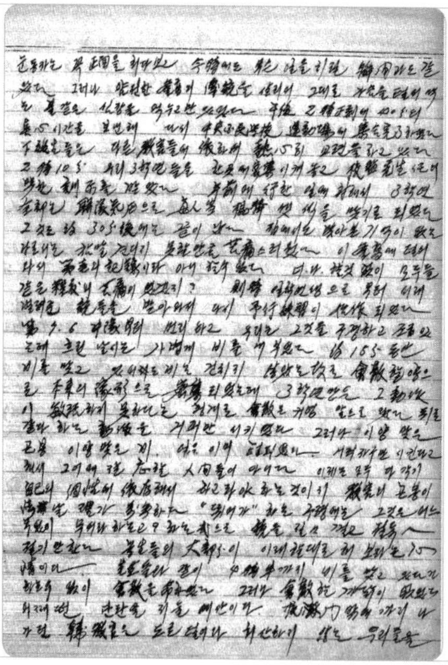

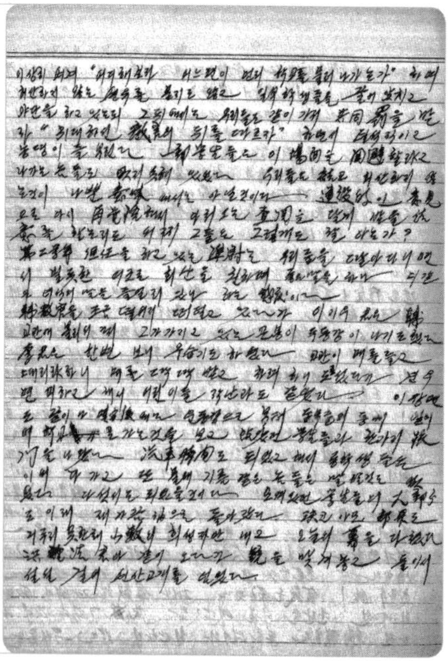

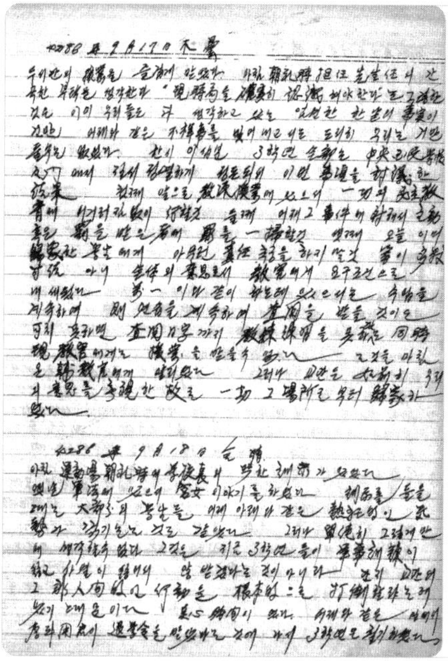
4286年 9月 17日 木 曇

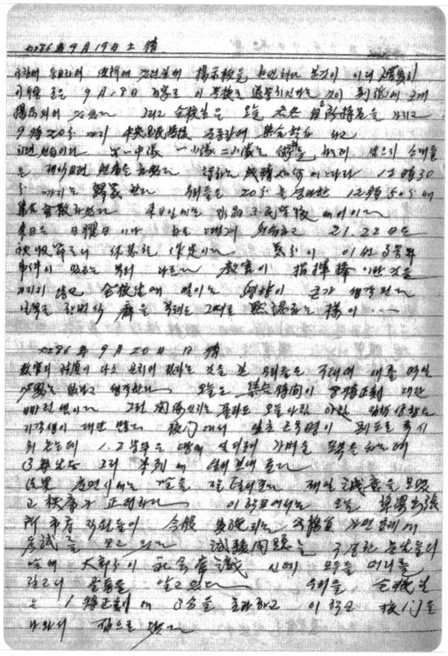
4286年 9月 19日 土 晴

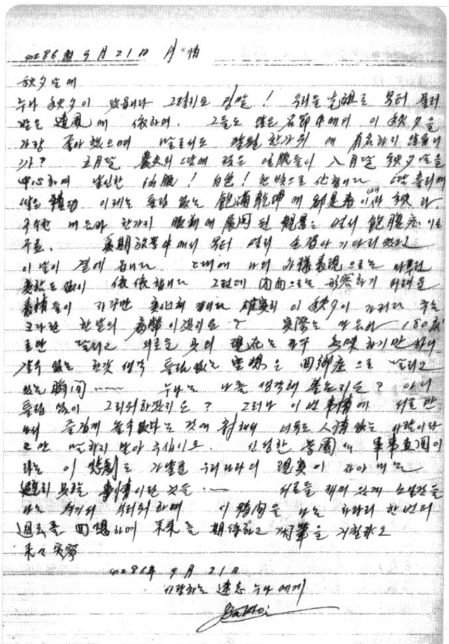
4286年 9月 21日 月 晴

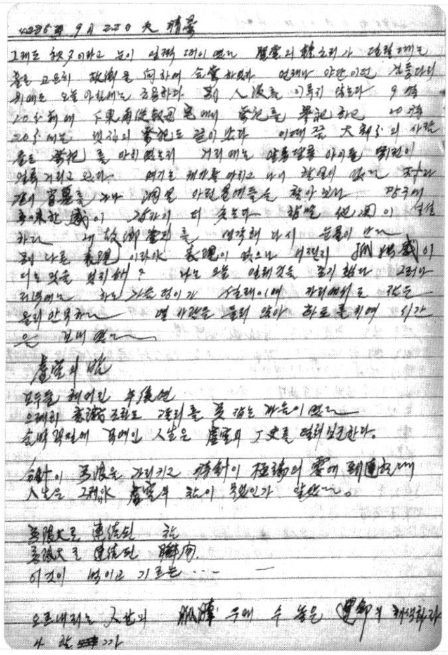
4286年 9月 22日 火 晴曇

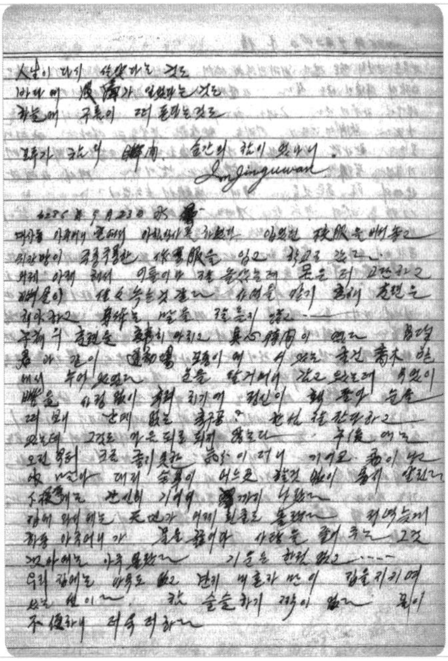
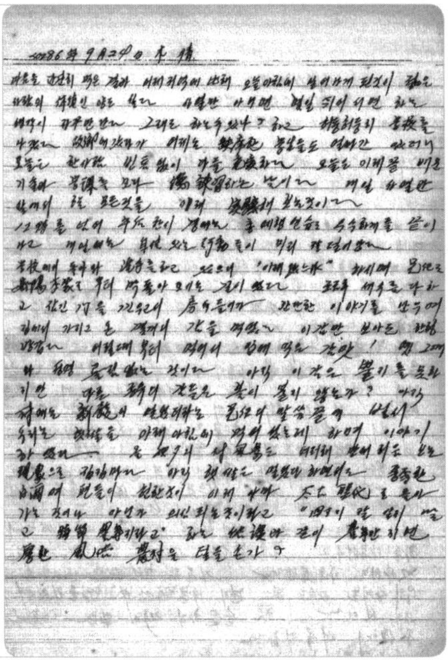
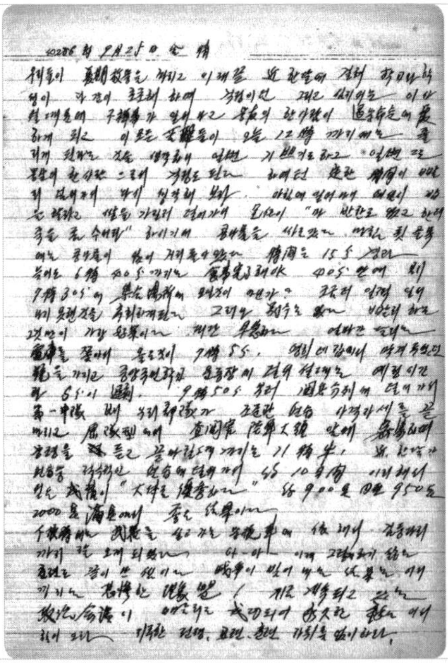
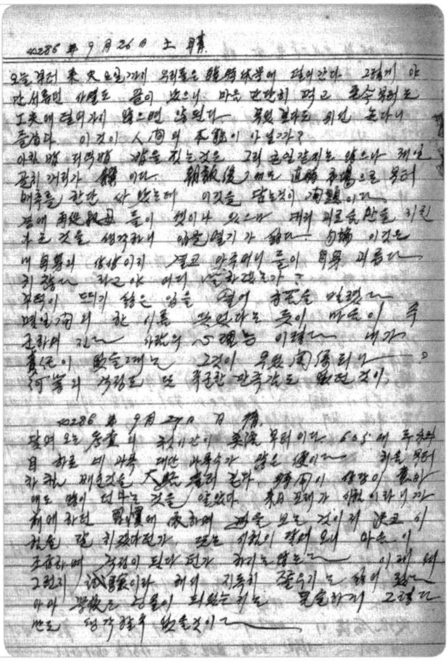

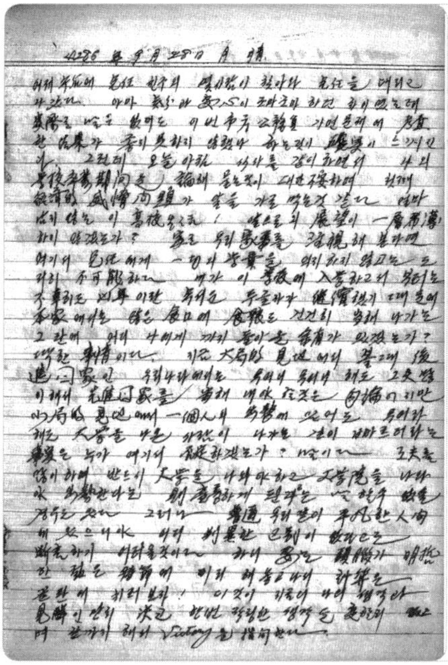
4286年 9月 28日 月 晴

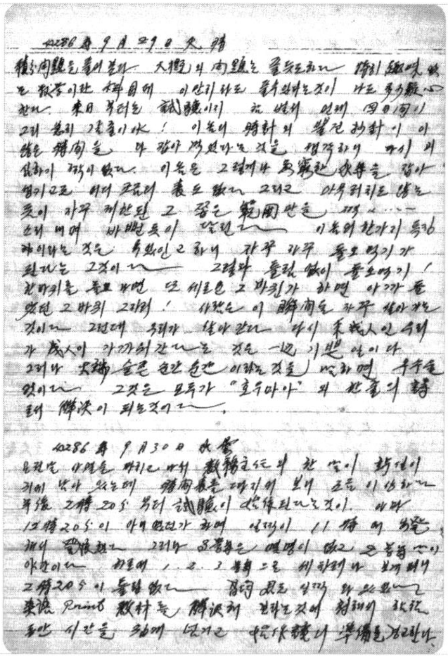
4286年 9月 29日 火 晴

4286年 9月 30日 水 曇

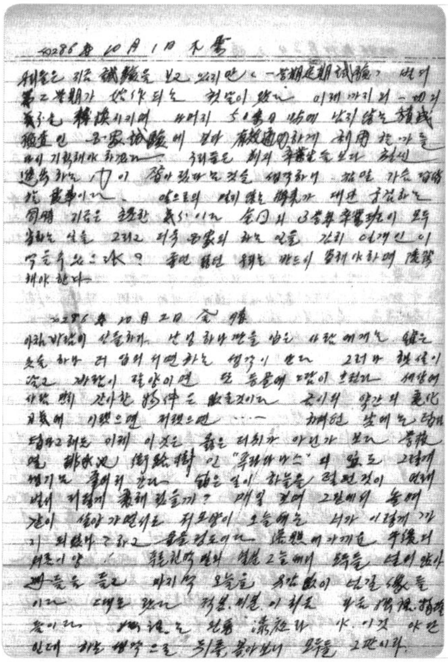
4286年 10月 1日 木 曇

4286年 10月 2日 金 晴

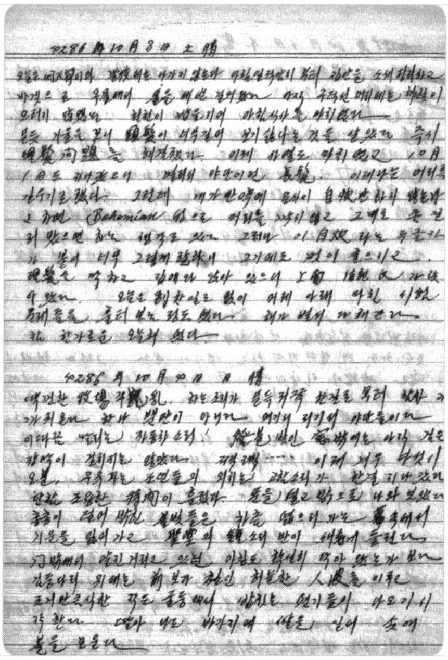
4286年 10月 3日 土 晴

4286年 10月 4日 日 晴

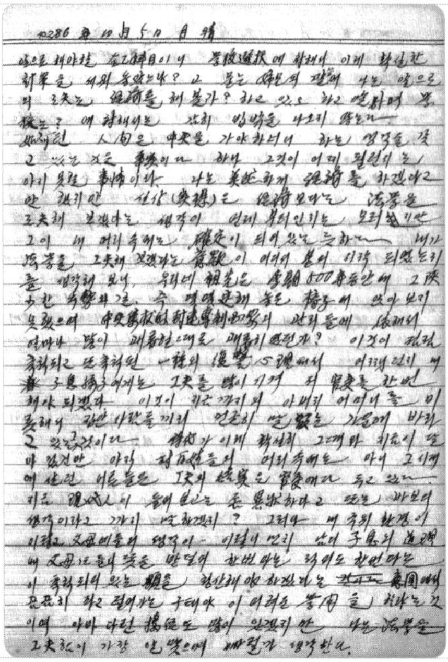

4286年 10月 5日 月 晴

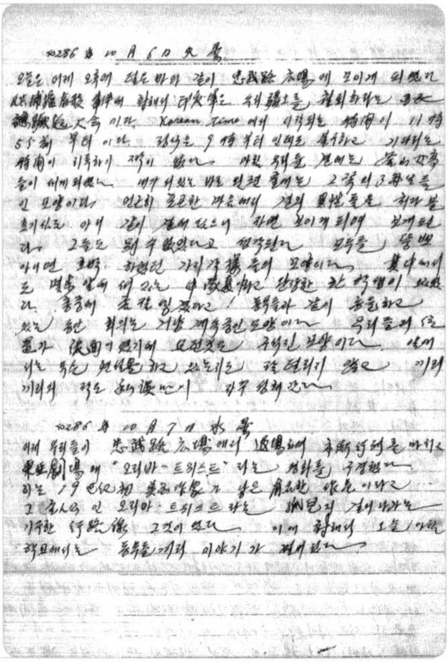

4286年 10月 6日 火 曇

4286年 10月 7日 水 曇

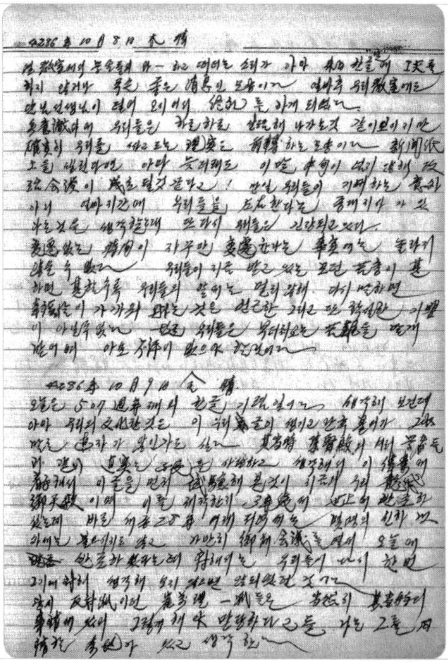

4286年 10月 8日 木 晴

4286年 10月 9日 金 晴

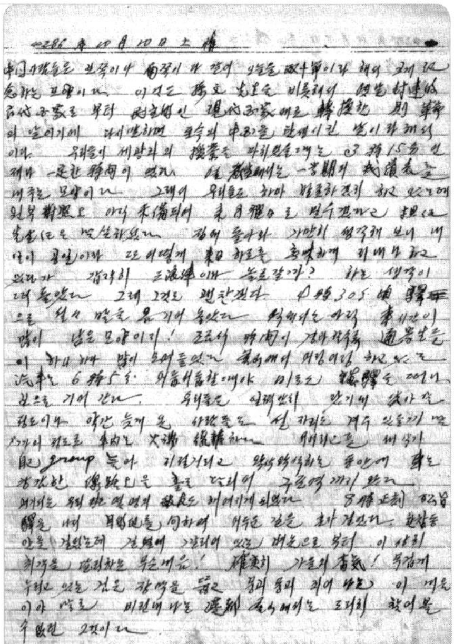

4286年 10月 10日 土 晴

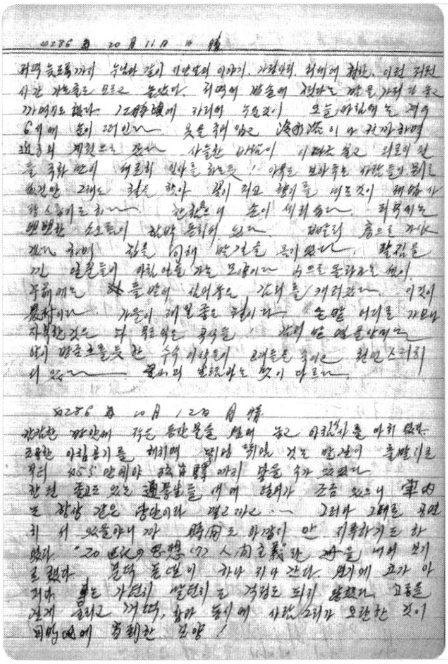
4286年 10月 11日 日 晴

4286年 10月 12日 月 晴

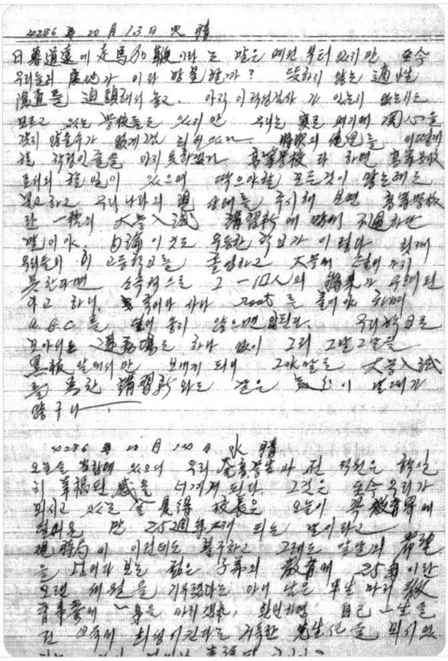
4286年 10月 13日 火 晴

4286年 10月 14日 水 晴

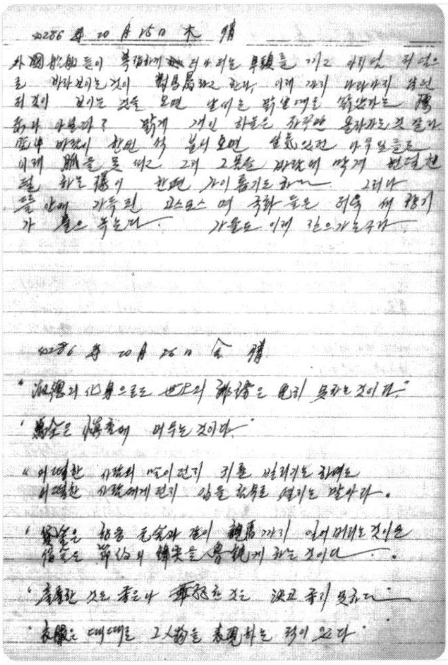
4286年 10月 15日 木 晴

4286年 10月 16日 金 晴

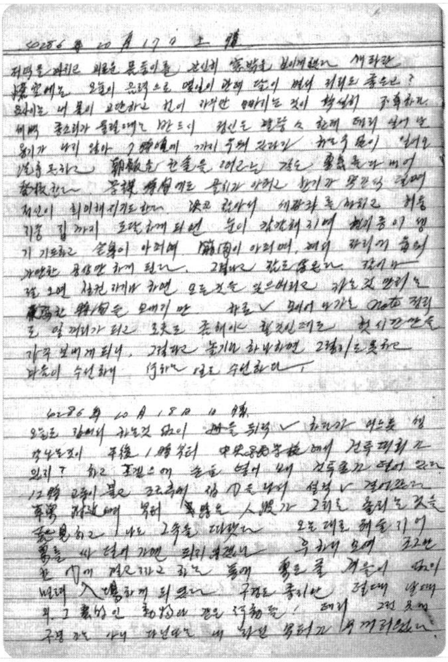
4286年 10月 17日 土 晴

4286年 10月 18日 日 晴

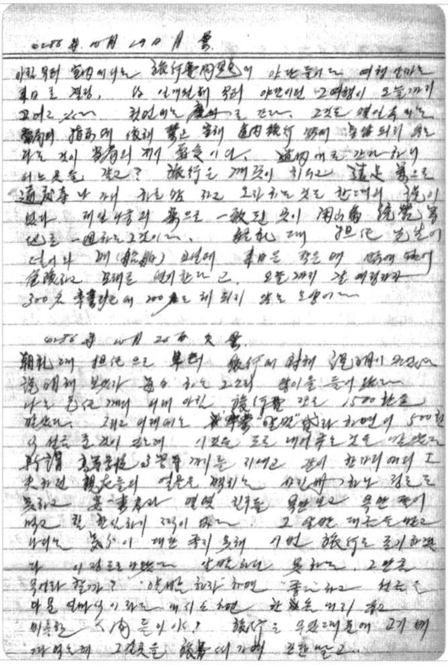

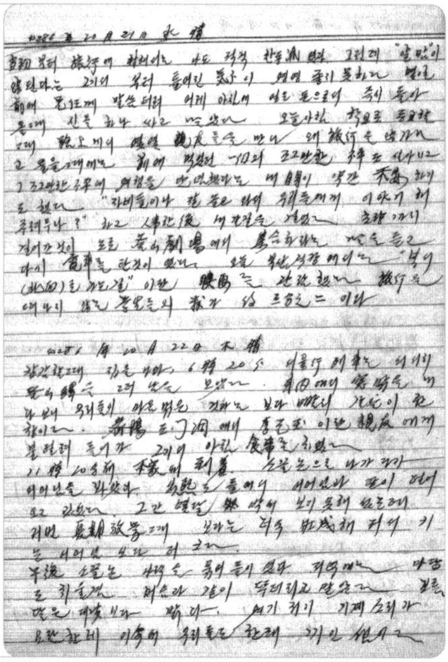

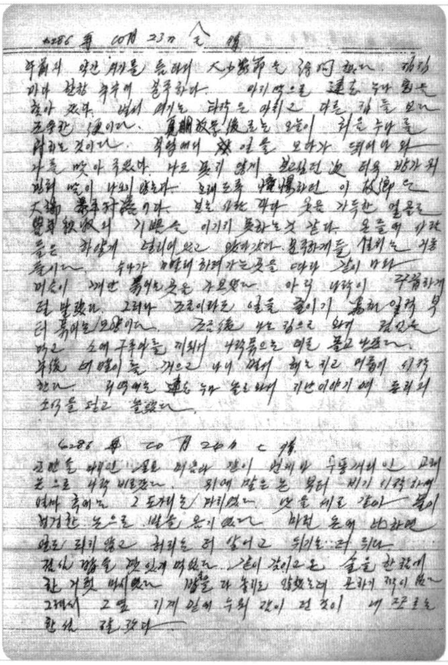

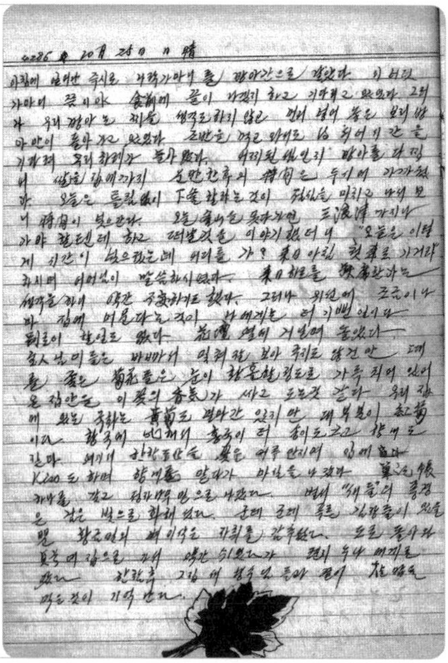

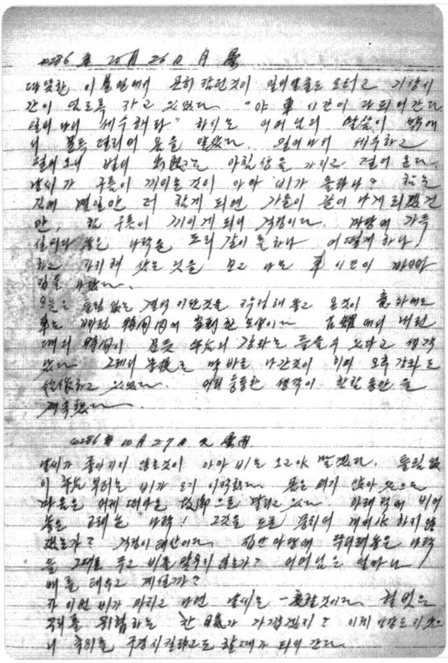

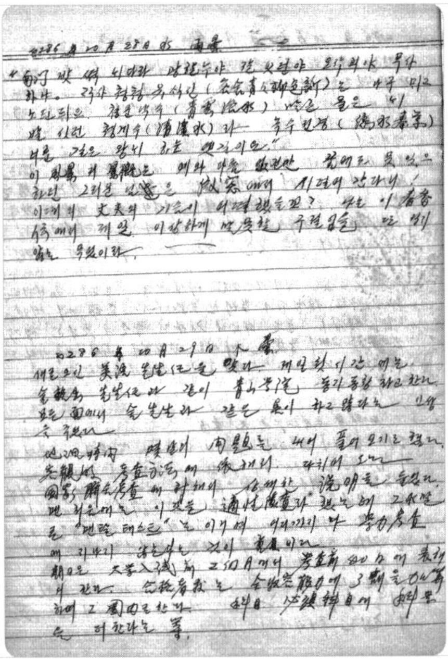

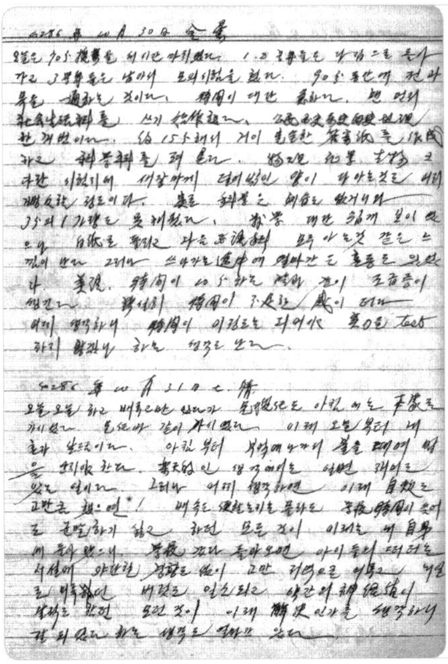

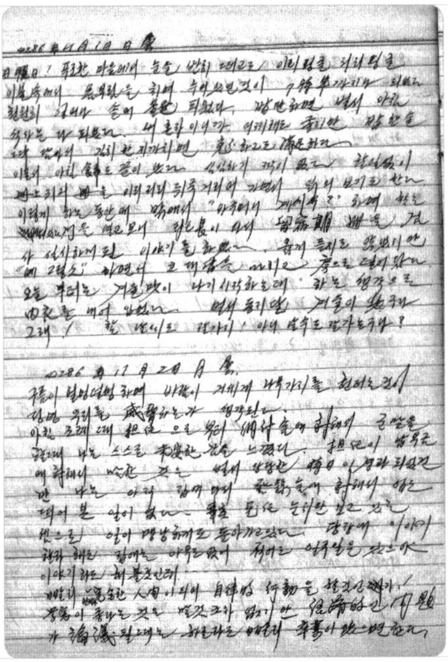

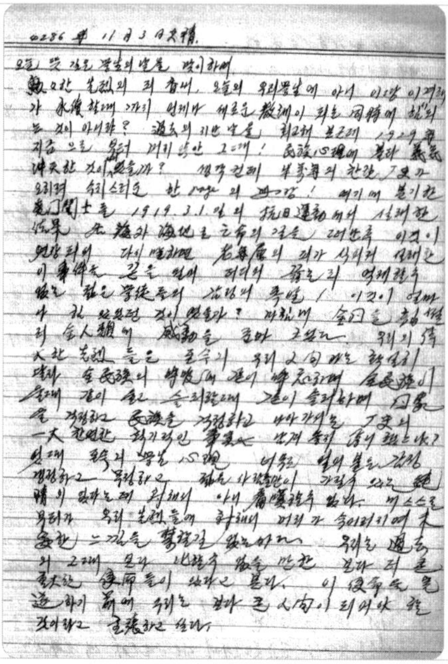
4286年 11月 3日 火 晴.

오늘 뜻 깊은 학생의 날을 맞이하여

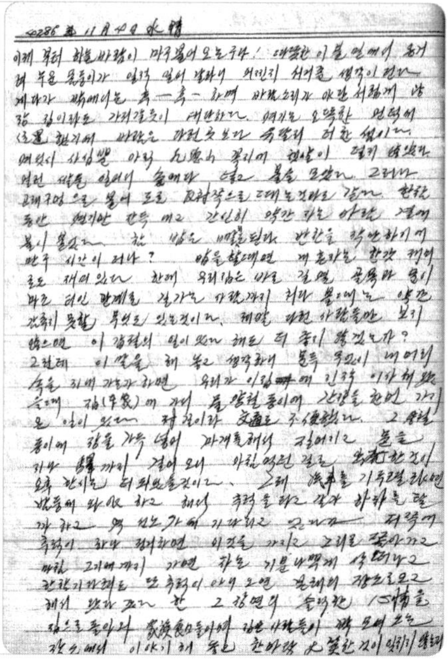
4286年 11月 4日 水 晴

이제 부터 하늬바람이 마구 불어오는구나!

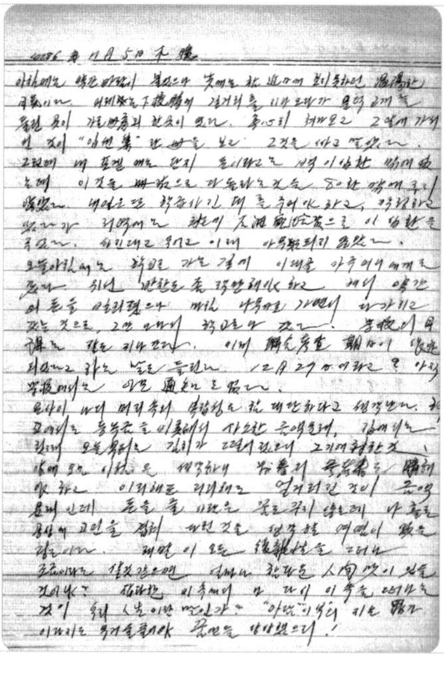
4286年 11月 5日 木 晴.

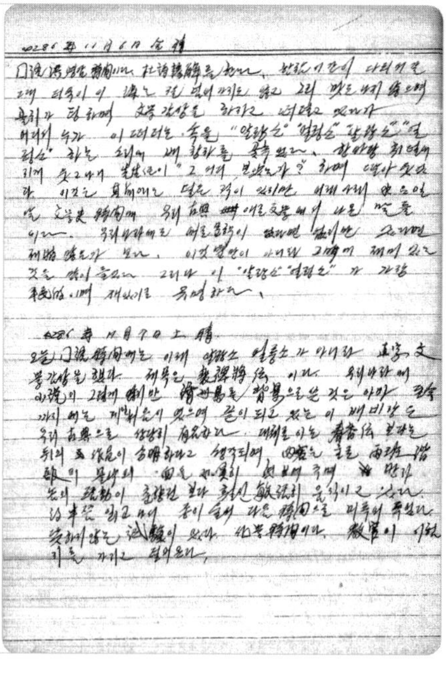
4286年 11月 6日 金 晴

4286年 11月 7日 土 晴

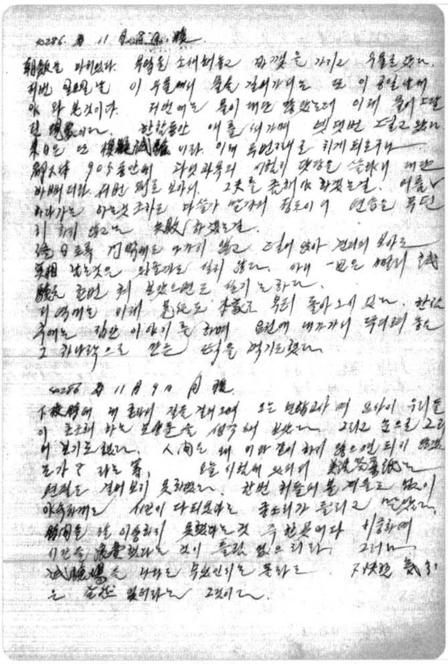

4286. 11月 8日. 日. 晴
4286. 11月 9日 月 晴

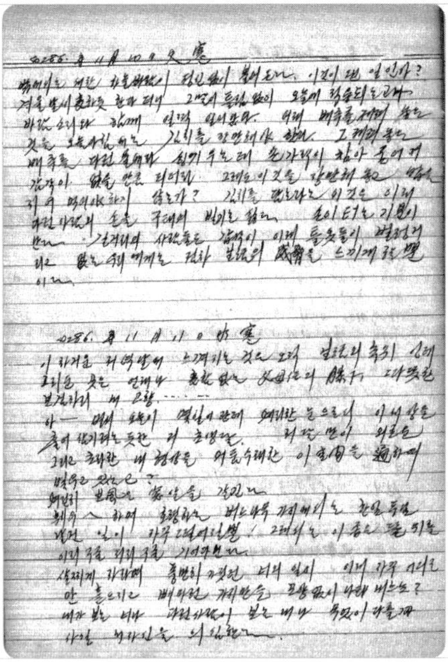

4286. 11月 10日 火 曇
4286. 11月 11日 水 曇

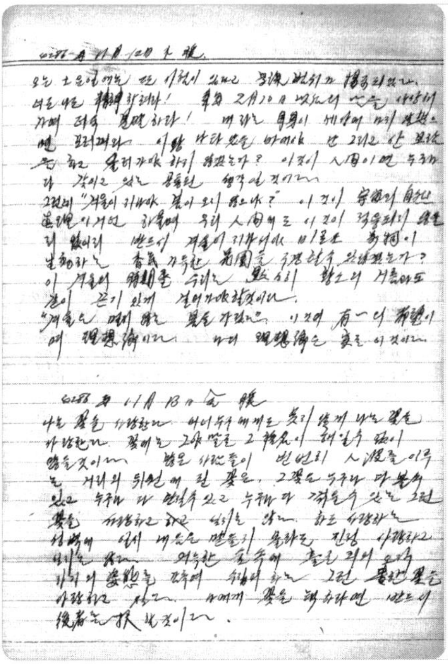

4286. 11月 12日 木 晴
4286. 11月 13日 金 晴

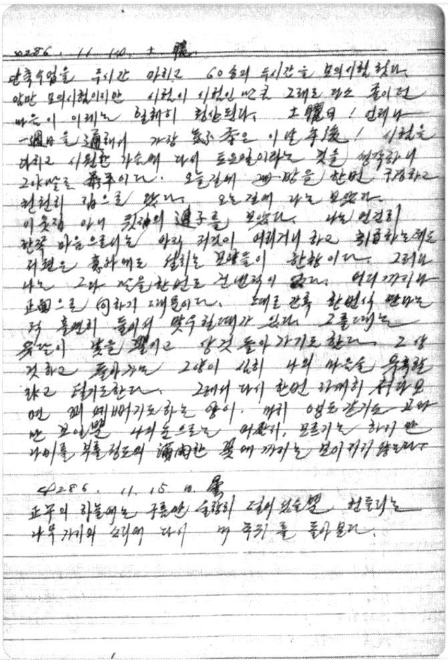

4286. 11. 14. 土 晴
4286. 11. 15. 日 曇

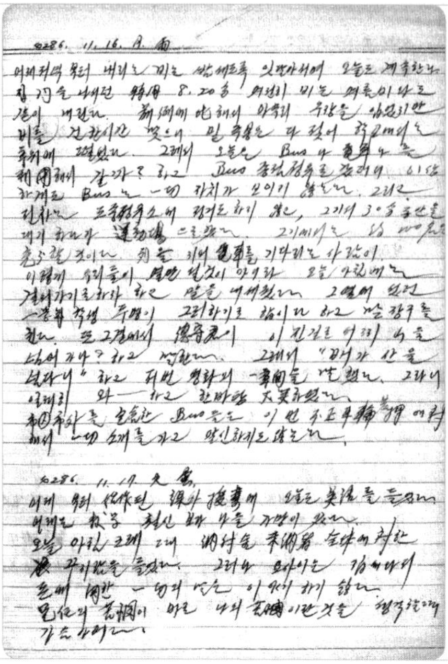

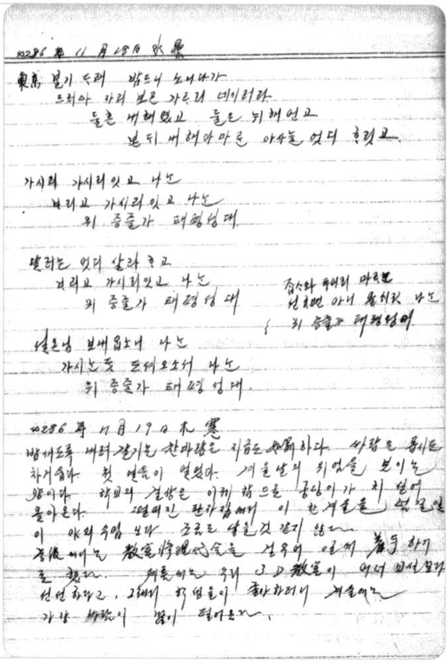

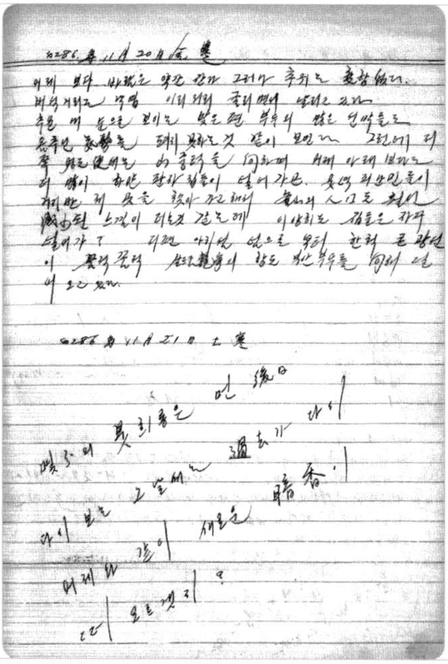

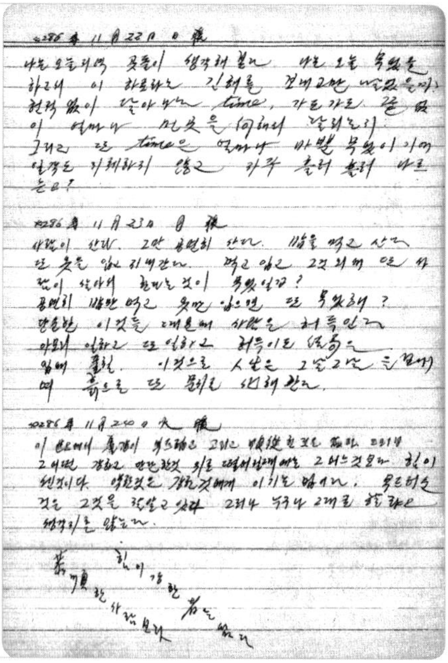

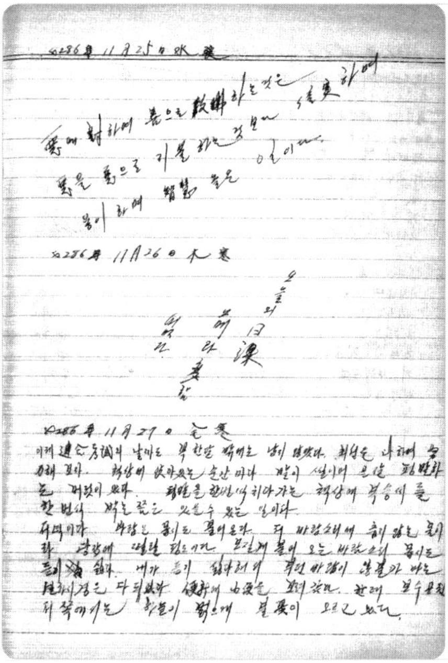

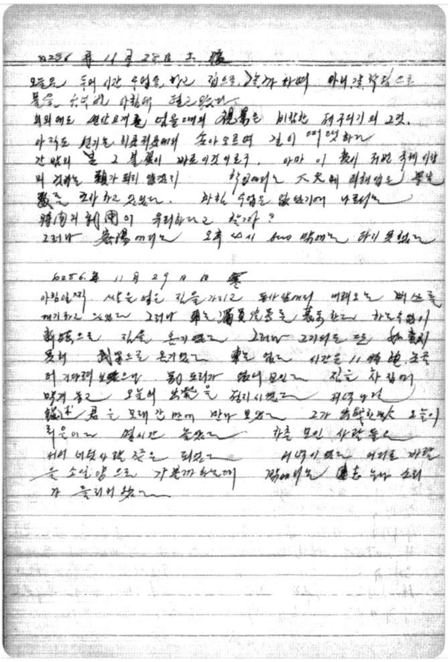

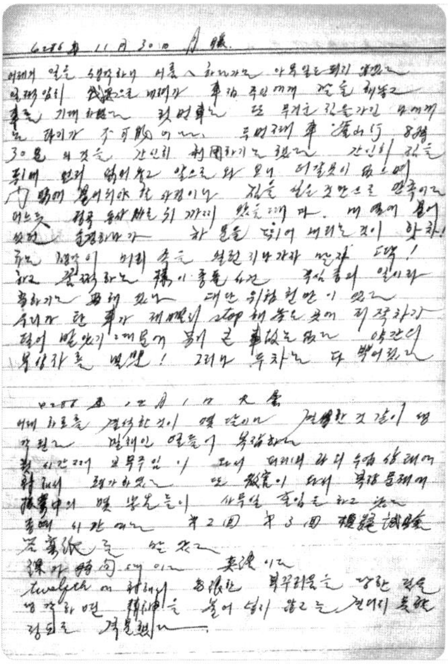

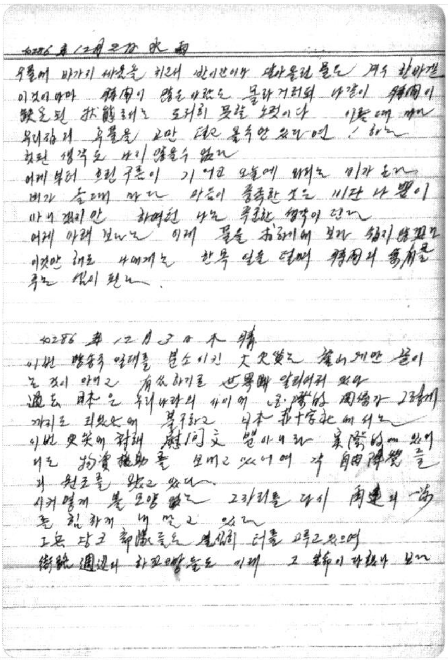

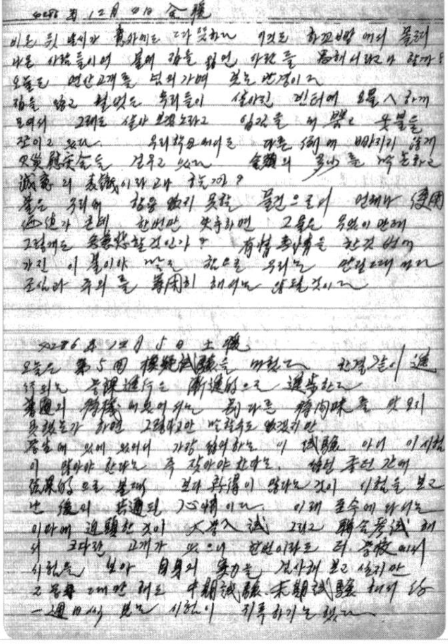

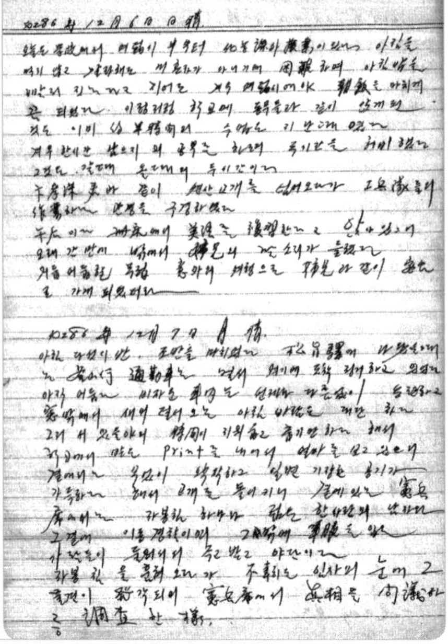

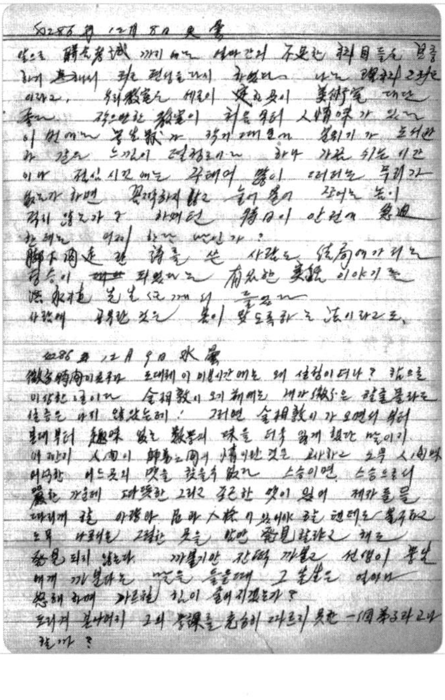

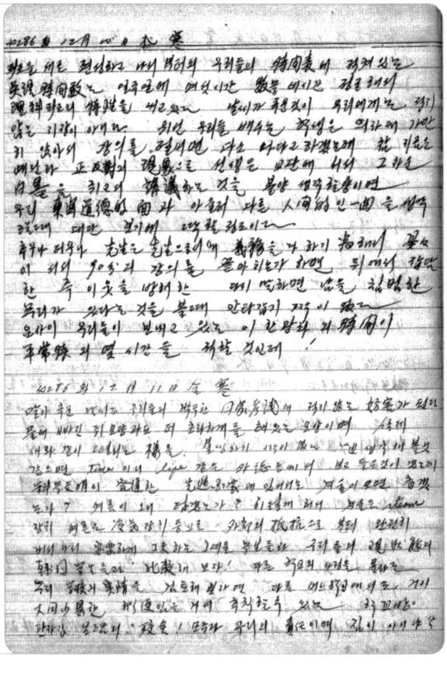

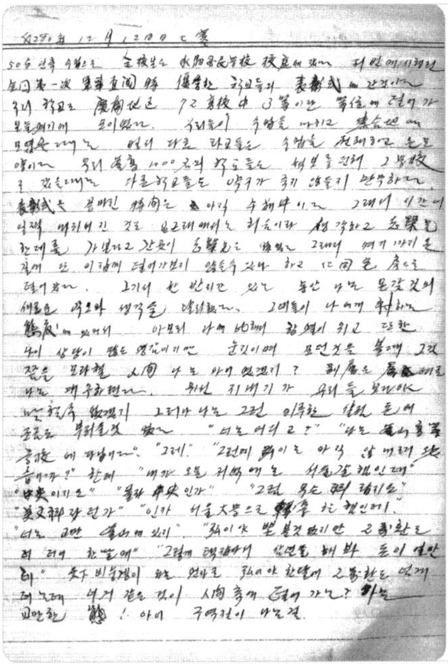

4286年 12月 12日 土

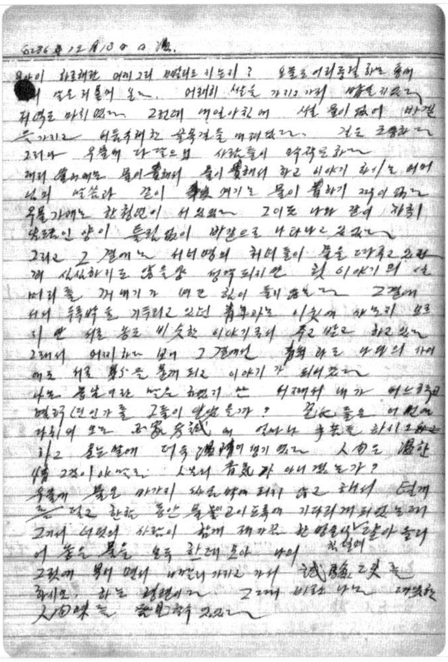

4286年 12月 13日 日

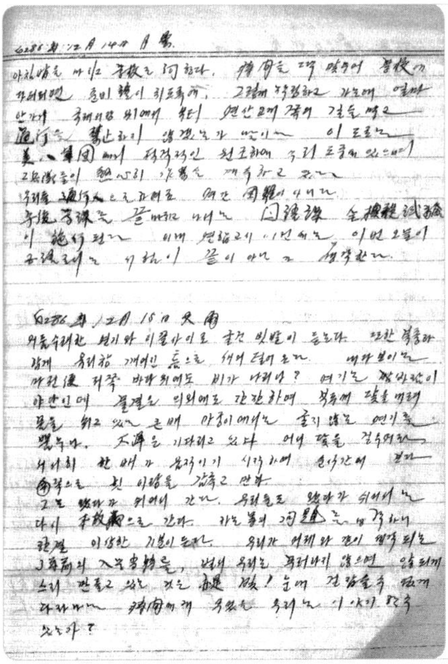

4286年 12月 14日 月

4286年 12月 15日 火

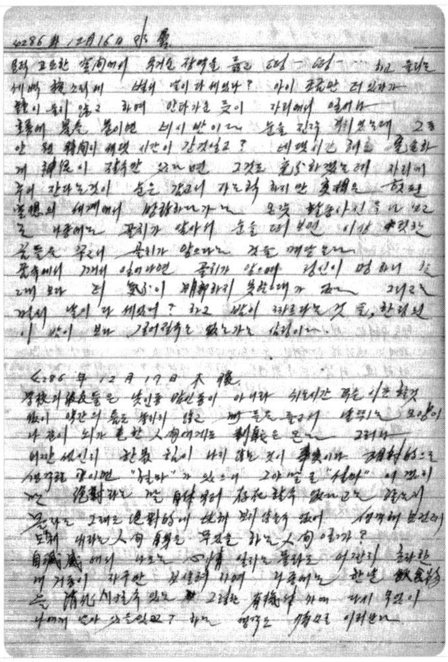

4286年 12月 16日 水

4286年 12月 17日 木

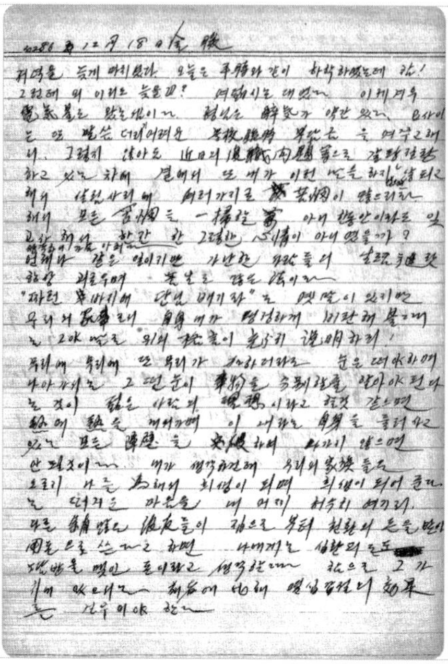

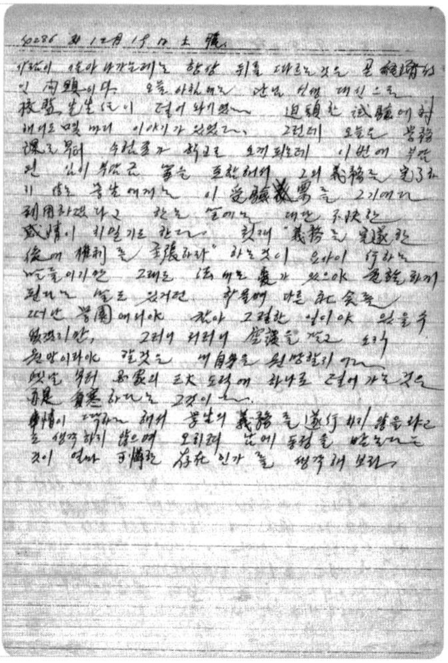

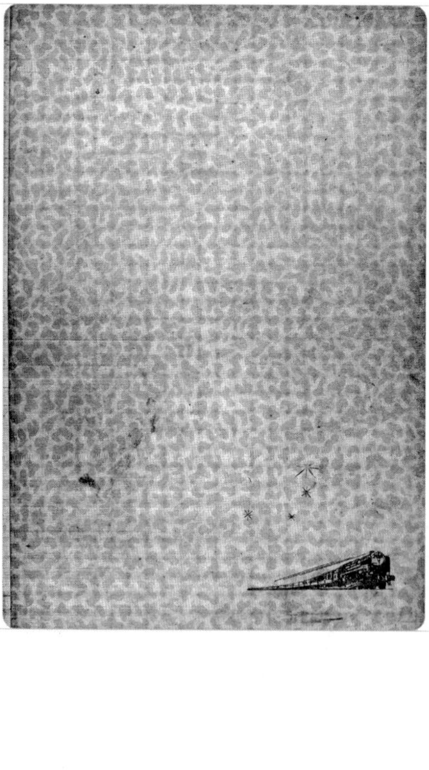

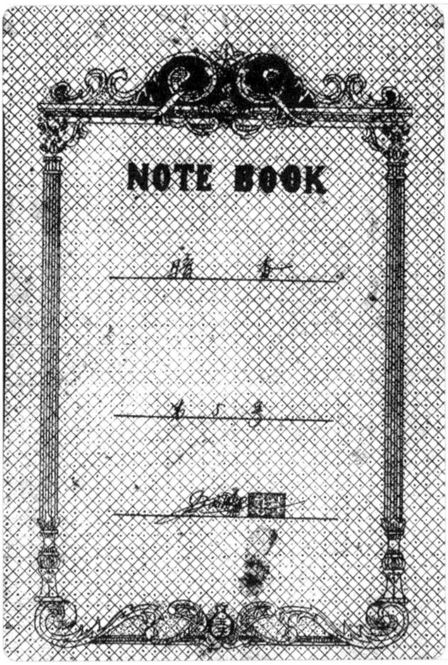

"나룻배와 行人"
나는 나룻배
당신은 行人

당신은 흙발로 나를 짓밟습니다
나는 당신을 안고 물을 건너갑니다
나는 당신을 안으면 깊으나 얕으나 급한 여울이나 건너갑니다

만일 당신이 아니 오시면 나는 바람을 쐬고 눈비를
마지며 밤에서 낮까지 당신을 기다리고 있읍니다
당신은 물만 건느면 나를 돌아보지도 않고 가십니다 그려

그러나 당신이 언제든지 오실줄만은 알어요
나는 당신을 기다리면서 날마다 날마다 낡어갑니다

나는 나룻배
당신은 行人

(한용운)

4286年 12月 20日 日 晴 <西紀 1953>

어제 저녁 보선이와 같이 오늘에 行할 일들에 対해서 이야기를 나누고 있을때 門밖에서는 어머님의 말씀소리가 들렸다. 때에 이야기는 중단되고 한참後에는 집안 消息을 다 알았다. 무었보다도 이번 형수님은 快産했다는데 対해서는 기쁘기 짝이 없을수 없었다. 이제 나에게도 기다리던 조카가 아니 생겼는가 형님은 얼마나 궁금하던 次에 속으로 생각하였을가? 오늘이 되어도 내가 집으로 간다는 그러한 것을 行하지 않아도 된다는 것이 다음 보선이 精神의 缺乏은 느끼는 나에게 多幸한 일이다. 若若에 어머님이 어제 오시지 않았더라면 이 보선이의 생각하는 樣이 너무도 가엽서 보이였다는 그것이다. 어제 저녁에만 해도 식상을 물리친 뒤 물통을 가지고 우물로 가서 한 잔 가시내들이 떠이지로 쉬는 두루박을 올렸다 내렸다 하며 그리 거기는 그 사이에서 나도 한번 그러한 일을 하지 않으면 안되었는데 그 옆에서 물을 다루다가 멈추고 서 있는 處女들 보기에 조금 부끄러웠다. 그러나 이미 그 처녀들은 이 우물가에서 여러차례로 만난적이 있기에 별로 낯은 없는 셈이다. 얼굴 그러하지만 희영청 밝아 있는데 그래도 밝기가 어둔수레 하기 보다는 낮지 않을가 몰라도 그들이 나에게 말을 건네는 것 같어서 대단 어색한 모양이기. "貴重한 보선이 精神은 이 우물에 와서 다 보여 다시 그렇지 않아도 다른 사람들 보는 여가가 없을텐데" 하며 자기네들의 동이에 물을 내 바겔에 부어준다. 나는 조금 未安했다. 그러나 내가 여기서 그네들 눈에 초라해 보이며 精神이 없어 저런다는 이렇게 만나게 되었다고 생각하였을 것이라는 그것을 생각하니 일변 가엾게도 하다. 오늘이 더 못하도 그렇게 초라한 행색을 보이지 않아도 된다는 것과 어제 저녁 그네들과 같이 물을 기던 것을 서로 대조해 보기도 한다.

4286年 12月 21日 月 晴

오늘부터 앞으로 약 일간 즉 시험이 있기까지는 좀 쉬는기간이다. 학교에 나가서 시간을 보내도 좋고 그렇지 않아도 좋다. 그러나 오늘의 수업시간은 数学과 物理라는 表示를 어제 아래 본 기억이 난다. 그래서 数学은 들어보자 하고 学校로 나갔다. 人多数가 출발들이 出席했다. 수업은 세시간이다. 나는 세시간 모자를 数学을 들었다. 집에서 모르는 問題들을 가지고 풀지를 못하고 있는데 比하면 확실 효과적이다.

4286年 12月 22日 火曜

첫 시간의 英語 강좌를 듣다가는 좋고 그리고 재미로 했었다
[illegible] 도움이 될까도 싶지 않아 [illegible] 우리 집으로 가게 하고 홀로이 나
校門을 나섰다. 24日까지는 登校가 個人의 自由이면 勿論이다
學校에도 이제는 總整理 期間으로 느껴짐은 一種의 [illegible]을
부여한 것이 아닐까? 이 앞의 時間이면 有效適切하게 使用하
였다는 그리고 使用해야 된다는 것이 우리의 義務라면
그런데 [illegible] 집으로 돌아와서 약간 있노라니 [illegible]의 사이렌이
길게 소리를 지르고 난 후 곧이 [illegible] 아주머니가 다녀려 왔다
오늘이 冬至이라지? 어머님과 같이 올라가서 팥죽을 먹었다
그때 집은 [illegible]에서 무슨 이상한 소리가 자꾸만 틈틈으로
새어 나오고 있었다 여기에는 무당을 한다 하고 가까이 볼
적 [illegible] 아주머니는 [illegible] 앞에 앉고 외우고 있다
이것이 소위 무당이니 무당이니 하는 土俗的인 迷信에서 오
[illegible] 先生任께 [illegible] 祈福을 비는 祝詞일 모양이다 이 온
에는 가끔 보아 오는 現象이지만 무당 굿으로 [illegible]가 잘 되
나온다 [illegible] 살아난 굿을 하지 않고 [illegible]
[illegible] 先生任으로 [illegible] 추기에 [illegible] 으로 [illegible] 하여 종종
[illegible] 所謂 자신이 作用하는 [illegible]에는 모다 그것을
믿는 사람이라야 할 [illegible] 되지 [illegible] 唯物論을 主張
하는 사람에게 [illegible] 아니하는 [illegible]이라고 한 [illegible]
[illegible] 생각하거니와 여기에는 [illegible] 인
唯神論을 信奉하는 모양이다. [illegible] 神이 있다 없다
하는 問題로서는 17世紀 以來 [illegible]들에 依해 [illegible]
[illegible] 研究 對象이 되게 했다 勿論
人間가 [illegible] 올라 간 [illegible]
科學萬能 時代인 19世紀 以來 [illegible] 같은
[illegible] 에서도 귀신을 [illegible] [illegible]
[illegible]으로 [illegible] 그 [illegible] 있다.

4286年 12月 23日 水曜

오늘은 [illegible] 보니 그저 [illegible] 學課도 들어 있지 않다
집에서 自習하기로 한다. 아침부터 오는 계획을 [illegible] 좋고
朝飯을 마치었다. [illegible] 出勤하시면서 오늘은 學校에 나가지
않느냐? 하시며 [illegible] 適當한 [illegible] 하러 가난
이라고 해서 학교에 나가지 않아도 [illegible]
[illegible] 계획하기 [illegible] 하였다고 할까? 그러나
午後의 日課는 [illegible] 생각하니 [illegible]
아까워서도 [illegible] 學校로 가는 것이 그 [illegible]
한 하루에 집에서 [illegible]한다는 것은 [illegible] 어려운 일이 참
[illegible]하고 [illegible] 있어 [illegible] 그것이 얼마
나 [illegible] 생각하면 [illegible] 학교에 나가는 [illegible]
는 [illegible] 해야 된다는 것을 안다. 오늘도 [illegible]
만 계획을 세워 놓고 그것대로 [illegible] 해도 [illegible]
에서는 [illegible] 이야기 소리 [illegible] 精神
散亂케 하고 [illegible] 有用한 時間을 모면 것은 計算
해 보면 큰 [illegible] 것은 [illegible] 한다
[illegible] 이야기 해 보면 [illegible]
方法論을 [illegible] 어떤 사람은 [illegible]
工夫를 못 하겠다며, 또 어떤 학생은 [illegible]
이 [illegible] 工夫가 [illegible] 하며 [illegible]들이 많다
그런데 내가 어디까지 工夫해 나온 結果를 [illegible] 보
면 [illegible] 한 [illegible] 或은 그러한 [illegible]
[illegible] 學校에서 [illegible]
[illegible] 보니 [illegible] 時間이 [illegible]
이 [illegible] 조리기 [illegible] 에는 [illegible]
[illegible] 어려웠다는 것을 보아
[illegible] 회상하지 [illegible]
이런 것이 [illegible] 아니냐?

4286年 12月 24日 木曜

오늘은 學校로 나왔다 [illegible] 두 時間이 지났다 [illegible]
날 [illegible] 地理 Print가 오늘에야 우리들의 손에 들
어 올 수 있었다. 이것을 받은 때의 人間의 心理는 [illegible]
것이라는 것을 [illegible] 있었다 勿論 여기서 論하는 人間心理
라는 [illegible] 비기는 것은 아니지만, 그래도 [illegible]
기울하는 [illegible] 사람에겐 그것만은 [illegible]
에도 아무 [illegible] 것이다 [illegible]
도대체 良心의 [illegible] 都大体 이 人間社
會란 것은 무엇을 意味하는 것일까? 物質文明이 發達
한 現社會에서 人間的인 面을 [illegible] 人間은 그야말로
[illegible] 自然히 [illegible] 그렇
게 해야 된다는 것의 [illegible] 可能存在 할 수 있을까?
[illegible] 現代人이 있다면 [illegible] 思想을 갖었다
는 理由로 [illegible] 사람들에 [illegible] 不適할는지도
[illegible] 그렇다고 해도 나는 그렇게 생각하고 싶지 않다
[illegible] 學校에 가서 工夫만을 [illegible] 있다
고 [illegible] 나는 그와 같이 우리를 [illegible] 싶지 않다
[illegible] 自己工夫 그것뿐는 없겠지? 하나
그것보다도 더 精力이 우리들에게 [illegible]
[illegible] 自由를 [illegible] 가지어 [illegible]
것이다 내가 [illegible] 언제나 [illegible] 생각해 보는 것은 [illegible]
[illegible] 아니 [illegible] 갖일 수 있는 [illegible]
이것이 不足하다는 [illegible]
이 [illegible] 工夫가 [illegible]
[illegible] 우리들의 [illegible] 文字 그대로이기 때문에
家庭教育이라고는 [illegible] 거친 [illegible]
[illegible] 人間들이라서 그렇
다고나 할까? [illegible] 社會에 [illegible] 있을까?

4286年 12月 25日 金曜

[illegible] 눈이 이렇게도 [illegible] 산타클로스 할아버지를
[illegible] 받으시오 하고 新年을 [illegible] Christmas의 聖歌
와 아울러 한결 [illegible] 感想은 [illegible] 놓고
[illegible] 그 [illegible] 새로이 솟아 오는 [illegible]
같이 [illegible] 한가지로 [illegible] 새 [illegible]
진다. 어디엔 [illegible] 한가지로 거리를 [illegible]
人間들이 [illegible] 空間을 그리고 [illegible]
울려 나오는 찬송가 속의 오늘의 幕을 연다
한참 분주히 [illegible] 인력들도 한동안 [illegible]
가 하면 이제 [illegible] 새로이 조용한
[illegible] 세멘트 바닥을 [illegible] 간다 [illegible]
[illegible] 한사람 또 한사람 그 위를 다니기 시작한다
[illegible] 한 [illegible] 그러니 [illegible]
牧場 [illegible] 하는 소리도 [illegible] 버렸다
여기저기 散在해 있는 [illegible] 소리는 [illegible]
쉬이지 아니하고 [illegible] 波動이 [illegible]
날씨는 이 Christmas의 [illegible] 은은한 [illegible]
[illegible] 여기저기 날리며 이따금 [illegible] 가로에 [illegible]
[illegible] 길 [illegible]
[illegible] 하고 [illegible]
[illegible] 이제 [illegible]
[illegible] 저녁이 다 왔다 [illegible]
또 깊어 간다. 이웃집 [illegible] 이야기 소리가
[illegible] 조그마한 [illegible] 소리가
[illegible] 아무 소리가 없다. 이 [illegible]
는 분주히 서 [illegible] 것이 [illegible]
[illegible] 시계의 [illegible]
[illegible] 回想은 되었으리.

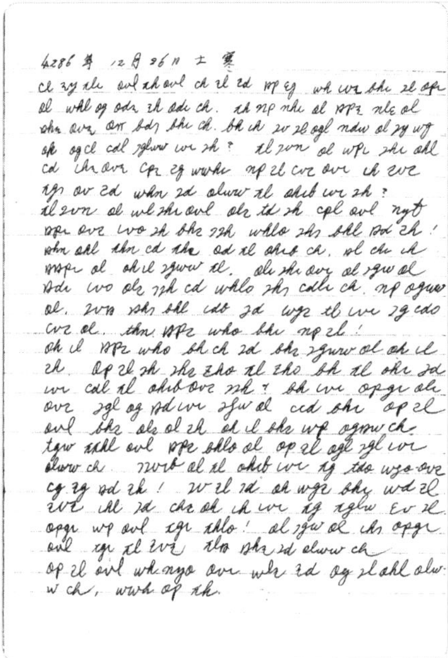
4286年 12月 26日 土 寒

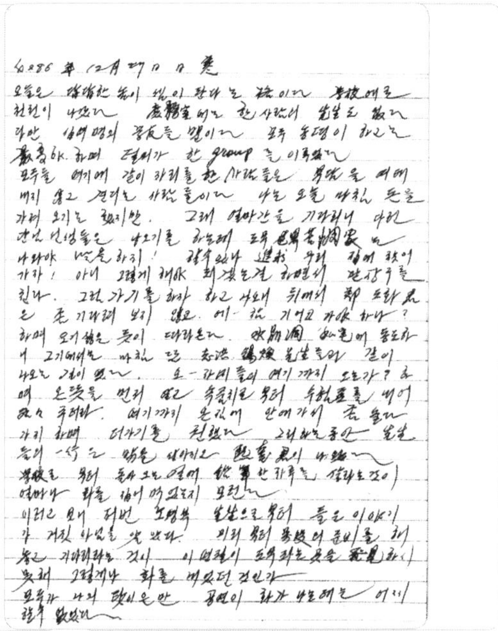
4286年 12月 27日 日 寒

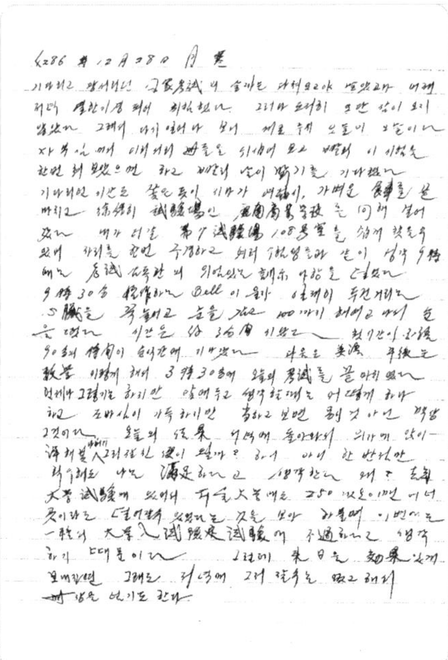
4286年 12月 28日 月 寒

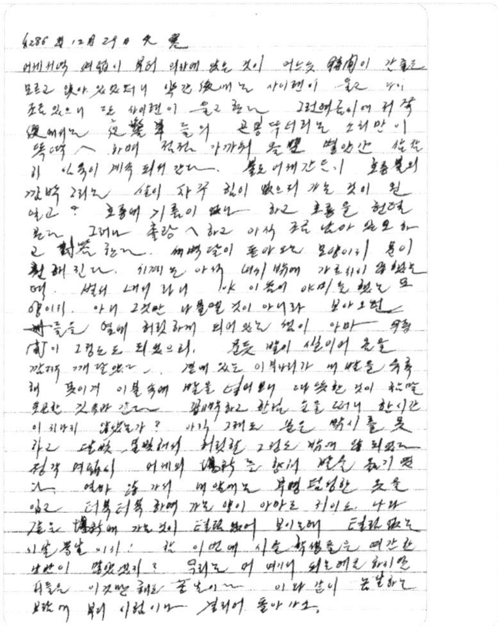
4286年 12月 29日 火 寒

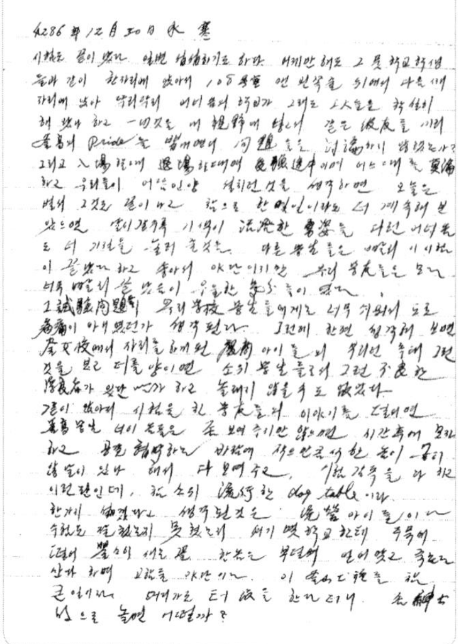
4286年 12月 30日 水 寒

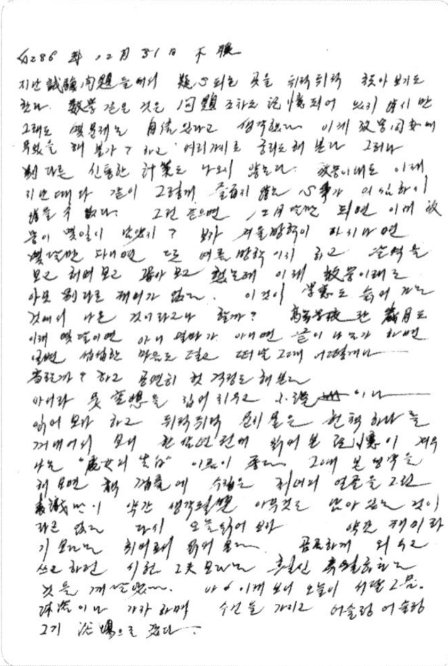
4286年 12月 31日 木 晴

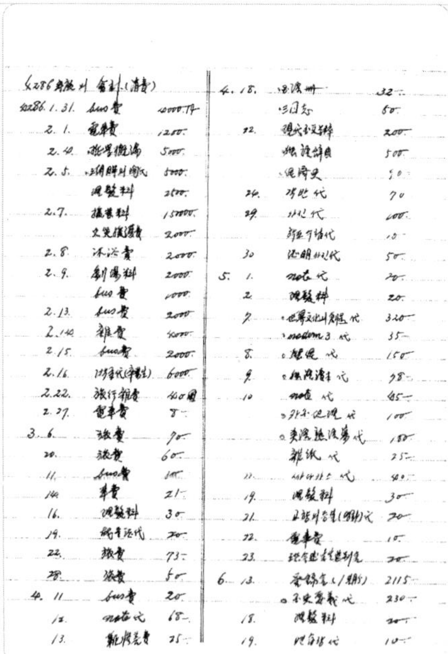

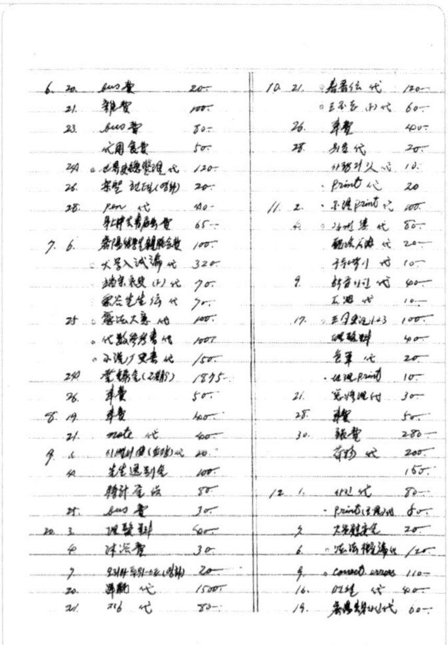

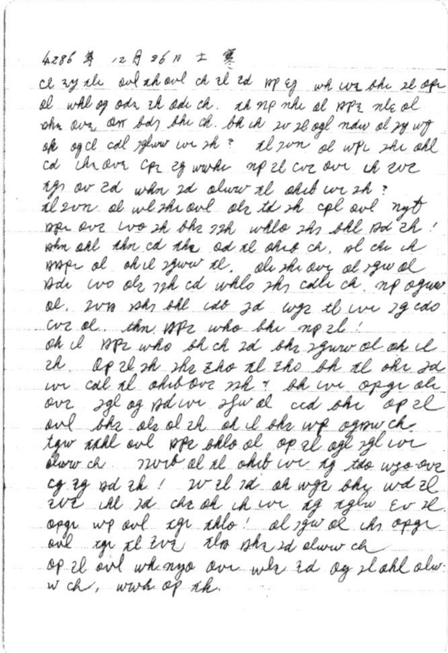
4286年 12月 26日 土 寒

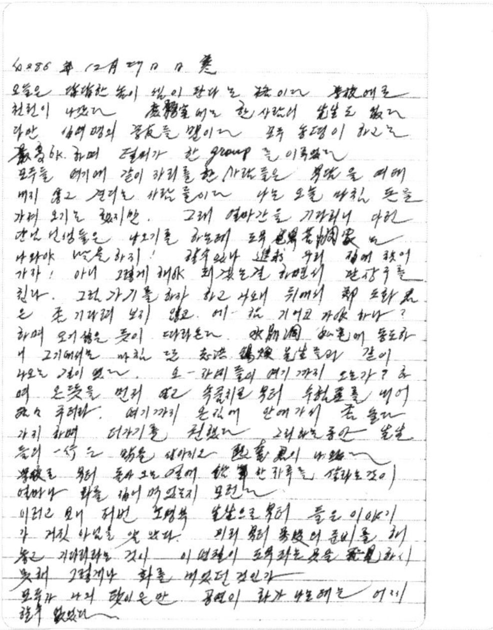
4286年 12月 27日 日 寒

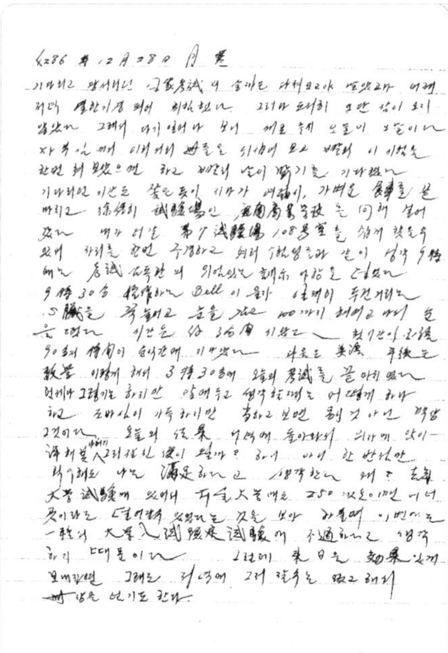
4286年 12月 28日 月 寒

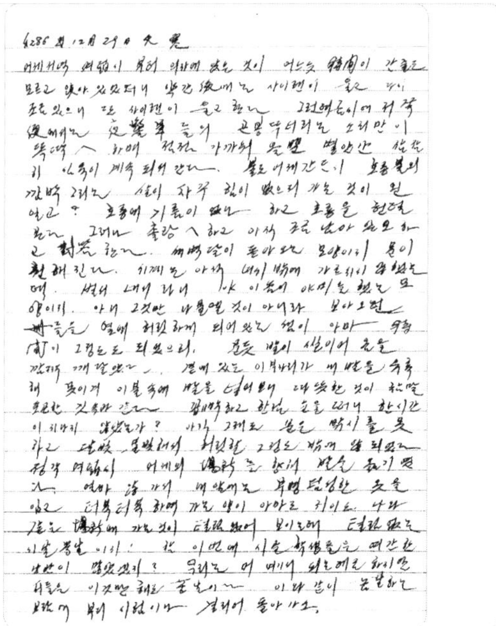
4286年 12月 29日 火 寒

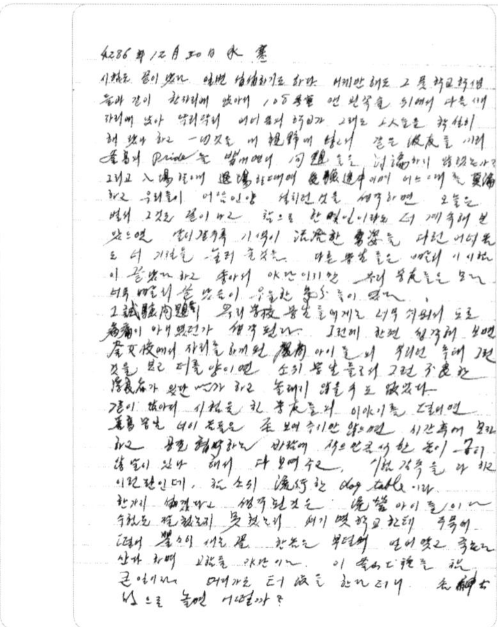
4286年 12月 30日 水 寒

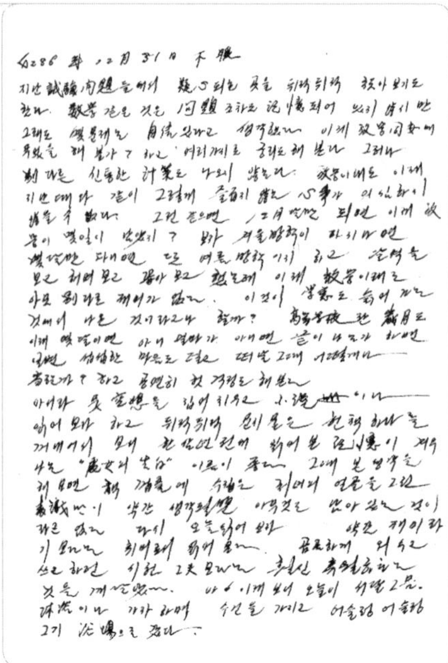
4286年 12月 31日 木 晴

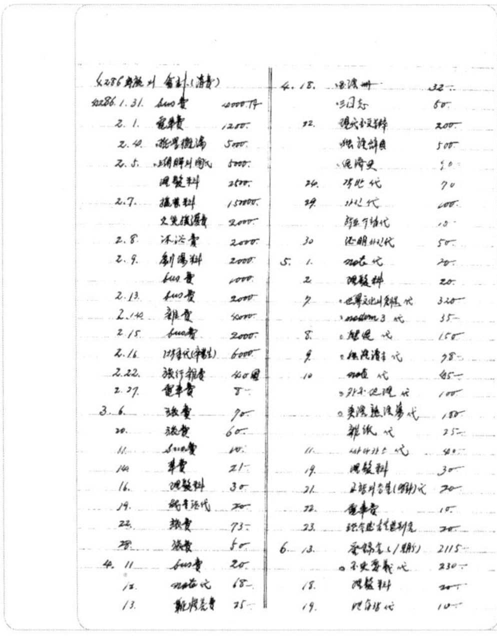
4286年度의 會計 (清算)

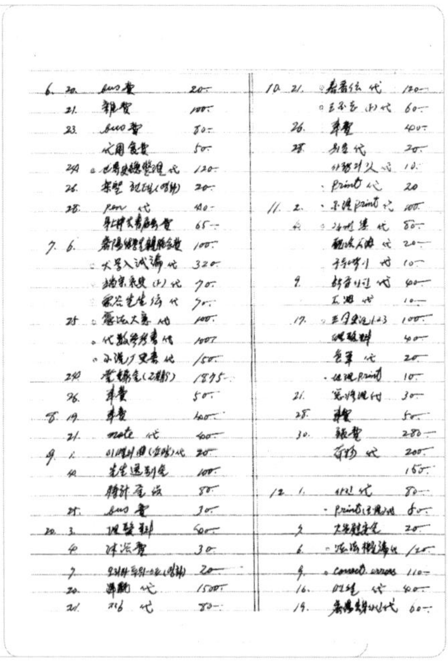

12. 19 주소책이 代 20
20. 新聞 代 15
note 代 35
理髮料 40
27. 電車費 10
28. 연필 代 25
31. 沐浴費 30
1. 登錄金(3期) 1875
20. 부담금(學校) 1000
計 14877

140.877 圜

圜은 圜의 百위 ?

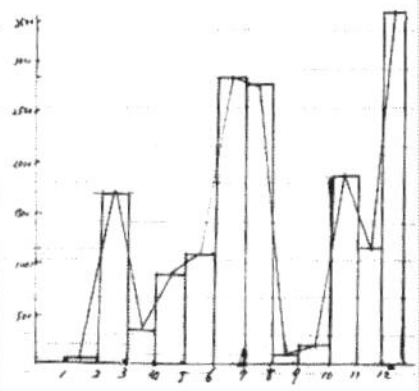

檀紀 四二八七年度

(西紀 一九五四年)

4287年 元月 1日 金 晴 (1954)

섣달 그믐날 저녁에는 늦도록 [illegible] 같이 事務整理를 도왔다. 그래 한잠도 오지 않는 것이 新年의 새 精神 그것일까? 야경꾼의 딱딱이 소리는 끊치고 깊은 밤도 차츰 열려가고 있다. 호롱불을 켜 놓고 靑山別曲 등의 글을 읽어 보고 했다.

오늘은 학교에로 간다. 中央國民學校 校庭에서 우리는 新年祝賀式을 擧行하였다. 學校長의 말씀 가운데서 나는 이런 말을 들었다고 그것이 기픈 기억된다. "나는 이 새해를 맞이하면서 부터 어제저녁 에서 오늘 아침까지 過去를 청산하고 새로운 무엇을 發見하기 위해 곰곰 생각하고 또 생각하여 보아도 別 다른 아무것도 생각할 수 없었는데 오직 옛날 孔子의 말씀 한 구절이 생각나더라고. 「孔子는 내가 [illegible]에 이러기 까지 오직 사람의 아니 나의 새 무엇을 생각해 내기 위해서 밤늦게 까지 밥 아니 먹고 머리를 짜 보았으나 結局에 깨달은 것은 오직 學者는 읽음과 같지 못하더라」고 한 이런 말씀을 소개하시였다.

공자와 같은 그런 위대한 성현도 이런 말을 하였다는 것을 後世 우리가 들을진댄 오직 學徒야 말로 學業에 邁進하는 이것 外에 무엇이 있겠는가 하는 생각이 더욱 굳어진다.

式을 마치고 학교 사무실에서 成績通知를 받아서 여러 동무들과 같이 [illegible]를 해어졌다.

연산 고개를 지날 때 였다. 灰燼된 敗虛 위에는 다시 흰 판자에 푸른 [illegible]가 꽉 들어 박히어 있다. 그 속에는 一部 軍隊 集團을 除하고는 모두 가난은 火災民들이 들어서 生活하고 있다. 아직 완전 복구에는 멀었으되 비참한 그날에 비하면 이번 해도 어떤가? '파괴가 있는 곳에 건설이 있다'고 한 말이 여기에도 적용됨을 우리는 안다.

4287年 1月 2日 土 晴

오늘은 下鄕길 기쁘기도 하다. 따뜻한 자리에서 눈이 떠인 것은 여섯시 20分 전. 어둠한 골목길을 나서 [illegible]를 내달렸다. 달리는 [illegible]가 초라한 내 행색을 비추며 [illegible] 가는 새마당이 아니라 헌 마당에 들렸다. 그기에도 불빛은 겨우 한 들 빠만이 [illegible] 쭈구리고 손 방에 [illegible] 닭이 놓고 동생을 [illegible] 우리는 한 열 [illegible] 表 파는 개찰구를 찾아 들었다. 사람이 허어리한 것이 아직 어찌 되었나 한 것이 5분 전 바로 차는 떠나고 말았다. 하는 수 없는가 이 양 길이면 急行車를 기우해. 이때 부터 약 세 시간 반 후에는 내 目的地를 떠나며 긴 기적을 울리었다. 車窓 밖으로는 해 빛이 [illegible] 기운이 에 났다. 한 겨울의 날씨가 이러기도 푸근하랴 하나 겨울이 틀림없이 겨울이다. 손이 얼어 가도 하는 것은 事實 그대로이다. 차에 [illegible] 얼마후 형수님은 「連春가 시집간다오」 하고 말을 할때 나는 이상한 衝動을 받았다. 간지는 벌써 [illegible]? 하고 [illegible] 나의 마음은 가이 [illegible] 하다. 나는 지난 때를 생각해 볼 때 어느 누구 누구에 든 보다도 더 [illegible] 같이 누나와 나 같은 [illegible] 말할수 없다. 여태 늘 old miss 로 이제는 그 [illegible]을 [illegible] 새로운 出發点에 처해 있다는 것을 생각할 때는 마음이 기쁘다. 그러나 이제 [illegible] 그 [illegible] 自由스러운 그리고 듣기만 해도 아름다운 處女時節이 다 한다는 것을 생각할 때 나는 [illegible] 마음 상처를 내지 않는다. 나는 오히려 [illegible]. 그러나 [illegible] 같이 [illegible] 나와 [illegible] 마음 [illegible].

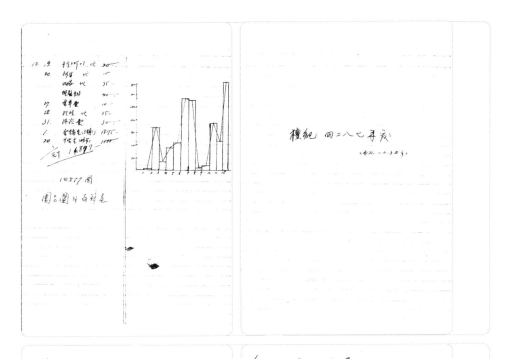

4287年 1月 3日 日 [illegible]

此 月의 初 그때 보다 胸內의 感情들이란 別반 變動이 없지 않다. 變動이란 무었일까? 고요히 침된 상태에 놓인 감수성 많은 나의 심령을 이상하게도 흔들리게 한다. 그리 동동한 이것이 나의 마음 全部라고 하면 모두가 아닐까? 모두들 나의 視界에 들어오는 것이 아침 간데마다 귀막을 듣고 들어오는 소리들이 모두 이 純朴한 그것이다. 이것이 왜 이다지도 요란한가 波動 많은 世上에 變動도 많다.

이러한 모든것들이 왜 나의 마음을 등등한 상태에까지 만들어 놓고야 마는가? 나는 思春期의 一個 特有 이란 代名詞가 이 모든 것을 代行한다. 나 뿐만이 아니겠지 모든 청춘남녀가 다 같은 經驗이리라.

저녁이 됐다. 貞子네 집으로 찾아갔다. 옛사람의 동무들이 더 모였다. 이야기의 실머리는 자도 모르게 옛追憶! 그만치도 몇해 전이 옛 날이로다. 내가 가장 재미있게 놀아 보았다는 記憶이 한 삼년전 高等學校를 入學하던 그해 正月 달이 였지! 참 그때 그때가 참으로 좋았다. 나는 그해 처음으로 집안 從 姉妹兄弟들과 같이 모여서 놀았다는 것이 …

맹군데의 놀음 노리가 연상된다. 어두울때라고 하는 저녁 나절 아무 거리낌도 없는 潤心으로 놀이 옮겨 져 사랑 방 방에서 춤추던 것이 … 또 그때는 어이 된 저녁인가는 모르지만 저녁에 비가 처리렁 처리렁 오는데 노는 [illegible]는 表現하며 [illegible]이 커져 작은 방에서 밤을 새워 노던 기억 … 等々. 그것이 놀아보기라고 제일 처음인 나의 머리 속에 깊이 印象되어 지금 이라도 그 때를 떠올릴 수 있다.

4287年 1月 4日 月曜

朝飯을 마친후 장을 본던 지고 어성정 へ 엿마로 向했다. 途中에서 옛사람 동무와 같이 평희네 집으로 가서 노는데 나는 명랑 속을 세라고 자꾸만 조았다. 玉相가 오래 11日날 장가 간다고. 나는 금시에야 알았다. 우리가 가까이 되었은 무렵 [illegible]이 준물때는 허리를 불쌍히 여겨 주어, 玉相이와 같이 나오다가 우리집으로 와서 점심을 같이 먹었다. 오래간만의 같 밥도 모았다.

저녁을 홀안에서 마치고 들에 [illegible] 내려와 내 田宅에 [illegible]이 시집 사러 간 오빠를 가보았다. 신랑이 왔나 하고 간 것이 신랑은 간곳 없고 동갑 딸이다. 갑자기 服을 벗고 modern girl 도 多했다 공상공상한 앞어리에 한 이틀 지냈다.

어둠한 그 [illegible] 속에서도 우리가 누구인지를 단란에 싸고 [illegible]이 나오며 울기 시작하는 [illegible]이 더 우리들을 평상하게 만든다. 아니 시집을 갔다고 한 처녀가 울기는 왜 울까? 좋아서 울까, 나빠서 울까. 그것 보다도 신부의 [illegible] 해 하였던 自己行爲가 약간 우리들에 未安하다는 하겠지.

우리도 된 길에 평희네 집으로 갔더니 [illegible] 아니 술상이 이곳에 왔다. 그라더니 거로 불러고 한참 동안 술도 [illegible] 이더니 시집 이야기가 자자하다. 이틀 지은 나는 상쾌한 정신이 度를 넘어 모든 것이 살랑이나며 골치가 아프기 시작하는데 감당 못했다. 이 않던 골치를 조금이나마 진정하기 위해 졸석이랑 같이 술을 먹으려 갔다. 한잔 먹고 나니 기분이 괜찮지가 시간은 11時 40分頃 [illegible]에로 오다가 마루에서 쉬었다 왔다.

4287年 1月 5日 火曜

자 내일에는 저 소를 팔아야 하겠는데 저것을 어떻게 처리 할까? 이번에 올라온 제일 큰 목적은 저것이다 조반을 마치고 큰댁 사랑으로 나가 보았다. 그기서 이런저런 이야기를 하고 있는데 대철 사람이 와서 마침 소를 구경하자고 말을 했다. 조금후 소를 몰고 나와 구경시키고 집으로 몰고 갔다.

집으로 오나 큰댁에로 나가나 큰 이는도 없다 그저 장에 한번 몰고 가보는 것이지 큰댁 형님도 다 알아갈 정도 이외에는 아무것도 아니다. 冊을 한권 가지고 마실을 갔다. 그러나 은근히 놀고싶지도 않으매 큰 걱정인양 자꾸만 내일 일들이 생각난다.

4287年 1月 6日 水曜

약간 이상한 기분도 걸렸다. 그러나 모든것을 청산하고 소를 몰고 場으로 갔다. 많은 사람들이 복신 복신 한다. 뜻시럽게도 오늘 場에는 송아지는 잘 賣買되는데 큰 소는 한마리도 매매됨을 보지 못했다. 재작의 価格을 보니 내 소는 한 석장은 받으리라.

4287年 1月 7日 木曜

오늘 장에도 틀림없이 팔아서 가지고 가야 한다. 아침을 보통 보다도 일찍이 마치고 이까리를 잡아서 길을 나섰다. 갈때는 철웅이와 같이 살작살작 소에 대한 이야기를 하면서 걸어갔다. 뒤 우리말 길에도 검둥소 누렁소 송아지를 몰고 고개를 넘는다.

물 쨋다리를 건널때 12時의 소리를 내는 싸이렌이 울렸다. 조금 더가 소전. 뭇소들과 같이 한 자리를 같이 하여 매여 있는 우리 소. 오늘로서 우리소라고 代名詞를 받지 않게 되는구나. 오후 2時頃 29500환 의 소값을 찾아 쥐고는 큰댁 형님과 같이 상점 마당으로 발을 옮기어 점심 요기를 했다. 제일 800환을 들여 海州 [illegible] 날에서 나가는 축하술 한나 잘 나오게 되었다.

저녁인데 來日은 [illegible]으로 가야 할 것이고 해서 한번 더 누나를 방문하지 않을 수 없어 걸음을 옮기었다. 약 서너 시간 동안 같이 이야기 하며 놀았다. 써늘한 바깥 공기를 通해서 조금후에는 재촉 [illegible] 하게 된 눈이 어둠에 [illegible] "내일 가면 또 언제"? 하고 묻는 누나의 말에 나는 잠시 당황한 정도 이다. 왜? 나 보기에 너무나 이상한 태도며 목메인 음성이 였기에. 올은 이번 방학에 집에 올라오게 된 동기도 또 올라온 것도 모다 이 소를 처분해 오기 그것 외는 오직 없는데 올라와서 보게된 외아의 누나 結婚式 이것만 아니면 모든것을 청산하고 내려 갈 작정인데. 그리고 또 초청의 장가 간 해서 [illegible] 생수한 나머지 "사흘만" 하고 말끝을 하마 맺지 못하고 大門밖 길을 씨며 울때 그말이 나오며 아모 말도 없다 오직 [illegible] 조은 kiss. 이것만이 더 나의 15時를 걸잡을 수 없게 만들고 말았다. 여태 곁 사귀어 오던 사랑을 지금에야 종결산 하는 양. 더욱이 가슴은 아련히 고요한 [illegible]의 발자욱 소리만이 나를 그다린다.

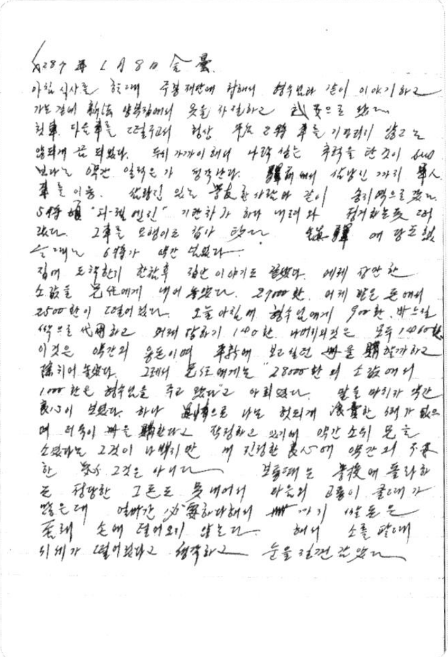

檀紀 4287年 1月 8日 金 曇.

아침 식사를 하기에 주방 재판에 참해서 형수님과 같이 이야기하고 가는 길에 新浦 양복점에서 옷을 사 입하고 武安으로 왔다.
[illegible] 다음 車를 [illegible] 항상 午後 2時 車는 기다리지 않고는 [illegible] 되었다. 두시 가까이 해서 나와 [illegible] 한 것이 [illegible] 약간 일찍은가 생각된다. 驛前에서 [illegible]까지 [illegible] 車를 이용. [illegible] 있는 學友 한 사람과 같이 송리역으로 갔다. 5時頃 "[illegible]" 기관차가 하나 내려와 정거하는 듯 [illegible]. 그車를 요행이 잡아 탔다. [illegible]驛에 당도했을 때는 6時가 약간 넘었다.
집에 도착한지 한참후 집안 이야기도 끝났다. 어제 장만 한 소訟을 兄任에게 내어 놓았다. 27000환. 어제 받은 돈에서 2500환이 떨어졌다. 오늘 아침에 형수님에게 900환, 바느질 삯으로 代用하고 어제 [illegible] 1400환. 나머지의 것은 모두 14010환. 이것은 약간의 융돈이며 [illegible] 冊을 購[illegible]하고 [illegible] 놓았다. 그래서 兄任에게는 "28000환의 소訟에서 1000환은 형수님을 주고 왔다"고 아뢰었다. 말을 마치자 약간 良心이 보였다. 하나 [illegible]으로 나는 헛되게 浪費한 [illegible]가 없으며 더욱이 冊을 購[illegible]한다고 작정하고 있기에 약간 [illegible] 그것이 나쁘지만 내 진정한 良心에 약간의 [illegible] 그것은 아니다. 요즈음에는 學校에 [illegible] 정당한 그 돈도 못 내어서 마음의 고통이 클 때가 많은데 얼마간 必要하다 해서 [illegible] 돈은 좀체 손에 들어오지 않는다. 해서 소를 팔 때 시세가 떨어졌다고 생각하고 눈을 [illegible] 같았다.

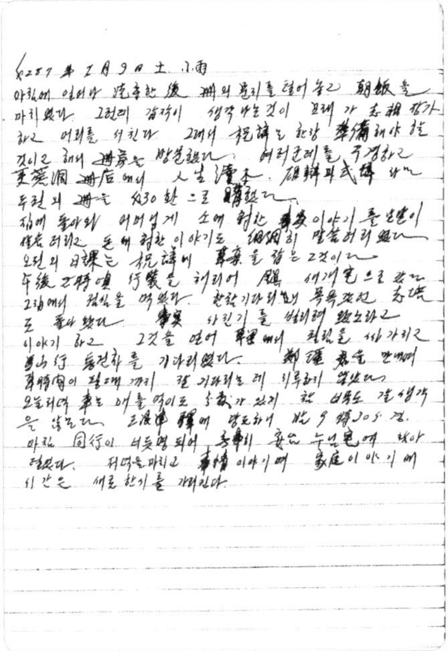

檀紀 4287年 1月 9日 土. 小雨

아침에 일어나 洗手한 後 冊의 먼지를 털어 놓고 朝飯을 마치었다. 그런데 갑자기 생각나는 것이 모레가 志相 장가하고 [illegible] 서친다. 그래서 祝辭도 한장 準備해야 할 것이고 해서 冊房을 방문했다. 여러군데를 구경하고 [illegible] 冊店에서 人生讀本. [illegible] 사고 두권의 冊을 430환으로 購했다.
집에 돌아와 어머님께 소에 관한 [illegible] 이야기를 낱낱이 [illegible] 돈에 관한 이야기도 細細히 말씀 여쭈었다.
오전의 日課는 祝辭에 草案을 잡는 그것이다.
午後 2時頃 行裝을 차리어 [illegible] 새개宅으로 갔다. 그집에서 점심을 먹었다. 한참 기다리니 목욕갔던 [illegible]도 돌아왔다. [illegible] 사진기를 빌리러 왔노라고 이야기 하고 그것을 얻어 [illegible]에서 필름을 사 가지고 [illegible]行 동전차를 기다렸다. 鄭[illegible] 君을 만나며 車時間이 될 때까지 잘 기다리는 데 지루하지 않았다. 오늘저녁 車는 [illegible] 가 있지 [illegible] 생각을 않는다. 三浪津驛에 당도하니 밤 9時 30分 경. 마침 同行이 너두명 되어 [illegible] 누님宅에 찾아 들었다. 저녁을 마치고 [illegible] 이야기며 家庭 이야기며 시간은 새로 한시를 가리킨다.

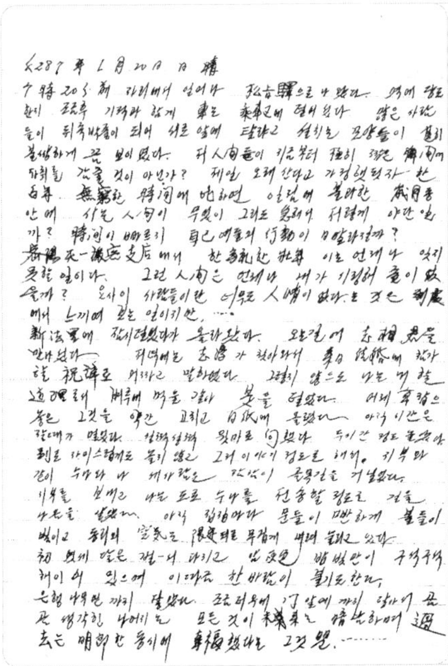

檀紀 4287年 1月 10日 日 晴

7時 20分 前 자리에서 일어나 [illegible]驛으로 나왔다. 역에 당도한지 조금후 기적과 함께 車는 乘車口에 멈춰 섰다. 많은 사람들이 뒤죽박죽이 되어 서로 앞에 타려고 설치는 모양들이 몹시 불쌍하게끔 보이었다. 저 人間들이 지금부터 [illegible] 차례를 갖출 것이 아닌가? 제일 오래 산다고 가정했더라도 한 百年. 無窮한 時間에 比하면 일점에 불과한 歲月 안에 사는 人間이 무엇이 그리도 急해서 저렇게 야단일까? 時間이 빠르지 自己네들의 行動이 [illegible]? [illegible] 支店에서 한 [illegible] 이는 언제나 잊지 못할 일이다. 그런 人間은 언제나 내가 사랑해 줄 이 없을까? 요사이 사람들이란 너무도 人情이 없다는 것은 [illegible]에서 느끼며 오는 일이지만, ……
新浦驛에 잠시 [illegible] 올라왔다. 오는길에 志相 君을 만나 보았다. 저녁에는 志[illegible]가 찾아와서 [illegible] 結婚에 읽어 할 祝辭도 써라고 말하였다. 그렇지 않으도 나는 내 할 道理로서 [illegible] 붓을 들었다. 어제 草잡은 놓은 그것을 약간 고치고 白紙에 옮겼다. 아직 시간은 [illegible] 열었다. 실컷실컷 [illegible] 했다. [illegible] 자이스럽게도 [illegible] 그리 이야기 정도로 해서. [illegible] 같이 누나와 나 세사람은 [illegible] 골목길을 거닐었다. [illegible] 보내고 나는 도로 누나를 [illegible] 길을 나왔을 [illegible]. 아직 집집마다 문들이 [illegible]하게 불들이 밝이고 [illegible] 空氣는 限定되도 무겁게 내려 앉고 있다. 初 [illegible] 달은 [illegible] 다리고 [illegible] 반만이 [illegible] 있으며 이따금 찬 바람이 불기도 한다. [illegible]까지 [illegible]. 조금 뒤에 [illegible] 까지 [illegible] 곰곰 생각한 나머지는 모든 것이 [illegible] 하며 過去는 明朗한 동시에 幸福했다는 그것 뿐. ……

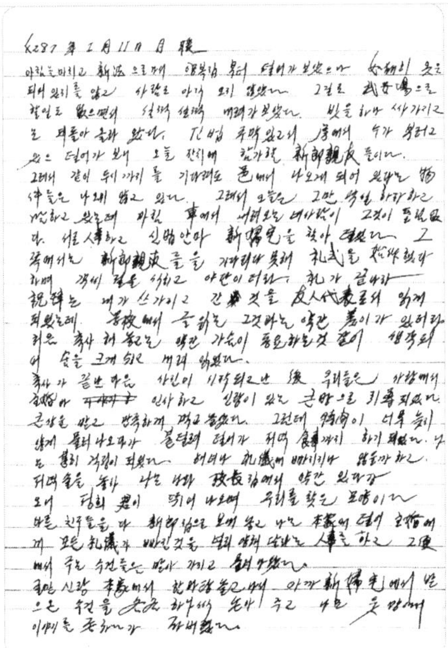

檀紀 4287年 1月 11日 月 晴

아침을 마치고 新浦으로 가서 양복점 [illegible] 들어가 보았으나 [illegible] 옷은 되어 있지를 않고 사람도 아직 오지 않았다. 그길로 武安[illegible]으로 할일도 없으면서 [illegible] 내려가 보았다. 빗을 하나 사 가지고 도 되돌아 올라 왔다. [illegible] 주막 앞으로 [illegible]에서 [illegible] 들어가 보니 오늘 잔치에 참가할 新郎親友들이다. 그래서 같이 [illegible]까지를 기다려도 [illegible]에서 나오게 되어 있다는 [illegible]들은 나오지 않고 있다. 그래서 오늘은 그만 [illegible] 하자하고 [illegible] 마침 車에서 내려오는 네사람이 그것이 틀림없다. 서로 人事하고 신랑안아 新婦宅을 찾아 [illegible]. 그쪽에서는 新郎親友들을 기다리다 못해 禮式을 [illegible] 하며 [illegible] 약간이 더라. 禮가 끝나자 祝辭는 내가 쓴 가지고 간 [illegible] 것을 友人代表로서 읽게 되었는데 學校에서 [illegible] 그것과는 약간 差이가 있더라. [illegible] 축사 해 놓고는 약간 가슴이 [illegible] 것 같이 생각되어 숨을 크게 쉬고 [illegible].
축사가 끝난 다음 [illegible] 시작되고 난 後 우리들은 [illegible]에서 [illegible] 인사하고 신랑이 있는 큰방으로 [illegible]. 큰상을 받고 [illegible]하게 먹고 놀았다. 그런데 時間이 너무 늦지 않게 물러 나오다가 [illegible] 저녁 食事까지 하기 되었다. 나는 [illegible] 되었다. [illegible] 禮儀에 빠지지나 않을까 하고. 저녁술을 놓자 나올 [illegible] 校長집에서 약간 [illegible] 오니 [illegible] 君이 [illegible] 나오며 우리를 찾은 모양이다. 다른 친구들을 다 新郎집으로 보내 놓고 나는 本家에 들러 主婚에게 모든 禮儀가 빠진 것을 [illegible] 人事를 하고 그[illegible]에서 주는 수건들은 받아 가지고 [illegible]. [illegible] 신랑 本家에서 [illegible] 아까 新婦宅에서 받은 수건을 [illegible] 하나씩 [illegible] 주고 나는 [illegible] 이야기를 [illegible] 자버렸다.

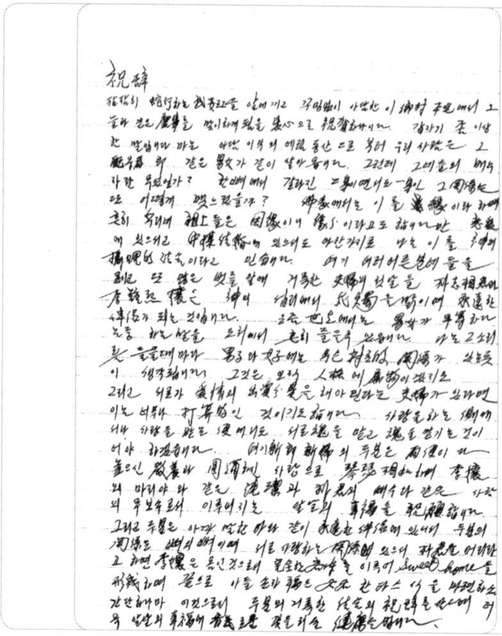
祝辭

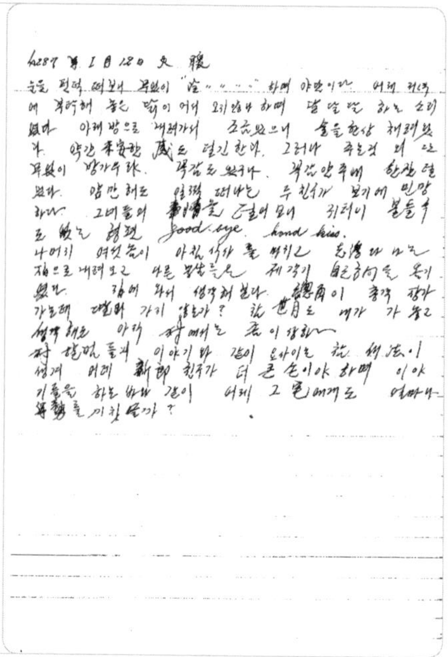
4287年 1月 12日 火曜

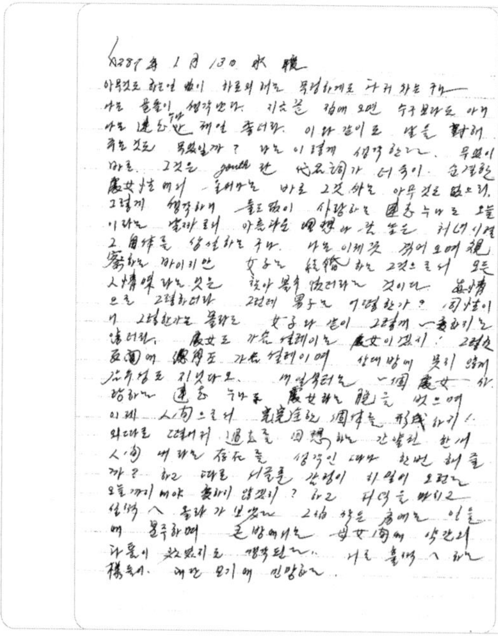
4287年 1月 13日 水曜

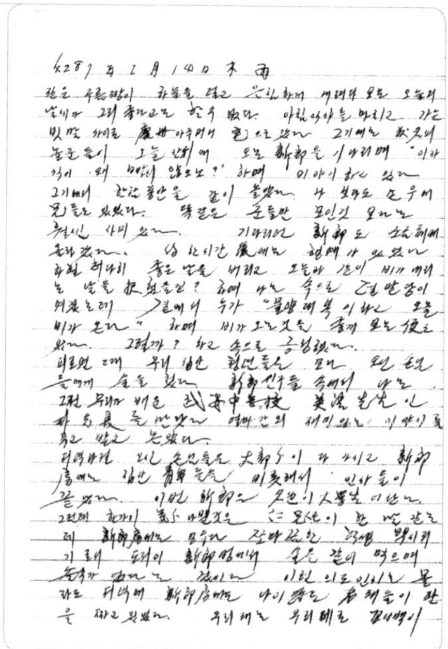
4287年 1月 14日 木曜

을 올렸다. 나도 [illegible] 맛잔의 곱빼기를 했고 큰 방에서 한바탕 놀다가 "新郞房에 계시는 어른들 이제 좀 비켜주시오" 하고 내가 말을 할라하니 곁에 앉은 한 사람이 "약아 이만저만 한 그리는 [illegible] 못한 이 했는데 新郞방에 그때들은 들어 보면 것도 다 그때 뿐이라고. 하며 노던 靑年들이 제가끔 뿔뿔이 헤어져라고 하고 있다. 노人들 그때 하면 그리는 끝까지 이 일의 [illegible] 는 [illegible] 하는 [illegible] 에서 온 것은 드러 없으니 끝가지 큰 방에서 놀다가는 가야 하고 한가한 놀이지 않고 불러서 넘어가 마음을 놓았다.

나는 누구라 뭐래도 [illegible] 이 달라 싫건 놀다가는 가고 싶은 마음이다. 저번에 [illegible] 에 가지 내려왔다가 도로 올라온 것도 다른 學友들은 열심이 공부에 나와 [illegible] 을 받고 앉는 것도 불구하고 나는 기여코 마음 먹은 것은 이번 이날 잔치가 가로 놓였던 그것이다. 우리대 때는 아니 내 조로 도 기다리고 바래던 오번 어머. 울지도 못하여 이 [illegible] 같이도 기분 덜해를 소리를 하니 아마도 "겐노" 기로 크게 새미 없는 日課도 없으리. 이제 곳 試驗이 웃사고 하며 큰 [illegible] 좋은 金 빛도 구경못해 놓은 나에게 안주도 없이 덥덥한 맛잔의 곱빼기에 한 말로 못견딜 만치 가슴 답답 하며 당신을 혼동이게 놓았다.

6287年 2月 15日 金 [illegible]

목이와 같이 고헌집에서 하고 싶어 했다. 점심이 [illegible] 하여 옷은 점심에 묵없이 물고 말끝게 되었다. 하려해서 일어선 족이로 세가로 가서 목욕이나 할가 하고 방귀 불을 [illegible]. 저녁 [illegible] 물가에 다가서 손을 넣어 보니 목욕은 [illegible] 윗옷을 벗어 놓고 세수를 했다.

잔치집에서 아침을 먹었다. 도로 사람들이 미리 [illegible] 에 실컨 던져 놓은 어제 저녁서 [illegible] 제이가 확실히 식인지 [illegible] 그러 도로 사람들이 [illegible] 오기로 왔는다.

오늘 저녁에는 상방 시키를 한번 해야지 하고 밤이 오기를 기다렸다. 어제 저녁에는 아목도 못했지만 저 저 해 봤다도 영감 고함소리 젊은 사람 [illegible] 해서 의심 서 [illegible]. 저녁이 왔다 시기 [illegible] 약간 노던 사람들도 다 가버렸다. 우리도 노던 사람들과 같이 [illegible] 大門 밖을 나갔다. 忠業. 忠淳. 과 같이 새사람이 다시 곳 돌아 울 안에서 사주란 나목에 올라가 집안의 동정을 살피기 시작했다. 노던 사람들이 다 가고 [illegible] 되었다. 밖에서 [illegible] 이 [illegible] 은 [illegible] 이제 도장 열쇠 로서 문을 열고 들어 가려니 옷없을 가지고 상을 치리기에 분주하다. 비틈을 타서 빠르게 大門을 닫지 하게 이집에 들어가 모든 이야하겠는데 도록 [illegible] 하건만 손은 보이 않고 나중에는 [illegible] 소마주에 숨기는 [illegible] 하고 한 손 한손 숨어 들어간다. 모두가 들어 가니 안을 살필때 아주 [illegible] 飮食을 하려고 [illegible] 들어 갔다. "아직 [illegible] 방에 들어 가지 않았지?" "조금전에 방에 들어가서 방을 [illegible] 있던데!" "新郞하고 [illegible] 하고 [illegible] 방에 들어있고 다른 사람은 모두 큰방에 있어" [illegible] 한참

먹는 소리가 난[illegible]하다. "[illegible] 음식 좀 가려다 먹을까?" "그것 좋다." "모두 저 도장안에 있어" 아까 저녁에 신랑 더러 좀 [illegible] 오라고 해 보게 놓으니 도장 열쇠를 챙기 아이가 가지고 어디를 나갔다 하니 이제 보니 찰방 [illegible] 도장문을 열어! 그런데 모두 저 도장 안에 다 있는데 [illegible] 은 장구리를 않아서! 이야기가 끝난 뒤 忠淳가 살금 기어가려니 도로 돌아온다. 장구리는 않았는데 열기가 힘들겠던데! 한다. 곁에서 그 건 문을 [illegible] 도망가며 [illegible] 소리가 납니다! 이 소리를 듣더니 다시 가서 조금후에는 도장문을 열고 들어가 [illegible] 한다 우리 들이는 그 소리가 날때 마다 가슴이 덜컥 했다. 한참후 큰방에서는 하얀 사람이 마루에 나섰다. 이때 마침 도장문이 [illegible] 하여 忠淳가 나오는 모양이다. 안에서 저기 누가 왔다 하는 것 같이 [illegible]. 그러니 안에서는 "[illegible] 빠질 놈들" 하며 [illegible] 나오는데 우리는 [illegible] 빈 손을 [illegible] 미리 숨어 나와 마주칠을 [illegible] 도망쳤다. 온 [illegible] 밭에서 조금 후 [illegible] 다시 만났다. "무엇을 가져왔노?" 忠淳만 는 하는 말이 "들어 가서 병이 있기에 [illegible] 해서 보이진 않고 맞선 도장에 던이게 [illegible] 병이고 던이게 [illegible] 병이고 해서 술로 [illegible] 생각하고 도망을 [illegible] 보니 [illegible] 가 [illegible] 기에 [illegible] 그러 [illegible] 는 것은 한술! 했는데 [illegible] 고추장! [illegible] 에는 [illegible] 소고기 [illegible] 기기에. [illegible]" 한 뭐를 [illegible] 보니 아무것도 없더라. 들어 [illegible] 보니 크다란 [illegible] 하나 있기에 [illegible]

빤히보데로 앞에 넣어보니 [illegible] 장조림 한 그릇이기에 그것인 다 [illegible] 두건 [illegible] 하는 가슴을 억누르며 가지고 나오니 안에서 고아 [illegible] 나기에 열린 도장 문앞 [illegible] 속에 넣어 놓고 숨어 나왔다"라 [illegible] "하여런 너 욕 보았다" "아니 이제 세로만 들어가면 그것은 가올수 있는데" 하면 [illegible] 했다. 이런 이야기를 하고 있으니 이때 大門 잠그는 소리가 난다. "옳다 이제 되었다. 이제 적극적으로 해서 상방을 치기어 보자" "고함은 치기나 [illegible] 이번 것을 않해 보면 언제 해 볼고?" 모두다 同意했다. 다시 올라가 나무에서 동정을 [illegible]. 안에서 [illegible] 하며 도독을 찾고 대문을 잠고여 등불을 [illegible] 집안을 [illegible] 다시 방으로 들어 간다. 이때 우리는 大門 밖에 가서 다시 소마주로 들어 [illegible] 을 내었다 "되었다" 간신이 [illegible] 들어 갔던한 곳이 있다. "[illegible]" "여기가 제일 적당한걸" "그래" 나는 忠淳을 들어 올리어 넘기었다. 다음은 나를 忠業이가 밀어 올리고 다시 나는 忠業이를 잡아 당기어 간신이 세사람은 [illegible] 했다. 어디에 忠淳란 놈은 [illegible] 가지고 오다가 [illegible] 그것을 찾아 왔다. 앞에 [illegible] 넘어 보니 도독 [illegible] 이 한 [illegible] 을 [illegible] 모여 그 소마주 구석에서 [illegible] 술에 다 [illegible]. 이제는 [illegible] 를 가져 놓고 [illegible] 新郞房에 들어 갔다 "[illegible] 이야기 좀 들자"

맨 먼저 뒷간 옆을 돌아서 정제 뒤로 해서 술소리를
죽여 가며 작은방 모퉁이를 돌아 갔다.
그쪽 작은 문은 빗장을 안 걸었다. 성한 길
되었다. 둘이 빨리 앉아 한숨을 돌이는 먹느
란이고 있어는 그 옆에 쌔근쌔근 잔다. 각각을
먹고 있다. 대신 깨어 나는 란이다. 조금 있으
니 귀 옆가 멀리 오고 또 조금 있으니 흰 빛이
가 오는 기척이 난다. 뒤를 돌아 보니 물러 청에
서 기어오는 "스타일" 언제까지나 우수하
인데 조금 후에는 숙여 앉고 쓸어 봤다. 尙氏가
방을 열어 벽장에 넣고 걸망은 어째서는
것은 모았다. 우리는 버티겠거니 설키지 않기
하게 함해서 열린 그 벽장에 붙어서고 있으며
문은 열고 눈을 떤 이 다시 문은 닫고 장방
에 빗장은 내어 돌려 섰다. 아마 幹部은
우리가 와 있다는 것은 알면서인데 아직 尙氏는
모르고 있다. 그것이 더 재미있다. 신랑이 자리
에 누우며 아 아 하며 고한 기세를 하자 尙氏가
재빨리 첫 날이 이불은 끌어 당기며 "피곤하시지요?"
하는 "서비스"를 열고 옷을 벗고 불을
껐다. "이제 조금 쉬며는 콩을 할 것인데" 하며
나를 눈짓 한다. 그러하자 우리 뒤에는 안쪽 아주머
니가 살짝 왔다 간다. 그 뒤를 이어 순희를
따라 조그맣게 걸고서 신랑 큰 소리쳐서 나와서
함이 가셨다. 그래서 비로소 尙氏는
우리가 왔다는 것을 알았던 것이다.

4287年 2月 16日 土. 雨

자리에서 일어나 눈을 뜬 것이 여덟시 경이었다. 아침 식사
를 마치고 밖으로 나가 보았다. 가동아주머니 댁의 [illegible]
누나를 만나 어제 저녁의 이야기를 해 놓고 한바탕 웃었다.
그러하니 飮食은 모두 도장에서 장독간으로 옮겨 놓았다
는 이야기를 해 주더라. 만약에 어제 저녁에 장독
간에 모두 있는 줄을 알았더라면 바로 그 앞에 두
고서 그 옆에 앉더라도 도장 문을 면하고
그 약간이 없으며 아무것도 내어다 먹지도 못하고
그 꼴을 당해! 참 원통한 일이다.
떡이며 갖이 한시 넘을 참아 갔다. 新郞 방에는
벌써 [illegible] 동생이란 者가 약한 회며 대면하고
있으며 눈에 대단 거슬리었다. 작은 방에는
新郞房으로 약간 를 치며 놓고 있지만 나는
그기를 들어가 놓지 않고 큰방에서 조금 놀았다.
박주를 한잔 씩 했으나 앞에 데이지도 않은
것을 尙氏는 어떻게 생각 할는지?
그러나 종일이 술을 마시어. 더욱이 학생服을 입고서
나는 거절했다.
장 끝에 앉아서 한참 동안을 있으며 대해 일이 나
나고 해서 집으로 갈까도 생각 한다. 조금 후에
이 댁이 는 試驗 볼일 보러 간다 하며 가고 없었
다. 어제 저녁 상방자시 한 나라 尙氏는
新婚後에는 [illegible] 그가 에서 무엇 [illegible]
를 죽기 했다.

4287年 2月 17日 日 晴

오늘은 참 朴氏宗親会가 宗家宅 사랑에서 열리게 되지? 宗家
宅에로 出勤해서 신랑 방으로 가서 한바탕 소리가 열리게
되는데 앞에서는 영감들이 고함은 친다. 宗家에 가서
신부는이나 하지 않고 들어 앉아서 가관들이라.
하는 수 없이 宗家宅으로 가 보았다. 많은 사람들이
모여서 会議를 進行하고 있다. 「일을 하게 위해서
朴氏는 團結하는 것이 아니라. 團結하기로 해서
앞으로의 모든 일을 해 나간다」는 소리가 이 나
서고 있었다. 大概의 会議를 수정하였다.
中에는 不常인 일들도 많다고는 할 수 없었다.
午后 3時頃 점심 식사를 하는데 물이나 같이
온 차 출처에서 한 사이 그것은 먹었으려다.
점심은 소고기 국밥이던가? 하여튼 오랜
만에 것이야 비빈 걸 먹었는가 하는 雲이
제일 마땅한 人物에게 간다는 사실을 알아야지!
불이 한데 모이어서 손길로 저녁에 가게 되었다.
[illegible] 다 같이 섞이어 들 불판에 갈 때는
비가 처럼 오기로 한다. 무슨 청년이기 세상
에 이 비 속에 무슨 지랄이야! 길에서 많이
오래서 무슨 목가 있겠지. 하며 불이는 하루 사람을
모으기 시작해 놓은 [illegible]의 이것이 보구나.
비를 무릅써 맞고 宜寧宅에 당도하니 소독
그리고 저녁이 한창이더라. 십 한시간 동안을
놀다가 이제는 비도 많으니 놀고 앉아 가기
시작하고 해서 고개를 넘어 오기로 했다.
服은 그늘을 앞에 이고 길을 걷는 소리는 대단
기특했다. 오늘 저녁에 이렇게 도깨비가
생기는 것도 다 별이 탓이라 아—

4287年 2月 18日 月 晴

자리에서 일어나서 목의 도장에서 방아 거리를 돌았다.
어릿가마니의 나락을 방아간에 져다 주고 나서 나는
새로 왔다. 소 마구를 치기 시작했다. 참 어릿가마니
고운 쇠 져다 나왔다. 그만해도 깍 해이어 있던 소
마구는 참 하게 곱 정리 되었다. 소를 밖으로 내몰
아 매어 놓고 쉬어 주기로 했다. 그러나 큰 소가 아
니고 송아지라 놓으니 풀을 먹고 가만 있지를 않으려
머리를 마당 그 대략 정리 해 놓았다.
그래도 아직 방아간에서는 틀기가 많다. 지게를 지고
방앗간으로 나가 보았으나 아직 덜어 찧었다.
잠시 동안 아동宅에 들어가 보았다. 한 귀에
얻어 먹을 떡국을 미리 나는 얻어 먹고 나왔
다. 점심 때는 방아가 다 찧게 되었다.
두가마니의 겨를 한 참에 져 보았다. 간신이
지고 집에까지 오고 보니 왠종 엎을 할만한
[illegible]運까지 했었구나. 사실 몸이 여덟 말을 지고
참 人間의 힘이란 어쩌나 정해도 가정구에 하는 것이
새삼 시험다. 나중에 깻 쌀 재려고 서 보니 먼저 보
다는 훨씬 축을하다. 벼를 사고 나서 짐 지은
사리고 보니 체로 새로 되었으니
그걸로 며칠 사람을 쉬이려고 집으로 왔다.
저녁에는 宗宅에서 종사 하지요! 이야기 때문에
12時까지 時間을 잘 모이게 되었었다.
宗家가 다 손의 [illegible] 宅에서 招待받
데 제사를 모시었다. 이만이 될때 까지
하도 때 文書를 매었다.

4287年 1月 19日 火 曇

아침 마친 길로 新法 洋服점에 주문을 해 놓았나 하고 가보았다. 마침 그집 사람은 [illegible] 있고 아이들에게 물어보니 강인 영감 [illegible] 다 가고 [illegible] 것이 없이다. 그래서 내려온 김에 姑母님 宅으로 가서 点심하였다. 한 두어 시간 동안 놀아 놀았다. 오후에는 떠나야 된다는 것을 이야기 하고 물러나왔다. [illegible] 수들이 미랍 된 것을 [illegible] 묶이어 수없다. 그것때문에 [illegible] 사람들이 [illegible] 나서 [illegible] 시키고 한다. 그꼴 눈으로 보기 싫고.
나머지 시간은 [illegible] 아주머니 宅으로 놀로 왔다. 그기에는 [illegible] 사람들이 있어서 [illegible] 잘 얻기 못했다. 해는 짧도 인다.
저녁에는 [illegible] 밖에서 [illegible] 것을 바라보고 [illegible] 한참 동안을 서있다가 [illegible] 을 알았다. 그길로 위로 [illegible] 하다가 中[illegible]으로 [illegible] 놀로 왔다. [illegible] 앉았다. [illegible] 하라 하고 [illegible] 으로 돌아 와 자리에 누웠다. 그러나 每日 [illegible] 하여 [illegible] 그리 [illegible] 기 좋고 [illegible] 자리에서 일어나 [illegible] 먹어라고 하였다.

4287年 1月 20日 水 雨

오늘로서 방학도 끝이 나는가 하면 깨달아 學校에 나가 여태를 보지 못한 級友들을 만나 앞으로 남은 한개의 큰 [illegible]. 이를 넘기까지는 [illegible] 마음이 [illegible] 만무하나 무엇을 못하여 온 동안이 항상 마음 구석에는 [illegible] 하다. 돌이켜 생각해 보니 4286年度 冬期放學 이래로서 高等學校 [illegible]의 放學을 [illegible] 생각 하니 過去가 다시 그립다. 이번 방학에 [illegible] 방학에 해 놓은 일이 무엇이 있는가? 처음 [illegible] 하던 하는 동리의 [illegible]에 [illegible] 형용하기 어려운 感想! 그것으로 [illegible] 하고 한 10余日은 [illegible] 자리로 해서 공연히 忘却한 날[illegible]을 하고 나서 생각하니 바로 오늘로서 방학이라는 명칭이 制限되는가 보다.
겨울방학! 이름 그 自体로서도 얼마던지 [illegible] 들어도 실증 조차 나지 않을 꿈많은 放學!
冬期放學아! 너는 벌써 누가 [illegible] 여기 까지 오고야 말았는가? 오일 오일 이것으로서 우리 人生은 자꾸 [illegible] 가는구나.... [illegible] 꿈으며 [illegible] 하고 말하던 그때는 어제 [illegible] 생각나나 돌이켜 보면 [illegible]...
그런데 오늘 旅行은 比較的 順調로운 것이다. [illegible] 이라는 말을 붙이게 되니 그렇다. [illegible] 눈에 [illegible] 하다.

4287年 1月 21日 木 曇

새로운 覚悟 밑에 회이해진 氣分을 가다듬어 마지막 얼마간 学窓時節을 깨끗이 有終의 美를 거두자.
학생은 학생으로서 어디까지나 학생답게 校則을 遵守하여 아름다운 生活을 維持 하자는 것이 나의 本心이다.
그런데 오늘 아침 担任 선생님으로 부터의 이야기와 같이 아니 平常時의 가르침 그것과 같이 첫째 學校에 나오는 目的이 工夫하고만 하기 위해서지 그러나 어디까지 人間으로서 人間이 되라는 보다 더 展望性 있는 그것이 되자. 人間은 苦悶도 있어야 한다. 青年이면 青年으로서 마땅히 가져야 할 苦悶이 있는 것이다. 이와 같이 언제나 過去를 反省하고 잘못된 点에 對해서는 어디까지나 내 自身을 責망하여 是正의 苦悶을 갖자.

4287年 1月 22日 金 曇

오늘은 放學後 이틀째 나간 날이건만 학생들의 放學 때의 氣分은 그대로 살아 있는듯이 教室안이 쓸쓸하게 빈 자리가 많다. 겨우 20余名 밖에는 되지 않는다. 이것이 우리 學校에만 限하는 일인가 하고 이웃 교실에로를 가 보아도 亦是 마찬가지의 現象이다.

4287年 1月 23日 土 寒

여태껏 따뜻한 봄날같은 날씨가 갑자기 왠일인가. 여지없이 北風은 추위를 [illegible] 하고 헐벗은 무리들을 또다시 괴롭힌다.

4287年 1月 24日 日 酷寒

일곱시 반에 일어났다. 새도록 한결같이 내려 갈기는 찬바람은 상상외에 [illegible] 우리집 대가리를 가져 갈 [illegible] 애를 쓴다. 房안은 여기저기 어너 곳을 가리[illegible] 없이 찬 바람은 새어 올라온다. 방바닥은 [illegible]. [illegible] 솜을 [illegible] 있다. 하로종일 [illegible] 밖을 나가 보지 않았구나. 아 [illegible].

4287年 1月 25日 月 酷寒

오늘도 酷寒은 如前이 連續된다. 教室에 앉아 있으도 [illegible] 않는다. 어딘지 [illegible] 이 [illegible] 하다.

4287年 1月 26日 火 寒

오늘부터는 약간 學生 數動이 생겨 간다. 한 半數는 나왔다. 時間表가 새로 作成되어 午前에는 필수과목을 마치고 午后에는 선택科目을 하기로 했다. 時間表는 이와 같이 定해졌으나 아직 各大學의 선택과목을 表示하지 않았기에 어느것을 선택하여 工夫를 하나 하는 것도 정하지 못한 問題다. 필수과목에서 社會生活科目이 빠지게 되었다고 올해의 서울大學에 入試에는. 지난 일요일에는 (?)이 놀러 와서 여러가지로 이야기를 해 보았다. 그런데 學校選擇이 또 새로이 우울을 일게 한다. 지금의 많은 학생들이 法科로 기우려지는 경향이 흑심한 것을 보아서는 다시 생각해 보지 않을 수 없다. 적어도 우리는 졸속으로 부터 約 20萬名 일어도 15萬名에 달하는 失業問題에 逢着해서 있는 것이 아닌가? 약간 존엄의 現實을 떠나서 理想을 멀리하니 아니 法科를 作定한 내 일도. 將來에 法科를 나왔다고 자랑하다 어디가 서 먹을 수 있나. 요행 좋은 [illegible]에 취직하게 되었더라도 공무원. 관리. 언제나 [illegible] 그거니. 이때까지의 계획을 다시 설계한 나머지 보다 確實한 工夫를 해 보자. 언제 어디서를 막논하고 經濟는 모든 일을 左右하지 않는가! 故로 이 問題다.
Money make mare go 라는 속담과도 같이 아니 돈을 벌어라 말했다는 그것보다도 經濟라 하면 社會科學의 一部門이기만 또 무게로서도 엄격한 學問이 아니냐. 새로 作定하기를 經濟를 앞으로 四年間의 硏究對象의 學問으로 잡을까 한다.

4287年 1月 27日 水 溫

좀 부치던 날씨도 약간 풀리는 感이 나기도 한다. 大學은 어디로? 서울. 왜야. 잠깐 지난 일을 생각한 나머지에는 大學도 그만두고 軍門으로 갈까? 彼友들의 몇 사람은 士官學校로 갔다. 入學願書가 열렸거린다. 나도 그렇게나 해볼까? 아니 군대 시험에도 [illegible] 어여 학교에나 들어가 내 전공을 할 셈가? 얼마 앞에 무언 조리는 하나. 士官학교에 간 아는 날은 [illegible] 한번 들어가 놓고 보면 職業軍人으로서 一生은 軍人이라는 이름으로 마친 것이 아닌가로 생각하니 그것도 좋다고는 못하고. 現在의 理想은 하늘에 닿고도 남음이 있고 實際 (?)는 땅에 떨어 붙어 잘 떨어지지도 않고. 人間社會의 矛盾 덩어리. 이 矛盾 덩어리를 어떻게 解決할꼬? 끝도 없고 理想도 없다. 空想도 않다. 忘想도 않고. 이것 저것. 온갖 것이 지금의 머리를 極度로 괴롭히고 있다. 저녁에 자리에 누워 곰곰 생각하니 지금부터 나 보는 것이 다 冷淡하게만 보이고 風浪이 甚한 大海에서 갈 目標를 못잡고 헤매는 가엾은 片舟와도 같다고 생각되기도 한다.

4287年 1月 28日 木 寒

가랑 눈비가 앞을 가로 막으니 자주 눈을 못 뜨게 꿈만 든다. 午前의 두 강좌 수업을 받고 즉시로 집으로 돌아왔다. 추워서. 아 오늘은 대단 춥기도 하다. 大寒 小寒 다 지나가고 늦 추위가 사람 죽인다.

4287年 1月 29日 金 寒

첫시간 洪永植 先生의 不渡 [illegible]에 洪先生任은 기차 通이기에 늦게 들어 와 시었다. 그 時間은 徐樹(?) 선생이 들어왔다. 教科는 "은근과 끈기".
다음은 英文法時間이다. 朴先生任의 모든 面이 꼭 金(?)先生과 비슷하다. 한 동이 동창으로 그런지는 몰라도 대단 비슷하다. 잔 앞에는 [illegible] "박가이 山"에 불이 났는데 그기로 亦是 避亂民 학교 비방이 목숨히 많다. 그런데 저번의 불에 한번 더 난 近方住民들은 잠도 못 자고 집을 지우기에 골몰한 모양이다. [illegible] 의 셋째 妾이 세대의 하룻밤을 대어 놓고 집을 나르기에 분주한 것을 보니 하룻에 둘째 妾, 첫째 妾. 本妻에게 까지 몰어 [illegible]하니. 妾이란 것은 그 차례에 "댄스"가 더 날을 속속 사랑이 더 불한가에는 몰라도. 다른 사람들은 이 불 보 하는 거야. 妣妻도 간신히 人波를 면을까 말까인데. 그 복잡한 속을 셋째 妾이 새에 뭐 하는 하는? 그래도 결으로는 [illegible] 하면서 [illegible] 人이 [illegible] 人의 代 [illegible] 이. 안으로는 [illegible] 은 [illegible] 에 [illegible] 이 아니고 무엇이냐? 이것이 現世의 現象이다.

4287年 1月 30日 土 溫

첫시간 한시간의 [illegible] 으로서 오늘의 校內生活은 마치고 [illegible]과 같이 [illegible] 女子商業學校를 訪問하였다. 午后의 時間을 利用하며 [illegible]을 하였다. [illegible] 이 한 대목 본다.

4287年 1月 31日 日 溫

朝飯을 마치고 오는(?)과 같이 大新洞으로 나무를 가질로 갔다. 그런데 途中에서 한 사복한 警察官에게 檢問을 당했다. 낡아진 작업복을 입고 다 떨어진 구두를 끌어 신고서 지게를 진 채. 사실 나는 촌놈이며. 바로 여기에 나무를 가질로 오는 길이라고 말하니 잔소리 따먼소리를 제하고 그는 제 갈 길 가고 나도 내 갈 길로 갔다. 나무를 해 가지라 하면서 해며 좋은 것은 나는 한쪽에 다 링구어 쳐어 놓다. 그래서 얼마를 가지 않아 [illegible] 하더니 한쪽으로 쓰러지고 말았다. 그래서 다시 정구어 지고 또 한참을 오다가 마치어 [illegible] 던져 버렸다. 하는 수 없이 두 집에 갈라 지니 그리 속을 한 것은. 공연히 작은 영웅심에서 과하게 해서 기운만 빠졌다. 이것이 어리석은 人間의 [illegible]라는 것은 조금에는 알았다.
오전에 이것을 지게기를 마치고 나니 팔도 알을 것(?) 손바닥이 [illegible] 불이 철철 난다. 오늘의 日課는 이것이 全部이다.

4287年 2月 1日 月 寒

계획의 [illegible]도 [illegible]을 갖추고 오늘은 다시 새로운 이 달의 첫날을 맞이 했다.
[illegible]에 넘치는 明朗한 얼굴로 돋는 해를 向할 때 마음은 기쁨에 넘쳐 흐른다.

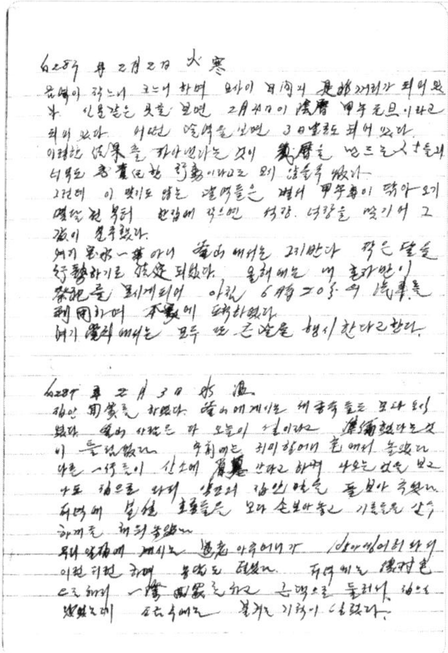
4287年 2月2日 火 寒

4287年 2月3日 水 溫

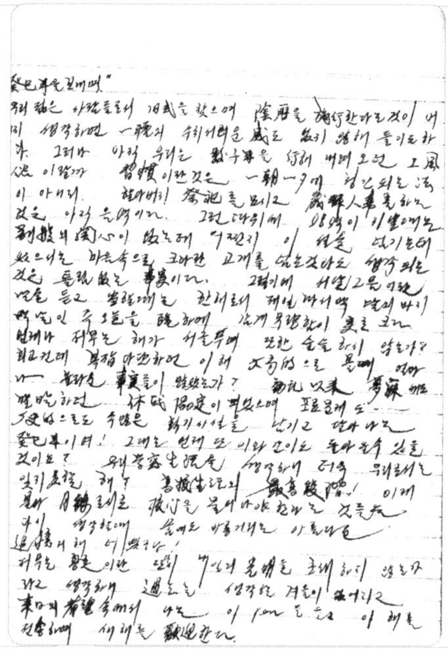

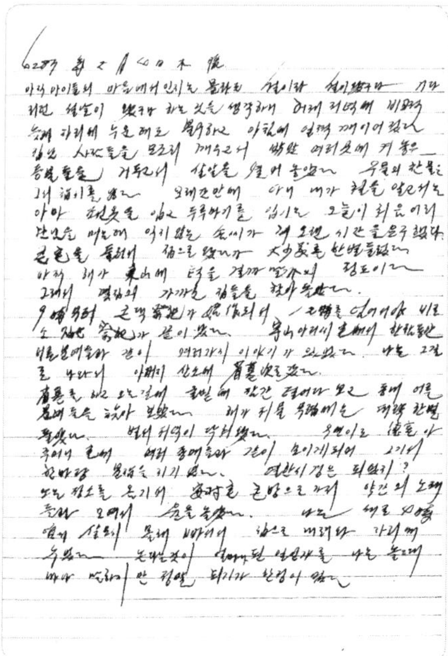
4287年 2月4日 木 晴

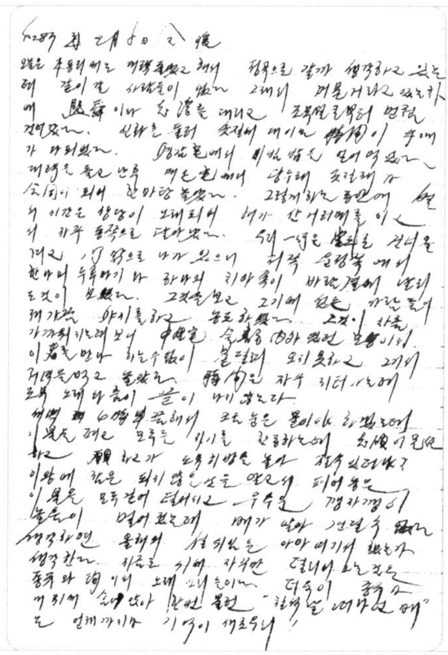
4287年 2月5日 [illegible] 晴

4287年 2月 6日 土曜

아침에 눈이 내리더니 길로 물이와 같이 사방으로 [illegible] 버렸다. 집에 와서 오랜만에 한 [illegible] 눈을 감고 말았다. 오후에는 이리 저리 헤매어 보아도 [illegible] 재미있게 놀 데가 발견되지 못하였고 놀다 가서 한 데 가서 약간 놀았다. 저녁에는 동네 친 벗에게서 약간의 [illegible] group을 만나 이야기 [illegible]하고 中[illegible]에서 [illegible] 집으로 와 자리에 누웠다.

4287年 2月 7日 日曜

어제 [illegible] 다 갔고 내 어찌 해야 하지 않겠는가? 보따리를 챙기어 아침 일찍이 길을 나서 武安으로 갔다. 보따리 [illegible] 짐을 [illegible] 대신 이웃을 [illegible] 것으로 그것이다. 이것이 [illegible] 해서 [illegible]가 武安까지 [illegible] 생각하면 나는 오히려 동생에게 미안한 感을 [illegible]. 역전에서 [illegible] bus. [illegible]까지 [illegible] bus 해서 [illegible] 到着하였다. 나는 [illegible] 해서 [illegible] 學校 [illegible] 만났다. 나는 요사이 아마 졸업식이 있으려니 하고 마음속으로 걱정이 되어 들러서 보니 졸업식에는 [illegible] 이야기가 있고 3月 20日에는 卒業式이 있다고 하며 [illegible] 하였다. 그 소리를 듣고 나서 나는 [illegible] 우리에게도 卒業이 이마에 近接했구나 하고 한번 속으로 [illegible] 보았다.

4287年 2月 8日 月曜

그만해도 여러날만에 學校에 나가 본다. 同僚들의 出席은 [illegible] 하다. 그러나 나는 여간 未安感을 느끼지 않았다. 왜? 아침에 登校할 때 揭示板을 目睹한 나머지 그기에는 3學年 [illegible]은 모든 것에서도 이제 얼마 남지 않은 高校生活에 下級生들의 指針이 스스로 되어 有終의 美를 거두자고 쓰여져 있는 그것이였다. 내 스스로가 이제 [illegible] 얼마 남지 않은 이 高校生活에 얼마나 어긋났나 하는 反省의 마음에서 솟아나는 솔직한 心境. 그것이 바로 오늘 아침에 떠오르는 未安感이다.
朝禮 때 担任 선생님으로부터 [illegible] 金[illegible] 고개가 숙여지는 [illegible]이라 하고 [illegible] 이제야 [illegible] 마음의 恩師가 다시금 [illegible] 생각의 이름이 되는가 생각한다.

4287年 2月 9日 火曜

苦悶하는 蜃氣樓

理想은 밝게 빛나는 푸른별 이랍니다
現實은 갈갈이 찌저진 荒漠한 沙漠
나는 이 속에 苦悶하는 蜃氣樓 이외다.

[illegible]

4287年 2月 10日 水曜

오! 고개를 들어 앞을 바라보라. 東流여! 그대는 무엇 같은 思索에 그렇게도 苦悶하고 있는 것일까? 그대를 무엇이 그렇게 까지 만들고만 있는가? 男兒 一生의 苦悶은 스무살 고개라 던데. 그대는 이제 스므살 고개로 옛날이 되고 말지 않았는가? 아니다. 자네는 그렇게도 모르는 마음일세. 白[illegible]의 그림자를 어떻게 감출것인가? 하물며 이 것 조차도 냉큼 처리하지 못하는 人間이 [illegible] 스럽게 이 [illegible]을 울리나니? 生의 価値는 奮[illegible]에 存在하나니.

4287年 2月 11日 木曜

이제 모두 各 大學의 入試選拔 日들도 發表되고 있다. 서울大學, 延世大學, 고려大學, 成大 等. 이 試驗要項이 發表되어 [illegible]에 응시자들의 [illegible]. 이제 벌써 몇일이 남지 않았다. 3月 5日 [illegible] 이제 [illegible]? [illegible] 環境만 남는.
서울로 가는 學生들은 벌써 [illegible] 問題들을 論하고 卒業式을 [illegible] 論한다. 따라서 卒業式 [illegible] 서울로 [illegible] 一回生 [illegible] 卒業도 [illegible] 하고. 卒業式을 [illegible] Sign도 [illegible] 하고 [illegible] 동안의 15個年간 [illegible] 없이 조용하며 신선하며 [illegible]. 우리가 이 時期는 [illegible] 多思한 時節을 [illegible].
저녁에 [illegible] 어쩌면 [illegible] 눈을 꼭 감으면 [illegible] 눈앞만 [illegible] 견딜수 없고 [illegible].

4287年 2月 12日 金曜

오늘도 두시간의 수업을 맛있게 받고 집으로 돌아왔다. 집에 돌아와서 보면 별로이 할일도 없는데 學校에서는 [illegible] 바쁘게 오지 않았는가? 수업을 받기로는 조금의 時間도 [illegible] 남지 않았다. 그런데 집에 와서 [illegible] 여러 날 그러하고 [illegible] 보아도 무슨 신통한 手段도 생기지 않는다. 우리 class 98名中 서울로 갈려는 數가 大多數는 서울에 [illegible] 하는 學生이 [illegible] 되지 않는다. 서울에 [illegible] 생각하기 [illegible] 一劃이라도 [illegible] 하기라도 [illegible] 勇氣가 생기지 않는다. 釜山高等學校 全國에서도 第一流라는 高邁한 [illegible]의 Pride 조차도 [illegible] 서울에 가서 살아 왔을수 없다..! 그렇게 하지 않기로 생각해 본다면 [illegible] 살 수 있는 것은 [illegible] 事情. 이것이 [illegible] 아무것도 [illegible] 않는데. 본래 [illegible] 사람에게는 大概가 그러한 處世이 못되고 [illegible] 그 世界이 [illegible] 마음 놓고 그곳 갈수 있는 이런 人物들은 [illegible] 그 反對의 事實이 아닌가? 이것이 [illegible] 人間의 最大의 悲劇인가? 이렇게 생각하여 가도 가만히 내 옛날에 읽던 [illegible] 知足可樂 이란 말을 생각하면 모든 複雜事는 [illegible] 解決도 되리라.

4287年 2月 13日 土 曇雨.

아침에 맑던 날씨가 어느듯 어두운 雲天이 되고 말았는가? 天氣도 참으로 알수없어 그래. 한시간 수업을 마치고서 下校時에는 하늘에서 비물이 흐른다.

이제 立春이 지나기 않았는가. 확실히 봄이 왔어. 三冬에 얼었고 얼었던 모든 산천초목들 이 단 방울 방울의 비를 맞아 받고 새로이 눈을 떠서 生動하기 않겠는가. 얼었던 개울도 이제 졸졸이 흘러갔지. 山비에 [illegible] 쌓여 있었던 [illegible]들도 물으로 化해도 [illegible]의 이상이 없다. 가느다랗게 뿌리는 저 빗방울은 사랑하는 [illegible] 이따 [illegible] 같이도 완히 [illegible]는구려.

본수방천의 춤게 말라 붙은 어린가지들이 입을 벌리다 [illegible] 생동생동 [illegible] 봄이 오면 아니 이 단비를 맞아 다시면 [illegible] 여윈 몸들이로 새로이 살찌게 되어 충만히 솟아지는 [illegible] 꽃으로 [illegible] 당신에게 [illegible]해도 하늘 아래 서면 해이다. 지금은 2月 13日이라는 오늘도 저물어가는 夜 五更로 가까운데 밖에서는 야경꾼의 딱딱소리만 아울러 [illegible] 조용히 살건 살건 내리기 前에로 사랑하는 [illegible] 봄비로 오신다. 길으가는 [illegible]을 끼고 [illegible] 하고 [illegible]하며 [illegible] 리를 지나가는 소리가 들린다. 그소리가 끝나자 다시금 된이는 고요해진다. 모든 [illegible]은 이제 한잠이 들어 쿨쿨 코고는 소리만. [illegible] 조용히 까지도 [illegible]에서 [illegible] 소리를 듣고 계시더니 이제 새로 [illegible] 가늘게 [illegible] 하는 숨소리를 내시며 고요한 꿈나라에 가셨다. [illegible] 이제 [illegible] 이제 오[illegible] 리 [illegible]도 오늘따 내일가 그렇게 흘러 갔었는 그때 자리에 들어 볼까?

4287年 2月 14日 日 曇

산뜻한 氣分을 수습하여 자리에서 일어났다. 朝飯을 마치고 자리에 한참동안 우두커니 앉아있는 동안에 날씨는 환하게 개이기도 하는데 비방울이 맺기도 한다.

어수선한 [illegible]을 한참동안 정리해놓고 약간의 바람을 쏘이려는데 마침 왠 낯선 사람하나와 같이 거처의 [illegible]가 오시었다. 조금 앉아서 담화를 나누고 있으니 밖에서 모친이 들어오시어 일은 잘 되었다. 나의 약간의 책임을 더는가도 생각한다. 한참후 한잔의 술을 하는데 약간의 신음을 마치었다.

한잔, 또한잔 돌아오는 술에 약간의 醉氣도 더해졌다. 서로들 얼큰한 氣分이 좋으니 이야기는 자미 있게 進行된다. 이이야기 저 이야기 自己네들의 지난날의 회고담 等...

午后 3時半頃해서 오신 손님들은 떠나시고 말았다. 저녁을 마치던 길로 [illegible] 골치가 아파 잠깐 동안 곧 잠을 자고 깨어 보니 그때는 下宿 아주머니가 와 계신다는 것을 알았다. 남은 술로 한참후에는 한 방이 되어 화토치기를 하였다.

제일 처음 첫판에 승리는 나에게로 돌아오고 그 다음 부터는 모친에게 양보하고 나는 물러 앉았다.

내일에는 2月 보름! 언뜻 생각하니 合格者(合格者) 發表 期日이 아니냐? 이 몸의 ? 지금 [illegible] 조마리던 그날도 이제 하룻밤을 격하고 몇시간 후인 來日 午前中으로 解決이 되겠지? 애타는 瞬間 瞬間은 자꾸 앞으로 [illegible]을 追求한다.

4287年 2月 15日 月 曇

해여나 어찌되었는가 하는 조마조마 하는 생각에서 그렇게 편안히 오지 않았다는 것이 事實이다. 아침에는 자리에서 가볍게 일어났다. 사람은 참 [illegible] 살아가아니라 날마다 속아산다는 말이 있는 것과 같이 사실 요사이의 내 心情이 꼭 그렇하다. 絶對的으로 생각할때는 그야말로 徹底한 그 存在들이지만 아니 다른 相對便을 생각할때는 그래도 多少의 안도감도 되고는다. 그러나 試驗이란 그 自體가 애매한 것이기에 알수없는 형편이다.

登校. 朝礼時에 担任으로 부터 午后에는 아마도 다 알게 될것이란 말을 듣고 實로 몇시간의 수업이 안정하지 않는 형편들이다. 너나 할것없이 마음이 설레어 이야기 조차 판을 친다.

終礼 때 消息通이 우리 class에는 다섯명의 不合格者를 제외한 나머지는 다 결정났는것 같다고. 아직 확실한 것은 알수없고 모간 선생님이 [illegible] 에서 위선 전화로 알린 결과라고. 나중에 모간 선생님이 돌아 와시어 이제 확실한 通告에 依하면

총수 298. 應試者

合格者 281名. 93.4 % 合格率.

[illegible]에서 全國 [illegible] 人文高等学校에서 首位를 차지.

[illegible]이 全國에서 가장 우수한 성적을 내었으며

~~應試者의 89.8 % 合格.~~

우리나라의 校훈에

"평면鏡이 물이 되었다" 우리는 더욱 이와 같이 行하며 自重하자.

4287年 2月 16日 火 小雨

아침에 登校한 即時 어제의 기쁨에 反해서 지극히 슬픈 消息이 들려 왔다.

어제 오후 8時頃에 어제 까지도 학교에 나오신 林獻默 先生任이 世上을 떠나시었다고? 아니 그런 엉뚱한 거짓말이 있을까? 아니 거짓말이 아니라 정말이라며.

우리가 2학년때 C組 담임 즉 나를 담임하시었고 지금은 3.E 반을 담임하고 있지 않았느냐? 先生의 年歲가 지금에 30. 그 才質로나 人品으로나 確實히 우리 学校, 아니 이나라의 촉망되는 教育界에서 重大한 損失일 것이다.

或 같은 同僚 先生任 들끼리 농담 끝에 왜 林先生任은 나이가 30이 되도록 結婚을 하지 않으냐고 물으면 先生任은 웃으시면서 나는 결혼을 해서 한사람의 안해를 사랑하기 보다는 愉快한 내 몸으로서 学園의 총명한 많은 학생들을 사랑하는것이 더 좋기 때문이라고. 아무리 농에서 해 버린 말씀이 였지만 그 얼마나 거룩한 생각에서 울려 나온 말씀이 였을까? 이와 같이도 우리들의 장래를 爲하며 앞날의 文化[illegible]을 爲해 지극히 사랑하시던 그 先生任이 世上을 떠나 시다니?

이제 불과 2週日도 채 못되면 이 학교를 물러 나는 우리 卒業生들에게 이 무슨 不幸이냐? 생각 컨데 先生任은 슈-톤 따도 같으신 분이다. 出生했고 오늘에 까지 30 이라는 [illegible]으로서 自己의 Human 한 방울도 허수히 버리지 않고 오직 学問에 그 힘을 다 기우리다 고요히 이 世上을 떠나시었다.

4287年 2月 17日 水 小雨

오늘은 상당히 늦게 學校에 갔는데도 아직 敎室에서는 朝禮가 始作되지 않았다. 20時頃부터 50分의 수업 두 시간을 마치고 午后 2時에는 林 先生으로부터 [illegible]이 있다고 전달되었다. 어떻게 [illegible] 생각해서 [illegible]으로 [illegible]한 것이 人生[illegible]이다. 어떤 詩人이 하기를 人間은 70을 살아도 항상 [illegible]하게 살 것만 같으며 죽게 될 그 한 시간을 깨닫지 못하는 것이 人間[illegible]이라고 하였지만 林 先生님은 15日 오후 다섯 시 [illegible]를 학교에서 [illegible] 3. E반이 [illegible]에 모두 合格되었다고 그렇게 좋아하시며 [illegible]하지 않느냐? 그때 그렇게나 [illegible]한 [illegible]이 [illegible] 내가 오늘 오후 8時頃에는 눈을 감을 것이라고 어찌 상상이나 했을까? 花[illegible] 30에 [illegible]이 웬 말인가? ……

오늘 14時 [illegible]을 [illegible]이면 이제 [illegible]이 이 세상으로부터 終[illegible]하시다. 아무리 울고 싶은 마음에서 울어 보았자 무슨 소용이 있으리오.

4287年 2月 18日 木 寒

오사이는 學校로 나가도 別[illegible] [illegible]을 [illegible] 오늘은 집에 있기로 하였다. 날씨가 매우 차다. 어머님은 어디 좀 편찮으신가 이불을 덮고 누워 계신다. 마음이 매우 [illegible]하다. 이백을 아주머니 [illegible]에 가서 술을 좀 가져와서 어제 바꾸어 놓은 [illegible]을 가지고서 어머님의 [illegible]를 대려 [illegible] 올렸다. 부엌에 [illegible] [illegible]으신 것을 [illegible] [illegible]을 [illegible] 그대로 [illegible]. [illegible]에 [illegible] 말 [illegible] [illegible]. [illegible]에 [illegible] [illegible] 하면서 [illegible] 되지 않는 것이 아마 마음이 安定되지 않는가 봐 하고 스스로 생각했다.

4287年 2月 19日 金 寒

오늘은 학교로 나갔다. 우리 class에는 [illegible]되지 않는 [illegible]들이 [illegible] 되었다. [illegible] [illegible] 敎室로 찾아서 [illegible] 해버리고 [illegible]이 됐다. 나는 3.C반에서 [illegible]를 맡았다. [illegible] 오겠다. [illegible] 같이 한 시간을 마치고 이야기를 하면서 [illegible] 넘어 왔다. 학교에서 돌아온 후 [illegible] 延大入學願書를 [illegible]에 [illegible] 있었다.

4287年 2月 20日 土 寒

아침을 마치고 [illegible] 않는 [illegible]에 [illegible] [illegible] 왔다.

[illegible]에는 [illegible] 방안이 [illegible] 왔다.

[illegible]에서 [illegible] [illegible] 못하고 [illegible]은 [illegible] 午前을 넘기고 午后에는 [illegible] 敎室로 나갔다.

4287年 2月 21日 日 寒

날씨는 [illegible] [illegible]가 풀리지 않는다. 목줄이 [illegible]하면서 코가 [illegible]한 것이 아마 찬바람에 감기인가 봐.

朝鮮[illegible]에는 조금 앉아 政治問題를 읽고 있는데 [illegible] 君이 찾아와 한참 이야기하고 돌아갔다.

이제 하루에 한 [illegible]을 보면 그 날까지 다 [illegible]이냐? 3月 5日 [illegible] 그동안 [illegible]히 해 보자. [illegible] 오래간만에 [illegible]을 만나 [illegible] 討論도 해 보았다. 自己의 [illegible] 같은 [illegible]이면 [illegible]에 머물러 있으면서 [illegible]에 지원하지 않고 구태여 延大를 志望했느냐?에 [illegible]해서 한참 이야기 같이 되었다. 지금 [illegible] [illegible]에 [illegible] [illegible] 出身이라는 Pride 그대로 [illegible] [illegible] [illegible] 志望하였는지도 생각이 없다. 延大라 하면 그래도 우리나라에서 第一流에 屬하지 그 다음 流에도 갔기 [illegible]? [illegible] [illegible]을 마치고 3학년 [illegible] 本校에 가서 [illegible] 工夫하면 되지 않느냐? [illegible]이 弱한 사람은 弱한 그것을 제가 모르고서야 되겠는가? 바로 [illegible] [illegible] [illegible]이라면 하필 延大가 아니라도 [illegible] 가겠지? 그러나 [illegible] [illegible]한 [illegible] [illegible] 바꿔지오? [illegible] [illegible] 보내라는 [illegible] 없이 [illegible] 없으나 [illegible] 가고 싶고. [illegible]한 人間은 [illegible] 있으면 있고 그것만치 [illegible] [illegible]이 나의 지금의 생각이고 [illegible] 하지만 나는 이러한 [illegible] 것이다. 人間은 누구나 한 번이라도 自己의 [illegible] [illegible] [illegible] 아니.

지금 [illegible] [illegible] 오늘의 [illegible] 瞬間인가 봐…… !!

4287年 2月 22日 月 晴

願書를 가지고 [illegible] 동무들과 같이 學校로 갔다. 3學年生들은 卒業日까지 休學이라고 한다. [illegible] 약간의 동무들 밖에 나오지 않았다. 나는 [illegible]들은 모두 [illegible] 관계로 나온 모양이다. [illegible] 先生에게 원서를 [illegible] 집으로 돌아왔다. 그런데 [illegible]이 한 통 필요한데 그것 때문에 또 武安까지 가야 하나? 오늘 [illegible] 올라갈 것을 [illegible]하고 [illegible] [illegible]으로 갔다.

어머님께 이런 이야기를 말씀드리니 [illegible] 오라고 말씀하신다. 오늘은 이미 한나절이 [illegible] 하시며. 父母님이 자식을 사랑하는 데 있으니 이와 같이도 [illegible] 하는 것을 [illegible] 나는 생각했다. [illegible] [illegible] 車도 없이 不便한 交通에 늦게 나서서 [illegible] 그것도 [illegible] 고생이라는 것을 미리 생각하시고 이렇게 말씀하시는 것이다.

4287年 2月 23日 火 晴

[illegible]까지는 [illegible] [illegible] 그리아 [illegible] 첫 bus로 [illegible] 8時30分에 [illegible] [illegible]. [illegible] 車[illegible] 30分 [illegible] 관계 있다.

마음은 [illegible]하고 해서 [illegible] 걷기를 [illegible]했다. [illegible] 고개를 올라오니 [illegible] 한 [illegible] 좀 [illegible] 죽지를 않았다. [illegible] 武安까지 [illegible] 발가락을 [illegible] 걸어와 [illegible] 마치고 집으로 올라왔다.

오늘 돌아갈 예정으로 [illegible] 新[illegible]에서 기다리보았으나 나를 실어다 줄 車는 하나도 없었다. [illegible] 君을 만나 [illegible]에서 조금 놀다가 도로 올라오고 말았다.

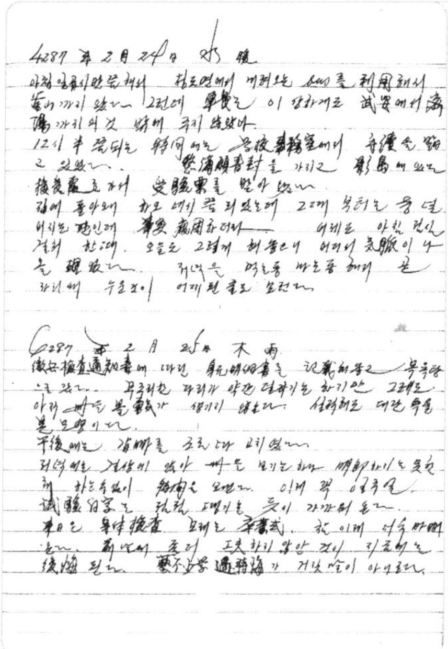
4287年 2月 24日 水 晴

4287年 2月 25日 木 雨

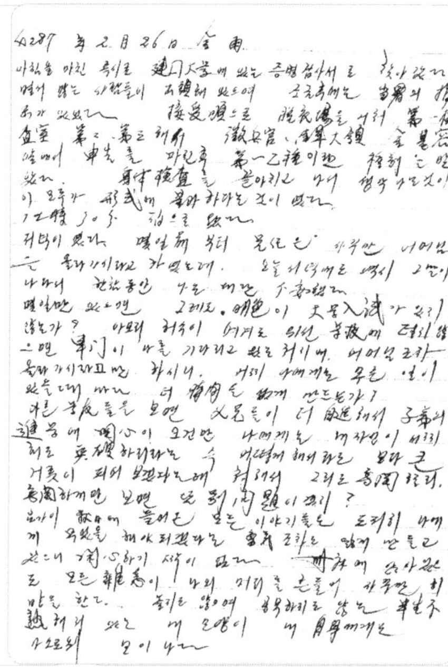
4287年 2月 26日 金 雨

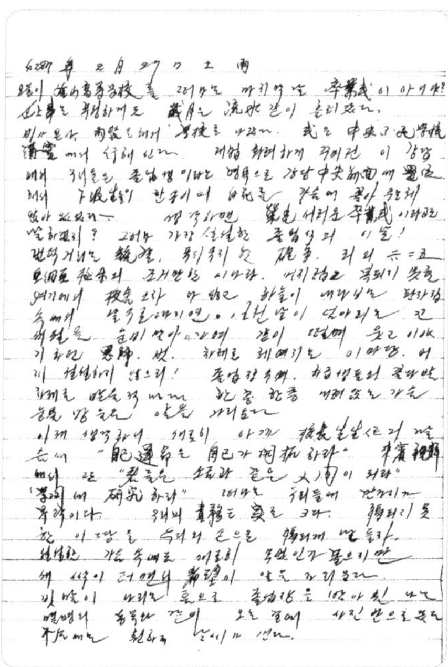
4287年 2月 27日 土 雨

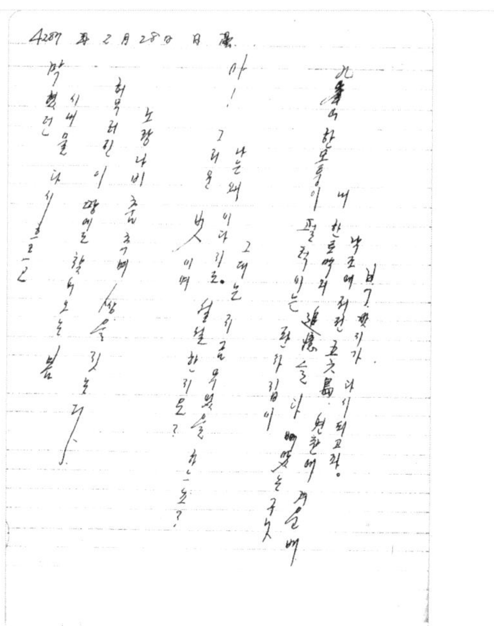
4287年 2月 28日 日

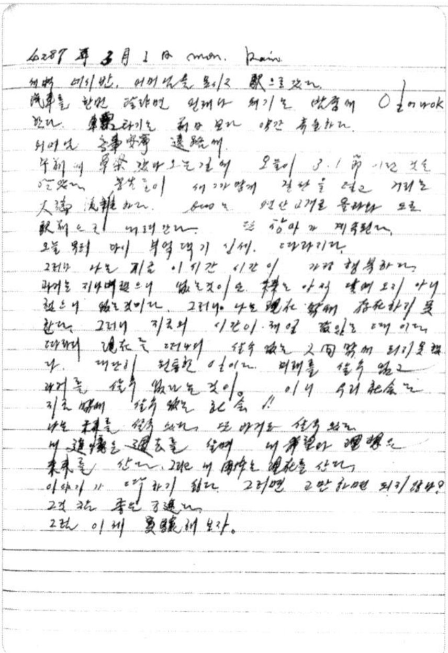

4287年 3月 1日 mon. Rain

새벽 여섯시반, 어머님을 모시고 驛으로 갔다.
汽車를 한번 탈라면 언제나 싸우기는 싸움에 [illegible] work
했다. 乘車하기는 하였으나 약간 혼돈하다.
[illegible] 事 [illegible] 遠路에.
午前에 學校 갔다 오는 길에 오늘이 3.1節 이란 것을
알았다. 學生들이 씩씩하게 [illegible] 거리로
大路 [illegible]하다. [illegible] 연산 [illegible] 모로
[illegible] 계속된다.
오늘 무척 마니 [illegible].
그러나 나는 지금 이 시간 시간이 가장 행복하다.
과거는 지나버렸으니 없는 것이요. 未來는 아직 앞에 오지 아니
했으니 없는 것이다. 그러나 나는 現在 속에 存在하지 못
한다. 그러나 지금의 시간이 제일 貴할 때 이다.
따라서 現在는 [illegible] 살수 없는 [illegible] 되지 못했
다. 대단히 [illegible] 일이다. 미래를 살수 없고
과거를 살수 없다는 것이. 이나 우리 社會는
지금 [illegible] 살수 없는 社會!!
나는 未來를 살수 있다. 또 과거도 살수 있다.
내 追憶은 過去를 살며 내 希望과 理想은
未來를 산다. 그래 내 肉体는 現在를 산다.
이야기가 [illegible]하기 쉽다. 그러면 그만하면 되지 않나?
그것 참 좋은 [illegible].
그럼 이제 實驗해 보자.

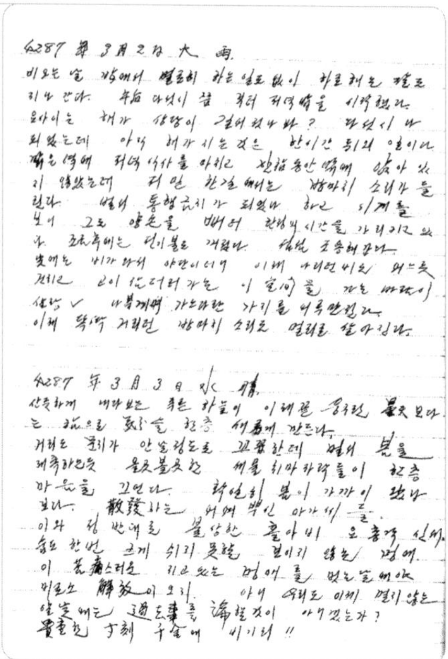

4287年 3月 2日 火 雨.

비오는 날 방에서 별로히 하는 일도 없이 하루해를 그럭
지나 간다. 午后 다섯시 쯤 되어 저녁밥을 시작했다.
요사이는 해가 상당이 길어졌나 봐? 다섯시 나
되었는데 아직 해가 지는 것은 한시간 뒤의 일이다.
[illegible] 저녁 식사를 마치고 [illegible] 동안 방에 앉아 있
지 않았는데 [illegible] 한가운데는 [illegible] 소리가 들
린다. 벌서 통행금지가 되었나 하고 시계를
보니 그도 [illegible] 한참의 시간을 가리키고 있
다. [illegible]에는 전기불도 꺼졌다. [illegible] 조용해졌다.
낮에는 비가 와서 야단이더니 이제 [illegible] 어느듯
[illegible] [illegible] 가는 이 空間을 가는 [illegible]
[illegible] 가느다란 가지를 [illegible].
이제 [illegible] 거리던 [illegible] 소리도 [illegible] 살아진다.

4287年 3月 3日 水 晴.

산뜻하게 내다보는 푸른 하늘이 이제 [illegible] 보다
는 [illegible]으로 [illegible] 한층 새롭게 만든다.
거리도 [illegible] 안 날정도로 고요한데 [illegible] 봄을
재촉하는듯 울긋불긋한 새를 [illegible]들이 한층
마음을 끄인다. 확실히 봄이 가까이 왔나
보다. 散發하는 [illegible] 아가씨들.
이와 정 반대로 불상한 홀아비 요 총각 신세.
[illegible] 한번 크게 쉬지 못한 [illegible] 않는 [illegible].
이 苦痛스러운 지고 있는 멍에를 벗는 날에야
비로소 解放이 오리. 아니 우리도 이제 멀지 않는
앞날에는 過去事를 論할 것이 아니겠는가?
貴重한 寸刻 [illegible]에 비기리!!

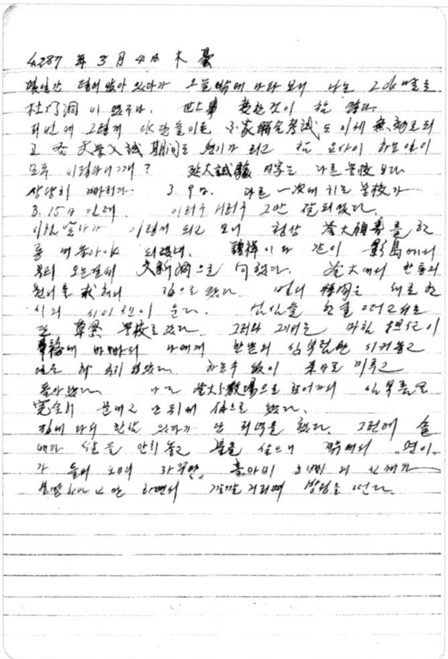

4287年 3月 4日 木 曇

[illegible] 방에 앉아 있다가 오늘 밤에 [illegible] 나는 [illegible]
杜門洞 이 [illegible]. 世上事 [illegible] 것이 [illegible].
지난에 그렇게 [illegible] 國家 [illegible] 考試도 이제 無效로 되
고 [illegible] 文學 [illegible] 期間도 [illegible] 요사이 [illegible]
모두 [illegible]? 延大試驗 日字는 다른 學校 보다
상당히 빠르다. 3.9일. 다른 一次에 [illegible] 學校가
3.15日 인데. 이러구 저러구 그만 [illegible] 되었다.
[illegible] 이렇게 되고 보니 [illegible] 釜大 [illegible]
[illegible] 되겠네. [illegible] 影島에서
[illegible] 오는 길에 大新洞으로 向했다. 釜大에서 [illegible]
[illegible] 求해서 [illegible]으로 왔다. [illegible]
[illegible] [illegible]. [illegible]
[illegible] 學校로 갔다. 그러나 그애는 마침 [illegible]
[illegible]에 [illegible] 나에게 [illegible] 시켜놓고
[illegible]. 하는수 없이 來日로 미루고
[illegible]. 나는 [illegible]으로 [illegible]
完全히 [illegible] 집으로 왔다.
집에 와서 한참 있다가 [illegible] 저녁을 했다. 그런데 [illegible]
[illegible] 안치 놓고 불을 [illegible] 연이
가 [illegible] 3가구 [illegible] 홀아비 [illegible]
[illegible] 하면서 [illegible] 방정을 떤다.

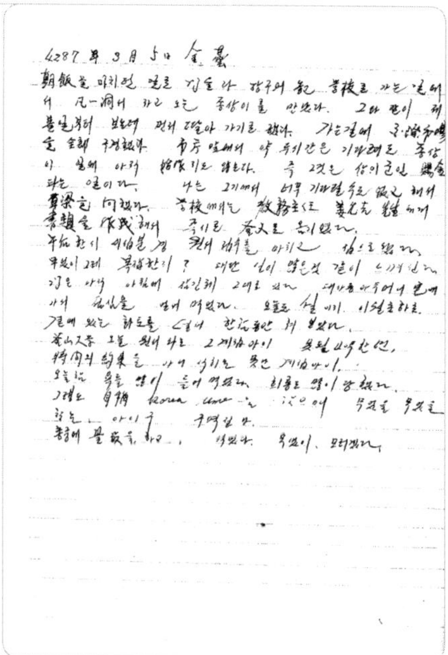

4287年 3月 5日 金 曇

朝飯을 마치던 길로 [illegible] 學校로 가는 [illegible]에
서 [illegible]洞서 [illegible] 오는 [illegible]를 만났다. 그와 같이 [illegible]
[illegible] 보려 [illegible] 가기로 했다. 가는 길에 [illegible]
을 全部 구경했다. 市庁 앞에서 약 [illegible]시간은 기다려도 [illegible]
이 [illegible] 아직 [illegible] 않는다. 즉 그것은 [illegible]
되는 일이다. 나는 그기에서 너무 기다릴 수도 없고 해서
草梁으로 向했다. 學校에서는 教務主任 [illegible] 先生에게
書類를 [illegible]해서 즉시로 釜大로 [illegible].
午后 한시 [illegible] 점심을 마치고 집으로 왔다.
[illegible] 그래 복잡한지? [illegible] 같이 느껴진다.
[illegible] 아침에 [illegible] 그래로 [illegible]
[illegible] 점심을 [illegible]. 오늘도 [illegible] 이발소 [illegible]
길에 있는 [illegible] 한참동안 [illegible].
釜山大學 오늘 [illegible] 그 계집아이 [illegible],
[illegible]의 約束을 [illegible] 못한 계집아이.
오늘은 [illegible] 먹었다. [illegible] 했다.
그래도 自稱 Korea [illegible] 무엇을 [illegible]
[illegible] 아이구 [illegible].
[illegible] 모르겠다.

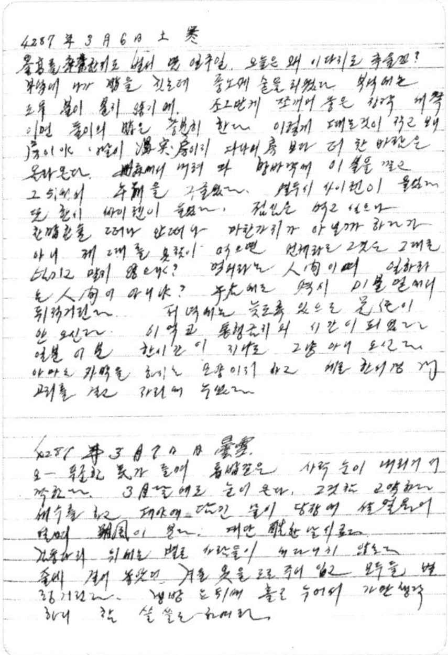

4287年 3月 6日 土 寒

봄답을 春蕾하기도 벌써 몇 일주일. 오늘은 왜 이다지도 추울까?
부엌에 나가 밥을 짓는데 종노에 손을 쥐였다. 부엌에는
조루 불이 들지 않기에. 조그맣게 쪼개어 놓은 장작 네쪽
이면 둘이의 밥은 충분히 한다. 이렇게 때는것이 거의 4개
月이나. 방이 溫突房이지 다다미房보다 더 찬 바람은
올라온다. 冊床에서 내려 와 방바닥에 이불을 깔고
그 위에서 宿題를 구술했다. 열두시 싸이렌이 울렸다
또 한시 싸이렌이 울렸다. 점심은 먹고 싶으나
한끼쯤은 그러나 안 먹어야 마찬가지가 아닐까 하다가
아니 제 때를 못찾아 먹으면 언제라도 그것은 그대로
남이고 말지 않느냐? 먹어라는 人間이며 일하라
는 人間이 아니냐? 午后에도 역시 이불 옆에서
뒤척거렸다. 저녁에는 늦도록 있으도 선생이
안 오신다. 이 학교 통행금지의 시간이 되었다
열한 시 한시간이 지나도 그냥 아니 오신다.
아마도 외박을 하시는 모양이다 하고 혼자 한시경 문
고리를 걸고 자리에 누웠다.

4287年 3月 7日 日 曇雪.

오— 무슨 天氣 들어 흩날같은 사락 눈이 내리기 시
작한다. 3月 날에도 눈이 온다. 그것도 오랫동안
세수를 하고 대야에 떠긴 물이 당장에 살얼음이
얼며 朔風이 분다. 재만 쌓인 날씨도다.
김통하의 위에는 별로 사람들이 쏘다니지 않는다
줄에 걸어 놓았던 겨울 옷을 도로 주어 입고 모두를 벌
벌 떨거린다. 냉방 돈 위에 홀로 누워서 가만 생각
하니 참 쓸쓸도 하여라.

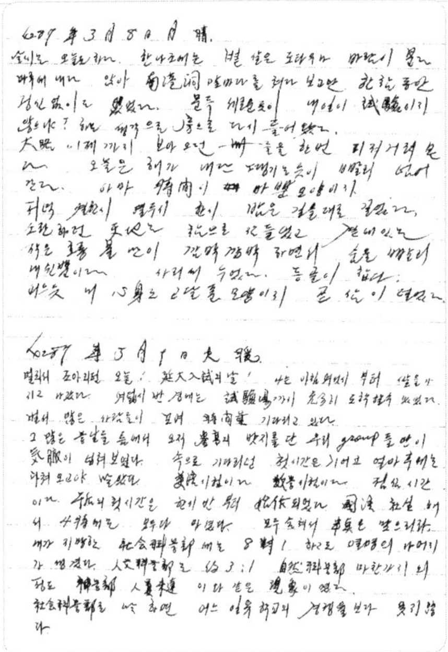

4287年 3月 8日 月 晴.

순식도 오늘도 하다. 한나절에는 별 살은 도타우나 바람이 분다
마루에 내다 앉아 南漢洞 앞바다를 펴다 보고는 한참 동안
정신없이도 보았다. 문득 새로운 듯이 내일이 試驗이지
않느냐? 하는 생각으로 방으로 다시 들어왔다.
大賦 이제까지 보아 오던 책을 한번 뒤져 거려 본
다. 오늘은 해가 내 잔 노행기 듯이 빨리 넘어
간다. 아마 晴雨이 바쁜 모양이지
저녁 7時 열두시 한이 밤은 겨울 대로 길었다.
소란하던 天地도 잠으로 잠들었고 곁에 있는
책은 도통 볼 맘이 깜박 깜박 하면서 손을 내놓아
내친쳅이다. 자리에 누웠다. 등골이 차다.
어느듯 내 心身도 그날로 모양이지 곧 잠이 들었다.

4287年 3月 9日 火 曇.

벌리서 조마리던 오늘! 延大入試의 날! 나는 아침 일찍이 부터 서둘러
가고 나왔다. 여덟시 반 경에는 試驗場까지 充分히 도착할 수 있었다.
벌써 많은 사람들이 모여 入場을 기다리고 있다.
그 많은 응시들 속에서 오직 學校의 뱃지를 단 우리 group 들만이
氣脈이 넘쳐 보였다. 속으로 기다리던 첫시간은 가이고 영어국어를
다쳐 오고야 말았다. 英語시험이다. 數學시험이다. 점심 시간
이다. 午后의 첫시간은 한시 반 부터 始作되었다. 國語 社會 시
의 4科目에도 모두다 아니었다. 모두 合하여 本兵も 방으리라.
내가 지망한 社會科學部 에는 8 對 1 하고도 여명의 나머지
가 생겼다. 人文科學部도 약 3:1 自然科學部 마찬가지 의
학도 醫學部 人員未達 이라 같은 現象이 있다.
社會科學部를 보아 하면 어느 일류 학교의 경쟁율보다 못지 않
다.

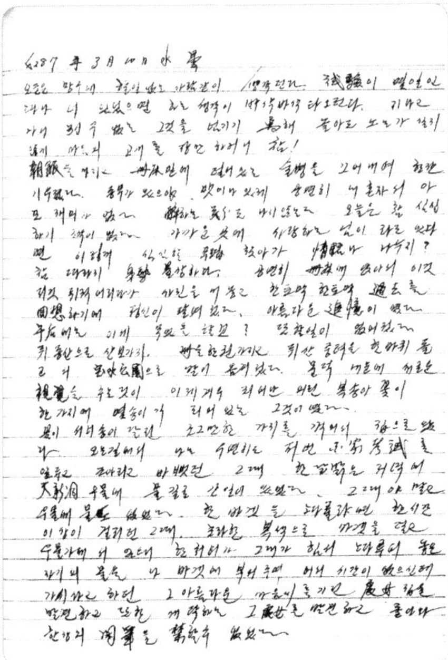

4287年 3月 10日 水 晴

오늘은 방안에 하찮이 있고 사람같이 생각된다. 試驗이 몇일만
지나서 있었으면 하는 생각이 바작바작 타오른다. 기다리고
기다릴 수 없는 그것을 넘기기 위해 놀아도 보노라 하기
도 하였지 고개를 갸웃 하여서 참!
朝飯을 마치고 冊床앞에 앉어 있고 술병을 끄어내여 한잔
기울였다. 좋은 맛으나 맛이나 있게 홍연히 내 혼자서 아
도 재미가 없다. 醉하는 氣分도 나지 않는다. 오늘은 참 심심
하기 짝이 없다. 가까운 곳에 사랑하는 님이 라도 있다
면 이렇게 심심할 무엇 찾아가 情話나 나누지?
참 따라지 身勢 불상하다. 공연히 冊床에 앉아서 이것
저것 뒤져 어리다가 사진을 꺼 놓고 한토막 한토막 過去를
回想하기에 정신이 팔려 있다. 아름다운 追憶이 였다.
午后에도 이제 무었을 할꼬? 또 할일이 없어졌다.
뒤 동산으로 산보가자. 책을 한 권 가지고 뒤산 중턱을 한 바퀴 돌
고서 公園으로 발이 옮겨졌다. 문득 내눈에 처음은
視覺을 주는것이 이제 겨우 피어난 어린 복숭아 꽃이
한 가지에 열송이가 피어 있는 그것이 였다.
몇이 서너송이 달린 조그만한 가지를 꺾어서 집으로 왔
다. 오는길에서 나는 수면히도 저번 小學 學識를
일루고 조마리고 바쁘던 그때 한 소녀를 저녁에
大新洞 우물에 물 길로 간일이 있었다. 그때 아침
우물에 물도 없었다. 한 바께쓰를 채우려면 한시간
이상이 걸리던 그때. 초라한 복색으로 바께쓰을 들고
우물가에서 있다가 한 처녀가 그제가 힘써 채워 놓은
자기의 물을 나 바께쓰에 부어 주며 어서 시간이 없으신데
가세요 하던 그 아름다운 마음씨를 가진 處女 집을
발견하고 도한 개약하는 그 處女를 발견하고 좋아다
한 명의 消息을 들을수 없었다.

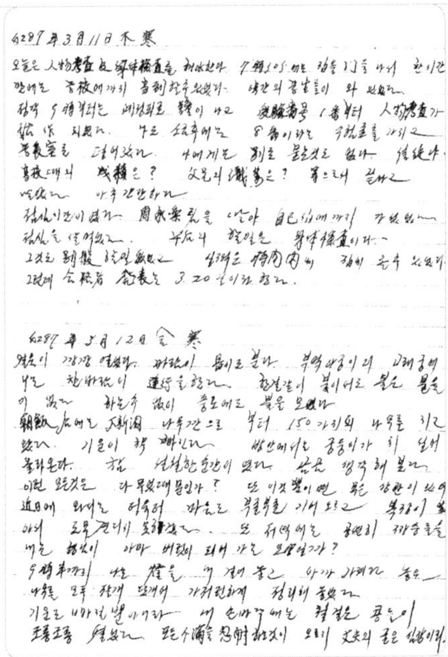

4287年 3月 11日 木 寒

오늘은 人物考査 及 身体検査를 하였다. 7時 30分에는 집을 나서 한시간
만에도 學校에까지 도착할수 있었다. 얘간의 학생들이 와 있었다.
정각 9時부터는 예정되로 鐘이 나고 受驗番号 1番부터 人物考査가
始作 되었다. 나도 오후에는 8番이라는 수험표를 가지고
考査室로 들어갔다. 나에게도 別로 물은것도 없다. 졸업한
學校때의 成績은? 父兄의 職業은? 等으로서 끝나고
말았다. 아주 간단하다.
점심시간이 였다. 周永秦君을 만나 自己집에까지 가 있었다.
점심을 얻어 먹었다. 午后의 할일은 身体検査이다.
그것도 別般 할일 없고 십분은 時間에 집에 올수 있었다.
그런데 合格者 發表는 3. 20일이라 한다.

4287年 3月 12日 金 寒

얼음이 꽁꽁 얼었다. 바람이 몹시도 분다. 부엌 아궁이의 고래 속에
부는 찬 바람이 逆行을 한다. 한결같이 불이 붙어도 불은 불슬
이 없다. 하는수 없이 종로에도 불은 모였다.
朝飯 后에도 大新洞 나무간으로 부터 150 가치의 나무를 지고
왔다. 기운이 착 빠진다. 방안에서도 궁둥이가 시리 싫어
올라온다. 참 서글한 순간이 였다. 곰곰 생각해 본다.
이런 모든것은 다 무었때문인가? 또 이것뿐이면 좋은 방한이 있어
近日에 와서는 더욱더 마음도 꾹꾹 기어 오고 복잡이 쌓
아서 도무 견디기 못하겠다. 또 저녁에는 공연히 짜증을
내는 할수이 아마 버릇이 되어 가는 모양인가?
9時 半까지 나는 일을 써 결어 놓고 아가 가게로 놓은
나무를 모두 잘게 도개서 가지런하게 정리해 놓았다.
기운도 바라지는 것 아니라 내 손바닥에는 천절은 물들이
조롱조롱 맺었다. 모든 不滿을 忍耐 하는것이 오히려 丈夫의 곧은 심장이리.

4287年 3月 13日 土 寒

찬 바람이 새어서 일어나는 방안은 여전히 오독히 걸쳐 있는 [illegible]
오늘도 [illegible]에서 [illegible]을 읽고 [illegible].
[illegible]의 하루하루는 참 어떻게 흘러도 않고 일하지도 않는 그
대로 해를 넘기고 또 해를 지운다. 오늘도 하루해는
[illegible]을 [illegible]하고 서산 마루에 걸쳐 있다.
저녁이다 개는 [illegible]다. 그러나 아무 거여 없이도 벗이고 싶은
저 날! 응당 기쁘게 [illegible] 있게 보는 사람들도 [illegible]지?
나에게는 한갓 [illegible]에 거친 내 마음을 더욱 외롭게
만들 뿐이로다. 밖에서는 가는 음성들이 또 [illegible]은
음성들이 이 [illegible] 공간의 애절을 타고 어디로인지 모르
게 흘러간다. 어느덧 캄캄한 세계로만 [illegible].

4287年 3月 14日 日 [illegible]

[illegible] 조금 [illegible]를 쳐다 보고만 있다가 아니 일찍 [illegible]
가서 [illegible]의 집에서 좀 놀다가 시간이 되거든 가 보지.
[illegible] 노트를 하나 사가고 밖으로 나와 [illegible]
세매를 걸었다. 한참후에는 [illegible]의 동무들이 [illegible]
있고 [illegible]의 [illegible] 二層에서 내 고향사를 찾을수 있었다.
[illegible] 한시 bell가 울었다. [illegible]大學 校庭에는 [illegible]
들이 [illegible]하게 모여 들어 왔다. 그리서 [illegible]
벗들도 [illegible]을 만날수 있었다. 1915 부터
[illegible]를 가지고 受驗室 교실을 찾았다. [illegible]
지 [illegible]에서 [illegible] 第2교실에서 985 [illegible]
受驗番號를 받았고 저 고향에 [illegible] 오물거리는
受驗生들을 내 [illegible]에 [illegible] 한번 훑어 보았다.
[illegible] V한 人間들이라는 눈에 [illegible]
[illegible] 모두를 [illegible]해 보이었다.

4287年 3月 15日 月 晴

8時 20分 나는 [illegible] 受驗場을 向해 [illegible]
[illegible]에서 [illegible]을 지니어 [illegible] 受驗生들을 [illegible] 發見하
였다. 985番이 [illegible] 시험장은 第8號室 二層이었다.
내가 앉을 자리는 正面 오른편으로 부터 넷째줄 끝에서 부터
두번째. 자리에 노트를 두고서 敎室을 한바퀴 둘러 보았다.
아래층으로 내려다 보고 [illegible] [illegible]하고 있는 [illegible]
두 한번 [illegible]도 해 보았다. 이러고 9時 10分 준비 Bell
가 울고 30分에는 두명의 감독관이 시험지를 쥐고
들어 왔다. 정각 10時부터 11時半까지 90分동안을 한
시간으로 해서 [illegible] 부터 처음 시작이 된다.
別로 곤란한 問題는 없었다. 그냥 한 [illegible] 하고
첫시간을 마쳤다. 다음 국어 시간 그러 순순하게 나온 [illegible]
이다 [illegible] 나와서 생각해 보니 큰 문제의 중간에
[illegible]한 것이 나왔는데 [illegible] 시대 [illegible]까지를
선조로 한것이 틀렸다고 생각된다. 그것 외에 [illegible]
잘못 쓴것이 없지 [illegible]. 점심시간이 되었다. [illegible]의 [illegible]
것을 사양하고 못해 [illegible]을 하나 얻어 먹었다.
다음 영어 시험 別로 어려운 [illegible] 아니 었으리.
아침 부터 女子中에는 제일 먼저 入場한 것은 내 바로 오른편 열
줄 한사람 앞에 앉은 파-마넨트 [illegible]이었다. 우리는 그를
아침 부터 [illegible]으로 定했기 때문에 [illegible]이 되었다.
한쪽 오른 [illegible]에는 머리 약간 알은 모양이기, 하얀 [illegible]
으로 붙인것이 하나 [illegible] 美人이 었다. 얼굴도 잘 생겼지
만 솜씨 [illegible]. 그런데 시험 도중에 나는
[illegible] 보고 [illegible] 한참 [illegible] 한번 고개를 [illegible]
이면 그는 [illegible] [illegible] 앉아서
앞을 바라보고 고개를 약간 옆으로 돌린다. 그럴 [illegible]
한쪽 [illegible] 밖에 보이지 않은 그가 어찌 그리도 묘해 보였을까?

4287年 3月 16日 火 晴

오늘은 졸업생의 시험. 첫째는 수학 다음 선택 과목. 나는 본래 수학을 잘 [illegible] 못했지
만 역시 시험이라 해서 별로 공부도 해 오지 않았다. 숙제들은 [illegible]하게도 쉬웠다.
공부를 하지 않는 나에게도 [illegible] 참 [illegible]이 있었다. 누구가 무어라
해도 [illegible] 내게 두문제는 맞출 자신이 있다. 모두 여섯문제, 이것만
보아도 내라는 存在가 얼마나 數學에는 白紙 아니 내가 안다는 것이 어
[illegible] 시험에는 [illegible] 것이다. 나는 [illegible] [illegible] 積分도
그리고 또 [illegible] 一般 代數에서도 [illegible]하게 [illegible]
이나 數學을 [illegible] 모든 人間이 白紙와 같이 되는가? 나는 이다.
나는 科學을 선택 과목으로 [illegible]. [illegible] 시험 [illegible]
[illegible] [illegible] 나왔다. 나는 生物 두問題와 物理
[illegible]問題를 [illegible] 그리 [illegible] [illegible]하더라도 普通은 되리.
[illegible] 한시 까지 에는 필기 시험이 끝이 났다. [illegible] V 하면서 내어
나오는 [illegible] 우리들 중에 나도 [illegible] 끼어 나왔다. [illegible]의 동무들과
같이 [illegible] 돌리어 들어 갔다. 점심을 먹었다. 조금후 시험을 다
[illegible] 하면서 大[illegible] [illegible]를 向해
들어 갔다. 이 부산의 [illegible]에도 [illegible] 곳이라도 있다는 것을 기쁘게
생각하면서 저 山속 [illegible] 우리에게도 [illegible] 이
[illegible] 그 사람은 [illegible]이다. [illegible] 그늘 나무까지
의 [illegible] 그속을 [illegible] 없이 [illegible]하다. [illegible]
[illegible] 이따금 [illegible] 사이에 [illegible]
있기도 하다. 내려오는 길은 東亞大學 [illegible] [illegible]
[illegible] 건재한 [illegible] 보기 좋게 [illegible] 있다. [illegible]
[illegible]. 꽃이 활짝 피어 있는 것을 보면 아니 [illegible] 보인다.
[illegible] 나는 [illegible] 그 사람이 [illegible]
[illegible] 그저 [illegible] 있는 꽃을 보고 나도 [illegible] 꽃이라고 [illegible]
[illegible] 그것도 [illegible] 그런데 이제 생각하니
나도 [illegible] 시험이 없기에 어제 오늘 같이 앉아 [illegible]
[illegible] 그 세분 處女를 보지 못한다는것이 [illegible] 아니겠나.

4287年 3月 17日 水 晴

[illegible] 있던 마음을 다 [illegible] 버린 오늘의 내 심정는 이상하도 경쾌
하지는 않았다. 어제 저녁 부터 읽어 보는 冊을 다시 쥐었으나
그것마저 읽기가 힘이 드는것 같이 생각된다. 다시 몇일 더 試
驗이 계속되었으면 하는 [illegible]은 생각밖에 없다.
[illegible]히 이제 할일이 없어진것이 [illegible]를 잃은것[illegible] 생각된다
하는수 없이 보아주지도 않는데 제되로 [illegible] 있는 그 小說
책 거죽을 새로 하얗게 해서 서기분을 돋우어 읽던 마음을 계속
해 時間을 [illegible]. "[illegible]"이다.

4287年 3月 18日 木 晴.

延大入學考査의 날. 천천히 日前같이 학교에 당도하여 동무들과 이야기하고 놀았다. 9.30分 Bell이 울리는 것과 同時에 受驗生들은 一際 運動場에 모이어 오늘 行할 일들에 對해서 指示를 받았다. 10時 20分 부터 우리는 第一考査場에서 身体檢査를 하기 始作 하였다. 身体檢査가 끝난 다음 口述試驗場으로 들어갔다. 긴장한 태도로서 시험관 앞에서 申告要令을 똑똑히 마치고 질문을 기다렸다. 出身校가 어디지요? 중동입니다. 좋습니다.

이것으로 나는 일찍 正午로 되기 전에 오늘 일을 마치었다. 張貞福君과 같이 우리들은 아래 같이 앉아서 시험을 친 우리 代表들을 찾아 돌아 다니었다. 수험생이 오늘 아침에 登校했다는 것인데 아무리 찾아 보아도 보이질 않는다. 실컷 돌아 다니다가 우리 학교 級友들을 만나 한참 동안 나무밑에서 놀다 돌아왔다.

4287年 3月 19日 金 晴

나는 채리 몫을 여기저기 다 읽었다. 나는 읽는 途上에도 몇번이고 느꼈지만 그 內容에서 정숙이라는 가난한 한 處女를 돌봐 준 조만호의 家內 諸般 事情. 언제나 가난한 사람은 돈 많고 권력 있는 사람들의 학대를 받으며 賤視 당한다. 그러나 아무리 모든것을 돈과 권력으로서 사람을 구속하려 하여도 結局은 義가 빛이며 바른 生命 앞으로 이 세계는 敗北한다는 것을 새삼스러이 알았다. 그런데 조만호씨가 한 말과 같이 社会는 "돈"이라서 비리도 大人物에도 뒤를 돌는 사람들이 많은 사회라 몇개가 있다 했다 하는것을 보았다.

4287年 3月 20日 土 晴

午前에는 신촌 수험하러갔다. 덕오가 약간 없을때 집으로 왔으니 이제 兄嫂드로 내려 오신 모양이더라. 문 열쇠를 못 찾해서 한참 문 앞에서 얼씬거리고 있는차에 내 포켓에서 열쇠를 꺼어 냈다.

그런데 午後 3時에는 延大合格者 發表가 있지 않나 하고 한 時 한술 때려서 신촌으로 걸어갔다. 가는 途中에서 벌써 發表를 보고 돌아 오는 사람들도 만났다. 나는 벌써 發表를 했어! 하며 두근두근하는 가슴을 진정시키며 學校까지 가 보았다. 쓸쓸한 事實이지만 社会科學部 8番은 나타나지 않아하는 것 같았다. 이제 永 남의 學校가 되고 보니 그런가도 몰라도 시원스러히 잘 되었다고 나는 한편 생각했다. 그리고 가만히 번호들을 차례 보니 우리 학교의 級友들 中에서는 敎人들은 가 나타나 있고 敎人 外 人物들은 하나도 나타나 있지 않다. 그래 하여 또한번 훑 보았다. 確實히 그러한 傾向이다. 入學試에 부터 敎人이면 반드시 牧師의 推薦書를 要求 하고 別途 되어 있드시 그리고 또 지난 口述試驗때에도 제일 먼저 묻는것이 敎人이냐?고. 이와 같이 敎人을 優待하는 朝鮮 Christian University 교무장 골짜 그대로라 나는 그리 안타 깝게도 생각되지 않는다. 지난 이 大學入試를 살우고 있을때도 서울이냐? 地方이냐? 만약 서울같으면 서울 大學이 아니면 地方에 남아 있는 것이 차라리 낫다고 생각 하고 있는데 불과 하여도 서울에 있는 大學으로서 延大는 대신 私立 小規大學 이라는 것이 생각과 해서. 단지 앞으로 여기까지 願書를 낸것이 아니였던가? 나는 裸에도 없는 서울 하고 싶어도 지원을 했드니 이는 원서를 내보아 그때 부터 지금껏 그 건으로 기탕도 했었다. 생각하면 불과 몇일이 안이 되었는 그 몇번을 한시간 하고 또 시골 사이나 꼭꼭 걸어 왔다 갔다 하면서 욕을 본것이. 더욱 일어나기도 힘든 이른 아침에 세끼 밥을 해먹으가며 그런것이 원통

4287年 3月 21日 日 晴

지나가는 봄날을 사나운 朔風이 불기도 했다 어제 아래는. 오늘은 별로 이 조화로운데 어데 旅館에는 잇달아 서성서성…… 午前의 거리는 꽃다 성경을 옆에 낀 紳士淑女가 한마당 지나간다.

가만히 앉고만 있을 수도 없다 무료하기 때문. 그래 이제 나도 책은 집을 위해서 그기로 책들을 옮기고 책 부담을 가서 새해를 工夫해야 할것이 안인가? 하고 의자 부터 요리기 始作하였다. 午後에도 일을 되면서 열심히 알아야 한술 써야 보고만 있다가 책 가운데를 삭간 부쩍이 서리어 간다. 오늘 아침 일을 생각해 보는것이다. 하동아주머니 집에서 제사밥을 먹으면서 이웃 여러 사람들과 같이 앉아 延大의 入試 問題에 關해서 말하던 사람이 나왔을때 나는 未安하게도 그기에 落第되었다는 것을 생각할때 그 동안 만큼 不快한 氣分이 세로 솟아 올랐던것이다. 돈 많은 사람들만이 들어 간다고 하는 것만으로서 壽命이 좋은 그 學校. 더욱이 入學이 되어도 學校에서는 制服을 입고 오지 않으면 출석 결석에서 도로 돌려 보내며 成績도 깎는 그기. 시험에 떨어지고 사람만이 할 수 있는 모든 敎員 만을 들어 내보니 그런 곳이 되었다고만 말은 할수 있다.

4287年 3月 22日 月 晴.

오늘은 지난 세 날에 계획되로 방을 좀 수리하고 몸도 좀 보기 좋게 도배 해야 하겠다 하며 朝飯后에는 곧 일에 착수하였다.

한 학교에 시험을 보아 다른 학생들은 능히 社会科學部 9點 1이란 높은 點數로 훌륭히 通過하는데 하필 내라고 외복은 왜 Pass하지 못했나? 하는 한 토막의 미련을 버리려 學者도 언제나 끊임 없이 工夫만하는 그에서만 成就할 수 있다고 한 李相讚 先生님의 敎訓을 명심한다면 "하루 먼저 거리를 돌고 부지런하고 잔다고 부지런하고 생각 했고 끝까지 忍耐해서 나갈 勇氣를 가진 사람이래야 한 학문을 닦아 成功 할수 있을것이라고" 이런 말을 생각해서 나는 學校에 못 들어도 좋다고 굳은 決心을 가지고 외진 내 書齋로 만들어서 일을 着手하겠다고 決心했다.

午後四時 頃에는 계속 하던 일도 끝이 나고 제자는 큰방으로 부터 이제 내방으로 책을 옮기기 始作 했다. 아이들의 재잘거리는 시끄러운 소리를 避한 이곳은 쉬던 書床에 만 앉아 보아도 기분이 다르다. 이제 이곳이 곧 내 書齋. 내 마음의 不快한 모든것, 모든 妄想을 모조리 여기 이곳에서 책을 읽으며로 쉬어 가 있고 안전의 約束해 줄 이곳.

便安히 이곳에서 起床할 나
一從의 고요함으로 세기서 읽고
조용히 熟讀하다 잠을 그대여

내 白室에 찾아 따라 앉는 한
항상 내 곁에서 충실이 되어
然納하는 ?도 너(熟讀하면)는 좋더라.

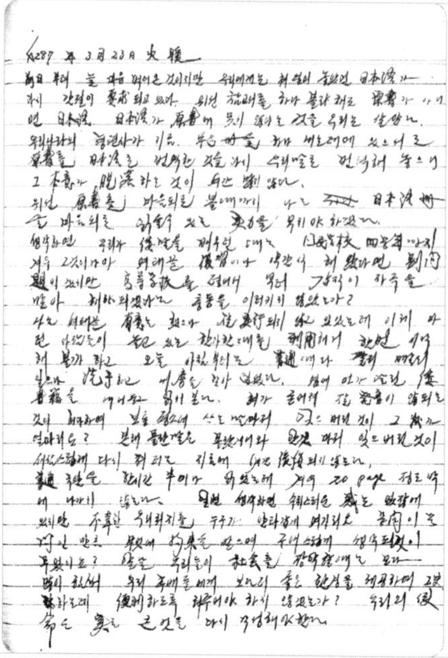

4287年 3月 23日 火曜

前日부터 늘 마음 먹어온 것이지만 우리에게는 하얼의 놓았던 日本語가 다시 간절이 要求되고 있다. 위선 참고서를 하나 볼라 해도 原書가 아니면 日本語, 日本語가 原書에 못지 않다는 것을 우리는 알았다.
우리나라의 출판사가 [illegible] 무슨 [illegible] 하나 세상에 있으니 原書를 日本語로 번역한 것을 다시 우리말로 번역해 놓으니 그 本意가 脫線하는 것이 한두 번이 아니다.
위선 原書를 마음대로 볼 때까지 나는 日本語를 마음대로 읽을 수 있는 實力을 길러야 하겠다.
생각하면 우리가 日語를 배우던 때는 國民學校 四學年까지 겨우 그것이나마 [illegible] 問題이 있지만 高等學校를 [illegible] 하루 [illegible] 해야 되겠다는 충동을 이러키지 않았느가?
나는 [illegible] 오늘 아침부터는 [illegible] 洗手하고 書齋을 찾아 앉았다. [illegible] 書籍을 [illegible] 읽어 보다. [illegible]
[illegible] 20 page 정도 밖에 나가지 않는다. [illegible]
[illegible] 우리의 使命은 [illegible] 다시 생각해야 한다.

4287年 3月 24日 水曜

빵을
살거머니
간지러고
날아가는
바람이
훈훈한 향기를
실어오고……
먼—
바다 위
돛단 배도 아롱아롱
희미하게 물들었는데……
생긋이
웃고 섰는
성건 매화 가지
앙향이
또 다시
피어 나누나.

(첫 봄을 맞이 하며)

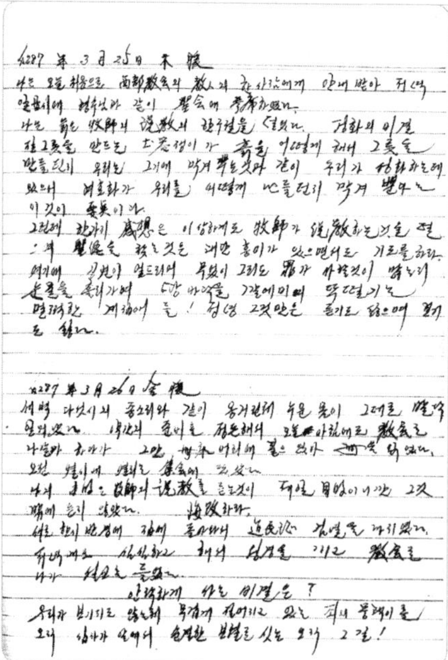

4287年 3月 25日 木曜

나는 오늘 처음으로 西部敎會의 敎人의 한 사람에게 안내 받아 저녁 일곱시에 청주님과 같이 聖會에 參席하였다.
나는 [illegible] 牧師의 說敎의 한구절을 들었다. [illegible]
이것이 要英이다.
그런데 한가지 感想은 이상하게도 牧師가 說敎하는 것을 [illegible] 기도를 하다. [illegible]

4287年 3月 26日 金曜

새벽 다섯시의 종소리와 같이 웅거렸게 누운 몸이 그대로 [illegible] 일어났다. 약간의 준비를 정돈해서 오늘 아침에도 敎會로 나갈까 하다가 그만 [illegible] 있었다. 오전 [illegible] 集會에 갔었다.
나의 [illegible] 牧師의 說敎를 듣는것이 [illegible] 그것 때에 듣지 않았다. 悔改하자.
[illegible] 敎會로 나가 [illegible] 들었다.

안락하게 사는 비결은?

우리가 보기되도 않는데 무겁게 지어지고 있는 [illegible] 오다 [illegible] 그걸!

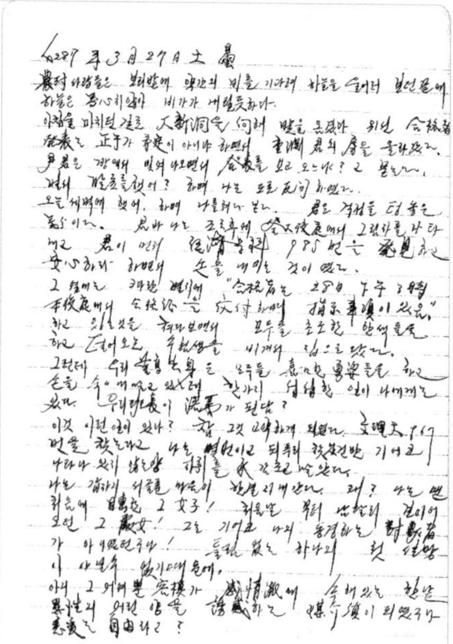

4287年 3月 27日 土曜

農村 사람들은 보리밭에 약간의 비를 기다려 하늘을 쳐다 보던 끝에 하늘은 [illegible] 비가가 내릴듯하다.
아침을 마치던 길로 大新洞을 向해 발을 옮겼다. 위선 合格者 發表는 正午가 아니냐 하면서 [illegible] 君의 房을 올라갔다.
[illegible] 君은 방에서 빛여 나오면서 合表를 보고 오느냐? 고 물는다.
[illegible] 發表를 했어? 하며 나는 도로 反問 하였다.
오늘 새벽에 했어. 하며 나를 쳐다 본다. [illegible]
君이 먼저 經濟學科 985번은 [illegible] 安心하라 하면서 손을 내미는 것이 였다.
그 옆에는 커다란 벽지에 "合格者는 28日 下午 3時 本校庭에서 合格證을 交付하며 指示事項이 있음" 하고 있는 것을 쳐다 보면서 [illegible] 하고 [illegible] 집으로 왔다.
그런데 [illegible] 한가지 섭섭한 일이 나에게도 있다. 우리 代表이 [illegible]가 된담?
이것 이런 일이 있나? [illegible] 文理大 717번을 찾는다고 나는 [illegible] 기어코 나타나 있지 않는 [illegible]
나는 [illegible] 서글픈 마음이 [illegible] 왜? 나는 맨 처음에 [illegible] 그 女子! [illegible] 그 處女! 그는 기어코 나의 동경하는 對象者가 아니였던구나! [illegible] 하나의 [illegible] 없기 때문에.
아니 그 어여쁜 容模가 [illegible] 자유 [illegible] 自由라고?

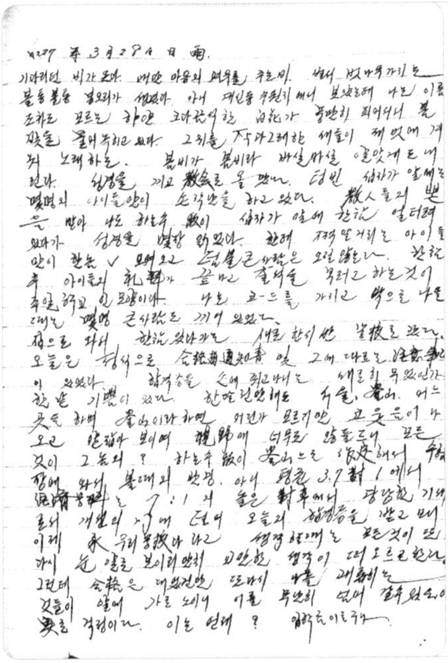
4287年 3月 28日 日 雨.
기다리던 비가 온다. 메마른 마음의 여유를 주는 비. 앞서 벚나무가지는
봉긋봉긋 봉오리가 생겼다. 아니 [illegible] 에서 보았는데 나도 이름
조차도 모르는 하얀 조그마한 白花가 충만히 피어서 봄
자랑을 [illegible] 있다. 그 위를 자그마한 새들이 재잘재잘 거
려 노래하는. 봄비가 봄비라 바실바실 얄밉게도 내
린다. 성경을 끼고 教會로 올랐다. 전번 십자가 앞에는
몇명의 아이들만이 [illegible] 을 하고 있다. 数人들의 빛
을 받아 나도 하느님 앞이 십자가 앞에 한참 엎드려
있다가 성경을 몇장 읽었다. 한데 재깍 [illegible] 아이들
만이 한둘 ✓ 모여오고 어른 사람은 오질 않는다. 한참
후 아이들의 礼拝가 끝나고 출석을 부르고 하는 것이
[illegible] 한 모양이다. 나는 코-드를 가지고 밖으로 나올
때는 몇명 큰사람도 끼어 있었다.
집으로 와서 한참 있다가는 새로 한시쯤 学校로 갔다.
오늘은 정식으로 合格通知書 및 그에 따르는 注意事項
이 있었다. 합격증을 손에 쥐고 나서는 새로히 무었인가
한 번 기쁨이 있다. 한편 [illegible] 어느
곳을 하며 [illegible] 이라 하면 어딘가 모르기만 [illegible] 나
오고 [illegible] 보이며 [illegible] 에 너무도 [illegible] 모든
것이 그 놈의 ? 하느님 앞이 [illegible] 으로 決定해서 [illegible]
[illegible] 에 와서 [illegible] 의 [illegible] 아니 [illegible] 3.7 對 1 에서
[illegible] 7 : 1 의 [illegible] 에서 당당히 기세
로서 [illegible] 에 [illegible] 오늘의 합격증을 [illegible]
이제 永 우리 学校다 라고 생각할때는 모든 것이 [illegible]
마치 [illegible] 보이며 [illegible] 생각이 떠오르곤 한다.
그런데 合格은 되었건만 또다시 [illegible]
것들이 앞에 가로 놓여서 이를 무난히 넘어 [illegible]
[illegible] 걱정이다. 이는 언제 ? [illegible]

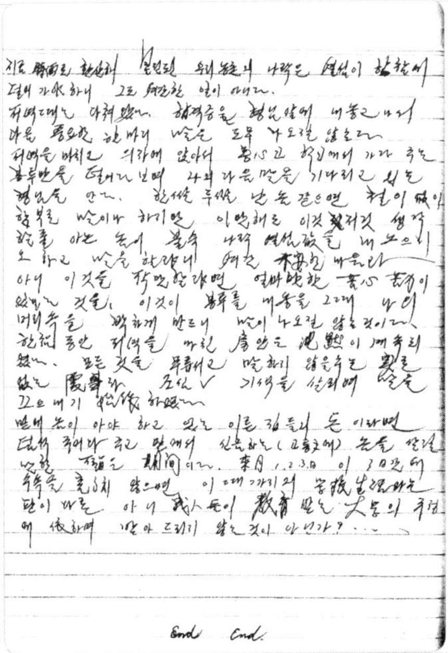
지금 [illegible] 로 [illegible] 우리 [illegible] 의 나락은 [illegible] 이 [illegible]
[illegible] 하니 그도 [illegible] 한 일이 아니다.
저녁때는 다되었다. 합격증을 형님 앞에 내놓고 나서
마음 [illegible] 말은 도무지 나오질 않는다.
저녁을 마치고 의자에 앉아서 [illegible] 학교에서 가져 주는
봉투만을 [illegible] 보며 그의 다음 말을 기다리고 있는
형님을 안다. [illegible]
[illegible] 하기만 이번에도 이것 저것 생각
[illegible] 나락 [illegible] 내 [illegible]
오 하고 말을 [illegible] 바 [illegible]
아니 이것을 [illegible] 한 [illegible] 이
있다는 것을, 이것이 [illegible] 내놓을 그때 나의
머리속을 [illegible] 하게 만드니 말이 나오질 않는 것이다.
한참 동안 저녁을 마친 [illegible] 이 계속되
었다. 모든 것을 무릅쓰고 말하지 않을수는 없는
[illegible] 조심 ✓ 기색을 살피며 말을
끄으내기 [illegible] 하였다.
[illegible] 이라면
[illegible] 에서 [illegible] (고등학교) 돈을 [illegible]
[illegible] 期間이다. 來月 1.2.3.日 이 3日간에
수속을 [illegible] 않으면 이 때까지의 学校生活[illegible]
[illegible] 아니 [illegible] 教育 [illegible] 의 [illegible]
에 依하여 [illegible] 않는 것이 아닌가? . . .

End End.

NoteBook
high class
暗香
第 6 号

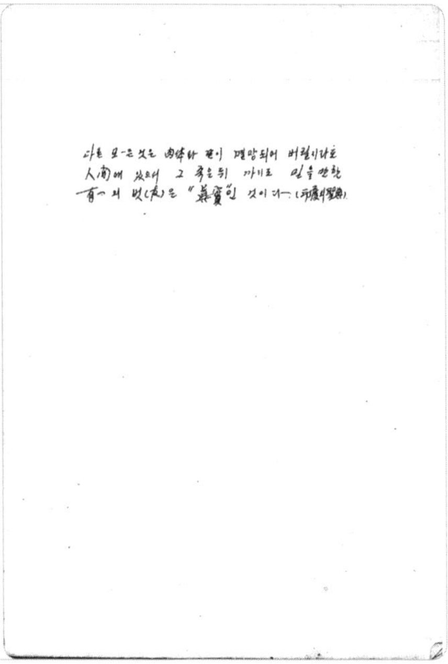

다른 모든 것은 肉体와 같이 멸망되어 버릴지라도
人間에 있어서 그 죽은 뒤 까지도 믿을 만한
有一의 벗(友)은 "眞實"인 것이다.

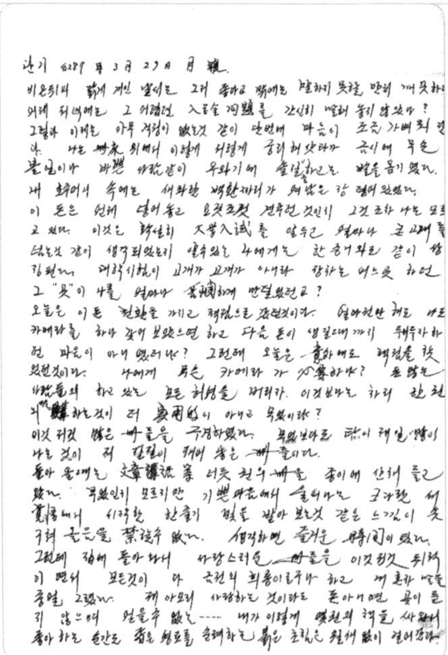

단기 4287年 3月 29日 月曜.
비온뒤의 맑게 개인 날씨는 그저 좋다고 밖에는 말하지 못할 만큼 깨끗하다
어제 저녁에는 그 어려웠던 入学金 問題를 간신히 얼러 놓지 않았나?
그렇다 이제는 아무 걱정이 없는것 같이 단번에 마음이 조금 가뻐지었다.

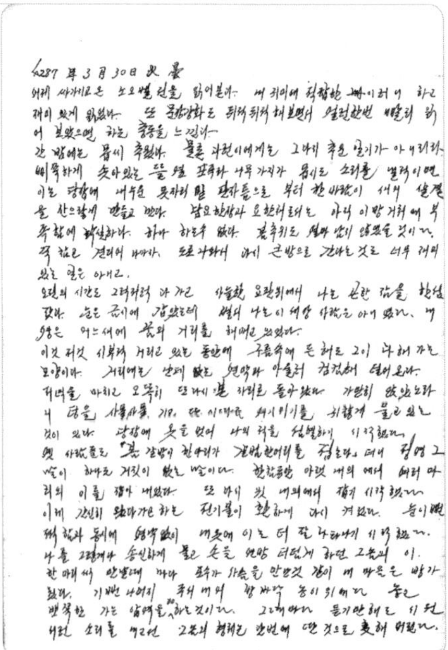

4287 年 3月 30日 火曜